研学旅行

——实践教育蓝皮书

顾家城◎著

图书在版编目（CIP）数据

研学旅行：实践教育蓝皮书/顾家城著. —北京：中国书籍出版社，2020. 10

ISBN 978 - 7 - 5068 - 8036 - 7

Ⅰ. ①研… Ⅱ. ①顾… Ⅲ. ①教育旅游—研究报告—中国 Ⅳ. ①F590. 75

中国版本图书馆 CIP 数据核字（2020）第 202660 号

研学旅行——实践教育蓝皮书

顾家城　著

责任编辑　毕　磊

责任印制　孙马飞　马　芝

封面设计　马小宁　马一萍

出版发行　中国书籍出版社

地　　址　北京市丰台区三路居路 97 号（邮编：100073）

电　　话　（010）52257143（总编室）　（010）52257140（发行部）

电子邮箱　eo@ chinabp. com. cn

经　　销　全国新华书店

印　　刷　三河市华东印刷有限公司

开　　本　787 毫米 ×1092 毫米

字　　数　427 千字

印　　张　31. 5

版　　次　2020 年 10 月第 1 版　2020 年 10 月第 1 次印刷

书　　号　ISBN 978 - 7 - 5068 - 8036 - 7

定　　价　168. 00 元

走出教室一步，就意味着对学科的超越；选择了一种教育，就选择了一种生活。

——〔美〕约翰·杜威（John Dewey）

研学实践教育基本理念

学行天下

知行合一

践行求实

研学实践活动课程五大维度

本书合作与支持者：

何志东　周　放　杨　涛

张文齐　王　进　陈亚然

张香宏　马小宁　赵珈颐

张　粲　马一萍　王　蕊

名词解释：

研学旅行与研学实践教育

研学旅行的提出，基于2013年2月国务院《国民旅游休闲纲要（2013—2020年）》。2016年11月30日，教育部联合11部门下发了《关于推进中小学生研学旅行的意见》，成为教育系统推进研学旅行的纲领性文件。2017年7月，教育部在《关于开展2017年度中央专项彩票公益金支持中小学生研学实践教育项目推荐工作的通知》中提出了“研学实践教育”。本书从课程研发角度更多地使用了“研学实践教育”的提法。但在一般意义上仍沿用了“研学旅行”的提法。

研学指导教师

“研学导师”的提出源自2016年12月国家旅游局《研学旅行服务规范》。后社会上出现了研学指导师、研学辅导员等诸多提法。本书以研学指导教师统称，既包括了研学基地和文旅单位的研学辅导教师，也包括学校教师。

研学实践活动课程研发与研学实践活动课程创编

本书“课程研发”特指研学基地对研学实践活动课程体系的建构和课程版块的开发；“课程创编”特指对单元研学活动课程的开发与创编。

研学学习点

基于现实中研学旅行包含了大量非指定的研学基地以外的旅游景点、厂矿机关、科研院校、文化场所，故本书一概以“研学学习点”统称，以示研学旅行课程的覆盖面。

前言
FOREWORD

教育作为一种文化传承的载体，在不同的社会发展阶段，传递着不同的内容，服务于不同的目的，也必然形成与之相适应的学习方式。

进入信息时代后，面对日新月异的知识更新，必然采取高效学习的方式。即提高人的学习速度，它所追求的是掌握知识的量，而不是质。然而信息时代的发展表明，单纯追求知识的量是不可取的，关键在于学会如何处理和利用这些信息；同理，单纯地掌握了知识也是无用的，关键是如何运用知识去改造世界。

随着新高（中）考改革的深入，我们欣喜地看到，顽固统治中国几十年的传统填鸭式教育的知识记忆式学习已经开始改变，启动17年的综合实践活动终于落地；研学旅行的提出，又将紧闭的学校大门彻底打开，让真实的生活气息浸润校园的每一个角落，一如春日的微风抚慰着每一个稚嫩、饥渴的心灵……

如果我们从“成长”这个角度出发，来看我国现代化发展的需求与传统教育的局限，我们可以得出以下结论。

第一，教育的价值不仅在于“教”，而更重在“育”。

要实现中华民族的崛起，培养千千万万认同民族文化、认同国家、认同制度的社会主义接班人是历史的必然需求。因此，立德树人是教育的第一要务。而这种认同，不是靠课堂的说教就能够解决的。靠的是走进生活，认知社会，感悟人生，激发文化自信、文化自觉，激发民族自豪感，激发“天下兴亡，匹夫有责”的民族复兴责任感，在参与、认知、感悟、反省、内化的过程中获得自我意识的升华。

第二，知识的价值不仅在于“知”，而更重在“识”。

课堂传授的知识，如果不经过实践的印证，永远是浮于浅表层的认知。只有通过亲身实践、体验，才能转化为自身的经验。这种由内化到外显的过程就是知行合一。这种由“知”到“识”的转化和升华，是一个人建构自己知识结构的必然过程。现代社会的发展需要今天的青少年学生建立起合理、优化的知识体系，这是走向现代社会职业岗位的必要条件。应该从这个意义上认识学校教育与校外教育有机融合的价值，这才是现代教育教学的方向。

第三，人才的成长不仅在于“学”，而更重在“习”。

学习学习的方法比学习知识更重要。一个人走向社会除了要有良好的知识结构、动手操作的实践能力、对信息的处理能力、创造力和创新意识更是立身之本。而这些只有在真实的生活情境中，让学生通过主动探索、发现和体验，才能有效地培育学生的信息处理能力、实践能力和创新精神。这是唯一正确的途径。

研学旅行的提出，为有效解决传统教育的顽疾指出了一条新路，它建立在实践教育的基础上，又进一步普及和拓宽了综合实践活动课程的应用，是深化教育改革的重大举措。

既然是教育，就得注意方式方法、思路举措。研学旅行也是如此。钱钟书先生曾经说过，如果不读书，行万里路，也只是个邮差。本书的编写，立足于我国校外教育几十年实践之经验，力图系统解读研学实践教育的方式方法，以解决今天走马观花、有眼无心的“研学旅行——>旅游”的现象，避免今天的青少年学生在研学旅行中一如美国作家亨利·戴维·梭罗《瓦尔登湖》中所言：“很多人，即使探寻遍了全世界，也没到过自己的内心深处。”

如果本书能够对上述问题纠偏一二，则本人心慰足矣。

作　者

2020 年 3 月

目录 Contents

知 Know

第3章 研学实践教育的基本原则 [062]

研学实践活动的五大基本原则决定了研学实践教育的主体性质和教育属性。其市场化、商品化的做法都是背离了教育的根本原则

第4章 研学实践教育的课程属性与课程结构 [090]

研学实践活动课程是集校外活动课程、德育课程、综合实践活动课程为一体的具有多元属性的社会实践活动课程；研学实践活动课程不是一般意义上的将研学旅行课程化，而是要用课程思想统领研学实践教育

第5章　研学实践教育活动的课程研发 [133]

课程是实施教育的基本要素，配套建设研学实践活动课程是开展研学旅行的基础条件，也是研学实践教育真正能够起到育人作用的关键

第6章　研学实践教育活动课程创编 [210]

具化的活动课程样态是开展研学实践教育活动的依据，也是对学生开展教育活动的最小单元。它决定了研学实践教育效果的真正实现

第7章　研学实践活动课程评价 [253]

无规则无以成方圆，无标准无以定优劣。检验一个优质的研学课程的标准，需要有一个科学的研学实践活动课程评价指标

行 Action

Sublimation

知者，知晓也。要认识研学旅行，首先要了解教育。研学旅行为何提出？研学旅行在义务教育中的地位和作用是什么？研学旅行未来的发展远景如何？这些都是研学教育实践者首先要了解的问题。故本书以“知”开篇，诠释研学旅行的教育内涵与意义。

第一章 CHAPTER 1

素质教育与新时代育人目标

素质教育自 1993 年提出后，历时 27 年。经过中国学生发展核心素养标准、四大能力培养目标的提出，逐步清晰地勾勒出了 21 世纪中国特色社会主义人才培养的基本标准。今天教育改革的核心理念——立德树人、实践育人与新课改的三大核心目标（社会责任感、创新能力、实践能力），正是培养中国未来栋梁人才的具体目标指向。

中国教育改革伴随着我国社会主义改革的大潮，走过了 40 年短暂而又漫长的道路。从素质教育的提出到中国学生发展核心素养，从“减负”到综合实践活动课程的落地、再到研学旅行实践教育的兴起，其核心无外乎四个字：“教”与“育”，“学”与“习”。到底是以知识传授为主的“教”，还是以育人为目标的“育”；到底是以死记硬背的“学”，还是以引导学生掌握学习方法的“习”，多年来，教育界、学术界围绕这两个问题争论不休。教育部发布《完善中华优秀传统文化教育指导纲要》和《中小学德育工作指南》，明确了教育要以育人为本作为培养人才的根本目标。教育部《中小学综合实践活动课程指导纲要》和教育部 11 等部门《关于推进中小学生研学旅行的意见》的出台，则进一步诠释了新课改中“学”与“习”的关系。现代教育的目的是为社会培养善于发现问题、解决问题，同时具有创新意识和创新能力的新型人才，而不是读死书、背知识的“四体不勤、五谷不分”的书呆子。

课堂教育能够让学生在系统的教学过程中学习知识和技能，但这种知识和技能仅仅是建立在没有实践基础的脆弱的理论层面，并不能通过学生亲身的社会实践，将这些知识和技能转化为学生经验。综合实践活动的意义也正在于此。长期以来，我国学校教育薄弱的实践教育在一定程度上限制了学生能力和思维的全面发展。因此，教育部在综合实践活动课程的基础上提出了研学实践教育，以破解中小学素质教育发展的制约，有效促进学生的全面发展。这是我国以培育创新性人才为目标的教育改革的一项重大战略决策。

为了全面理解研学旅行实践教育，有必要对我国教育改革的发展历程作一个整体的回顾，以使我们更好地理解研学实践教育。

第 1 节　教育改革与发展回顾

一、教育改革，源于育人

中国的教育改革，源于邓小平同志的高度关注。20 世纪 80 年代中期，我国经济改革大潮已经由农村拓展到城市，党的十二届三中全会制定了《中共中央关于经济体制改革的决定》，随后又出台了《中共中央关于科技体制改革的决定》。邓小平同志指出，他最关心的还是人才问题。而解决人才问题，教育是基础，不改革教育体制，人才培养就无法满足社会主义建设的需要。

1985 年 5 月 27 日，《中共中央关于教育体制改革的决定》发布。《决定》指出了我国教育体制在教育事业管理权限的划分、教育结构、教育思想、教育内容、教育方法上存在的弊端，提出我国教育体制改革主要有四个方面的内容：第一，把发展基础教育的责任交给地方，有步骤地实行九年制义务教育。第二，调整中等教育结构，大力发展职业技术教育。第三，改革高等学校的招生计划和毕业生分配制度，扩大高等学校办学自主权。第四，强调加强领导，调动各方面的积极因素，保证教育体制改革的顺利进行。

1993 年 2 月，中共中央、国务院颁布了《中国教育改革和发展纲要》。《纲要》指出“基础教育是提高民族素质的奠基工程”“中小学要由‘应试教育’转向全面提高国民素质的轨道”。《纲要》的重要性在于提出了教育发展应从“应试教育”转向全面提高国民素质，提高学生的思想道德、文化科学、劳动技能和身体心理素质，促进学生生动活泼地发展。

1997 年 10 月，国家教育委员会颁布了《关于当前积极推进中小学实施素质教育的若干意见》。从此，素质教育成为国家意志，成为中国教育改革与人才培养的目标和方向。1998年12月，国家教育委员会在出台的《面向21世纪教育振兴行动计划》中，把素质教育列为第一项跨世纪工程予以重点实施。

1999年，党中央、国务院召开了改革开放以来的第三次全国教育工作会议，会议出台了《关于深化教育改革全面推进素质教育的决定》。《决定》对素质教育的一系列理论和实践问题作出了新的规范，成为我国各级各类教育全面推进素质教育的基本依据。

《决定》明确了教育体制改革的基本概念、任务和方法，明确提出了教育改革的方向——“全面推进素质教育，要面向现代化、面向世界、面向未来，使受教育者坚持学习科学文化与加强思想修养的统一，坚持学习书本知识与投身社会实践的统一，坚持实现自身价值与服务祖国人民的统一，坚持树立远大理想与进行艰苦奋斗的统一”。这是我国教育改革的纲领性文件。

《决定》明确指出了素质教育的要求：“全面推进素质教育，要坚持面向全体学生，为学生的全面发展创造相应的条件。尊重学生身心发展特点和教育规律，使学生生动活泼、积极主动地得到发展。”“实施素质教育应当贯穿于幼儿教育、中小学教育、职业教育、成人教育和高等教育等各级各类教育，应当贯穿于学校教育、家庭教育和社会教育等各个方面。”

这一时期教育改革的政策方针，不仅奠定了21世纪新课改的基础，也为更好地落实“素质教育”留下了思考的空间。由此我国教育界掀起了国家课程、地方课程、校本课程分主体开发的研究，掀起了对活动课程、研究性学习课程的研究。

二、新课程改革，以三级课程管理制度释放基层教育的活力*

新课改可分为两轮：第一轮从2001年到2010年，从义务教育到高中教育都采用了新编《课程标准》和教科书。第二轮从2011年到今天，采用了经过系

* 本部分的若干观点、数据、年代引自《教育家》2018年八月刊。作者：李继星。

统修订的《课程标准》。

第一轮新课改的起始标志是2001年6月7日教育部颁布的《基础教育课程改革纲要（试行）》。确定全国28个省、直辖市的41个区县为第一批国家基础教育课程改革实验区，全面部署基础教育新课程的实验推广工作。

新课程改革的具体目标如下。

1. 实现课程功能的转变（核心目标）（原来是双基目标：基础知识和基本技能），改变原来课程过于注重知识传授的倾向，强调形成积极主动的学习态度，引导学生学会学习、学会生存、学会做人。新课程的教学目标为布鲁姆提出来的三维目标：知识与技能、过程与方法、情感态度价值观。

2. 体现课程结构的均衡性、综合性和选择性。改变课程结构过于强调学科本位、科目过多和缺乏整合的现状，整体设置九年一贯课程门类和课时比例，并设置综合课程，以适应不同地区和学生发展的需求（从小学至高中设置综合实践活动课并作为必修课）。

3. 密切课程内容与生活和时代的联系。改变课程内容“繁、难、偏、旧”和过于注重书本知识的现状，加强课程内容与学生生活以及现代社会和科技发展的联系（生活化、时代化），关注学生的学习兴趣和经验，精选终身学习必备的基础知识和技能。

4. 改善学生的学习方式（自主合作探究学习）。改变课程实施过于强调接受学习、死记硬背、机械训练的现状，倡导自主（自己学习）和探究（主动融入课堂）学习、合作（团队、师生）学习的学习方式。

5. 建立与素质教育理念相一致的评价和考试制度。改变课程评价过分强调甄别与选拔的功能，发挥评价促进学生发展、教师提高和改进教学实践的功能。

6. 实行三级课程管理制度。即按照课程设计、开发和管理主体来区分，分为国家课程、地方课程和校本课程。

注：国家课程（国家进行统一制定的课程）；地方课程（各个地方都有自己的课程体系，但仍需要以国家课程为核心基础，如发生冲突，以国家课程为准）；校本课程（由学生所在学校的教师编制、实施和评价的课程。校长是编写的责任主体，教师是编写主体）。

本次课程改革被誉为“牵动了整个基础教育改革的系统工程”。这次课改，推动了课程理念、课程管理、课程结构、课程内容、课程实施、课程评价的系统改革，推出了知识与技能、过程与方法、情感态度价值观的课程“三维目标”。新课改特别强调学生主动学习积极性的调动。强化课程的综合性，重视学科知识、社会生活和学生经验的整合，增设综合实践活动，使学生通过亲身实践，发展收集与处理信息的能力、综合运用知识解决问题的能力以及交流与合作的能力，增强社会责任感，并逐步形成创新精神与实践能力。

三、第二轮新课改，明确素质教育育人目标

第二轮新课改从2011年开始。

2011年12月，教育部发布《关于印发义务教育语文等学科课程标准（2011年版）的通知》，推出了19门新修订的课程标准。2014年3月，教育部发布《关于全面深化课程改革落实立德树人根本任务的意见》，对课程改革做出了顶层制度设计，这是一个具有里程碑意义的文件。

文件的核心精神有三方面：一是要求研究制定学生发展核心素养体系和业务质量标准；二是依据学生发展核心素养体系来完善课程方案和课程标准；三是义务教育阶段三科（道德与法治、语文和历史）教材采用统一编写、统一审查和统一使用的制度。这对后续的课程改革产生了深远的影响。2016年9月，北京师范大学发布了《中国学生发展核心素养体系》，提出了21世纪中国学生应具备的，能够适应终身发展和社会发展需要的必备品格和关键能力。

2017年12月29日，教育部发布《普通高中课程方案和语文等学科课程标

准（2017 年版）的通知》。到 2018 年 1 月中旬，从义务教育到高中教育的各科新修订的《课程标准》全部出齐。

第二轮新课改以经过系统修订的《课程标准》为起点，期间陆续出台了《完善中华优秀传统文化教育指导纲要》《关于推进中小学生研学旅行的意见》《中小学德育工作指南》《中小学综合实践活动课程指导纲要》《关于深化教育体制机制改革的意见》《关于深化教育教学改革全面提高义务教育质量的意见》等一系列纲领性文件，基本完成了我国全方位教育改革的顶层设计框架。其核心思想是在培养学生基础知识和基本技能的过程中，强化学生关键能力培养。引导学生具备独立思考、逻辑推理、信息加工、学会学习、语言表达和文字写作的素养，养成终身学习的意识和能力；学会处理好个人与社会的关系，遵守、履行道德准则和行为规范；培养创新能力，激发学生好奇心、想象力和创新思维，养成创新人格，鼓励学生勇于探索、大胆尝试、创新创造；引导学生适应社会需求，树立爱岗敬业、精益求精的职业精神，践行知行合一，积极动手实践和解决实际问题。而这些基础能力的培养，是我国目前学校教育远远不能完成的。因此，打开学校封闭的大门，让学生走出去，走向广阔的社会空间，融入丰富且动态的社会生活，是培养学生健全人格的重要且唯一的途径。

因此，也就有了研学旅行实践教育。

第 2 节　素质教育与育人目标

一、素质教育的提出

素质教育是 1997 年 10 月国家教育委员会在《关于当前积极推进中小学实施素质教育的若干意见》中提出的。

《意见》指出，素质教育是以提高民族素质为宗旨的教育。它是依据《教育法》规定的国家教育方针，着眼于受教育者及社会长远发展的要求，以面向全体学生、全面提高学生的基本素质为根本宗旨，以注重培养受教育者的态度、能力，促进他们在德智体等方面生动、活泼、主动地发展为基本特征的教育。素质教育要使学生学会做人、学会求知、学会劳动、学会生活、学会健体和学会审美，为培养他们成为有理想、有道德、有文化、有纪律的社会主义公民奠定基础。

2010 年 7 月 29 日《国家中长期教育改革和发展规划纲要（2010—2020 年）》发布。它描绘了未来教育改革和发展的蓝图，指明了今后十年教育改革发展的方向，开启了我国从教育大国向教育强国、从人力资源大国向人力资源强国迈进的新的历史征程，成为我国教育改革发展史上一个新的里程碑。

《纲要》把改革创新定为教育发展的基本方向，把培养创新人才确定为教育主要目标。《纲要》指出，坚持德育为先，能力为重，全面发展。着力提高学生的学习能力、实践能力和创新能力；教育学生学会知识技能，学会动手动脑，学会生存生活，学会做事做人，促进学生主动适应社会，开创美好未来。《纲要》进一步赋予了素质教育新的内涵。

2019 年 6 月，中共中央、国务院发布了《关于深化教育教学改革全面提高义务教育质量的意见》。在文件中明确提出“坚持立德树人，着力培养担当民族复兴大任的时代新人”“坚持‘五育’并举，全面发展素质教育”；明确提出了“深化课程育人、文化育人、活动育人、实践育人、管理育人、协同育人”“大力开展理想信念、社会主义核心价值观、中华优秀传统文化、生态文明和心理健康教育。加强爱国主义、集体主义、社会主义教育……加强品德修养教育，强化学生良好行为习惯和法治意识养成”“打造中小学生社会实践大课堂”等一系列具体举措。这一文件第一次把“社会实践大课堂”列入素质教育人才培养的具体途径之中。由此，“实践教育”被正式纳入了义务教育的主流阵地，成为现代教育的基本抓手。

二、中国学生发展核心素养

2013 年 5 月，北京师范大学林崇德教授承担了教育部哲学社会科学研究重大委托专项，领衔 5 所高校 90 余名研究人员组成联合攻关项目组，共同负责研究中国学生发展的核心素养体系。

2016 年 9 月，这项历时三年的研究成果终于出炉。“学生发展核心素养”主要是指学生应具备的、能够适应终身发展和社会发展需要的必备品格和关键能力。核心素养是关于学生知识、技能、情感、态度、价值观等多方面的综合表现；是每一名学生获得成功生活、适应个人终生发展和社会发展都需要的、不可或缺的共同素养；其发展是一个持续终身的过程，可教可学，最初在家庭和学校中培养，随后在一生中不断完善。

“中国学生发展核心素养”以科学性、时代性和民族性为基本原则，以培养“全面发展的人”为核心，分为文化基础、自主发展、社会参与三个方面。综合表现为人文底蕴、科学精神、学会学习、健康生活、责任担当、实践创新六大素养，具体细化为国家认同、劳动意识等 18 个基本要点。根据这一总体框架，针对学生年龄特点将进一步提出各学段学生的具体表现要求。

中国学生发展核心素养总体框架

三个方面	六大核心素养	十八个基本要点	基本内涵
文化基础	人文底蕴	人文积淀	具有古今中外人文领域基本知识和成果的积累；能够理解和掌握人文思想中所蕴含的认识方法和实践方法等。
		人文情怀	具有以人为本的意识，尊重、维护人的尊严和价值；能够关切人的生存、发展和幸福等。
		审美情趣	具有艺术知识、技能与方法的积累；能够理解和尊重文化艺术的多样性，具有发现、感知、欣赏、评价美的意识和基本能力；具有健康的审美价值取向；具有艺术表达和创意表现的兴趣和意识，能够在生活中拓展和升华美等。

（续表）

三个方面	六大核心素养	十八个基本要点	基本内涵
文化基础	科学精神	理性思维	崇尚真知，能够理解和掌握基本的科学原理和方法；尊重事实和证据，具有实证意识和严谨的求知态度；逻辑清晰，能够运用科学的思维方式认识事物、解决问题、指导行为等。
		批判质疑	具有问题意识；能够独立思考、独立判断；思维缜密，能够多角度、辩证地分析问题，做出选择和决定等。
		勇于探究	具有好奇心和想象力；能够不畏困难，有坚持不懈的探索精神；能够大胆尝试，积极寻求有效的问题解决方法等。
自主发展	学会学习	乐学善学	能够正确认识和理解学习的价值，具有积极的学习态度和浓厚的学习兴趣；能够养成良好的学习习惯，掌握适合自身的学习方法；能够自主学习，具有终身学习的意识和能力等。
		勤于反思	具有对自己的学习状态进行审视的意识和习惯，善于总结经验，能够根据不同情境和自身实际，选择或调整学习策略和方法等。
		信息意识	能够自觉、有效地获取、评估、鉴别、使用信息；具有数字化生存能力，主动适应“互联网 +”等社会信息化发展趋势；具有网络伦理道德与信息安全意识等。
	健康生活	珍爱生命	能够理解生命意义和人生价值；具有安全意识与自我保护能力；掌握适合自身的运动方法和技能，养成健康文明的行为习惯和生活方式等。
		健全人格	具有积极的心理品质，自信自爱，坚韧乐观；有自制力，能够调节和管理自己的情绪，具有抗挫折能力等。
		自我管理	能够正确认识与评估自我；依据自身个性和潜质选择适合的发展方向；合理分配和使用时间与精力；具有达成目标的持续行动力等。
社会参与	责任担当	社会责任	能够自尊自律，文明礼貌，诚信友善，宽和待人；孝亲敬长，有感恩之心；热心公益和志愿服务，敬业奉献，具有团队意识和互助精神；能够主动作为，履职尽责，对自我和他人负责；能够明辨是非，具有规则与法治意识，积极履行公民义务，理性行使公民权利；崇尚自由平等，能够维护社会公平正义；热爱并尊重自然，具有绿色生活方式和可持续发展理念及行动等。

（续表）

三个方面	六大核心素养	十八个基本要点	基本内涵
社会参与	责任担当	国家认同	具有国家意识，了解国情历史，认同国民身份，能够自觉捍卫国家主权、尊严和利益；具有文化自信，尊重中华民族的优秀文明成果，能够传播弘扬中华优秀传统文化和社会主义先进文化；了解中国共产党的历史和光荣传统，具有热爱党、拥护党的意识和行动，理解、接受并自觉践行社会主义核心价值观，具有中国特色社会主义共同理想，有为实现中华民族伟大复兴中国梦而不懈奋斗的信念和行动。
		国际理解	具有全球意识和开放的心态，了解人类文明进程和世界发展动态，能够尊重世界多元文化的多样性和差异性，积极参与跨文化交流，关注人类面临的全球性挑战，理解人类命运共同体的内涵与价值等。
	实践创新	劳动意识	能够尊重劳动，具有积极的劳动态度和良好的劳动习惯；具有动手操作能力，掌握一定的劳动技能；在主动参加的家务劳动、生产劳动、公益活动和社会实践中，具有改进和创新劳动方式、提高劳动效率的意识；具有通过诚实合法劳动创造成功生活的意识和行动等。
		问题解决	善于发现和提出问题，有解决问题的兴趣和热情；能够依据特定情境和具体条件，选择制订合理的解决方案；具有在复杂环境中行动的能力等。
		技术运用	能够理解技术与人类文明的有机联系，具有学习掌握技术的兴趣和意愿；具有工程思维，能将创意和方案转化为有形物品或对已有物品进行改进与优化等。

中国学生发展核心素养的提出，解决了我国长期以来对素质教育所具体指向目标的许多困惑，对于我们的教育要培养什么样的人才、沿着什么方向培养人才作出了完美的诠释。

三、人才培养的四大关键能力

2017 年 9 月，中共中央办公厅、国务院办公厅下发了《关于深化教育体制机制改革的意见》。《意见》指出，当前我国教育改革发展已经进入一个新的阶段。

要健全立德树人系统化落实机制。强调要构建以社会主义核心价值观为引领的大中小幼一体化德育体系。

文件明确提出了 21 世纪人才培养的四大关键能力，即：培养认知能力，引导学生具备独立思考、逻辑推理、信息加工、学会学习、语言表达和文字写作的素养，养成终身学习的意识和能力。培养合作能力，引导学生学会自我管理，学会与他人合作，学会过集体生活，学会处理好个人与社会的关系，遵守、履行道德准则和行为规范。培养创新能力，激发学生好奇心、想象力和创新思维，养成创新人格，鼓励学生勇于探索、大胆尝试、创新创造。培养职业能力，引导学生适应社会需求，树立爱岗敬业、精益求精的职业精神，践行知行合一，积极动手实践和解决实际问题。

这四大能力的提出，既是对素质教育的具体培养目标的进一步明确，同时也以教育外显的形式把学生核心素养进一步量化，因此能够有效地对其进行定量的测评。

第 3 节　基于人的全面发展的“全人教育”

全人教育兴起于美国 20 世纪六七十年代，后传至欧洲、亚洲，现已形成了一场世界性的全人教育改革运动。全人教育有一整套教育思想，它以人的全面发展为主导，强调个体的多样性，强调经验和个体之间的合作，强调全人发展。这对我国传统的以技能学习和就业为导向的教育体制产生了巨大冲击，直接影响到了教育改革的理念指导、价值取向和培养方式。

全人教育是指充分发展个人潜能以培养完整个体的教育理念与模式。完整的个体可以从知识与修养、个人与群体、身心平衡三个方面来衡量。

全人教育强调学识修养与人格的平衡。教育的过程不仅是知识的传递与技能的训练，更应关注人的内在情感体验与人格的全面培养，达到人的精神与物质的统一。仅有专业的知识而无良好的品行，所培养的学生就成了有知识没文化的专业人士；缺乏对国家的认同、对民族的认同、对社会规则的认同，也不能为社会所用。这正是“立德树人”的意义所在。

全人教育重视个体与群体的平衡，寻求人与人之间的理解，鼓励自我实现，同时也强调真诚的人际交往和跨文化的人类理解。让学生在受教育过程中加深合作精神的体验，培养人与人相互理解的素养，同时将生活中的人际交往深化为人类跨文化的理解与信任，加强全球意识。

全人教育要求实现身心的平衡。身心的平衡是全人教育的基础，健全的体魄，需要靠有计划的行动得以实现；心性的涵养，依靠的是有远见的视野；灵性的形成，依赖的是信仰和追求。全人教育强调三者之间的有机统一，倡导培养一个健康的人，一个身体健壮、精神满足、灵魂昌盛的人，一个快乐的人，一个不断成长、完成自我并由此而成功的人。

今天我们提倡的素质教育，正是充分吸收了全人教育的思想，它们都强调人的全面发展，和全人教育在本质上相辅相成，从不同角度体现了全人教育理念和思想。

一、“五育并举”

2019 年 6 月，中共中央、国务院在《关于深化教育教学改革全面提高义务教育质量的意见》中明确提出了“**坚持‘五育’并举，全面发展素质教育**”的号召，把“立德树人，着力培养担当民族复兴大任的时代新人”放在教育的首位，特别强调了要“**围绕凝聚人心、完善人格、开发人力、培育人才……培养德智体美劳全面发展的社会主义建设者和接班人**”。

一是德育。要“**大力开展理想信念、社会主义核心价值观、中华优秀传统文化、**

生态文明和心理健康教育。加强爱国主义、集体主义、社会主义教育，引导少年儿童听党话、跟党走。加强品德修养教育，强化学生良好行为习惯和法治意识养成”。

二是智育。要“着力培养认知能力，促进思维发展，激发创新意识”。

三是体育。要“强化体育锻炼。坚持健康第一，实施学校体育固本行动”。

四是美育。要“增强美育熏陶。实施学校美育提升行动，引导学生了解世界优秀艺术，增强文化理解”。

五是劳育。要“加强劳动教育。充分发挥劳动综合育人功能，加强学生生活实践、劳动技术和职业体验教育”。

文件在“德智体美劳”五项教育方法上也做了详细的规定，并且特别指出要“注重启发式、互动式、探究式教学……探索基于学科的课程综合化教学，开展研究型、项目化、合作式学习”。

在实施途径上，提出了“打造中小学生社会实践大课堂，充分发挥爱国主义、优秀传统文化等教育基地和各类公共文化设施与自然资源的重要育人作用，向学生免费或优惠开放”。

“德智体美劳”五育并举的素质教育方向，其核心目标就是要培养一批坚定理想信念、厚植爱国主义情怀、有良好品德修养、爱党爱国爱人民爱社会主义的全面发展的社会主义事业接班人，为迎接即将到来的中华民族伟大复兴做好人才上的准备。

二、“三全育人”

中共中央、国务院在《关于深化教育体制机制改革的意见》文件中特别强调了“三全育人”。提出了“健全全员育人、全过程育人、全方位育人的体制机制”

的要求。

2018 年 5 月，教育部开展了“三全育人”综合改革试点工作，下发了《“三全育人”综合改革试点工作建设要求和管理办法（试行）》。分省市、普通高等学校、普通高等学校院系三个层级分别制定了“三全育人”建设标准。

所谓“三全育人”，是“全员育人、全程育人、全方位育人”三者的简称，具体来说：全员育人，是指由学校、家庭、社会、学生组成的“四位一体”的育人机制。“育人”绝不是学校一方的工作，而是全社会的事情，以学校、家庭、社会、学生自己共同参与所形成的合力，实现多方面、多角度、多层次育人。学校教育、家庭教育、社会教育要形成有机结合的一体，构建各级党政机关、社会团体、企事业单位及街道、社区、镇村、家庭共同育人的格局。要改变原有育人路径单一的局面，积极探索全员育人的多条路径，充分挖掘学校以外育人路径的潜力和作用。

全程育人是指学生在整个学业期间，都要注重思想品德教育，立德树人要贯穿始终，要时时刻刻贯穿于学生成长的每一个时间点或时间段，贯穿于学生学习生活的始终。这是从时间维度上对育人工作提出的明确要求。

全方位育人是指充分利用各种教育载体，包括校园文化建设、学风建设、诚信教育、社会实践等，将思想政治教育寓于其中。同时要注重培养支撑终身发展、适应时代要求的关键能力。在培养学生基础知识和基本技能的过程中，强化学生关键能力的培养。要渗透到学生学习、生活、科研、实践等各个领域。它从空间维度对育人工作提出要求，实现立德树人教育覆盖空间的最大化。

“三全育人”综合改革既是对当下育人项目、载体、资源的整合，更是对长远育人格局、教育体系、教育标准的重新建构。其核心是要把立德树人的思想融入教育各环节、各种教育类型、各种育人体系，要把立德树人融入思想道德教育、文化知识教育、社会实践教育各环节，贯穿基础教育、职业教育、高等教育各领域，学科体系、教学体系、教材体系、管理体系都要围绕这个目标来设计，教师要围绕这个目标来教，学生要围绕这个目标来学。

“三全育人”的提出，进一步健全了立德树人大中小幼一体化德育体系。针对不同年龄段学生，科学定位德育目标，合理设计德育内容、途径、方法，使德育层层深入、有机衔接，推进社会主义核心价值观内化于心、外化于行，为社会主义建设的需要培养合格人才，为学生的终身发展奠基。

三、六大育人途径

在育人方式上，2017 年 8 月，教育部在《中小学德育工作指南》中提出了“**课程育人、文化育人、活动育人、实践育人、管理育人、协同育人**”的德育教育途径。2019 年 6 月，中共中央、国务院在《关于深化教育教学改革全面提高义务教育质量的意见》中又进一步强调了六大育人途径的重要作用。

从社会教育的角度而言，笔者认为，六大育人方式应从更广泛的范畴去理解。一是德育范畴扩展到全领域的学科学习；二是从学校层面扩展到整个社会层面去认识。这样我们才能更好地理解课程育人、文化育人、活动育人、实践育人、管理育人、协同育人在建设社会公共教育服务体系中的作用。

1. 课程育人。

课程教学是学校教育最基本、最重要的形式，课程是教育思想、教育目标和教育内容的主要载体，集中体现国家意志和社会主义核心价值观，是学校教育教学活动的基本依据，直接影响人才培养质量。与此相应，学校的育人职能在任何时候，都无法在脱离课程教学的状态下获得完美实现。要切实加强课程教学在教育中的主渠道作用，强化学校育人能力培养；进一步明确各学段的教育功能定位，理顺各学段的育人目标，使其依次递进、有序过渡，充分体现教育规律和人才培养规律；积极开展跨学科主题教育教学活动，将相关学科的教育内容有机整合，发挥综合育人功能，不断提高学生综合运用知识解决实际问题的能力，使其成为创新人才培养的不竭动力。

2. 文化育人。

文以载道，文以化人。习近平主席指出，中国传统文化博大精深，学习和掌握其中的思想精华，对树立正确的世界观、人生观、价值观很有益处。优秀传统文化经过历代传承，沉淀出中华民族的宝贵精神品格，哺育了一代又一代华夏儿女，支撑着中华民族自强不息、薪火相传、走向复兴。对青少年学生而言，优秀传统文化既包含对民族文化、传统美德的坚守和认同，又有对我们党率领全国人民走过光辉历程所形成的光荣传统的铭记与传承。要结合时代特点和学生的认知习惯，坚持用优秀传统文化熏陶心灵，用原汁原味的革命文化和社会主义先进文化铸魂育人。

3. 活动育人。

活动育人是立德树人的重要教育手段，活动是青少年最喜闻乐见的参与形式。要精心设计、组织开展主题明确、内容丰富、形式多样、吸引力强的教育活动，以鲜明正确的价值导向引导学生，以积极向上的力量激励学生，促进学生形成良好的思想品德和行为习惯。要利用各种节日、纪念日集中开展爱党爱国、民族团结、热爱劳动、尊师重教、爱护环境等主题教育活动和仪式教育活动；要引领青少年主动参与其中，培育和践行社会主义核心价值观，体会讲文明、懂礼貌在生活中的作用和价值，养成遵守社会规则的良好习惯。

4. 实践育人。

陶行知说过：“教育要通过生活实践才能发出力量而成为真正的教育。”实践育人强调实践是教育的内在属性，其根本目的是逐步确立和发展学生在学习过程中的主体地位，使学生作为主体来变革自身，将各种紧扣现实生活，有目的、有计划的实践活动结合运用于教学过程中，将教与学，以及学校、学生、社会这三者紧密结合，突出实践性、自主性、趣味性、创新性，综合学生的知识与技能训练，在玩中学，学中悟，寓教于乐，在活动中发现和解决问题，体验和感受生活，发展实践能力和创新能力。以此来实现学习知识、育人成材的教育目的。

5. 管理育人。

管理在育人中是起到基础性、保障性作用的重要环节。要着力构建管理育人的机制和体系，提升管理育人质量。要以构建现代教育制度体系为保障，建立健全学校基本管理制度，不断推进教育治理能力和治理体系现代化。要从促进学生差异性、多样性、层次性的个性发展角度，构建有利于学生成长的制度设计，构建起学习管理、健康管理、生活管理、纪律管理、课堂管理、后勤管理等责任制度体系，使育人工作成为每一位教职工应尽职责、义务和自觉行动。

6. 协同育人。

教育生态的改善，依赖于社会生态的改善。同样，教育作为育人的长期工程，也会影响到社会生态的发展变化。对学生的成长教育是一个长期且容易反复的知、情、意、行的复杂过程，其中既有来自校内各因素的影响，也有来自校外多种因素的影响。教育工作不是一个人、一个部门、一所学校所能单独完成的，需要各育人主体形成教育合力，构筑协同育人共同体对学生开展教育工作。要积极争取家庭、社会共同参与和支持学校教育；建立健全家庭教育工作机制，构建社会共育机制。通过“共建、共研、共育”，积极探索“三全育人”有效途径和举措，利用好社会力量，实现社会资源共享共建，广泛整合社会资源，共同开展有利于学生健康成长的社会活动，建设学生健康成长的社会大课堂。

四、新时代教育要完成由“教”向“育”的转变

我们通常把“教育”作为一个词使用，其实，它包含着“教”和“育”两重内涵。

在《说文解字》中，对“教”的解释是：“教者，上所施，下所效也。”在《现代汉语词典》中，把“教”解释成知识或技能传授。“教”有以下几个特点：

“教”的主体是“上”：教者在对知识、文化、规范、礼仪上与受教者相比处于较高地位，强调是教育者意志；“教”的过程是施教：通过施教和给予，使受教者从生物意义的人成长为社会的人；“教”的过程是个体社会化的过程，强调的是受教者对外部力量所施内容的学习和内化；“教”的过程是以共性同化个性的过程，是用人类或集体共同的价值和准则去“化”个体的过程。

从中我们可以看出，“教”的过程是用人类或集体共同的价值和准则去“化”个体的过程，用共性、统一的东西同化个体，建立其文化认同、道德认同、法律认同并使之逐渐融于社会。这正是培养社会公民的过程。

而“育”则有本质的区别。《说文解字》中解释“育”为：“养子使作善也。”“育”的主体是作为个体的受教者，从受教者心灵入手，育其观念，唤其热情，激发受教者内在的道德意识、学习欲望和生命潜力，使每一个个体的天性和能力得到充分发展，成长为独特的个体。“育”的主导者是教育者，其目的是培养全面发展、富有创造力的个体。

“育”的作用有四。

1.“育”侧重培养学生美好的情感和爱美向善的优良品质。保留或培养学生作为人的一切最朴素、纯真的美好情感，如爱心、同情心、宽容、理解等，并用人类一切最优秀的精神文明成果，包括哲学、艺术、道德、科学等滋养他们，激发他们爱美向善的品性，使他们成长为心理健康、精神高贵的人。

2.“育”侧重激发受教者对事物的兴趣、好奇心，培养其探究和学习的能力。在今天这样一个日新月异、知识呈几何级数增长的时代，仅仅灌输、传递、储存知识已经远远不够，教育者应努力引导受教者学会自由探索、自主学习的方法和能力。这是获得一切知识的基础。

3.“育”侧重培养受教者的想象力和创造力。想象力和创造力是人的核心所在。这是人类科学发展和社会发展的基础和条件。

4.“育”强调培养学生选择、审视、反思和批判的能力。社会必须培养有创造力和批判精神的个体，使个体不断超越自己、超越现实，从而推动社会进步。个体依赖社会，认同社会，还必须超越社会，推动社会进步，这才是教育的根本目的。

“教”和“育”是教育活动的一体两面，“教”是“育”的基础和手段，为“育”提供了良好的文化环境和精神营养。“育”是“教”的目的和归宿，它不仅使“教”得以深化，使人类已有文化得到传承，而且使之经由个体的选择、学习和创造，得以不断新生、成长和发展。二者相互依赖、相互促进。

然而，在传统的学校教育体制中，“教”的成分要远远大于“育”的比重。传统课堂造就了传统的师生关系。在教学中，教师是主动的，是支配者，学生是被动的，是服从者。教师、学生、家长以至全社会都有一种潜意识：学生应该听从教师，听话的学生才是好学生；教师应该管住学生，不能管住学生的教师不是好教师。师生之间不能在平等的水平上交流意见，甚至不能在平等的水平上探讨科学知识。

传统课堂主要是以教师的主动讲授和以学生的被动反应为主要特征，教师往往注重通过语言讲述和行为指导来实现知识的传授，在教学过程中教师的主导地位倾向突出，而学生的主体地位却被习惯性地忽视。学生的学习地位得不到充分体现和尊重，学生完全处于一种被动的学习状态，严重缺乏主动性和创造性。我们更多地强调纪律的严肃性，纪律的一致性， 纪律的不可逾越性。岂不知这种冰冷的纪律往往成了限定学生听课行为的障碍和樊笼，成为严重影响学生的思维方式和行为方式的根本原因。

传统的教学模式忽视了教学中的情感因素，过分的规矩更扼杀了学生潜在的创造才能，压抑了学生的思想情感，致使学校、教师成为学生心灵残障的制造者，严重束缚了学生学习的积极性、主动性和创造性。

“重结果轻过程”是传统教育的痼疾。传统教学关注结论的记取，却忽视学生对知识的体验过程。教师习惯于将知识嚼烂后喂给学生。这种教学模式剥夺了学生思考的权力，导致学生只会死记硬背，而缺少质疑、创新的能力，客观上形成了对学生智慧的扼杀与个性的摧残。

其结果就是应试教育泛滥，考试成绩成为衡量教育效果的唯一标准。应试教育强调的是“两眼一睁开始竞争”，学生的学习动力极端功利化、自私化、庸俗化，带来的是责任感的缺失。造成的恶果是：压抑了学生学习的自信与积极性，使学生不能清醒地认识自我，反思自我，学生自主学习、自主发展的能力与品质得不到应有的训练与培养，学生的个性健康发展受到了极大影响。

今天我们强调“育人”，其核心是“全人教育”。教育应当促进每个人的全面发展，即身心、智力、敏感性、审美意识、个人责任感、精神价值等方面的发展，应当使每个人能够形成一种独立自主的、富有批判精神的思想意识以及独立的判断能力，由自己确定在人生各种不同的情况下认为应该做的事情，这就是“以人为本”的教育思想的精髓。

正如斯普朗格所说：“教育绝非单纯的文化传递。教育之为教育，正在于它是人格心灵的‘唤醒’。这是教育的核心所在。”教育最终目的不是传授已有东西，而是把人的创造力量诱导出来，将生命感、价值感“唤醒”。

我们不否认“教”的价值与作用。人之所以成为人，首先是其具备的社会属性，基于社会本位，“教”的意义就在于使每一个社会成员对社会道德和法律及社会规则产生认同意识，并自觉遵守社会规则，维系社会稳定。如果没有“教”，个体个性和能力的发展就是盲目的，人就毫无约束和规范，也会因对自然规律和社会规范缺乏敬畏之心而为所欲为。如果只有“教”，那么个体就可能成为现有规范的奴隶，成为制度体系下教育流水线上一件件千人一面的成品。当人缺乏对现有社会进行批判和变革的勇气与能力时，社会就难有进步。

诚如西塞罗所说，教育是让学生摆脱现实的奴役，而非适应现实。既摆脱人类已有的不合理的社会制度、礼仪规范，又超越人类对自然、社会等诸多领域的现成认识，不断发现和创新，使人类社会从制度体系到文化科学知识都不断进步，才有今天的成就和明天的辉煌。

五、新时代教育要解决由“学”向“习”的转型

知识的掌握是理解，能力的形成才是学习的结果。而知识掌握过程和能力形成的过程两者结合起来才是学习本身。知识是用来思维的元素，如果说知识就是种子，那么思维就是耕种，当我们把知识用思维耕种到大脑里的时候，只是一个认知过程，知识并不能转化成力量。这一过程为知识的内化过程。只有学生将所学的知识在实践过程中得以印证，由知识内化上升为能力外显，才能转化为学生的学习经验，否则知识就是无用的垃圾在大脑里堆积。

学生是学习的主体，一切教育活动都应围绕学生展开，多年以来，课堂教学所追求的是循着课前精心设计的教学程序，采用一连串的追问，牵着学生亦步亦趋地接受一个又一个的结论。教师好像是导游，拿着旗子在前面喊，学生跟着队伍走，无法停下来按自己的需要去选择，用自己的头脑去思考。这无疑在客观上阻碍了学生思维独立性和创造性的培养与发展，致使学生在思考问题方面存在着比较严重的模仿性和依赖性。

在《说文解字》中，对“学”与“习”的解释是：“学，觉悟也。”“习，数飞也。”从会意字角度分析，习（習）从羽，与鸟飞有关，本义是小鸟反复地试飞。意即持续的练习，也就是实践。

在今天知识爆炸的时代，掌握知识的多寡已不再重要，而如何掌握知识才是至关重要的。基础教育的任务已不仅仅是传授知识，更重要的是让学生掌握学习的方法，使其具备探究精神和实践能力，培养其终身学习的愿望和能力。

因此，改变单一的接受性学习方式，通过探究性、参与性、体验性和实践性学习，实现学习方式的多样化，确立学生在课程中的主体地位，建立起学生自主、探索、发现、研究以及合作学习的机制，从而促进学生知识、技能、情感、态度与价值观的整体发展。这是我国基础教育课程改革的重要目标之一。

要实现由“学”向“习”的转型，需要完成三个转变。

一是引导学生由“要我学”向“我要学”的转变。“我要学”是基于学生对学习的一种内在需要，“要我学”则是基于外在的诱因和强制。学生学习的内在需要一方面表现为学习兴趣，另一方面表现为学习责任。当学生有了学习的兴趣时，学习活动对他来说不是一种负担，而是一种享受、一种愉快的体验。有兴趣的学习会事半功倍。反之，如果学生的学习是在被逼迫的状态下被动地学习，学习的效果必定是事倍功半。如果学生自己意识不到学习的责任，不能把学习跟自己的生活、生命、成长发展有机联系起来，这种学习就不是真正的自我学习。只有当学习的责任真正地从教师身上转移到学生身上，学生自觉地担负起学习的责任时，学生的学习才是一种真正有意义的学习。

二是引导学生由“我要学”向“我能学”转变。传统教学使学生长期处于被动状态，学生在长期压抑的课堂环境中失去了独立性，丧失了自我信心。实际上，每个学生都有潜在和显在的独立学习能力，都有独立的要求，都有表现自己独立学习能力的欲望。现代教育倡导自主学习的方式，其本质就是把学生的这种学习能动性、有效性和独立性释放出来。由老师“教我学”到学生“我能学”。

三是引导学生由“我能学”向“我会学”转变。传统教育是“接受式”教育，强调机械地训练和死记硬背，学生们只是在记住前人的知识，没有探究，没有发展，没有创新。由“接受式”学习向“自主、合作、探究”的学习方式转化，必须要让学生在实践中去亲身经历，在学生掌握一定学习策略保障的基础上，引导学生“经历过程”。因此，教学不能只“重结果”，更应“重过程”。“重过程”则是要求把教学的重点放在过程，放在揭示知识形成的规律上，让学生通过“感知—概括—应用”的过程去发现真理，掌握规律。

六、新时代教育要实现由“知”向“识”的跨越

教育心理学家本杰明·布鲁姆将学问分为知识理解、应用分析、综合评价、数字类别。由此“知识”可分为知道、常识、见识等形态以区别。这里的“知”不是知识的知，而是“知晓”。而“识”则更强调理解、分析和应用。

传统教育仅仅停留在学生对传统意义上的学科知识或书本知识知晓的基础上，停留在学生的认知层面，较少关注学生的直接经验，也很少给学生留下动脑、动手、动眼、动口的时间和空间。学生学习书本知识（间接经验）时往往脱离他们自己的直接经验，在接受书本知识时也不能把概念原理建立在他们的感性经验基础之上。这样学生对书本知识只好生吞活剥，呆读死记，不能真正理解，更不能把书本知识运用于实际。机械性接受学习和机械性的学习训练严重扼杀了学生的创造性和主动性。

新课程强调关注学生的经验，在课程实施中“倡导学生主动参与、乐于探究、勤于动手”，强调“注重培养学生的独立性和自主性，引导学生质疑、调查、探究，在实践中学习”。这正是互联网知识爆炸时代所引发的教育变革的客观要求。

学习知识与学会学习同等重要，认知知识是运用知识的前提。让学生学会学习正是以掌握知识为基础才能形成的，而且也只有在学习和掌握知识的过程中才能真正学会学习。至于知识中的程序性知识更是直接构成能力的一种要素。而加强知识与学生生活的联系，要求学生通过亲身的参与、行动和实践，获得对知识的性质、过程和方法的理解性认识则是掌握知识、运用知识的根本目的。“实践出真知”，“纸上得来终觉浅，绝知此事要躬行”讲的都是这个道理。

随着人类迈入信息化社会和互联网时代的到来，云计算、大数据、人工智

能等技术的迅猛发展，学校教育的内外环境、组织形式和功能作用正在发生巨大的变化。“知识”的概念已经被重新定义，联合国教科文组织在 2015 年 12 月发布的《反思教育：向“全球共同利益”的理念转变》报告中指出：“过去，把教育理解为有计划、有意识、有目的和有组织的学习。正规教育和非正规教育都是制度化的。但是人的许多学习是非正式的。这种非正式学习是所有社会化经验的必然体验。”当今学生的知识获取渠道变得更加宽阔，既有书本学习，也有实践学习；既有课堂学习，也有校外学习；既有制度化学习，也有非正规的学习。教育的发展趋势从传统教育机构转向混合、多样化的学习格局，学校教育和正规教育机构与其他非正规教育经验形式开展更加密切的互动。

社会化融合将是未来教育的一种态势，校园将是一个开放的空间，和社区、社会充分地融为一体，公共设施如体育场地、图书资料等都是与社会和社区共享的，通过智能终端就可以方便地查询和阅读。未来的教育将会有越来越多的课程由社会专家等组成的志愿者团队来实施。未来的课堂教学，将有很多是在大自然、社区、厂矿和企业的作业场所中进行，永恒的大自然、丰富的社会生活为学生们提供着丰富的课程资源。未来的学习，在突出个别化学习的同时，更加强调同伴互助。混龄混班学习将成为一种常态，各种教育力量的整合与运用，将成为学生学习过程中主动思考和实践的要素。

实践教育作为一种新的思维方式和教育观，同样也是一种新的育人模式，是达到知行统一的根本途径，它把实践融入学生学习和生活之中，符合素质教育的本质要求。以学生自主选择的、直接体验的、研究探索的学习为课程基本方式，以贴近学生现实的生活实践、社会实践、科学实践的主题为学习的基本内容，以学生个性养成为课程基本任务的综合实践活动课程和研学实践活动的提出正是基于这一时代发展的大背景下而确立的现代教育新模式。

第二章 CHAPTER 2

综合实践活动课程与研学实践教育

综合实践活动是在教师引导下，学生自主进行的综合性学习活动。作为一种独立形态的课程，综合实践活动课程尤其注重学生多样化的实践性学习方式，是以知识结果的获得为直接目的的学习活动。综合实践活动课程强调多样化的实践性学习，如探究、调查、访问、考察、操作、服务、劳动实践和技术实践等。研学实践教育正是建立在综合实践活动基础上的一种社会实践教育方式。

要认识研学旅行教育，就必须了解综合实践活动课程。在教育部《中小学综合实践活动课程指导纲要》中，研学旅行是在综合实践活动课程的四大活动方式“考察探究”“社会服务”“设计制作”“职业体验”中具体表达出来的。具体而言，是在“考察探究”一项中以活动方式举例的形式提出的。

考察探究是学生基于自身兴趣，在教师的指导下，从自然、社会和学生自身生活中选择和确定研究主题，开展研究性学习，在观察、记录和思考中，主动获取知识，分析并解决问题的过程，如野外考察、社会调查、研学旅行等，它注重运用实地观察、访谈、实验等方法，获取材料，形成理性思维、批判质疑和勇于探究的精神。考察探究的关键要素包括：发现并提出问题；提出假设，选择方法，研制工具；获取证据；提出解释或观念；交流、评价探究成果；反思和改进。

因此，在论及研学旅行教育之前，有必要对综合实践活动课程做一个简单的梳理。

第1节　综合实践活动课程的理念与意义

2001年2月，国务院施行《基础教育课程改革纲要（试行）》，标志着我国基础教育进入一个崭新的时代——课程改革时代。这次改革不是对课程内容的简单调整，不是新旧教材的替换，而是一次以课程为核心的波及整个教育领域乃至全社会的系统改革，是一场课程文化的革新，是教育观念与价值的转变，涉及课程的理念、目标、方法、管理、评价等方面。《纲要》从课程目标、内容等方面提出了改革的着眼点和最终归宿——“为了中华民族的复兴，为了每位学生的发展”。这一基本的价值取向昭示了我国基础教育课程体系的价值转型。新课程改革顺应时代发展的需要，决心彻底扭转传统应试教育的弊端，以培养学生健全的个性和完整的人格为己任，以构建符合素质教育要求的新的基础教育课程体系为目标，明确了课程改革的基本理论。

一、综合实践活动课程与实践教育的发轫

新课程改革整体设置了九年一贯的义务教育课程，并制订了国家课程标准作为地方教材编写、教学、评估和考试命题的依据，实行国家基本要求指导下的教材多样化政策，鼓励有关机构、出版部门等依据国家课程标准组织编写中小学教材。建立教材编写的核准制度和教材审查制度。而最核心的改革是设置了综合实践活动课程，并纳入国家课程的必修课程。

《基础教育课程改革纲要（试行）》规定，从小学至高中设置综合实践活动并作为必修课程，其内容主要包括：信息技术教育、研究性学习、社区服务与社会实践以及劳动与技术教育。《纲要》强调了综合实践活动课程的作用和意义。综合实践活动课程是一门面向全体学生开设，以学生自主选择、直接体验、研究探索的学习为课程基本方式，以贴近学生现实的生活实践、社会实践、科学实践的主题为课程基本内容，以学生个性养成为课程基本任务的非学科性课程。

综合实践活动课程具有以下几个特点。

1. 综合性：对任何主题的探究都必须体现个人、社会、自然的内在整合，体现科学、艺术、道德的内在整合。

2. 实践性：综合实践活动课程的展开往往以各种活动为载体，强调学生通过活动或亲身体验来进行学习，但不是为活动而活动，要让学生在活动中学习，通过行动来学习。这种行动是“知与行”、“动手与动脑”的结合与统一，是

真正具有“育人”价值的综合实践活动，学生在活动结束时应当有所知、有所得、有所悟。对综合实践活动课程来讲，活动只是一种教学的手段与方法，活动本身不是目的。

3. 开放性：综合实践活动课程面向学生完整的生活世界，其内容与学生个人的生活或现实社会紧密相连，往往表现为一个没有固定答案的开放性问题，要解决这样的开放性问题，学生不可能到书本上去找现成的答案，只能通过自己的努力去探索、去发现，才能找到可能的答案。

4. 生成性：综合实践活动课程的展开很少从预定的课程目标入手，它常常围绕某个开放性的主题或问题来展开。随着活动的不断展开，新的目标、新的问题、新的主题不断生成，学生的认识和体验不断加深，创造性的火花不断迸发，这便是综合实践活动课程具有“生成性”的集中体现。

5. 自主性：综合实践活动课程的实施注重从学生的兴趣与经验出发，强调学生的自主选择与探究。学生不仅可以选择学习的内容、进度与方式，还可以对自己的学习过程或结果进行评价与反思。

从教育的本质而言，综合实践活动课程的设置，标志着实践教育的理念正式进入我国义务教育和普通高中的课程体系。课程的目标定位是学生能从个体生活、社会生活及与大自然的接触中获得丰富的实践经验，形成并逐步提升对自然、社会与自我联系的整体认识，具有价值体认、责任担当、问题解决、创意物化等方面的意识和能力，而不是通常意义的学生课外活动。

这是一种离开了书本的真正意义上的实践活动课程。这是离开了传统的课堂知识传授为主导的社会实践活动课程。这是一个真正以学生为主体的、让学生在真实的社会生活中收获经验、印证知识、创意物化的“育人”教育。这是一门不是课的“课”。

综合实践活动课程虽然脱离了传统的课堂教学，但它对学生的成长作用却比课堂知识学习更加重要。中国教育的优势在于学生基础知识掌握得非常扎实，但学生的创新能力、责任意识、实践能力则明显是短板。因此，强调教育与生产劳动、社会实践相结合的综合实践活动，关乎未成年人社会责任感、创新精神和实践能力等核心素养的提升，对于弥补教育短板具有不可估量的价值。

从课程性质上讲，综合实践活动课程属于国家规定的中小学必须开设的“必修课程”，本质上属于活动课程的范畴，强调学生从活动中学习、从经验中学习、从行动中学习。这也被称作“经验课程”，是一种独立于“学科课程”之外的课程形态，它不是其他课程的辅助或附庸，而是与其他课程具有等价与互补性、有着自己独特功能的课程形态，它代表着我国基础教育领域课程体系的结构性突破。

综合实践活动是从学生的真实生活和发展需要出发的。这里，书本知识的学习已经不是学生知识获得的唯一有效的途径。学生需要在教师的指导下，从生活情境中发现问题，转化为活动主题，通过探究、服务、制作、体验等方式，培养学生的综合素质。这种具有跨学科、动态开放性特点的综合实践活动课程，不同于任何一门课，在活动过程中，教师不能用上课的方式去教学生，而要成为学生综合实践活动组织者、参与者、促进者。从严格的课程分类上讲，这是属于综合理科教学的范畴。这本是英联邦国家教育的基本形式，而苏联及东欧社会主义国家的教育体系都是分科教学的教育体系。我国自 60 年代起也沿用了分科教学的教育模式。这就暴露了一个问题，我们的教师队伍都是严格地按照学科教育的方法成长起来的。老师很难适应这种突然变化的综合实践活动教学的课程改革，这也成为综合实践活动课程步履蹒跚的重大难点。

从另一个层面来说，综合实践活动课程是基于学生经验，密切联系学生的生活和社会实际，体现对知识综合应用的学习活动。教师的职能是为学生与自我以及外界之间的良性互动架起桥梁。它颠覆了传统的以教师为主体、以“教”为主的教育方式，而转化为以“育”“习”为主的学生成长教育模式。正是基于这一基点的起步，以学生为主体的现代教育思想在我国教育领域中得以逐步发展并确立起来。

二、《中小学综合实践活动课程指导纲要》的正式颁布

2006 年，经国务院批准，综合实践活动被列为《国家科学与技术中长期发展纲要》配套政策予以实施。为了落实《基础教育课程改革纲要（试行）》的精神，帮助广大中小学教师、各级教育行政部门管理人员理解和实施综合实践活动，教育部基础教育课程教材发展中心建立了“新课程综合实践活动项目组”。2007 年，委托华中师范大学郭元祥教授继续领衔开展“综合实践活动课程的研究与实验”项目研究。历经数年的研究，几易其稿，终因争议太大而搁置，后由中央教育科学研究所又组织一批专家学者，在广泛征求了各方意见，同时吸收了国际上的先进经验，历时三年多，最后形成了今天的《中小学生综合实践活动课程指导纲要》。

2017 年 9 月，教育部颁布了《中小学综合实践活动课程指导纲要》。这个经历了近 17 年的我国基础教育改革影响最大、改革尺度最大的课程改革文件一出台，就引起了教育界的广泛反响，也成为第二轮新课改的焦点。

自 2001 年综合实践活动进入学校课程领域，历时 16 年，综合实践活动的课程建设经历了从课程内容开发研究，到有效实施策略探讨，以及对综合实践活动方法论教学研究等艰辛的历程。从起步阶段的国家实验区试行，到目前在学校广泛实施，综合实践活动课程走向常态化教育，已经成为新课改的老大难问题。究其原因，应该有以下几方面。

一是高考改革的步伐滞后。在新高考出台学生综合素质评价指标之前，我国高考改革还是沿用着以纯分数为高考录取的唯一标准。我们必须承认，在目前我国教育体制下，高考依然是教育改革的风向标。它既是高校选拔人才的目

标和标准，实质上也反映出社会对需要什么样优秀人才标准的具体体现。许多地方尽管综合实践活动搞得轰轰烈烈，但一到了小学六年级、初三和高三年级，所有课外活动一律停止，学生又回到天天刷题、做题、测题的恶性循环之中。即使是 2014 年出台的研学旅行教育的文件，也明确把初三、高三年级排除在外，出现了研学实践教育“瘸腿”这一奇特的现象。

新一轮高考招生改革将深刻地改变这一点。尽管这种改变可能是逐步的、渐进的，但不以一考定终身，而代之以学生综合素质评价指标的测评，将成为我国课程改革的有力抓手。这种适应未来时代和科技发展的具有前瞻性的考试改革，将从根本上改变人才的选拔机制，未来如何，我们将拭目以待。

二是地方教育行政部门督导的力度不足。综合实践活动课程作为一门新兴的实践课程，地方教育行政机关对此重视的程度不够。许多地方没有建立对综合实践活动课程执行情况的监督评价机制；有些地方教育行政部门在进行教育教学质量评估监控时，年年监控语文、数学、外语等学科课程，而没有给综合实践活动课程留下空间；一些学校将综合实践活动课程安排进入课表，实际却形同虚设，综合实践活动课时随意被学科课程占用的现象普遍存在；同时，各地对综合实践活动教育研究人员、指导教师的配备、安排比较随意，大多区县级没有综合实践活动专门的教研人员，即使有的配备了，也是身兼数职，没有给予足够的重视。

三是安全问题。综合实践活动课程必然要让学生走出校门，走到社会上去，在亲历生活实践的基础上去发现问题、解决问题，从而达到提高自己的目的。这就出现了一个安全的问题。许多学校领导在组织未成年人出行的问题上犹豫不决，生怕学生在外出的过程中出现人身伤害事故。特别是在教育行政部门督责不紧的情况下，更是得过且过，多一事不如少一事。这也是导致综合实践活动课程难以广泛开展的普遍性原因。

四是综合实践活动作为综合理科教学的一种全新的教学模式，致使教师的课堂教学方式发生根本性改变，教师要随着学生学习方式的转变而重新建立多学科融合的教学方式。换言之，就是要构建旨在培养创新精神与实践能力的学习方式和与之相适应的教学方式。要注意培养学生的科学思维品质，鼓励学生对书本的质疑和对教师的超越，赞赏学生富有个性化的理解和表达；要积极引导学生从事科学实践活动和实验活动，引导学生进行合作学习、实践性学习、体验学习和创新性学习，培养学生乐于动手、勤于思考、敢于实践的意识和习惯，切实提高学生的动手能力和实践能力。

然而，我国的教师队伍都是严格地按照学科教育的方法成长起来的。因此，老师很难适应这种学科融合的综合实践活动教学，导致了综合实践活动课程执行不畅，加上地方教育行政部门职能缺乏整合，研训不能很好结合，致使教师对综合实践活动课程的实际教学能力严重不足。

在《中小学综合实践活动课程指导纲要》文件后面，专门按小学 1—3 年级、4—6 年级、初中、高中四个学段列举了开展综合实践活动课程的 152 个活动案例。其目的就是让基层中小学校教师能够有选择地参考上述活动案例照猫画虎地操作实施。这一方面体现了我国教育行政部门的政策制订者的煞费苦心，另一方面也说明了综合实践活动课程在基层普遍推广的艰难。

在国外，社会公共教育服务体系比较成熟，教育的综合实践活动被童子军组织、民间公益组织、社区管理组织所分解，学校只是起到辅助和输送的作用。而在我国的中小学，由于教育的封闭性，学生没有机会也没有时间走出校门，投入到广阔的社会空间去获得自身的全面发展。因此，教育改革以综合实践活动课程的形式推动学校打开大门，以学生社会实践的经验学习弥补学校教育的缺失，这是国家基础课程改革推动我国中小学教育发生的一次历史性变化。研学旅行政策的出台，正是基于中小学校实施综合实践活动课程过程中出现的社会化服务缺失应运而生的。

第2节 研学旅行教育的提出与导向

一、研学旅行是新时代促进经济发展的一项国策

2013年2月，国务院颁布了《国民旅游休闲纲要（2013—2020年）》，提出“稳步推进公共博物馆、纪念馆和爱国主义教育示范基地免费开放。城市休闲公园应限时免费开放。稳定城市休闲公园等游览景区、景点门票价格，并逐步实行低票价。落实对未成年人、高校学生、教师、老年人、现役军人、残疾人等群体实行减免门票等优惠政策。鼓励设立公众免费开放日。逐步推行中小学生研学旅行”。这是最早提出研学旅行的国家级层面文件。

《纲要》提出，中小学生研学旅行是以“满足人民群众日益增长的旅游休闲需求，促进旅游休闲产业健康发展，推进具有中国特色的国民旅游休闲体系建设”为目的的。因此，从根本上来说，中小学生研学旅行是基于我国经济发展的需要，在人民群众日益增长的生活水平逐步提升的基础上，在假日旅游、休闲旅游的基础上进一步满足旅游市场的需求，探索“旅游＋教育”新业态的发展模式，拉动中国经济发展的一项举措。

但是，将旅游导入教育领域，势必导致旅游的概念、性质、内容和方式产生根本性的变化和要求。《纲要》也明确指出了，中小学生研学旅行是“……学校组织学生进行寓教于游的课外实践活动”。作为具有教育属性的“研学旅行”，势必遵循教育的基本规律，实现教育的“立德树人”“以人为本”“全面发展”的育人理念。换言之，面向中小学生的“研学旅行”，必须是有明确教育目的、有明确学习方式（课外实践活动）、有具体目标指向、有一定育人效果的教育行为，

而不是“吃住行，游购娱”的旅游业态。

2014 年 8 月，国务院发布《关于促进旅游业改革发展的若干意见》。进一步提出“积极开展研学旅行。按照全面实施素质教育的要求，将研学旅行、夏令营、冬令营等作为青少年爱国主义和革命传统教育、国情教育的重要载体，纳入中小学生日常德育、美育、体育教育范畴，增进学生对自然和社会的认识，培养其社会责任感和实践能力”。

《意见》同时也明确了中小学生研学旅行的学段、范围和研学旅行基地建设要求。要“按照教育为本、安全第一的原则，建立小学阶段以乡土乡情研学为主、初中阶段以县情市情研学为主、高中阶段以省情国情研学为主的研学旅行体系。……支持各地依托自然和文化遗产资源、大型公共设施、知名院校、工矿企业、科研机构，建设一批研学旅行基地，逐步完善接待体系。鼓励对研学旅行给予价格优惠”。

《意见》最后对我国旅行业的发展做出了明确的指标要求。即“到 2020 年，境内旅游总消费额达到 5.5 万亿元，城乡居民年人均出游 4.5 次，旅游业增加值占国内生产总值的比重超过 5%”。而这其中，占全国人口近三分之一，人口总数 4.2 亿的中小学生研学旅行的贡献将占据重要比重。

由此可以看出，中小学生研学旅行是一项促进我国经济发展的重要国策，也是我国在向后工业化转型过程中一个重要的经济增长点。

此后，在 2015 年 8 月国务院办公厅《关于进一步促进旅游投资和消费的若干意见》和 2017 年 1 月国务院印发的《国家教育事业发展“十三五”规划》中，都进一步提出把研学旅行纳入学生综合素质教育范畴。支持建设一批研学旅行基地，建立健全研学旅行安全保障机制，鼓励有条件的地区开展中小学生研学旅行和各种形式的夏令营、冬令营活动，推出一批具有良好示范带动作用的研学旅行基地。

二、研学旅行在教育概念上的界定

2016 年 11 月 30 日，教育部联合国家发展改革委员会、公安部、财政部、交通运输部、文化部、食品药品监管总局、国家旅游局、保监会、共青团中央、中国铁路总公司，下发了《关于推进中小学生研学旅行的意见》。

文件对中小学生研学旅行明确作了概念上的诠释：中小学生研学旅行是“**由教育部门和学校有计划地组织安排，通过集体旅行、集中食宿方式开展的研究性学习和旅行体验相结合的校外教育活动，是学校教育和校外教育衔接的创新形式，是教育教学的重要内容，是综合实践育人的有效途径**”。这一说法的提出，对《国民旅游休闲纲要》提出的“中小学生研学旅行”做了全面细致的解释。

从组织方式上，中小学生研学旅行是由“**教育部门和学校有计划地组织安排**”施行的，而不能是由社会单位或旅游部门独立操作实施的。既然是教育部门和学校有计划地组织安排实施的教育行为，那么必然要将之纳入学校的教育计划，它与学校组织的春游、秋游有本质的区别，是学校课程实施的一个有机组成部分。结合第二轮新课改和新中高考改革的措施，研学旅行教育的成果呈现必然会成为学生综合评价成绩中社会实践环节的重要参考依据和来源，也必将成为各级教育行政部门和学校开展综合实践活动课程的基本途径。

从教育形式和学习方式上，中小学生研学旅行是“**研究性学习和旅行体验相结合的校外教育活动**”。这里既界定了研学旅行教育“行”的特点，也明确了研学旅行实践活动的具体方法，就是“研究性学习和体验学习”。既然是“行”，那么就必须要走出校门，“读万卷书，行万里路”是研学旅行教育的最好诠释。走出去不是走马观花地“看”和“听”，而是要让学生开展“研究性学习”和“体验学习”。要让学生在行中“学”，行中“践”，行中“研”，行中“思”，行中“悟”，行中“得”。

从教育理念上，中小学生研学旅行是“**学校教育和校外教育衔接的创新形式……是综合实践育人的有效途径**”。这里所提出的学校教育和校外教育的衔接既是“大校外”的概念，也是“全员育人”的具体落实。同时这里还突出了综合实践育人的教育目标，这与教育部《中小学综合实践活动课程指导纲要》的意义是完全一致的。

值得注意的是，文件把研学旅行界定为“创新性”的教育。这正说明了研学旅行教育作为一个新生事物在今天教育改革中的价值。作为在新的历史发展阶段出现的一种全新的教育形式，研学旅行教育正是基于国民经济的极速发展、人民生活水平日益提高、社会教育责任感普遍增强的基础上应运而生的。它既反映了我国社会主义事业发展的旺盛生命力，同时也体现了广大人民群众对提升教育水平的迫切渴望和需求。

研学旅行的“创新性”也说明了研学旅行教育的探索性和发展性。作为一个新生事物，从传统学校教育而言，研学旅行需要教育资源的转化、教育方式方法的创新、教学评价的多样化的变革。而这些，也是对学校管理者和教师的巨大挑战。从教育社会化服务的角度而言，研学旅行教育的组织、管理、服务都需要学校的管理者和研学基（营）地以及承办单位在工作实践中积极配合，探索适合学生集体出行、合作学习、安全管理的规范性措施和方法；交通、铁路、住宿、餐饮、保险、景点等各行业、各部门也需要针对学生的集体出行和团队学习制订行之有效的行业管理措施及优惠措施。这些尚需要各行各业各部门的积极配合，共同营造为青少年学生在社会生活的实践中全面发展的条件。这也是教育部等 11 部联合下发研学旅行工作文件的意义之所在。

那么，研学旅行教育的目标是什么？《意见》也对此做了明确的阐述。

研学旅行以立德树人、培养人才为根本目的，以预防为重、确保安全为基本前提，让中小学生在研学旅行中感受祖国大好河山，发扬传统美德，继承革命传统，传承优秀传统文化，感受改革开放伟大成就，增强对坚定“四个自信”的理解与认同。引导中小学生学会动手动脑，学会生存生活，学会做人做事，促进身心健康、体魄强健、意志坚定，促进形成正确的世界观、人生观、价值观，培养他们成为德智体美劳全面发展的社会主义建设者和接班人。

教育改革的基本理念就是全面实施素质教育，全面落实立德树人的根本任务，系统推进育人方式、办学模式、管理体制、保障机制改革，使各级各类教育更加符合教育规律，更加符合人才成长规律，更能促进人的全面发展，着力培养德智体美劳全面发展的社会主义建设者和接班人。新课改与重知识重技能的传统教育的一个显著的差别，就是将教育作为一个动态开放的过程，强调从真实的生活和发展需要出发，以培养具有高度社会责任感、实践能力、创新精神和创新思维的社会发展所需要的人才。

研学教育的提出，充分调动了社会自然资源、红色资源、文化资源、体育资源、科技资源、国防资源和企事业单位资源的育人功能，推动学校教育、家庭教育、社会教育的有机结合，构建各级党政机关、社会团体、企事业单位及街道、社区、镇村、家庭共同育人的格局，建设我国社会公共教育服务体系，这也必将促进我国教育生态环境产生重大变革。

三、研学旅行概念的进一步深化——研学实践教育

2016 年 12 月，国家旅游局发布了《研学旅行服务规范》。文件中把中小学生研学旅行定义为一种“**依托旅游吸引物等社会资源，进行体验式教育和研究性学习的一种教育旅游活动**”。同时，还把研学旅行实践教育明确定义为“旅游产品”，并按该产品的资源类型分为知识科普型、自然观赏型、体验考察型、励志拓展型、文化康乐型；把研学旅行实践教育列入旅行社的教育服务项目，分为健身、健手、健脑、健心项目等。这一定义与教育界所定义的研学旅行产生了一定的分歧。

教育部等11部门发布的《关于推进中小学生研学旅行的意见》中明确规定:“中小学生研学旅行是由教育部门和学校有计划地组织安排，通过集体旅行、集中食宿方式开展的研究性学习和旅行体验相结合的校外教育活动，是学校教育和校外教育衔接的创新形式，是教育教学的重要内容，是综合实践育人的有效途径。”《意见》明确要求中小学生的研学旅行“活动要有方案，行前要有备案，应急要有预案”，要做到有主题、有任务、有线路、有人员分工、有时间安排，也就是说要有一套完整的教育教学组织管理程序。

由于研学实践教育的社会化需求，众多教育、文旅机构纷纷切入研学市场，竞争之势愈演愈烈。一个时期以来，研学成为新经济发展的热门话题，众多的论坛、培训层出不穷，舆论甚嚣尘上，几成燎原之势。研学教育市场化、研学实践活动课程商品化的趋势，严重误导了研学实践教育的育人目标和实施效果。

2017年7月，教育部下发《关于开展2017年度中央专项彩票公益金支持中小学生研学实践教育项目推荐工作的通知》，并在2017—2018年公布了两批625家“全国中小学生研学实践教育基（营）地”名单。在这个文件里，明确提出了“研学实践教育”的说法，进一步明确了研学旅行作为学生开展研究性学习和旅行体验相结合的实践育人活动的价值及意义。

《研学旅行服务规范》的制定和颁布，确实给基层旅游行业和教育界造成了一定的混乱，部分省市相关部门在之后陆续出台的政策文件中，有些就明确提出了“研学旅游”的说法，并把“游览”“购物”等旅游行业的专项服务列入研学旅行。有些省市教育行政部门则明确禁止旅游行业进入研学旅行，许多旅行社则在旅行社本体法人资格的基础上相继成立名目繁多的文化公司、科技教育公司来承接研学旅行业务，形成了本应由旅游部门承接的合法旅游服务行为变成了背离《中华人民共和国旅游法》的非法出行行为。而更多省市教育行政部门则采取了观望态度，形成了外热（旅游行业）、内冷（教育部门）的奇特现象。

自 2017 年至今，各地成立了多个研学旅行协会、中心等指导机构，基本上都是旅游部门在那里唱独角戏，由旅游部门和教育部门联合成立的研学旅行指导机构寥寥无几。究其原因，教育和旅游行业的两个指导性文件的矛盾实为根源之所在。

纵观教育部和国家旅游局两个文件，我们不难看出，其核心是围绕着“教育目标”“教育形式”和“教育方法”这三个问题而产生的分歧。

首先是教育概念问题。《关于推进中小学生研学旅行的意见》开宗明义提出，研学旅行是要落实立德树人根本任务，课程、基地、线路、工作机制、发展体系等，都是研学旅行中工作目标的核心。应该明确，研学旅行不等同于“旅游”。以中小学生为主体对象的研学旅行不是一场说走就走的“教育旅游活动”，而是要以广阔的社会生活为实践课堂，在开放的社会生活的真实场景中开展实践育人的教育教学活动。这一活动课程的实施过程，教师要引导学生用自己的眼睛观察社会，用自己的心灵感受社会，用自己的思考探究社会，在实践中了解国情、开阔眼界、增长见识，激发爱党爱国爱人民爱家乡的情怀，提高社会责任感和创新实践能力。推动全面素质教育，引导学生主动适应社会，促进书本知识和生活经验的深度融合，促进学思结合、知行统一。《研学旅行服务规范》将研学旅行教育从旅游产品资源类型的角度分为知识科普型、自然观赏型、体验考察型、励志拓展型、文化康乐型五大类型，既缺乏科学依据，也找不到现代教育理论的支撑点。就研学旅行的概念而言，“教育旅游活动”与“校外教育活动”就有本质上的区别。这就造成了概念上的分歧和混乱。

其次是教育形式问题。鉴于研学旅行活动正式纳入中小学教育教学计划，是学校正常教学的一个组成部分，因此研学旅行的主体部门必然也必须是教育主管部门和学校，研学旅行应该由学校有计划地安排实施，是学校教学课程的一个部分。由于研学实践教育的开放性与社会实践的特性，研学旅行社会化势在必行，研学旅行要引入第三方——旅行社、文化公司等有条件组织开展研学旅行的单位，由它们协助组织实施。而这其中，旅行社是基于《国家旅游法》而成立的唯一合法的承接旅游业务的资质单位，因此，研学旅行要由旅游部门负责学生研学旅行的出行、住宿、用餐、车辆等一系列服务。这才是一个良好的教育服务业态，也是国家所倡导的构建社会化教育机制的目的所在。

再次是如何开展研学学习的问题。这也是两个文件的重要分歧所在。根据《关于推进中小学生研学旅行的意见》中的明确指示，研学旅行是一种体验、实践式学习，是围绕一定的主题开展的旅行式学习，主要体现在参与性、实践性方面。在实践中行动、在自然中行走、在社会中体验是研学旅行的真谛所在。学生在研学旅行中的学习方式是研究性学习、旅行体验（亲身经历、现场感受、动手参与、同伴互助、自我感悟、能力培养、品德塑造），研究性学习要有主题（课题）、有目的（目标）、有方案（课程）、有流程（过程）、有收获（作业）、有评价（成果），学生要有动手、动脑、动口的机会。而国家旅游局《研学旅行服务规范》文件虽然也认同"体验式教育和研究性学习"的教育方式，但最后将其归属为"教育旅游活动"，则又回到了原点，将教育与旅游等同起来，不仅弱化了社会实践学习的内涵，而且有明显的向旅游方向的误导之嫌。

为了明晰研学旅行的教育意义，教育部提出了"研学实践教育"的说法是十分科学的。它辩明了教育和旅游两个行业间存在的概念之辨和权益之争，意义十分深远。明确了教育部门的研学主体地位不等于排斥旅游行业的介入。事实上，研学实践教育活动的开展如果没有旅游行业的支撑必然是无渠之水、无桨之舟。旅游行业的社会化服务将是研学旅行能否获得社会力量支持与合作的关键所在。

第 3 节 研学旅行“行”与“学”的关系

有人把研学旅行与古时的游学并列提出，认为春秋时期孔子率领众弟子周游列国，杏林设坛，修订六经；唐代李白年少时走出蜀地，26 岁“仗剑出国，辞亲远游”，用 3 年时间“南穹苍梧，东涉溟海”，这就叫研学；还有人把中国近代启蒙思想家、翻译家严复所说的“大抵少年能以旅游观览山水名胜为乐，乃极佳事。此中不但怡神遣日，且能增进许多阅历学问，激发多少志气，更无论太史公文得江山之助者矣”作为论据。

如果站在今天现代教育的角度而言，研学旅行固然有增加见识、锻造意志、培养适应环境能力的作用，但其根本目的在于通过学生与社会生活的深度接触和体验，从多个层面来激发学生发现真实世界中的问题、思考问题，以及解决问题。这里既有通过游历增长常识的作用，更多的还是让学生在真实的生活场景中将所学的静态知识活化，让学生能够把课本的知识与现实的实物进行印证，引起学生探究的兴趣，进而引导学生运用所学到的知识和技能去认识、探究、解决现实生活问题，促进学生知识、能力、情感态度、价值观等各方面的成长。这才是真正的实践学习。学生只有在积极动手实践和解决实际问题的过程之中，才能够培养具备独立思考、逻辑推理、信息加工、语言表达和文字写作的素养及能力，养成创新人格。如果单纯地把研学旅行理解成为古人的“仗剑出游”，未免将研学实践的教育意义理解得太肤浅了。

一、研学旅行与旅游的区别

自 2016 年 12 月国家旅游局《研学旅行服务规范》文件下发后，由于旅游界的迅速介入，使研学旅行向研学旅游的方向倾斜，而且已经形成了愈演愈烈的态势。有些省的有关部门打出了“研学旅游”的说法，提出“学一半、游一半”

的说法，导致了研学旅行概念上的混乱。事实上，也确实有许多人不能很好地认识研学旅行与课堂学习以及和一般旅游的异同。

研学旅行与旅游根本的区别在哪里?

旅游是个人以前往异地寻求审美和愉悦为主要目的而度过的一种具有社会、休闲和消费属性的短暂经历。在这种短暂经历中，旅游者在旅游地从事消遣、闲暇、度假、体育、商务、公务、会议、疗养、学习和宗教等活动，并不获取报酬。而旅游企业和旅游从业人员通过对这一人群的导游服务，使旅游资源对旅游者产生吸引力，创造经济效益和一定的社会效益。旅游的六大要素是“吃、住、行、游、购、娱”。这是旅游的最基本要素和功能。

笔者把研学旅行也概括为六个要素，即“吃、住、行、践、学、研”。从中我们可以看到研学旅行与旅游有着本质的区别。

“践”为体验与实践的活动形式。这是研学旅行最基本的活动方式，也是学生走出学校、走向社会的本质意义。学生走进大自然，走向社会，不是为了“游”而游，也不是在“游”中学。而是在社会中通过实践、体验，获得对生活的真实的认知。这正是教育部把“研学旅行”更名为“研学实践教育”的意义之所在。

“学”是研学旅行的本质。研学旅行纳入学校教育教学计划不是让教育教学变成游览式的教育和教学，而是在广阔的社会大课堂中实施实践教育，这是研学旅行的本质之所在。

“研”是研学旅行学习方式的界定。学生在研学旅行中以小组形式的学习构建共同体，开展自主选择活动方式，开展探究性学习和研究性学习，在亲身体验、亲自实践的基础上实现社会实践教育，使学生完成课堂知识的转化，收获真实获得。

旅游的“吃住行、游购娱”关注的是游客情绪的变化，服务的满意度是衡量旅游服务的基本标准。研学旅行的"吃住行、践学研"关注的是学生的真实获得，用课程思想统领的研学旅行才是衡量研学旅行实践教育成效的根本标准。那种把研学旅行界定为"研一半，游一半"的说法，既毫无理论依据，也完全曲解了研学旅行的本质意义。

研学旅行与旅游的区别可用以下图示加以说明。

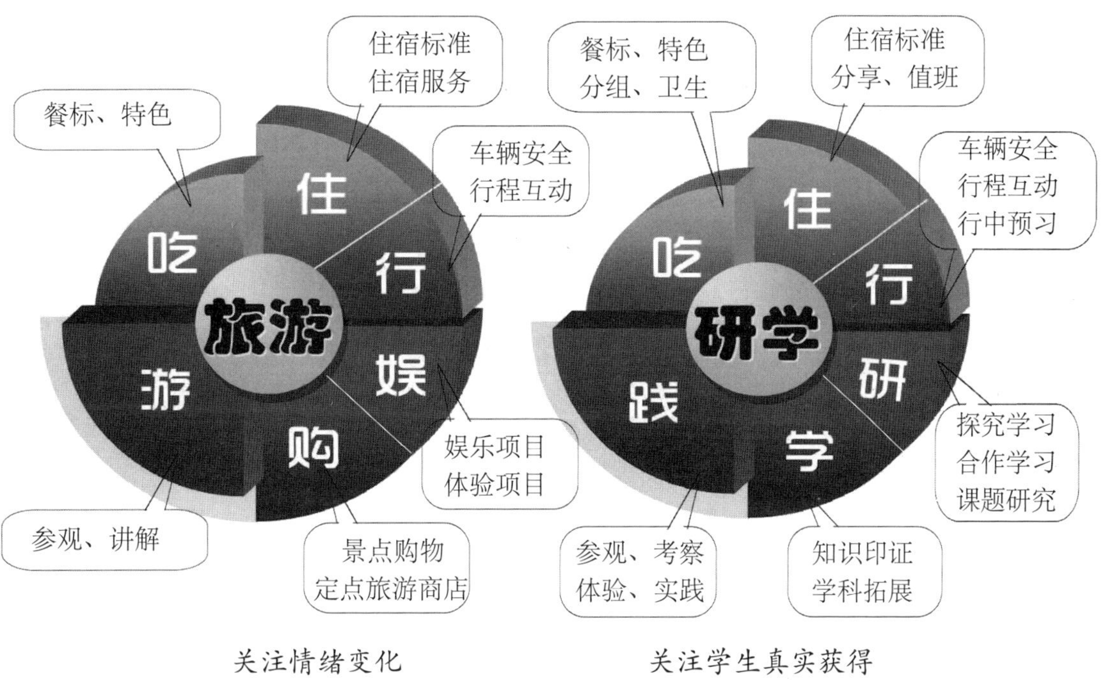

关注情绪变化　　　　关注学生真实获得

从上图可以看出，研学旅行的重点是在旅行途中的学习。这种学习应该是有主题、有目的、有设计、有方向、有方法的学习，绝不是随机地在游玩中的感知性学习。国家旅游局《研学旅行服务规范》中规定了研学旅行组团时须配备研学导师，并对研学导师提出了相关的职业要求。而这一岗位最根本的要求应该是，研学导师要在负责"吃住行"的基础上配合学校老师组织学生开展有计划、有目的、有方法的实践学习。

关于研学指导教师的职能问题将在本书第 12 章第四节研学指导教师角色与

职能的转化中加以讨论，这里就不做赘述。

二、研学旅行之“学”的特点

研学旅行既不同于一般的课堂学习，也不同于一般的旅游，对于其“学”与“行”都有特殊的要求。在操作层面，应该以实践性的“学”为主导，才能体现研学旅行实践教育的真谛。

研学旅行之“学”具有目的性、印证性与实践性的特征。

1. 研学旅行“学”的目的性。

研学旅行之“学”具有明显的目的性。教育部等 11 部门联合发布的文件中明确指出：研学旅行的目的是“落实立德树人根本任务，帮助中小学生了解国情、热爱祖国、开阔眼界、增长知识，着力提高他们的社会责任感、创新精神和实践能力”。因此，让学生接触社会和自然，在体验中学习和锻炼，培养学生刻苦学习、自理自立、互勉互助、艰苦朴素、吃苦耐劳等优秀品质和精神，这才是研学旅行最主要的目的和方向。

2. 研学旅行“学”的印证性。

研学旅行之“学”较之课堂学习具有实践印证的特点。首先，研学旅行之“学”打破了课堂教学的时空局限，突破了课堂教学学习时间上的制约，突破了课堂教学场地的制约。地博任行走，天高任鸟飞。在这样的环境里，学生全面地放松身心和自我，在真实具象的生活实际中体验生活、感受生命价值。在这种环境下的学习，更应该是体验感悟的认知，是对所学知识在现实生活中的一种印证和转化，是通过学生的感悟认知将学习到的知识能力转化为自身经验的实践过程。在学习内容方面，研学旅行以广泛的社会资源为背景，强调学生与社会多层面、多维度的接触与联系，拓展学生学习的空间，让学生通过个人体验，丰富学生的学习经历和生活阅历，达到学习目的。

3. 研学旅行“学”的实践性。

古人云：“纸上得来终觉浅，绝知此事要躬行。”教育必须发挥“实践育人”的功能，而这恰恰是课堂教学的“软肋”。从根本上说，研学旅行是基础教育课程体系中综合实践活动课程的重要组成部分，是一种融社会调查、参观访问、亲身体验、资料收集、专家点评、集体活动、同伴互助、文字总结等为一体的综合性社会实践活动。从教育部的要求和各地开展研学旅行的实践看，研学旅行的内容安排遵循由乡土乡情到县情市情再到省情国情的由近及远的顺序，也具有实践教育的可操作性。

三、研学旅行之“行”的特点

研学旅行之“行”是体验之“行”，具有目的性、趣味性、体验性与走学性的特征。

1. 研学旅行“行”的目的性。

旅游重在娱乐、休闲、放松，是游客调节生活的手段。旅游接待方更关心的是游客是否满意。导游经常通过讲笑话、名人趣闻逸事的方式，甚至不惜曲解景点知识来讨得游客的欢心。而研学旅行的“行”更强调教育的主体体验与主体交流。从知识的储备和获得来说，一般游客在出行前可能会去搜索旅游攻略，了解景点的相关情况。而研学旅行作为有目的、有计划的教学活动，教学组织方不但事先要对旅行路线和目的地的知识内涵进行深入细致的了解、解剖和转化，还要引导学生进行预习，而且要与每一个研学学习点沟通教学内容和活动组织方式，使学生能通过“行”与“学”提高实践能力。

从这个意义上来说，研学旅行中的“行”是“学”的载体，更是研学旅行“学”

的品质保障。假若将研学旅行的“行”与一般的旅游混为一谈，就会造成承接出行的旅游单位将研学旅行异化为赚钱的手段。从研学旅行“行”之定位看，“行”属于课堂教学活动的延伸，是学校组织的学生的集体活动。“行”是研学实践性之“学”的必由途径。

2. 研学旅行“行”的走学性。

古人云：“读万卷书，行万里路。”研学旅行虽然也是旅行，但这种“行”是行走中学习之“行”，学生只有在研学旅行中真正动起来，到处跑一跑、看一看，体验一把、实践一下，才能收获真实的认知，实现实践性的学习。

从这个角度而言，我们不提倡研学旅行的景点、基地越多越好，让学生见识得越多越好。我们更提倡研学旅行要慢下来，要让学生深入地了解一个地方、一件事物内在东西，让学生更多地参与体验、实践的学习环节，注重在亲身体验、亲自实践基础上的学生生活经历的丰富与实践知识的获得。

当然在“行”的过程中，也可以培养学生文明旅游意识，养成文明旅游行为习惯。

3. 研学旅行“行”的体验性。

一是自然体验。研学旅行将自然变成“自然教室”。学生走进生态园，游历名山大川，开展自然探险或历史古迹探秘等活动，在大自然中开展生命教育，这是符合学生天性发展需要的。

二是历史名胜考察体验。游览家乡、祖国的名胜古迹，深入探究历史名胜深厚的历史底蕴和文化特色，增强对祖国大好河山的热爱和对民族文化的自信，也是研学旅行应有之义。

三是文化体验。学生在研学旅行中体验和考察当地风土人情、历史文化、社会环境。这种沉浸式学习、励志教育和丰富的文化交流活动，培养学生的文化理解力、包容力和交际能力。

四是社会文明规则体验。不同地域都会有不同的社会生活习惯以及社会交往规则，它们会潜移默化地影响到学生的言行举止，收获社会文明交往规则对个人成长的影响，这也是研学旅行重要的社会价值。

五是生活体验。研学旅行使学生离开父母的呵护，改变生活环境，在全新的生活环境中规划、选择，锻炼独立生活能力。

4. 研学旅行“行”的趣味性。

研学旅行之“行”较一般的课堂学习具有更浓厚的趣味性。研学旅行以广阔的社会资源为背景，打破了课堂教学的时空局限，广阔的自然空间对学生具有巨大的吸引力，因而受到了学生的广泛欢迎。

研学旅行不是一般性的旅游活动，有“走”有“学”，有“行”有“研”，行走中学习，学习中行走。它以学习共同体的方式开展集体性学习活动，学生在社会和大自然课堂中学习、体验，目标定位更综合开放。在兴趣的导引下，学生可以自主选择活动方式，自主管理学习、活动和生活，发现自我价值和自身潜能，积极应对复杂多变的陌生环境，帮助学生较快地适应社会生活。

研学旅行最核心的价值在于学生在社会游历过程中，加深对自然、对社会、对自我的整体认识，增进对地域文化的热爱、对民族文化的认同、对多元文化的理解，提升综合素养、实践能力和社会责任感。而浓厚兴趣的激发、深层体验的获得，正是这一切的前提。

四、研学旅行的品质保障：“学”与“行”的结合

研学旅行体验式的“行”与实践性的“学”密不可分，是一个事物的两个方面。没有体验之“行”就无所谓实践之“学”。行走的过程必然也是学生的学习过程。

为此，笔者把研学旅行用形象的语言归纳为“携一卷书、行一程路、诵一篇文、探一处秘、做一件事、记一则言、唱一首歌”。

研学旅行是学校教育活动的延伸，是教育的创新。在实施中，只有充分照顾到“学”“行”之特质，保证其品质，同时将“学”“行”密切结合，才能使研学旅行真正发挥培养学生核心素养、助力学生健康成长的作用。

第 4 节　研学旅行与综合实践活动课程的关系

在教育部《中小学综合实践活动课程指导纲要》中，研学旅行是在综合实践活动课程的四大活动方式（“考察探究”“社会服务”“设计制作”“职业体验”）之“考察探究”一项中以活动方式举例的形式提出的。

考察探究是学生基于自身兴趣，在教师的指导下，从自然、社会和学生自身生活中选择和确定研究主题，开展研究性学习，在观察、记录和思考中，主动获取知识，分析并解决问题的过程，如野外考察、社会调查、研学旅行等。

因此，研学实践教育是综合实践活动课程中考察探究学习的一种方法。从综合实践活动课程的性质上来讲，综合实践活动课程是“**从学生的真实生活和发展需要出发，从生活情境中发现问题，转化为活动主题，通过探究、服务、制作、体验等方式，培养学生综合素质的跨学科实践性课程**”。那么，探究、服务、制作、体验的活动课程大多需要学生走出家门，走向社会，从行为方式上来讲，也属于集体出行的研学实践教育范畴。只不过研学实践教育活动所需要的时间更长——集体旅行，集中食宿；学习与活动的内容更加丰富——研究性学习 + 旅行体验。

一、研学旅行——社会实践教育方式

从综合实践活动课程的活动方式上考量，《中小学综合实践活动课程指导纲要》提出了开展综合实践活动课程的四种主要方式：①考察探究，②社会服务，③设计制作，④职业体验。这四大类活动大多都是在学校中无法实施并且完成的。它们都需要学生走出校门，在社会生活中完成。因此，适用于学生出行管理的诸多方式完全可以应用于综合实践活动课程的管理。从这个意义上讲，我们可以这样认为，综合实践活动课程就是缩小版的研学实践教育活动课程。

具体到研学实践教育的课程目标上，二者的相近性就更多了，甚至可以说是重叠在一起。

《中小学综合实践活动课程指导纲要》的课程目标是“学生能从个体生活、社会生活及与大自然的接触中获得丰富的实践经验，形成并逐步提升对自然、社会和自我之内在联系的整体认识，具有价值体认、责任担当、问题解决、创意物化等方面的意识和能力”。

《关于推进中小学生研学旅行的意见》中提出的课程目标是“让广大中小学生在研学旅行中感受祖国大好河山，感受中华传统美德，感受革命光荣历史，感受改革开放伟大成就，增强对坚定‘四个自信’的理解与认同”；“促进学生培育和践行社会主义核心价值观，激发学生对党、对国家、对人民的热爱之情”；“学会动手动脑，学会生存生活，学会做人做事，促进身心健康、体魄强健、意志坚强”；“引导学生主动适应社会，促进书本知识和生活经验的深度融合”；“促进形成正确的世界观、人生观、价值观，培养他们成为德智体美劳全面发展的社会主义建设者和接班人”。

二者都是基于实践育人的基点，强调让学生面向完整的生活世界，引导学生从日常学习生活、社会生活或与大自然的接触中提出具有教育意义的活动主题，使学生获得关于自我、社会、自然的真实体验，建立学习与生活的有机联系，通过研究性学习促进书本知识和生活经验的深度融合。

如果说二者的区别，则在于研学实践教育更侧重于立德树人的品格教育，突出了国情教育、革命传统教育、传统文化教育和自然生态教育。而综合实践活动课程则更侧重于强调学生综合运用各学科知识，认识、分析和解决现实问题，提升综合素质，着力发展核心素养、社会责任感、创新精神和实践能力。但育人的总体目标依然是一致的。

因此，我们可以得出这样一个结论，即：研学实践教育是综合实践活动课程的具体实施，具体而言，是综合实践活动课程实施的一种课程形态。

二、研学实践教育与综合实践活动课程的相同性比较

综上所述，研学实践教育是综合实践活动课程中考察探究活动的方式之一，也与综合实践活动课程的其他三种学习方式（社会服务、设计制作、职业体验）密不可分。但二者毕竟还是有其差异性的存在。

首先，我们来分析研学实践教育与综合实践活动课程的相同性有哪些。

1. 二者都是生成性课程。

设置综合实践活动课程是我国基础教育课程体系的重大突破，研学实践教育是学校教育和校外教育衔接的创新形式。二者都集中体现了新课程改革走向整合、走向发展、走向开放的理念。综合实践活动课程与研学实践教育区别于传统的活动课及学科课程的最显著特点，就是其生成性。

研学与综合实践课程生成性资源的开发是指对具有潜在价值的社会文化、自然的资源进行加工利用，使之变成符合学生学习需要的资源的过程。在选取研学或综合实践活动生成性资源时，要从真实生活中选取课程资源，引导学生认识生活，了解生活；能够从多个层面来激发学生形成发现真实世界中的问题、

思考问题以及解决问题的能力。这就需要教师要有一种开放的心态、一种临场的机智，利用实践课程组织学生开展多种多样的实践活动，让学生自己调查、采访并收集有关资料，思考怎样解决问题。这样，学生在自我体验中所感悟到的结论和良好习惯养成的效果，比教师在课堂上说教，强调数十遍都强得多。将冗杂、无序的社会现象和自然生态生成有一定教育性的活动课程资源，也使研学和综合实践活动课程充满了生机与活力。

但生成性不等于随机性。尽管课程实践过程会有诸多随机的因素，但我们在设计研学或综合实践活动课程时还要对课程进行预先的整体规划，在每个活动开展之前要对活动进行周密的设计。这种设计要留有一定的生成空间，在实践过程中要随机应变。不能因为活动课程的规划和设计而限制其生成性，而是要使生成性发挥得更具有方向性和成效性。

2. 二者都是开放性课程。

传统学科课程的目标、内容、形式与评价都是封闭的。研学与综合实践活动课程则是一个走出去面向社会生活的课程，是一个在行动中用体验和实践实现课程的过程，是一个开放的学习过程，一个使学生全面发展的过程。

研学与综合实践活动课程的目标是开放的，即目标的多元化表现。既有总目标，也有每个学生自己的学习目标；既有学科知识的目标，也有方法、技能以及情感、态度、价值观的目标。研学和综合实践活动课程强调尊重每一个学生的发展需要，允许每一个学生用适合自己的方式学习，关注学生在活动过程中所产生的个性化创造性表现。它是一个焕发生命活力的社会大课堂。

研学与综合实践活动课程的内容也是开放的。其内容具有跨领域性特点。它的内容不拘于书本，不拘于某一学科，学生必须走进生活、走进社会，反映生活及社会需要，了解生活和社会，从中培养学生的科学精神、创新意识与实践能力，培养学生策划、组织、协调和实施的能力，培养学生探究、合作、积极进取的个性品质等。

研学与综合实践活动课程的评价也是多元且开放的。评价对象不仅仅包括最终的研究成果，同时也包括课程实施过程。尤其要注重对过程的评价，不仅重视对学生掌握知识的评价，更重视对学生综合运用知识的能力进行评价。

3. 二者都是动态性课程。

传统课程是计划的理念，课程的内容和进程安排都是事先预成的计划，只能按计划执行，不能随意更改。在预成性课程中，教师依照教科书设计教学过程，制订教学方案，然后再依照教案按部就班地进行教学。教师只是作为既定课程的阐释者与传递者，学生只是作为既定课程的接受者与吸收者。而研学和综合实践活动课程是以学生发展为本，其课程是动态的学习过程。学习设计并不限制在预定的教学过程中，而是在活动中不断生成新目标、新问题和新的解决问题的方法。随着活动的不断展开，学生的主动参与认识和体验将不断加宽加深，甚至在既定的活动课程进程中又生成新问题和新的课程。

4. 二者都是活动性课程。

活动课程是校外教育的主要形式之一。研学和综合实践活动课程都是以活动为主要形式，强调学生的亲身经历，要求学生积极参与到各项活动中去。在活动中发现和解决问题，体验和感受生活。要针对学生年龄特点，以活动作为教育的载体，开展丰富多彩、形式多样的主题教育活动，努力让学生“活”起来、“动”起来。要让学生积极参与到各项活动中去，强调学生的亲身经历，在动手做、考察、实验、探究等一系列活动中发现问题和解决问题，体验和感受生活，体验成功的机会。

活动的多样性体现在时间上，活动可长可短，视活动的进展情况而定；体现在地点上，活动不拘于课程，可以走进社会生活的每一个角落；体现在学习方式上，活动不拘于单一的接受性学习方式，而是在学生与老师交往、学生与群众交往、学生之间的交往和互动中，主动地、富有个性地学习，建立学生自主、探索、发现、研究及合作学习的机制，实现学习方式的多样化。

5. 二者都是实践性课程。

研学和综合实践活动课程强调的是在真实的社会情境和自然情境中的知识经验学习，从中学习到具有个人意义和生存价值的知识经验。即通过观察和实践两种形式，使得实践性学习的意义得以完全体现。实践性学习的学习目标必然是多层次、多方面的，即使主要学习目标没有完成，但是在实践学习的过程中，学生也会在其他方面得到知识经验的学习。如，在进行社区调查的过程中，学生除了完成调查之外，还可以学习到与不同人群的交流沟通技巧等。

6. 二者都具有学科融合性。

研学和综合实践活动课程作为一种相对独立的课程组织形态，超越了传统单一学科的界限，打破了学科课程的逻辑体系，是一门集综合性、实践性、开放性、生成性和自主性于一体的课程。它将各种知识有机地结合起来。学生在教师的指导下，根据自己的兴趣爱好和条件选择专题，以类似科学研究的方式去获取知识、应用知识解决问题。它以学生的活动为主，突破了课堂的限制，回归自然和社会，强调体验和探究，强调过程与方法。课程资源的丰富性使得学生在学习过程中会接触到多个学科的知识，也使得研学（综合实践活动课程）呈现出多样化的课堂形态。

在研学和综合实践活动中，教师需要打破线性思维，根据不同的活动课程内容、学生的接受水平和能力培养目标，对不同课程资源进行整合，将各学科的知识、方法与实践相对接，从而有效提升学生的实践探究能力。作为辅导者，不拘于某一学科的老师而是每一学科老师都可以引导学生开展自主式的探究学习。

7. 二者都强调自主性学习。

研学和综合实践活动课程皆为活动性与体验性活动，在实际的学习活动中，它强调身体性参与。学习不仅要让学生用自己的脑子思考，而且要用眼睛去看，用耳朵去听，用嘴巴去说话，用手去亲自操作。即用自己的身体去亲力亲为，用自己的心灵去亲自感悟。这不仅是理解知识的需要，更是激发学生生命活力、促进学生生命成长的需要。同时，研学和综合实践活动课程的学习重视直接经验的获取，要把学生的个人知识、直接经验、生活世界看成重要的课程资源，在学生的体验和感悟中使潜在的知识显性化，而不是拘泥于学校和书本上间接经验的认知。

三、研学实践教育与综合实践活动课程的差异性比较

研学实践教育与综合实践活动课程的差异性主要有以下几方面。

1. 学习目标的差异。

研学实践教育是基于“行”而实现的课程形态。它更强调让学生在“**研学旅行中感受祖国大好河山，感受中华传统美德，感受革命光荣历史，感受改革开放伟大成就，增强对坚定‘四个自信’的理解与认同**”。这里突出强调了研学旅行教育对学生开阔眼界的作用。学生的主要生活是在家庭、学校两点一线间进行的，较少有对社会全方位的了解和认知，以及对丰富多彩的社会生活的接触和感悟。而研学旅行将学生放归于大自然中，解放于芸芸众生的社会生活里，这对他们思想情感的冲击是巨大的。一方面他们在大自然的怀抱中可以尽情地释放自我，另一方面大自然的雄奇瑰丽也对他们产生心灵上的震撼。走进社会使他们能够亲身感知社会生活的丰富多样，感受现代社会快节奏的创造与生活，而这些都是对青少年进行乡情、县情、省情、国情教育的最好素材。因此，德育教育是研学实践教育的第一要务。通过这种与真实社会生活的真切接触和感知，使学生在潜移默化中获得对文化的认同、民族的认同和国家的认同。

综合实践活动课程更多地强调具化的课程目标。当然，在综合实践活动课

程中渗透德育教育是必不可少的内容，但课程的具体指向则是以学生的兴趣和直接经验为基础，以与学生学习生活、社会生活密切相关的各类现实性、综合性、实践性问题为内容，以研究性学习为主导学习方式，以培养学生的创新精神、实践能力及体现对知识的综合运用为主要目的。

从这个意义上说，研学实践教育活动课程的范畴更广阔，课程指向更加灵活，课程的包容性更强。课程学习目标的德育教育内涵更加丰富。从课程的三维目标角度而言，研学实践活动课程更多地强调课程学习对学生情感、态度、价值观正能量的导向作用。

2. 课程内容的差异。

综合实践活动课程的内容包括研究性学习、社区服务和社区实践、劳动和技术教育、信息技术教育四大指定领域的综合，具有明确的指向性和领域的界定性。而研学实践教育的课程内容更加广泛，自然生态、社会生活、科学考察、生活实践、人生百态皆可入课。它是在一个无所不包、万物相融的社会环境下的生成性课程。广泛而多样的社会资源、文化资源、自然资源都可以成为研学实践教育的对象，都是学生探究、学习、体验、实践的社会大课堂。当然，这种生成性课程还需要进行多次的转化。本书第四章第五节将就研学实践活动课程的资源转化加以论述，这里就不做赘述。

3. 生活体验的差异。

研学也是生活自理与合作的教育，良好的生活、卫生和劳动习惯是中小学生应掌握的最起码和基本的能力。近代教育家、思想家陶行知就说过："集体生活是儿童之自我向社会化道路发展的重要推动力，为儿童心理正常发展的必需。一个不能获得这种正常发展的儿童，可能终其身只是一个悲剧。"他提出了"生活即教育""社会即学校""教学做合一"三大主张。

20 世纪 70 年代中国开始推行计划生育政策，把"一对夫妇生一个孩子"

作为解决我国人口问题的一项战略决策。40 多年来，“独生子女”政策给中国年轻一代的成长带来了巨大的隐患和社会问题。目前虽然放开“二胎”政策，但今天的中小学生还处在独生子女为主的阶段。由于生活环境的特点，尤其是 6+1 的家庭环境，使独生子女的孩子们身上不可避免地带有独立性差、耐挫折性差、处理能力差的现象。

在家庭中，今天的孩子由于家长，尤其是隔代老人的过度保护，除学习活动之外，孩子在家中几乎没有什么动手机会。许多孩子离开了大人的照顾，就什么都不会做，无法生活，也不会生活。这就严重影响了孩子自信心的建立。而自信心是获得工作和学习成功、获得生活幸福的关键因素。自信心也只有在孩子完成一件又一件的事情、解决一个又一个问题的过程中才能树立起来。

研学旅行最宝贵的方面是给了孩子们一个集体生活、独立处理生活琐事的空间。它为中小学生们提供了一个全新的生活适应空间。研学旅行重要的一点就是强化了生活教育的思想。通过学生集体食宿、集体活动，将生活适应、生活与学习、劳动技能等人的生存必需技能有机地整合在一起。这里既有技能、知识的实践学习，也有情感、态度的培养与锻炼，使学生在综合化的生活活动中获得完整的生活经验，提高社会生活的适应能力并获得整体的发展。

以生活体验为内容的研学旅行教育，打破了学生学校、家庭两点一线的生活格局，以多方位、多层次、合作式的生活方式潜移默化地影响着学生的生活；同时，研学以其亲自动手、亲自实践为特点，让学生在亲自感知的多种活动中认识周围的事物，掌握生活技能。学生在这样的真实生活中学习，学习的热情很高。而这一阶段的研学实践生活，会给他们小学、初中阶段的生活留下深深的烙印，也许其中的某一件小事会影响他们的一生。

研学旅行创造了宽松、自由和谐的气氛，以及良好的交往条件。这些外部环境促使孩子们产生积极的情感，即高兴、好奇、热爱、满意等心态。这种积极的情感具有“增力性”，可转化为良好的学习新知识的内部动机与兴趣，提高中小学生的兴奋水平，促进他们有效地参与到学习研究活动中，形成并掌握其生活技能，为他们适应生活、适应社会奠定基础。

因此，生活教育也是研学旅行教育的一个有机组成部分，而且是十分重要的部分。研学既是一个综合实践能力培养的课程，也是学生生存技能锻炼的过程。研学旅行中生活适应能力的培养既是教给孩子生活技能的过程，也是塑造他们适应行为的过程。在这里，生活技能的教育与塑造行为的过程是同步的，在旅行和行走中也要有教育。它包括安全教育、环保教育、规则教育、生活自理能力培养、互助协作。这种生成的问题更是时刻在出现、时刻在变化着的，也是研学指导教师需要时刻关注的。

综合实践活动课程则缺少学生在这一方面的锻炼。尽管综合实践活动课程也需要设置生活的情境，需要学生合作学习、互动研究。但由于其时间短、路途短、课时有限、生活场景不足，难以在集体生活体验上对学生施以有效的影响和冲击。

4. 活动规模性的差异。

综合实践活动课程的实施多以小组或班级为单位，引导学生走出课堂，让学生接触广阔的大自然和社会生活，到社区、农村、工厂企业、部队、博物馆等开展参观、访问、调查等活动，体验现实生活，感受真实人生；或以学生感兴趣的问题、主题为中心，模拟或遵循科学研究的一般程序，引导学生通过调查、访谈、实验、文献搜集与分析等方式对课题进行研究，写出研究报告或论文，提出解决问题的途径和方法，从而培养学生研究的意识和创新能力。活动时间基本上是以一日即返回的行程分一次或多次完成。其活动规模和活动范围远不能与研学实践教育活动相比。

研学实践教育活动是以“集体旅行、集中食宿方式开展的研究性学习和旅行体验相结合的校外教育活动”。大多数学校的研学旅行都是全年级出行，一次就可达到几十人、上百人的规模。然后分成若干线路，以各线路的主题课程为目标开展研学实践学习。这种学习的方式首先在规模上综合实践活动就不能与之相提并论；其次在开展研究性学习的过程中，学习的效果与综合实践活动课程的效果相比则差强人意。尽管我们也强调研学活动课程要分成小组引导学生开展研究性学习，但在实际操作中，由于学生人数众多，加之研学辅导员队伍的良莠不齐，其研究性学习的深度和效果都远远弱于综合实践活动课程。学生在实际体验过程中的感受也远远没有达到综合实践活动课程所要求的学生自主发现问题、探究问题、解决问题，培养其创新精神和实践能力的活动实效。这也正是目前普遍存在的“游而不学”“行而不研”的重要原因。

研学实践活动课程的实施是课程改革的需要，是学科教学发展的必然要求。它与综合实践活动课程一起构筑了新课程改革中实践教育的主体地位。从教育的规模性上，研学旅行进一步扩大了综合实践活动课程的受众面，用规模化的社会实践教育推动学校打开校门，开辟了面向社会全面培养人才的创新之路。从这个意义上说，研学旅行不仅是课程改革的亮点，也是新课程改革的创新点。

5. 社会参与度的差异。

综合实践活动课程基本上是以学校教师为主导实施的。教师通过选题指导、方案制订、课题论证、方法指导、阶段交流、信息整理、成果展示、评价反思等一系列施教手段，完成整体课程的实施。这其中需要社会合作的环节不是没有，但范围不大，程度并不深，也不需要全方位地对学生进行衣食住行生活上的管理。

而研学实践教育由于其“集体出行，集中食宿”的活动方式，决定了研学指导教师不仅要在学习上对学生进行指导，又要兼顾学生外出衣食住行的方方面面。研学旅行的出行牵扯到了汽车、火车，甚至是飞机的出行，旅途的安全管理、用餐的卫生安全、住宿的安全保障，以及全体学生每天每时每刻的活动动态。研学指导教师不仅要做学生学习时的老师，还要做学生起居的生活老师，还要做学生的生活服务员。这对每一位研学随队的教师都是一个全新的挑战。

由于研学旅行牵扯行业的多样性以及生活的复杂性，研学指导教师不可能承担起照顾全体未成年人的责任。因此，研学旅行必然要引进社会化的合作与服务。没有交通、铁路、博物馆、景点、基地、旅行社、保险企业的全力配合，研学旅行教育是开展不起来的。即使实施起来也必然是困难重重。所以，形成广泛的社会合作是研学旅行教育的必然趋势。

开展一次综合实践活动课程可能一两位老师、一位导游、一辆大巴车、一个社区或景点参与就可以搞定。但一个几十人、上百人学生团队的出行、住宿、行走，而且还要开展小组分散的研究性学习就不是几个老师、几个人的团队合作能够完成的。因此，形成社会各界多方位的支撑，引进多方面的社会合作是保障研学旅行能够顺利实施的必要条件。这也是教育部等 11 个部门联合发文的含意之所在。

所以，研学旅行是一个社会合作的教育，是一个全员育人的教育，是一个构建社会公共教育服务体系的实践尝试和探索，其意义也正在于此。

第三章

CHAPTER 3

研学实践教育的基本原则

教育部等11部门《关于推进中小学生研学旅行的意见》中明确指出了研学教育四大基本原则：一是教育性原则。二是实践性原则。三是安全性原则。四是公益性原则。之后各省市教育行政部门又相继提出了规范性原则。以上原则的提出，明确界定了研学旅行教育的立足点和教育的基本方式。

教育部等 11 部门《关于推进中小学生研学旅行的意见》中明确了研学旅行的四大基本原则。一是教育性原则："研学旅行要结合学生身心特点、接受能力和实际需要，注重系统性、知识性、科学性和趣味性，为学生全面发展提供良好成长空间。"二是实践性原则："研学旅行要因地制宜，呈现地域特色，引导学生走出校园，在与日常生活不同的环境中拓展视野、丰富知识、了解社会、亲近自然、参与体验。"三是安全性原则："研学旅行要坚持安全第一，建立安全保障机制，明确安全保障责任，落实安全保障措施，确保学生安全。"四是公益性原则："研学旅行不得开展以营利为目的的经营性创收，对贫困家庭学生要减免费用。"

这四大原则的提出，明确界定了研学旅行教育的立足点和基本方式。研学实践教育是贯彻中共中央、国务院《关于深化教育体制机制改革的意见》中提出的"全员教育、全过程教育、全方位教育"的重要举措，也是建立我国社会公共教育服务体系的起点。未来的教育必定是社会化共同育人的公益化教育体系，今天的日本、美国已有先例在前，而研学教育正是我国教育向社会化、全员育人迈出来的第一步，它也勾勒出了我国社会公共教育体系的建设与发展的雏形。

但是，不容忽视的是，目前研学实践教育从业者和创业者由于从各自不同的利益角度去理解研学实践和研学旅行，无规范地开展研学实践教育，而没有深刻理解国家研学实践教育活动政策的实质，因此存在着影响研学实践教育健康和正规发展的严重问题。

究其现象主要有三。

一是由于认知的缺陷，导致研学实践教育重"游"、轻"学"的现象比较普遍。

各级旅行社和研学承办单位的从业人员对研学实践教育和游学的概念存在着认知的混乱，仍然站在以旅游为主和拓展训练的角度去理解研学实践教育，或重“游”、轻“学”，或以拓展训练代替研学实践的课程教学。很多机构推出的研学旅行课程都重在形式，浮于表面，缺乏有意义、有深度的研学内容。学生到达一个研学资源单位的学习仅仅停留在简单的介绍和宣讲上，而研学实践教育所倡导的研究性学习和实践体验少之又少。虽然目前已经有很多产品较之前“只游不学”的现象有了很多改进，但学生所学习的东西太过肤浅且流于形式。走马观花、蜻蜓点水式的体验方式使得研学实践教育丧失了真正的活力。

二是以研学名目追求经济利益而忽视教育内涵。学校或与学校有利益关系的企业借研学旅行进行创收和获利，相关人员借研学旅行之名行免费旅游之实的现象时有发生。

三是无合格的实践教育指导教师、无真实的实践教育课程，用低价格竞争市场，以低成本取得一定的谈判优势。而缺乏懂得教学法的研学老师或辅导员，教育的效果更是差强人意。

因此，进一步明确研学实践教育的基本原则，对于指导研学实践教育，梳理研学实践活动课程，有不可忽视的重要作用。

第 1 节　研学实践教育的教育性原则

在《关于推进中小学生研学旅行的意见》文件中对研学旅行教育性的诠释是“系统性、知识性、科学性和趣味性”，并且将其明确定性为是课程化的实践教学。从内容上讲，研学课程最显著的特点是开放性、综合性、情境性和实践性。从研学课程的形态而言又具有生成性、动态性、活动性的特点。那么，研学的教育性如何体现呢?

首先，我们要先明确研学实践教育是纳入国家必修课程（综合实践活动课程）的义务教育阶段的正规课程。它具备了国家课程的标准属性，就必须依照国家课程标准来实施。

从《关于推进中小学生研学旅行的意见》中我们可以归纳出研学实践教育的课程总目标，即：

四个感受——感受祖国大好河山，感受中华传统美德，感受革命光荣历史，感受改革开放伟大成就。

四个自信——增强对坚定中国特色社会主义道路自信、理论自信、制度自信、文化自信的理解。

三个学会——学会动手动脑，学会生存生活，学会做人做事。

两个促进——促进学生身心健康、体魄强健、意志坚强，促进学生形成正确的世界观、人生观、价值观。

一个培养——培养成为德智体美劳全面发展的社会主义建设者和接班人。

研学实践教育作为以国家课程形态表达的一种课程形态，它必须要坚持教育的基本原则，即注重系统性、知识性、科学性和趣味性。

一、研学实践教育的系统性

研学实践教育的系统性应该具备以下几个要点。

——学要有标（目标）。研学实践教育要有学习目标，要体现课程目标的三个维度（知识与技能、过程与方法、情感 / 态度 / 价值观）。

——学要有点（社会资源）。研学实践教育要有明确的研学学习点，包括研学基地、自然景区、高新技术企业、科研机构、军营、现代农庄等，要通过社会资源的三次转化，从中建构生成性的研学课程。

——学要有课（课程）。要根据不同的研学资源设计相关活动课程。旅游与研学实践教育最大的区别就是前者是在“游”中获得感受和愉悦，而研学则是以学习为目的的旅行，即研究性学习＋旅行。因此，作为正规教育的学习必须要遵从新国家课程标准的要求，每次出行以及每个研学学习点（基地）的学习都要有明确的课程构建。

——学要有法（方法）。作为与综合实践活动课程相融的研学实践教育课程类型，具有生成性、动态性和开放性的特点，要通过知识与经验并重的主体性探究活动实现学生的发展，提倡学生主动参与、乐于探究、勤于动手，培养学生收集和处理信息的能力、获取新知识的能力、分析和解决问题的能力以及交流合作的能力。因此，更要重视研学的学习方法，要有交叉性、融合性的学科学习（如观摩、考察、访谈、体验、实践、探究、分享、课题研究、志愿服务等）活动课程形式。

——学要有师（研学指导教师）。研学实践教育是一个社会性的合作教育形式。学校必须引入社会资源。由于研学旅行是全年级、全校整建制的出行，目前学校教师独立承担起学生的管理、学习是一个几乎不可能完成的工作。因此，必须要与研学学习点（基地）的辅导员合作，共同开展教学工作才有可能完成。这也正是目前社会各级单位积极开展研学导师培训的动力和原因。这也说明了研学实践教育这一新的教育形态对社会的巨大需求。

——学要有获（收获）。研学实践教育作为以参观考察、探究学习为主体的活动课程，其目的是让学生从社会生活以及与大自然的接触中获得丰富的实践经验，形成并逐步提升对自然、社会和自我之内在联系的整体认识的过程。我们更注重的是学生在行、学、践、研的过程中，在“悟”的方面获得收获。这种收获的表现形式应该与综合实践活动的“价值体认、责任担当、问题解决、创意物化”的课程目标相一致，要以学生在研学实践教育中通过亲身经历和参与获得的真实感受和实际获得为标准。

——学要有评（评价）。课程评价是现代教学的基本组成部分，它不仅是成功教学的基础，而且是促进学生成长、教师专业发展和提高研学实践教育质量的重要手段。研学实践教育没有规范化的内容、没有统一的课程，没有也不应当有统一的标准答案。因此，衡量评价研学实践活动课程应该是多元的、立体的，以正面评价、积极鼓励为主，重过程、重应用、重体验。

研学实践活动课程的评价应分成过程性评价和终结性评价两种，评价方式可分为自评、他评（小组评价）、研学导师评、带队老师评以及学校赋分评价等多种形式。应该根据学生研学过程中的表现与学习收获制订定性和定量的标准。

研学实践活动课程在结束后要有展评的环节。学校应该组织学生开展以PPT、调查报告、板报、研学作业等多种形式的展示、分享活动，让学生交流表达自己在研学过程中的收获与感受。通过这种交流表达，使学生获得认识上的进一步提升与情感的升华。

二、研学实践教育的知识性

研学实践教育的知识性应该注意以下几个要点。

——注重知识领域的广泛性。研学是生活化的课堂，在研学课程中知识的学习既包括了学科知识，也包括了技能培养。人生大千世界的方方面面都是学生体验生活的目标。在真实生活中感知，在包罗万象的社会中发现，在体验与实践操作中收获真知，使学生获得对生活的全面认识，培育完整人格。

那种仅仅把知识理解成与学科相结合的学习，在研学实践活动中屡见不鲜，有些学校直接把研学实践活动与学校的学科教学直接对应起来，划分为语文、数学、物理、历史等模块化学习，忽视研学学习中人文精神的价值追求、激发学生对科学和知识的学习热情，罔顾对其理想信念、思想情感和道德素养的培育，以及在人生意义和价值方面的正确引导，忽略了研学实践教育对学生科学理性、人文情怀、健康人格等方面的塑造作用。其实质是工具理性的膨胀遮蔽了价值理性的张扬。

在《关于推进中小学生研学旅行的意见》文件中提出了要“**根据小学、初中、高中不同学段的研学旅行目标，有针对性地开发自然类、历史类、地理类、科技类、人文类、体验类等多种类型的活动课程**”。文件这里更多地强调的是知识领域的划分而不是学科类别的界定，这是需要我们辨识清楚的地方。

——注重知识的价值性。在研学实践教育中传导正能量是教育的基本要求。知识性与价值性的统一，这在研学实践教育中不仅是一个理论认识的问题，更是一个实践的问题。在研学实践教育中必须坚持思想价值主导原则，实现知识教育与价值观教育相互渗透。我国义务教育阶段的教材都是经过专家反复论证，根据不同时代发展阶段和学生的年龄、心理接受程度，从汗牛充栋的人类历史发展进程中筛选出来的，具有严谨科学体系的知识内容。而研学实践教育中学生面对的是丰富的大千世界，研学实践活动课程又是一门即景生成的动态课程，选其精华、筛其糟粕就成为一个需要十分重视的问题。

现实中，部分研学活动场所也确实出现了组织学生去不适合未成年人出现或活动的场所，或让学生接受有悖于科学性的负能量方面的知识教育和信息宣传的行为；有些地方甚至出现了以传播国学为名组织学生参加目的和效果不明确的授课或活动的现象，以及组织学生参加某些不利于身心健康发展的实践活动的情况。这都是研学旅行中要禁止的。

——注重知识的实践性。实践教育有两个基本的环节：认知教育和行为养成。知识性与价值性必须渗透到这两个环节之中建构知行合一的机制。研学实践教育知识传授的过程应当是实践的，即应当将实践教育的精神和方法渗透于知识教育，贯穿于知识教育的全过程。这种方法具体表现为两个方面：一方面是知识与动手实践相结合，使学生在“身临其境”的实践式教学中接受教育；另一方面是在实践中教育，即树立生活教育的理念。通过组织开展教育实践活动，使受教育者在现实的社会生活实践中亲身体验和接受教育。其核心目标是一致的，即通过实践过程形成认知和养成行为。

北京市校外教育资深专家何志东老师曾对研学旅行的教育性做过一个深刻的归纳。他说：

任何人都不能否认习惯在左右我们的命运。成功者，“习”之积也；“惯”者，成功之器也。没有好的习惯，事业很难成功。习惯不会说话，但却是人们行为的代言人。

随着素质教育的推进和创造力研究的深入，创造性思维的培养愈来愈被学校教育所重视。然而，人们对于其中的缺失——创造性思维习惯的养成——却未给予足够重视。研学实践活动的学习目标不是知识本身，而是知识浸透生命后的行为素养；不是间接能力本身，而是间接能力融合后的创造习惯；不是价值观本身，而是思辨能力形成后的求真精神。

——研学旅行让学生走进生活不是目的，目的是行为习惯的养成，其教育的目标指向是行为素养。

——研学旅行让学生认识生活不是目的，目的是辨识能力的养成，其教育的目标指向是品格塑造。

——研学旅行让学生实践体验不是目的，目的是创造能力的培养，且这种培养是创造意识的习惯养成。其教育的目标指向是能力锻炼。

三、研学实践教育的科学性

研学实践教育的科学性是指研学旅行的学习方式，应该注意以下问题。

——体验、实践教育与合作学习。研学实践活动课程不同于学校课程的传统授课教学，其根本区别在于引导学生在开放的实践学习中自主获得新知识。

而这种活动课程也不是以获得体系化的知识为首要目的，更重要的是培养学生的能力。因此，在研学教育活动中实现学生学习方式的转变是研学实践教育的核心理念。

——研学实践活动强调学生亲自参与实践的体验，在体验、活动、探究中进行学习，进而逐步形成善于质疑、乐于探究、勤于动手、努力求知的积极态度，产生积极情感，激发探索、创新的欲望；同时还应该使学生了解、经历甚至初步学会某些问题解决的基本方法，增强学生的方法意识和科学意识。

——研学实践活动不仅要关注学生知识、技能的形成和智力的发展，还要关注他们情感的体验、态度的养成、价值观的确立：一是科学的态度和科学的道德养成。学生在研学旅行的实践学习中，从实际出发，通过脚踏实地探究，实事求是地获得认知，磨炼不怕吃苦、勇于克服困难的意志品质。二是形成积极的人生态度。在研学旅行实践活动中，学生通过社会实践和调查研究，深入了解科学对于自然、社会、人类的意义和价值，学会关心国家和社会的进步，学会关注人类与环境和谐发展，形成积极的人生态度。

——课程的学段化设置。开展研学实践活动还要注重学生的年龄与心理的接受程度，要按学段设置不同的学习方法，这就需要有懂得教育理论、了解实践教育的专业人才来设计课程，更需要懂得活动教学法的优秀教师来执行课程。而目前在各级研学基地中尚缺乏专业的组织机构和研学导师，优秀研学教育产品也太少，研学导师的专业素养不高，导致在研学活动环节设置上不能充分发挥作用，在很大程度上影响到了研学旅行的效果。

四、研学实践教育的趣味性

研学实践教育的趣味性应注意以下问题：

知识是人类在实践中认识客观世界及人类自身的成果。知识的形成有两个必要的条件：一是认识对象——客观事实（事物），二是认识主体——人的参与。两者缺一不可：没有客观事实（事物），知识就是无源之水；而没有人的主体存在和从事认识活动，知识也无从谈起。

所以，知识的形成是人的精神活动的过程，必然受到非理性因素的影响。这就说明了兴趣在学习中的重要性。特别是在研学实践活动中，学生主动学习的态度决定了学生对知识的接受程度。这其中情感培育起到了由认知到价值转化的催化剂的作用。

孔子说："知之者不如好之者，好之者不如乐之者。"美国著名心理学家布鲁纳也说："学习的刺激力量乃是对所学教材的兴趣。"因此，研学实践活动能否激发学生的兴趣，是研学活动成败的关键。

——以任务驱动设定实践活动的目标。"任务驱动"是指在实践活动中，以完成一个个具体的任务为线索，把教学内容巧妙地隐含在每个任务之中，并在完成任务同时培养学生的创新意识和创新能力以及自主学习的习惯，学会如何去发现、去思考、去寻找解决问题的方法，最终让学生自己提出问题，并经过思考，自己解决问题。

在实践活动中，"任务"的设计至关重要。研学导师要事先把学习目标细分成一个个的小目标，形成若干容易掌握的活动模块，通过这些"任务"来体现总的学习目标，激发学生的求知欲和学习兴趣，促进他们积极学习，通过完成任务，达到掌握所学知识的目的，在此过程中要注意任务的细化，以问题的形式引导学生去探索和学习。

——多关心，多表扬，少批评。每个学生都希望自己得到老师的关心与爱护。学习不好的学生由于得到的肯定少，需要老师更多地发现他身上的优点和长处，并及时给予肯定和表扬。任何埋怨与批评都会进一步伤害学生，拉开两者的距离。

——精神鼓励与物质奖励相结合。孩子需要鼓励，但光有语言上的、精神上的鼓励还不够，有时候如果能加上一张小卡片、一朵小红花、一张小贴纸、一块橡皮、一支笔芯……孩子的积极性会更高，兴趣会更浓，效果也会更好。

——形成竞争学习的“场”。学生在竞争中获得的成绩会感到更加来之不易，任何一点成功和优势都会让他感到无比高兴，使他充满信心。同时竞争也激励他不断继续努力，养成良好的学习习惯和学习方法，争取更好的成绩。

——树立正确的榜样。“榜样”是看得见、摸得着的。树立正确的榜样能让学生很快看到前进的目标，明确发展的方向，找到发展的差距，落实具体的努力目标，从而提高学习的兴趣，增加发展的信心。

——加强个别辅导。有竞争就有优劣，就有失败。对于处于劣势或失败的学生，研学导师不能视而不见，要帮助其正确认识现状，加以引导和辅导，使他从劣势和失败中走出来，重新加入竞争的行列，并争取更好的成绩。

第 2 节　研学实践教育的实践性原则

从性质上来说，研学实践教育的实践性是与综合实践活动课程的实践教育相一致的。它呈现的是开放型学习态势，通过学生在自然、社会生活中有目标的考察学习、体验实践，加深对自然、社会和人生问题的思考及感悟，在思想、情感、精神境界等方面得到升华，使素质教育得以具体呈现，促进理想的教育生态逐步形成。

教育需要两个过程，一个是认知发展和概念建构的过程，另一个是形成思维实践的过程。从一个人素质养成的角度而言，教育必须处理好学习知识和社会实践的关系。仅有书本知识的学习，不是真正完整的教育，当今时代学生欠缺的不是知识、技能，而是创新精神和实践能力。现代学习理论也揭示，人类学习的最佳状态不是静态、被动地获得知识，而是全身心地经历探究世界与人生的过程。

研学旅行是研究性学习和旅行体验相结合的一项教育活动。在教育理念上，研学旅行强调认知学习和实践体验，即研究性学习和旅行体验的紧密结合，使体验得以系统化和理性化。在教学方式上，研学实践活动课程倡导学生的亲力亲为和现场实践，在活动时空上向自然环境、社会领域和学生的生活领域延伸，引导学生走近自然，关注社会，反思自我，在行走的课堂中体验问题解决的过程和方法，充分促进学生“知与行”、“动手与动脑”、“书本知识和生活经验”的结合与统一。

研学旅行作为新时代我国基础教育改革的一项重要举措，为学生全面发展提供了广阔的舞台。一方面，研学旅行极大地拓展了教育的空间，打破以学校为单一场所的教育环境，使教育走出学校的围墙，使教学不再局限于教室之内。另一方面，研学旅行改变了学生的学习方式，旅行变成课堂，社会成为教材，世界成为老师。学生在实践体验的基础上，关注实践、立足实践，在做中学、学中做，把书本上死的知识变成活的实践，学以致用，在实践中增长才能和提高思想认识，形成有利于个人成长及社会进步的综合素质。

《中小学综合实践活动课程指导纲要》中对高中阶段实践活动的课程目标，尤其在价值体认方面提出了更为明确的要求：“通过自觉参加班团活动、走访模范人物、研学旅行、职业体验活动，组织社团活动，深化社会规则体验、国家认同、文化自信，初步体悟个人成长与社会进步、国家发展与人类命运共同体的关系，增强具有中国特色社会主义共同理想和国际视野。”

新时代的教书育人不再是传统狭义的知识传授与技能习得，而要以培养担当民族复兴大任的时代新人为着眼点，以立德树人为根本任务，从创新人才培养模式、发展素质教育的角度，立足培养德智体美劳全面发展的社会主义建设者和接班人。这是研学旅行实践性的真正意义。

第3节　研学实践教育的公益性原则

在《关于推进中小学生研学旅行的意见》中明确对研学旅行的性质做了具体要求，即“研学旅行不得开展以营利为目的的经营性创收，对贫困家庭学生要减免费用”。那么，我们如何认识企业单位进入社会公共教育事业体系中坚持公益性的原则呢?

关于教育系统公益性的要求是在2006年1月中共中央、国务院《关于进一步加强和改进未成年人校外活动场所建设和管理工作的意见》中正式提出的。《通知》针对青少年宫、少年宫、青少年学生活动中心、儿童活动中心、科技馆等公益性未成年人校外活动场所明确规定了公益性教育的服务原则。

《通知》明确对校外青少年活动场所作出了定位：“由各级政府投资建设的专门为未成年人提供公共服务的青少年宫、少年宫、青少年学生活动中心、儿童活动中心、科技馆等场所，是公益性事业单位。”

《通知》规定，以上各级校外青少年活动场所“要始终坚持把社会效益放在首位，切实把公益性原则落到实处”；“未成年人校外活动场所不得开展以赢利为目的的经营性创收。对集体组织的普及性教育实践活动和文体活动要实行免费。对确需集中食宿和使用消耗品的集体活动，以及特专长培训项目，只能收取成本费用，对特困家庭的未成年人要全部免费。公益性未成年人校外活动场所的收费项目必须经当地财政和物价部门核准”。

《通知》还提出，各级政府要“制定《未成年人校外活动场所公益性评估标准》，从服务对象、活动内容、时间安排、服务质量、经费使用等方面设置相应

指标，定期进行考核、评估，并将考评结果作为财政支持的依据。对违背公益性原则的要限期整改，逾期不改的不再享受公益性事业单位的相关优惠政策”。

以上意见是针对各级政府投资建设的专门为未成年人提供公共服务的青少年校外活动场所而规定的标准。它是否适用于今天社会化的研学实践教育基地呢？笔者认为这还应当具体问题具体分析。

作为国家投资的青少年校外活动场所，坚持公益性的原则毋庸置疑。在“十五”至“十二五”期间，国家用专项彩票公益金资助兴建的众多青少年校外活动中心，陆续划分为公益一类至三类不等，坚持了公益性服务的教育原则，为广大青少年学生提供了丰富的文艺、体育、科技等兴趣小组和社团活动，使未成年人在形式多样的校外活动中，培养兴趣爱好，发挥发展特长，得到锻炼和提高，成为与学校教育相互联系、相互补充，促进青少年全面发展的实践课堂。

作为由大量非公或股份制企业建立的研学实践教育基地而言，我们是否能用不得开展以营利为目的的经营性创收作为经营原则来要求他们呢？

根据《中华人民共和国公司法》的规定，公司是一种企业组织形态，是依照法定的条件与程序设立的、以营利为目的的商事组织。一般而言，公司具有三个基本的法律特征：一是公司具有法人资格，要能够以自己的名义从事民商事活动并以自己的财产独立承担民事责任；二是公司具有社团组织属性，即不同于单个的个人的特性，而是一个组织体；三是公司以营利为目的，具有营利性。

公司以营利为目的，是指设立公司的目的及公司的运作，都是为了谋求经济利益。为此，公司必须连续不断地从事某种经济活动，如商品生产、交换或提供某种服务。在为自己提供不断造血机能的同时促进社会经济的整体发展。公司的营利性特征已为世界上许多国家和地区的公司立法所确认，从而成为公司的基本特征。公司只有以营利为目的，实现公司利益最大化，才能让股东收回投资，并进而实现赢利。法律承认并保护公司的营利性，方能鼓励投资、创造社会财富，促进市场经济的发展。所以，我国公司法第 4 条将股东的资产收益权作为股东的第一项权利加以规定，体现了公司的营利性特征。

公司的营利性是公司区别于非营利性法人组织的重要特征。营利法人的宗旨是获取利润并将利润分配于成员（出资人或股东）；而非营利法人的宗旨是发展公益、慈善、宗教、学术事业，它们即使从事商业活动、获取一定利润，也只是实现与营利无关的目的，而且其盈利所得不能直接分配于成员。区分营利法人和非营利法人的主要法律意义在于其设定不同的设立程序、赋予不同的权利能力、适用不同的税法等。

那么，我们将以研学为主要业务的民办公司的合法营利行为框定为不允许开展经营性创收在法理上是否缺乏依据呢?

笔者认为，当企业进入研学实践教育领域，特别是经过一级政府认定获得省市或国家级研学实践教育基地的资质以后，其企业就研学业务这一版块而言，它的经营性质也就随之产生了性质上的变化，由于企业的行为已经纳入中小学生教育教学计划，民企也就具备了教育这一公益属性。因此，可以适用于民办非企业单位的性质定义。

从 1985 年的《中共中央关于教育体制改革的决定》到 1993 年的《中国教育改革和发展纲要》都确立了鼓励私人、社会团体等社会力量参与办学的思想。1998 年国务院发布《民办非企业单位登记管理暂行条例》。明确规定民办非企业单位是指企业事业单位、社会团体和其他社会力量以及公民个人利用非国有资产举办的，从事非营利性社会服务活动的社会组织。该法规的公布也标志着我国社会型企业单位的正式诞生。*

从目前政策层面来看，社会型企业是一种参与市场竞争、直接提供各种社会服务的实体性机构，即运用商业手段，实现社会目的的企业。社会型企业从

* 本文部分资料引自《科技经济市场》2012 年第 12 期《社会型企业的赢利模式分析》一文。作者张琳悦、陶然、陈祖祺、徐晟南。

事的是公益性事业，它通过市场机制来调动社会力量，弥补国家公益性服务的不足。社会型企业有严格的社会目的，比如创造就业、为地方提供公益服务等，具有明确的社会价值是社会型企业的基本特征。

在现行制度下，社会型企业的形式适合于多元化的创办主体（国家、企业、非政府组织和个人）进行公益创业，社会型企业的形式适合于对多层次多种多样的社会问题采取实践行动，以实体力量参与市场活动、解决实际问题。

社会型企业既有非营利型也有企业型，目前国际上社会型企业的模式有：美国、日本等国以市场为主导的模式，英国、韩国、中国香港地区以政府为主导的模式及阿根廷等拉美国家以公民社会为主导的模式。

这一类型企业的共同特征是：①运用商业手段和方法达到社会目标；②融合社会和商业的基本目标；③创造社会和经济价值；④从商业活动中获得收益来支持社会项目；⑤由市场驱动同时由使命引导；⑥衡量财务绩效和社会影响；⑦在提供公共产品的过程中满足经济目标；⑧从无约束收入中享受财务上的自由；⑨在履行使命的过程中融入商业战略。

要正确理解“营利”和“盈利”的区别，二者有本质上的差异。是否收费并不是判断公益性的唯一标准。依据相关规定和市场规律，适当收取活动成本费符合教育成本分担原则；收费也不与政府购买服务相矛盾。“不营利”是主观的，“盈利”则是客观的。作为一级经济组织，在经营中产生“盈利”则是正常的。无“盈利”则企业就没有进行再生产的资本，无“盈利”企业也就丧失了可持续发展的动力源泉。“营利”是指经营企业的收益要用于成本分担和事业的可持续发展，而不能作为股东分红或企业职工的利益再分配。

在我国通常将社会型企业分为两类：第一类，其成立之初就定位于社会领域，以公益为目的，按照市场机制，通过商业竞争来提供公益服务，实现企业的社会价值。第二类，其成立之初为普通企业。经过发展后逐渐巩固了市场地位，进而介入社会公共服务领域，主动承担起社会责任。这种类型较适合于目前各级政府认定的中小学生研学实践教育基地。

所有企业都有自己的产品或服务结构以及相对应的业务结构，实现持续盈利是企业能够保证生存且能够维系发展的根本。社会企业也不例外。但社会型企业的盈利是通过利用社会资源，在服务社会的同时，还能盈利让企业发展，并且能够在持续盈利的基础上让社会性的行为进入良性循环，不断发展壮大。

社会型企业的盈利模式有以下三种。

一是基于服务的盈利模式。即利用自己的专业能力，在分工日益明细的现代商业社会建立自己的经营市场和服务范围，并依托这些能力形成一种交换商品，为需求方进行服务而产生的盈利。

二是以最终产品作为生产和产出的载体，通过降低产品成本，提高产品核心竞争力和领先的技术，争取产品的交易而获得盈利。

三是基于知识附加值的盈利模式。即由传统的终端产品及生产加工的盈利模式向高知识附加值的盈利模式转变，这也是社会型企业可以循环提升盈利并扩大经营规模的一种最可行的盈利模式。

这类企业的代表有青番茄、残友集团等。青番茄作为全球最大的中文网上图书馆，是靠文化外包和服务及网站广告实现利润，通过免费为读者提供借阅书籍服务，来实现企业的社会性和公益性。残友集团作为现代化、集团化高科技企业，以“发展社会民生与高新产业互助发展的和谐科技融入现代产业体系”为企业理念，靠高科技企业实现利润，通过下设公益性组织实现公益目的来实现企业的社会性，被誉为创业带动就业之典范。

“不以营利为目的”是研学实践教育基地开展面向中小学生研学实践教育的宗旨，教育作为社会公益性的活动，不能以追求利润为行动的宗旨和目标，即不允许“营利”。但作为一级经济组织，在经营中产生“盈利”则是正常的。研学单位的“盈利”要用于成本分担和研学教育事业的可持续发展，而不能作为企业收益用于股东分红或职工的利益再分配。

作为以研学实践教育为主要业务版块的民间企业性质的研学基地，其公益性的体现应从以下六个方面进行考量。

1. 具备社会型企业的基本属性。

转型研学实践教育的企业，企业的属性转变为以社会属性为主的经营企业。企业首先应该明确自己进入了社会公共教育服务体系，履行的是企业的社会义务。这就要求企业要以履行社会责任为前提，以服务社会为取向，以全员育人为己任，遵循教育规律，服务全体学生。

2. 经营目标的改变。

在市场规律下的企业商业化经营，是以企业利益最大化为目标，但当企业进入研学实践教育服务领域，意味着企业承担的是社会公共教育服务的职能。企业市场定位的变化必然造成经营目标的变化。企业的经营将由以营利为目标转向以服务社会、服务教育、服务学生成长为根本目标。

3. 坚持普惠原则。

在商业市场中，企业的市场行为是由利润驱动的。没有利益追求的行为不能做，赔本的事更不能做。而在以满足社会需要为目标的教育服务领域，企业必须遵循教育的基本原则，以面向全体学生，让每一个学生都能享受到企业所提供的良好教育条件为目标导向，企业的盈利则应放到第二位来考虑。这里不能说不让企业盈利，但其必须有度，必须符合政府的规定以及教育行业的标准。当然，企业的经营行为如果超出了教育行业允许的度，这时市场规律就必然起作用，将企业排斥于教育行业之外，政府的干涉也会给企业这样或那样的惩罚，企业在这个领域的生存空间也会逐步萎缩，最终会被排斥出这个领域之外。

4. 履行企业社会责任。

民办企业进入研学实践教育领域，其一切有关研学实践教育经营行为的出发点都必须要以育人为导向，围绕社会需要、学生成长为核心开展企业活动。做人有人与人之间的伦理，各个职业有自己职业的伦理，从事商业行为的企业也有自己的企业伦理。企业伦理要求企业在自主行为中自觉遵循对社会、客户等群体负责任的义务。现在无论是学术界还是实务界，都不再片面强调企业的天职是“股东利润最大化”，而是更多地建议企业去寻找经济价值与社会价值的平衡点。缺德但赚钱的企业越来越不受欢迎。当企业进入社会公共教育服务体系，其行为也必须遵循教育伦理，即履行企业作为社会法人的公民义务。

5. 收费透明。

从事研学实践教育为主要业务版块的民间企业，在公益性的具体落实上，应当保证各项收费标准透明。这是公益性准则最基本的体现。要明确门票、火车票、用餐、住宿的标准。在政府允许的范围内适当收取服务费。

6. 对贫困学生适当减免。

这也是企业社会责任体现的方面之一。

作为以研学实践教育为主要业务版块的民间企业，因其进入了社会公共教育服务领域，社会将给予这类企业更大的支持，封闭的、自盈利的企业，得不到社会的普遍认同，发展速度及规模都将受到相应的影响。2017—2018 年教育部评定了国家级研学实践教育基地 628 家，并给予了一定的资金扶持就是明证。

当然，作为国有企业或者公立的文娱性企业则不在此列。这类企业由于其公办国企的性质，要求其在研学业务领域“不允许开展经营性创收”，从企业的社会责任而言应该是合理的。但政府应该建立相应的监督机制，对命名研学实践教育基地的各类企业，从服务对象、活动内容、时间安排、服务质量、经费使用等方面设置相应指标，定期考核、评估，进行分类且实行有层次的监督管理。

目前，许多地方教育行政部门采用了政府采购的方式，对文旅企业的研学线路进行评估，按照面向市场、择优准入、价格上限、自主选择、服务监管的原则进行，从优质的课程、合理的线路和合理的收费等方面确定一批研学旅行的承办单位，通过遴选建立辖属学校研学旅行活动承办机构目录，由辖属学校根据有关规定在目录名单中自主选择。有的省市如陕西省西安市由研学旅行协会牵头，制订研学旅行承办单位的准入标准和末位淘汰制度，等等。这些措施都在一定程度上规范了研学旅行的市场行为，促进了研学旅行的良性发展。

第4节　研学实践教育的安全性原则

研学旅行是以“校校组织、班班参与、人人体验”为规模的全员教育活动。其学生的出行规模前所未有，所涉及的各行各业协同合作前所未有，而由此产生的未成年人活动隐患也前所未有。

因此，各级教育行政部门对研学旅行的安全性也高度重视。在各省市研学旅行的文件中都强调了“**坚持安全第一，建立安全保障机制，明确安全保障责任，落实安全保障措施，确保学生安全**”的规定，要求做到“**活动有方案，行前有备案，应急有预案**”。

文件明确要求各地要建立科学有效的中小学生研学旅行安全责任体系。建立行之有效的安全责任落实、事故处理、责任界定及纠纷处理机制。

教育行政部门负责督促学校落实安全责任，审核学校报送的活动方案（含保单信息）和应急预案。学校负责做好行前安全教育工作，负责确认出行师生购买意外险情况，必须投保校方责任险，与家长签订安全责任书，与委托开展研学旅行的企业或机构签订安全责任书，明确各方安全责任。旅游部门负责审核开展研学旅行的企业或机构的准入条件和服务标准。交通部门负责督促有关运输企业检查学生出行的车、船等交通工具。公安、食品药品监管等部门加强对研学旅行涉及的住宿、餐饮等公共经营场所的安全监督，依法查处运送学生车辆的交通违法行为。保险监督管理机构负责指导保险行业提供并优化校方责任险、旅行社责任险等相关产品。

目前各级政府行政部门和学校、文旅单位对此问题认识仍然还有偏颇。教育部门更多地注重考核学校的行前预案；学校方面更多地关注研学学习点、踩点后活动课程的配置以及意外伤害险的理赔标准；而文旅单位则更多地认为将学生人身意外责任险上好就万事大吉了。对于学生出险后的应急响应机制关注得不够而且十分不足。

研学旅行是中小学生走出去，进入社会开展学习的实践活动。作为未成年人，中小学生的自我防护意识是比较薄弱的。据统计，仅以 2016 年全国中小学校园安全事故统计表明，校外安全事故发生的比例是 61.61%，校内安全事故发生的比例是 38.39%。由此可以看出，校外安全事故发生的比例远远高于校内。而其中溺水和交通事故是发生概率最多的事件，所占概率为 51%。因此，研学旅行作为群众性的校外活动，必须正视和解决中小学生研学旅行的安全问题，想方设法提升中小学生在研学旅行过程中的安全系数。

加强中小学生的行为和自我保护教育固然重要，学校和文旅部门、研学基（营）地制订完善而有效的安全预案也是题内应有之意，但建立一整套完备且实用的中小学生研学旅行事故应急响应机制才是当务之急。

所谓应急管理机制，是指针对某一领域突发事件而建立的国家或地方统一领导、综合协调、分类管理、分级负责、属地为主的应急管理体制，是一套集预防与应急准备、监测与预警、应急处置与救援等于一体的应急体系和工作机制。

它包括应急决策机制、处理协调机制、信息披露机制、善后处理机制等。一般按照属地为主的原则实行分级响应。例如，这次新型冠状病毒肺炎疫情，就是从国家层面迅速启动了公共卫生紧急突发事件I级应急响应机制，在全国范围内开展紧急动员，及时派出医疗卫生专业防治队伍赴疫区协助开展医疗救治和防疫控制工作，有效缓解了疫情的加速爆发。

作为研学旅行过程中可能发生的学生人身伤亡的突发事件，固然不能与国家或地方政府级别的公共安全应急管理机制相提并论，但作为承接学生研学旅行人身意外伤害保险业务的保险公司和各级教育部门、文旅部门、研学基（营）地、各地救援公司、地方医院、公安系统应联起手来，组织起一套适用于中小学生研学旅行活动的突发事件应急响应机制。这套响应机制可以限于本地区使用，覆盖本地区的自然景区、人文景点、研学基地以及中小学生研学旅行常去的研学学习点。在条件成熟后也可形成各地区的联动响应机制。

如果中小学生在研学旅行中一旦发生了人身伤害的突发事件，地方的研学应急响应机制就可以迅速启动，救护单位和医疗部门能够在最短时间内给学生提供最有效的救治和防护，当地警力迅速出动维持良好的研学秩序，这才是研学旅行能够顺利开展的重要保障条件。

积极努力完成这一机制建设工作的单位应该属于保险公司的职能范畴。承接学生研学旅行人身意外伤害保险业务的保险企业不应该把精力都放在出险后的理赔层面上，而忽略救援机制的服务。

当前，各级教育行政部门和地方政府在研学旅行安全管理层面上还仅仅停留在明确责任、落实措施方面。对学校的要求是开展必要的自护自救教育，增强中小学生安全防范意识和能力；对校外活动场所的要求是切实保证活动场地、设施、器材的安全性，配备安全保护人员，设置必要的安全警示标志，防止意外事故发生；对各级地方政府的要求是为学生参加校外活动和各种社会实践活动购买保险，鼓励中小学生参加学校责任保险，等等。这些措施仅仅是应急预防措施，而针对学校在研学旅行实施过程中可能会出现的危险情况，建立对研学旅行安全事故应对能力的重视还远远不够。

如果在研学旅行中一旦发生学生人身伤害事故，我们的救援队伍能够在十几、几十分钟内赶到，学生受伤后在几十分钟内就能够被迅速送进当地医院得到及时治疗，那将使学生的生命安全得到重要保障。如果这样一套机制能够在全国各地建立起来，那么社会稳定、学校放心、家长放心就不是一句空话，作为大规模普及的研学实践教育的道路也将更加顺畅。

研学旅行突发人身伤害事故应急响应流程图

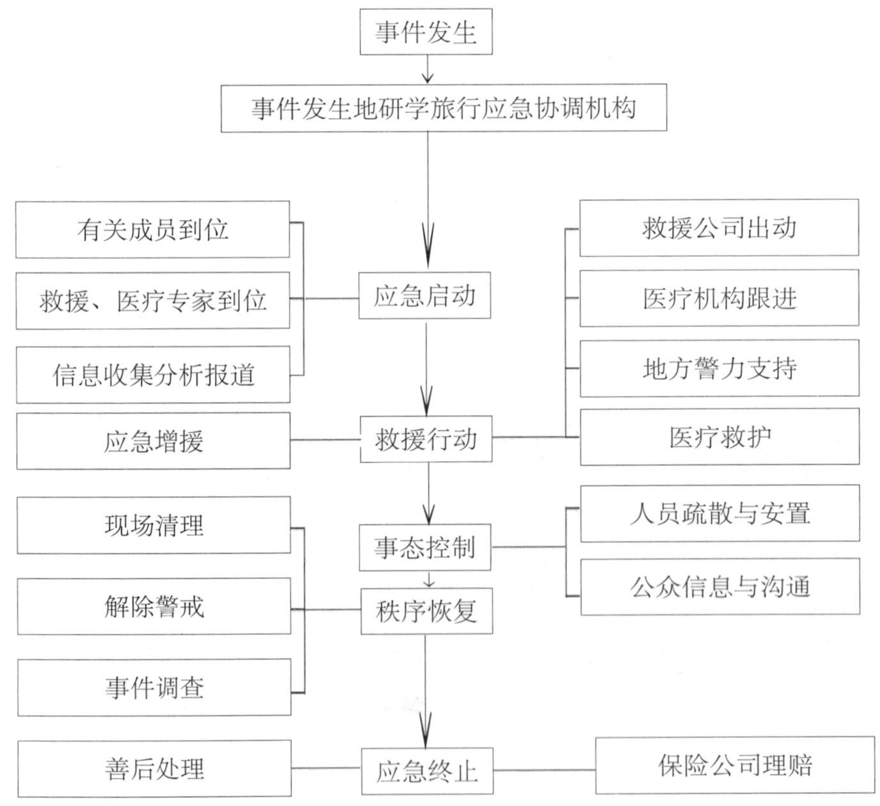

第5节 研学实践教育的规范性原则

在《关于推进中小学生研学旅行的意见》中对研学旅行仅仅提出了教育性、公益性、实践性、安全性四个原则。而在之后安徽、湖南、海南等省发布的研学旅行指导意见中又陆续提出了规范性原则的要求。之后在教育部相关会议和文件中也提出了这一原则。

研学旅行规范性原则是指研学旅行应做到全程公开、透明、可监督，确保规范操作，有组织、有计划、有目的地进行。

具体而言，研学旅行的规范性应从以下几个方面理解。

一、从教育层面上将研学旅行全面纳入学校教育教学体系

一是各中小学校要结合实际，将研学旅行纳入学校教育教学计划。做到有课时、有师资、进课表。要将研学旅行作为中华优秀传统文化教育、理想信念教育、爱国主义教育、革命传统教育、国情教育、安全教育、学科实践教育的重要载体，突出研学旅行育人功能，发挥研学旅行与校内课程不同的育人价值；要把研学旅行与学校课程和学生学习有机融合，与学校德育、综合实践活动课程学习相结合，采取参观考察、主题探究、亲身体验等方式，融专题研究、访问调查、社会服务、设计制作、同伴互助为一体。

二是制订研学旅行课程规划，合理安排研学旅行学段和时间，即小学四到六年级、初中一到二年级、高中一到二年级，每个学生在小学、初中、高中就学期间，各参加一次研学旅行；每次小学1至2天、初中3至4天、高中5至6天。

三是推动研学旅行课程建设。研学旅行课程是体现研学旅行教育性的核心。主要包括革命传统、历史文化、传统民族文化、地域特色文化、特色农业与现

代化建设、科普教育、国防体验、安全教育、生态文化等方面。中小学校要根据学段特点和地域特色，逐步建立小学以乡土乡情为主、初中以县情市情为主、高中阶段以省情国情为主的不同层次和多种类型的研学旅行活动课程体系。

四是建立研学旅行学习评价机制，巩固研学旅行主体成果。学校在组织研学旅行后，要组织学生将研学的问题和成果进行梳理、提炼，并通过 PPT、视频、调查报告、漫画、图表、诗画等方式进行汇报展示。学校可结合校园文化艺术节等项目，举办研学旅行研究报告会、征文、摄影、绘画比赛等后续活动，巩固研学旅行成果。学校对学生参加研学旅行情况要进行评价，要将研学旅行情况记入学期评价和毕业评价，将中小学生研学旅行情况在《学生综合素质成长记录》“社会实践”一栏中进行记录和评价。

二、从社会协作角度建立研学旅行工作常态长效机制

一是加强研学旅行基地（营地）建设。要依托自然文化遗产资源、红色教育资源和素质教育基地、科普场馆、知名院校、高新技术企业、科研机构、军营、现代农庄等，建设一批安全适宜、主题鲜明、体验丰富的中小学生研学旅行基（营）地，打造一批研学旅行精品线路，逐步形成布局合理、互联互通的研学旅行网络，为学校开展研学旅行提供菜单式服务。

二是加强专业人员队伍建设。研学旅行基地（营地）根据开展研学旅行的需要合理配置专业人员，并按照不同学段学生的年龄特点、认知规律及育人需要，强化工作人员培训，提升辅导学生学习体验等方面的知识与技能。研学旅行基地（营地）要配备研学指导教师，研学指导教师应具备教育教学、旅行组织、安全应急等专业能力。中小学应确定相应的管理人员和教师，专门负责研学旅行工作，提高研学旅行在课程开发、主题确定、组织管理、后勤保障及安全管理方面的专业性。

2019年10月，教育部增设“研学旅行管理和服务”专业，为社会实践教育培养专业人才（专业代码640107）。该专业毕业后的人才就业将面向旅行社、相关旅行景区（点）、文博场馆、公共文化场馆、研学旅行基（营）地等企事业单位，从事研学旅行运营、设计、咨询、营销、方案实施等工作。

“研学旅行管理与服务”专业的设置表明国家将重点培养一批明确为中小学生研学实践教育服务的专业人才，同时也意味着研学旅行将作为义务教育阶段的一项长期社会实践教育的模式固化下来。

三、从体制机制管理上强化组织保障和监督管理

一是规范研学实践教育基（营）地管理。要逐步建立研学实践教育基地准入标准、退出机制和评价体系。做好研学旅行承办机构（旅行社或机构）和研学基（营）地的认定和备案，实行准入制，实施动态管理，定期评估验收。定期对研学旅行服务承办机构（旅行社或机构）和研学基地（营地）进行多方位评价，评价结果作为准入和退出的依据。

二是规范研学旅行组织管理。要制定中小学生研学旅行工作规程，加强学生和教师的研学旅行事前培训及事后考核，做到“活动有方案，行前有备案，应急有预案”。学校要通过家长委员会、致家长的一封信或召开家长会、“人人通”平台等形式告知家长活动意义、时间安排、出行线路、费用收支、注意事项等信息，配备一定比例的学校领导、教师和安全员，负责学生活动管理和安全保障。研学旅行可采取自行开展或委托开展的形式，学校要拟定研学旅行计划，按管理权限提前报教育行政部门备案、审核。

三是招投标制度的健全和管理。随着研学旅行纳入中小学课程的落实，许多地方教育行政部门制订了相关的招投标管理方法，把权力下放到学校。学校要采取公开招投标方式，面向社会公布信息，遴选资质好、信誉佳、实力强、

有经验的企业或机构共同组织开展研学旅行活动，并与中标单位签订合同，明晰保险数额，明确责任和义务。学校要严格按照方案中对委托企业或机构资质的要求，按照规范程序公开遴选。同时，委托单位和研学旅行基地要制定配套服务保障措施，配备专业救护人员，确保师生的安全。

四是经费保障。要根据研学旅行活动基本需求，确定收费项目及标准，逐步建立“政府支持一点、家庭支付一点、服务接待单位减免一点”的经费筹措机制。对义务教育阶段低保户及特困人员子女和高中阶段建档立卡、低保户、贫困残疾人家庭及特困人员的子女实施减免政策。文化、旅游等部门协调景区、景点、场馆对中小学生研学旅行活动实行门票优惠政策，爱国主义教育场馆（区、点）门票按照规定费用全免，其他场馆（区、点）、基地（营地）门票优惠价格原则上低于社会旅游团队价格和学生门票的价格。

研者，研究也。要做好研学旅行，首必重课程研发。研学旅行的第一要素就是要先研发课程。没有课程的研学必将是违背教育规律的无序活动。故本篇定为“研”，从课程研发与课程创编两个角度介绍研学实践活动课程的生成与研发。

第四章 CHAPTER 4

研学实践教育的课程属性与课程结构

为什么要用课程形式开展研学实践教育？

如何认识研学实践活动课程？

研学实践活动课程与学校传统课程有什么不同？

本章从研学旅行的课程属性、课程表达、课程目标以及研学实践活动课程的资源转化等多个角度对研学实践活动课程进行深入剖析，从而明确研学实践活动课程的属性、特点以及课程开发的原则。其核心思想是——研学实践活动课程是集校外活动课程、德育课程、综合实践活动课程于一体的具有多元属性的社会实践活动课程；研学实践活动课程不是一般意义上的将研学旅行课程化，而是要用课程思想统领研学实践教育。

第 1 节 用课程思想引领研学实践教育

教育部等 11 部门发布的《关于推进中小学生研学旅行的意见》对研学旅行提出了五大目标，即“开发一批育人效果突出的研学旅行活动课程，建设一批具有良好示范带动作用的研学旅行基地，打造一批具有影响力的研学旅行精品线路，建立一套规范管理、责任清晰、多元筹资、保障安全的研学旅行工作机制，探索形成中小学生广泛参与、活动品质持续提升、组织管理规范有序、基础条件保障有力、安全责任落实到位、文化氛围健康向上的研学旅行发展体系”。其中将研学实践活动课程开发列为首要任务，作为统领整个研学实践教育的基础。

一、课程的价值与作用

为什么在研学实践教育中要采用课程形式实施教育？

研学实践活动课程作为一门纳入中小学校教育教学计划的常态化课程，其教育性质已经远远超出了一般意义上的群众性学生活动、春游秋游或者节日、纪念日、文化节、艺术节等校内活动。它是纳入正规教育计划管理的国家级课程。这说明了研学实践活动课程在学校课程体系中的地位，同时也进一步昭示了研学实践教育在学生成长过程中的重要作用。

把研学实践活动纳入学校课程体系，其作用主要有以下五个方面。

1. 凸显计划性。

研学实践教育作为学校教育方式、学生学习方式改革的重要举措，以课程形式纳入学校教育的总体规划之中，与其他课程配套，是形成体系化教学的重要途径，也是教育行政部门对各级中小学校实施指标化管理的必要手段。

课程管理是现代社会政府对学校进行指标化管理的基本途径和方法。自从现代教育体制建立以来，世界上有三种教育管理体制：一是集中管理的体制，二是分散管理的体制，三是标准统一、管理分散的体制。

我国目前采取的是集中管理与标准统一、分散管理结合的体制。对于基础教育的主科内容，国家仍然以统一课程大纲、统一课程计划、统一课程标准、统一教科书的方式进行管理，对于大多数辅科，基本上采取放开管理的方法。但更加强调特色学校的建设和校本课程开发。

因此，我国对教育管理是以课程管理形式为核心，在课程标准、课程编订、教学内容、教学方法、评价方式和学习结果等方面以规定、组织、领导、监督和检查实施管理，目的是“影响教学过程，进而对学习者的学习产生影响”。它不仅涉及教学过程，而且涉及教学之外的所有过程。

研学实践教育纳入课程管理并通过教育督导的形式进行监督检查，既体现了国家对社会实践教育的重视程度，同时也将研学实践教育规范化。即通过省市、区（县）教育行政部门逐层落实到各级中小学校，推动教育改革发展。

2. 保证教育性。

课程管理的另一层含意是学校管理。学校对教育进行管理的基本手段是课程管理。在现代教育中，班级授课制让学校教育制度化，而课程让学校教育专业化。没有课程就没有专业的教育。课程是专业教育与非专业教育的分界线，是学校教育区别于家庭教育、社会教育的关键要素。学校之所以能够育人其实质就是教师、方案（课程）、学生三要素互动而实现的。方案是课程的文本，是教育专业化的标志之一。教师、方案、学生三要素互动理论建构起学校育人和专业机制。教师以学习为中心，通过与课程（课程标准与教材）互动，设计专业化的课程方案，引导学生在课堂上与方案互动，最终实现每一位学生的发展与成长。

研学实践教育纳入国家必修课程，就规范了其教育形式——以课程形式实施的教学活动。它应该也必须具备课程的一切基本元素：课程理念、活动主题、课程目标、课程实施环节、学习方式，以及课程评价。从学校管理层面来说，可以通过课程管理保证其教育目标的实现，避免随意性、无组织或半组织状态现象的发生。

3. 落实参与性。

教育具有面向全体受教育者的基本义务。让每个学生都能受到最适合自身发展的教育，最终能形成有利于学生个体潜能全面发展的综合素质，为学生的可持续发展打下扎实基础，这是现代教育的基本精神。将研学实践教育纳入学校正规课程计划，让所有学生都能获得相同的机遇和资源，保障所有学生的发展与成才需求，是实现教育普惠性的根本保障。

4. 实现持续性。

将研学实践教育纳入学校教育教学的正规管理，形成明确的计划性、目的性和组织规范性，保证研学实践教育的可持续发展。

5. 确立规范性。

将研学旅行纳入学校常规教育管理的范畴，通过以课程形式推进研学实践教育，使研学旅行成为在校期间学生必须参加的课程，并配套和纳入学生综合素质评价等教学管理制度，以实现研学实践教育的育人作用，同时也避免了学校用各种文体活动将研学实践教育泛化，逐步形成规范化的实践教育体系。

教育部等 11 部门发布的《关于推进中小学生研学旅行的意见》中明确指出：**“把研学旅行纳入学校教育教学计划，与综合实践活动课程统筹考虑，促进研学旅行和学校课程有机融合，要精心设计研学旅行活动课程，做到立意高远、**

目的明确、活动生动、学习有效，避免‘只旅不学’或‘只学不旅’现象。”

二、研学实践活动课程的特点★

研学实践活动课程是一门以社会实践为内容的活动课程，它强调通过学生的亲身经历和参与获取直接经验。因此，与学校课堂教学相比，作为课程形态的中小学研学实践活动课程具有其独有的特征，具体体现在以下五个方面。

1. 学习情境的真实性。

传统课程的学习方式多为接受式学习，其学习情境大多局限于课堂的有限空间，而且多为模拟、假设的情境。大自然、社会为研学实践活动课程提供了丰富的真实情境，使得情境学习始终与研学实践活动课程相伴。

在研学实践活动课程的学习中，学生和教师在旅行中释放心情，在活动中完成互动，增加心灵的交流，拉近心与心的距离。这种在自然真实情境中的学习不同于课堂上的学习，它会带给学生更多不一样的新奇体验。学生能够受到丰富的情感熏陶，比如师生交流、生生交流和审美教育、价值观教育等，形成对自然、社会与自我之间内在联系的新的认识。

2. 学习内容的综合性。

传统的学校课程以学科课程为主，所学内容也为某一学科单一的系统性知识。研学实践活动课程则突破了学科课程的界限，融多种学科于一体，将研学主题相关的课程内容交汇在一起，有利于学生对所学学科知识的巩固与综合运用。例如，学生参观中国科技馆，在活动教师的指导下，学生与同伴交流合作，共同制作科技模型，从而巩固了课堂所学的物理、数学等学科知识，达到了学以致用。学生在动手操作的过程中，能够接触并学习到课堂以外的综合性知识，有助于学生同时学习多种类型的学科内容。

★ 本部分观点参考企鹅媒体平台丁玉祥空间的相关文章。

研学实践活动课程学习的最大特点之一是不受学科分类的束缚，解决了课堂教学中学科相互分离、相互孤立的问题。学生通过综合知识的运用，学会整合不同门类的知识，使之结构化、整体化，提高了学生的综合实践能力、问题解决能力，从而提升其思考力、判断力。

3. 思维培养的整体性。

传统课程的学习方式侧重系统知识的掌握以及逻辑思维的形成，是一种纯理性参与的活动。在研学实践活动课程中，学生需要全身心地投入，手脑并用，用心去感悟、动手去操作、动脑去思考。其中不仅包含了逻辑思维等智力因素的培养，还融入了情感体验与兴趣的养成等非智力因素，是一个多种感官同时运用才能完成的学习过程。这有助于学生智力、情感、意志、能力的展现与发展，促进学生的整体发展。

4. 学习方式的探究性。

研学实践教育的自主性学习较强，它为学生提供了许多探究、解决问题的机会。在开展研学实践活动的探究学习时，要求学生善于思考，积极捕捉来自身边的问题并进行界定、甄别、筛选和整合。学生用已经掌握的知识对现实生活进行印证，将内化的知识通过实践体验外显为自己的经验，即真实获得。

获得知识的途径有书本及实践两种渠道，而认识的来源只有实践。研学实践活动课程正是通过学生的亲身感受与实践，运用所学知识去探究生活的奥秘，用探究来增加其认知，提升学生的思维能力、知识加工能力等。

5. 学习结果的体验与实践性。

研学实践教育本质是实践。它使学生有机会在纷繁复杂的社会真实生活中重新审视在课堂上学到的理性知识与客观存在的关系，并通过体验与实践检验其真伪，对知识进行再次解读，直至“真知”，从而达到思维与存在的统一。学生通过在自然中探索、在社会中实践、在活动中学习，在运用所学知识的同时获得了知识课堂所缺失的真实情境体验，升华所学学科知识内容，进而达到对课堂知识的反思、巩固、运用与超越。这一过程是学生在课堂上学习所不能得到的真实收获。

基于研学实践活动的课程形态，笔者把研学实践活动的课程分为五个维度，即“行、学、践、研、悟”。

行——“行”具有两个层面的含义，一是旅行，研学实践教育活动以旅行为载体，此为行；二是以亲身实践为学习方式，此也可称之为“行”，即通过身体力行去感受亦称为“行”。个体通过亲身实践，将所感所悟内化于心，并通过体验实践活动外化于形，这就是行。

学——研学旅行是行走的学习课堂。学是目的，行是过程。研学旅行是学生将课堂所学知识内化到主体的认知结构中后，通过在研学旅行中的体验实践活动外化于形，将其付诸实践的过程。这一过程即是学生将抽象知识转化为学习经验的过程。

践——研学是学生通过实践回归“生活世界”的过程。研学旅行课程的最大特点是学习情境的真实性，即在真实的自然情境中施行的实践学习课程，注重在生活中教育，在自然中教育，在社会中教育。所以，实践是研学旅行教育的本质属性。杜威从生活来看教育，陶行知从教育来看生活，他们都强调教育与生活相融相通。因此，教育回归学生的日常生活尤为重要。这种回归生活并不是回到生活原点，而是生成性、创造性、超越性的回归，是通过学生的亲身实践，生成性、创造性、超越性的回归，是学生生活经验的获得，是认知向识得的升华，是融合了学生主观经验与客观实践的“主观愿景世界”的回归。

研——研学旅行是综合学习的过程。在研学旅行学习中，为学生提供不同的生活环境以及丰富多样的材料，它要求学生将其与书本、教室里获得的各种知识进行横向比较、分类、排序等，需要用横向融会贯通的能力，把各种知识融会贯通起来以促进其对知识的理解力。这个过程就是研究性学习的过程，它既能加强学生对课堂知识的深度理解，又扩充了学生自我认知的广度与深度。

悟——研学旅行的目的在于“悟”。“悟”是指在实践中感觉、感悟，在行动中感受、探索，强调身体力行。学生在研学旅行的实际情境中，所能收集到的都是感性材料，他们需要将其进行适当加工，以转化成理性认识，在这一复杂的转化过程中，学生的思维能力，包括分析与综合、归纳与演绎等思维活动必不可少，通过循环反复地运用已有知识，学生的思维能力在潜移默化中得到了提升，对事物有了真实的自我认识。这就是“悟”。

“行、学、践、研”是一种感性，是一种面向现实性的实践，是“悟”的前提和基础，与“行、学、践、研”的实践层面对应；“悟”要求对真理的准确把握，对主观境界的关注，尤其是对学习能力的展现与呈现，这是研学的核心和目的，也是研学实践教育的终极目标。

三、用课程思想统领研学实践教育

随着新课改的深入发展、新高（中）考改革动作幅度的加大，社会实践教育的作用愈来愈凸显其教育价值。研学实践教育作为社会实践教育的课程形态，必然成为学校课程体系中的有机组成部分。研学实践活动课程不能等同于课堂教学。各级教育部门和中小学校应该在树立实践教育指导思想的基础上深刻领会研学实践活动课程的精髓，用课程思想指导研学教育实践，以课程标准对研学实践活动课程进行管理、督导，确立研学实践教育常态化的观念。

作为一门社会性实践课程，笔者把研学实践教育的课程实施原则归纳为三句话：用课程理念指导研学实践活动课程研发，用课程意识规范研学实践教育行为，用课程标准检测研学实践教育效果。其核心思想是**用课程思想统领研学实践教育**。

1. 用课程理念指导研学实践活动课程研发。

在传统教学观念里，学生的学习是严格按照教师要求以及学校制定的教学计划来完成的，以学科知识为主要内容的知识传授仍然是课堂教学的重要任务。与学科课程相比，研学实践教育课程属于一项新型课程，该课程的存在意义并不是借此来传递书本知识，而是为学生营造一个良好的实践情境，并引导学生观察事物，培养学生的实践能力，其课程具有跨学科实践的性质。但它并不等于是无目标、无方法的学生活动。在研学实践活动的整个过程中，都需要贯穿活动课程的理念、活动课程的意识、活动课程的方法，这就需要研学指导教师要从实际出发，引导学生在实践过程中，学会具体的学习方法，培养责任担当、实践创新等方面的素质与能力。这是研学实践教育课程的根本要义。

2. 用课程意识规范研学实践教育行为。

随着新课改的不断深化，教师的教学观念已经发生了很大的变化，但是由于传统观念的根深蒂固，仍然在一定程度上制约着教师教学手段与教学理念的革新。具体到研学实践教育中，“以旅代学”或“以学代旅”的现象仍然十分普遍。研学实践教育的三大原则“实践、自主、合作”并没有得到很好的落实。究其原因，还是我们的教师队伍缺乏实践教育的活动课程意识，仅仅停留在以传统学科教学来设计研学实践活动课程的层面，而不能或者不会运用校外教育活动课型开展研学实践教育的方法。

3. 用课程标准检测研学实践教育效果。

教育评价体系是教育教学的核心要素，评价方式的确立才能真正提升教育质量并实现育人目标。没有评价的研学实践教育必然是“说走就走”的一场旅行闹剧。缺乏系统的实践教育评价机制，必将会影响研学实践教育的发展。因此，从课程主体、学习效果、评价模式、核心素养等方面确立研学实践活动课程的评价体系是当务之急。

研学旅行的学习评价应当遵循课程管理的模式，形成体系化的研学实践活动课程评价标准。研学实践教育作为一种新生课程，其评价体系的建构还应在实践中摸索和研究。有些地方提出了行前、行中、行后和应用四个阶段的评价方式，这些都是积极的探索。但万变不离其宗，研学旅行学习评价的核心是学生的真实获得。

第 2 节　研学实践教育的理念

没有育人目标就不会有真正的教育，没有理念的课程是失去灵魂的课程。

育人目标是对教育作用与效果的回答，是教育的永恒主题，也是每一次教育活动结果检测的标准，更是研学教育的根本价值之所在。学校的使命是为了将学生培育成“认识自我，了解自我，创造自我”对社会有用的“完整的人”，学生的全面发展是教育的最终归宿。作为与课堂教育配套的实践活动课程，研学实践活动课程的功能同样如此。因此，研学实践活动课程首先应该确立课程理念，以此明晰研学旅行在中小学生教育中的定位和作用，为研学实践教育的课程实施和服务目标明确方向。

北京市教委在2018年9月下发的《关于依托社会大课堂完善中小学生实践育人体系的指导意见》中第一次提出了实践教育的理念，将社会大课堂实践教育的目标归纳为“学思践悟、知行合一”，我们可以将其理解为社会实践教育理念阐述的一个准确表达。

对于研学旅行而言，鉴于其旅行的特征，笔者将研学实践教育的理念归纳为“学行天下，践行求实，知行合一”。

一、学行天下

古人云“读万卷书，行万里路”，是对旅游能够开阔眼界、增长见识的肯定。开展富有成效的研学实践教育活动，能引导学生获得积极的体验和丰富的经验，形成对自然、社会和自我之间内在联系的整体认识。

“学行天下”即为经验获得的过程。其核心是“读万卷书，行万里路”的思想实践。研学实践教育让学生从生活世界中选择感兴趣的主题和内容，注重学生对生活的感受和体验，强调学生的合作交流和实践探究，使以往局限于课堂的教学发生了根本性改变。它不仅丰富了学生外在的学习方式，而且改变了学生内在的思维进程。学生在面临社会生活的实际问题时，不仅需要收集感性材料，而且要迅速将其加工，转化成理性认识，否则就难以理性地解决问题。其中，分析与综合、归纳与演绎等思维活动必不可少，直至对问题做出合理的解释并得出结论。

二、践行求实

“践行求实”是教育外显的过程。即通过研学实践活动，培养学生在现实生活中的认知能力、合作能力、创造能力、职业能力，体验人生价值，收获责任担当，回归真实的“生活世界”。教育的对象是人，是现实生活中的人，而

"人的本质是一切社会关系的总和"。在研学实践教育中，学生在解决现实问题的同时改造并重构自身的知识结构，由此使理性知识与感性知识紧密联系起来，实现思想认识的升华，实践能力的提升，价值观、世界观、人生观的重构，向一个"全面发展的人"成长进步。

三、知行合一

"知"即学生课堂所学并内化到其心中的知识。"行"具有两层含义，即意念发动和亲身实践，主观思维发生活动，即可称之为"行"，通过身体力行去感受亦称为"行"。"行"是主观意念之动与客观实践相结合的过程。个体通过亲身实践，将所感所悟内化于心，并进行主观层面的思维活动，这就是行。"知行合一"是将课堂所学知识内化到主体的认知结构中，并产生相应的思维活动，最终将其付诸实践的过程。研学旅行将学科内容与课外真实情境相连接，学生将所学学科知识内化于心，形成自身的认知结构，并在相关活动中将理论与现实印证，发现理论的不足，利用现实的感受和经验去补充并完善所学理论，进而达到对课堂知识的反思、巩固、运用与超越，转化为学生的经验。这一过程就是人的成长成熟与发展的过程。

第3节 研学实践活动的课程属性

研学实践活动课程作为一门动态、开放、生成性的活动课程，它与学校传统课堂教学有着明显的区别。作为一门全新的社会实践类课程，许多基层学校和教师往往还没有把握住其课程的要点，出现了把研学实践教育课堂化的趋向。具体表现形式有如下几个方面。

一是把课堂搬到场地，开展知识传授式的学习；

二是把研学与学科课程强行捏合，实施学校课程化教学；

三是把研学当做综合实践活动课程；

四是把研学当做一场活动来执行，仅仅有一个活动主题，而无过程、无方法、无评价。

凡此以上种种，究其深层原因，是对研学实践活动课程的属性认识不到位，课程导向模糊，对研学实践活动缺乏价值审视，没有正确理解用课程思想统领研学实践教育的真正含义。这也是许多学校研学实践活动课程流于形式，乡村郊游、博物馆游览、主题性仪式活动等成为研学旅行的主要形式，没有与学生实践学习相联系，导致研学旅行只是一种镜中花、水中月的校外活动。

课程导向是课程的核心，它直接影响着课堂组织、课程材料、课程师资、课程规划等版块的运行。研学实践活动课程是学校实践教育的重要实践载体，是素质教育的重要实践途径，是教学活动的“第二课堂”。研学实践活动课程导向是否明确与清晰，决定了研学旅行教育价值能否实现。

一、研学实践活动课程具有鲜明的校外教育活动课程属性

《关于推进中小学生研学旅行的意见》指出：“中小学生研学旅行是由教育部门和学校有计划地组织安排，通过集体旅行、集中食宿方式开展的研究性学习和旅行体验相结合的校外教育活动。”这里，已经明确界定了研学旅行教育的课程基本属性——校外教育活动课程。教育部等 11 部门文件的规定，确定了研学旅行是校外教育的一种课程形态。因此，研学旅行课程必须遵循校外教育活动课程建构的基本原则。

什么是校外教育活动课程？它与学校课程有什么不同？

校外教育活动课程建设始于以少年宫、少年之家为主的综合性校外教育机

构，我们可以从校外教育活动课程建设的历史发展角度来认识校外“活动课程”的发展演化以及课程特点。

校外教育“活动”发展至“活动课程”经历了曲折的演变。

从中华人民共和国成立初期至 20 世纪 60 年代，是我国校外教育机构初步形成和发展阶段。早期的校外教育机构其功能主要是丰富学生的课余生活，在组织开展丰富多彩活动的基础上着重致力于培养和选拔特长学生。这一时期，以少年宫、少年之家为主的综合性校外教育机构围绕思想政治教育、科学普及教育、艺术教育及体育教育等方面开展丰富多彩的活动充实少年儿童课余生活，通过故事会、童谣、连环画、实地考察、榜样教育活动等形式向少年儿童进行共产主义、爱国主义以及“五爱”教育；在科学技术类活动方面则主要以各种小制作、小发明、小创造等群众性科技普及活动为主；在艺术类活动方面，组织开展文艺表演、比赛、音乐会、朗诵会等活动，并成立各种艺术小组，如合唱、各种乐器、绘画、雕塑、刺绣、工艺、木偶等兴趣班；在体育类活动方面，主要以球类、棋类、体操类等兴趣小组活动为主。同时定期开展以娱乐、休闲为主的夏令营等活动。

可以说，我国校外教育机构初步形成和发展阶段其教育是以“活动”为主的，内容丰富多彩、活动形式多样。

20 世纪 80 年代，我国校外教育事业经历了十年摧残重获生机，进入全面复苏阶段。这一时期，校外教育机构在沿袭过往30年来广泛开展的各类活动基础上，又增设了一些涉及现代化教育内容的项目。

20 世纪 90 年代，全国各地掀起了“竞赛热”的风潮，各类学科性竞赛与艺术类竞赛如火如荼地开展。在“特长生现象”的影响下，人们对校外教育机构兴趣小组活动的需求越来越大。在应试教育氛围的笼罩下，与学校文化课程相关的内容开始出现在校外教育机构的活动中，如写作、数学、剑桥英语、美术等，并逐步占据主导地位。90年代的校外教育机构大多承担着举办各类竞赛的任务，以竞赛的形式来甄别少年儿童特长。校外教育机构从培养学生兴趣爱好的活动乐园沦为选拔特长生的“竞赛部”。

随着新课改的开始，21世纪初，以少年宫为主体的校外教育机构开始面向全体少年儿童开展普及性的素质教育，“兴趣小组”“儿童社团”成为主要教育形式。校外教育机构的活动从散乱、无序转向了有组织、有重点地培养学生兴趣爱好的系统化教育阶段。

2000年，中共中央、国务院下发了《关于加强青少年学生活动场所建设和管理工作的通知》，拉开了新世纪全国校外教育活动场所建设高潮的序幕。

根据国务院文件要求，“十五”期间，国家从福利彩票中每年拿出40亿元，对缺乏青少年学生校外活动场所的地区给予资金支持。要求到“十五”末期，全国90%以上的县（市）至少要建成一个青少年宫或活动中心。

2000年10月，由教育部牵头，集财政、宣传、广播影视、新闻出版、文化艺术、公安、司法、工商、税务、科技、体育等部委以及工会、共青团、妇联和科协等31个部委及群众团体，共同成立了“全国青少年校外教育工作联席会议”，统筹协调和指导全国校外教育工作以及校外活动场所建设和管理工作。全国青少年校外教育工作联席会议办公室设在教育部。各省市也成立了相应的省、市级青少年校外教育工作联席会议或协调机构。

这也是2016年教育部等11部门在《关于推进中小学生研学旅行的意见》中提出的“各地要成立由教育部门牵头，发改、公安、财政、交通、文化、食品药品监管、旅游、保监和共青团等相关部门、组织共同参加的中小学生研学旅行工作协调小组，办事机构可设在地方校外教育联席会议办公室”的依据由来。

2001年，在《基础教育课程改革纲要（试行）》文件指导下，新一轮课程改革在全国范围内开始实施。中国教育学会少年儿童校外教育专业委员会在三届一次年会上提出了“构建少年儿童校外教育活动课程体系”的要求，并明确指出：**“少年儿童校外教育课程体系是在实施素质教育的背景下，区别于学校教学课程体系，具有校外教育特点，符合校外教育规律，适应少年儿童在校外学习生活、娱乐等多种需求的全新的概念。”**

长期以来，我国校外教育机构一直开展着丰富多彩的活动，但是这种活动往往缺乏科学的论证和设计，没有系统的规划和严密的组织实施，随意性强。活动的创设往往取决于教师个人素质，没有规范化的标准和要求。“构建少年儿童校外教育活动课程体系”有利于更加科学、合理、系统地对少年儿童进行培养。自此，我国校外教育机构的活动迈向了以提高学生综合素质为价值取向，建设校外教育活动课程体系的探索之路。

2002 年 4 月，由中国福利会领导，中国福利会少年宫承担，北京、重庆、南京、沈阳、武汉、杭州、宁波等地十几个全国著名青少年校外教育机构共同开展了国家“十五”重点课题《21 世纪少年宫综合实践活动的研究与开发》的研究。历经四年，于 2007 年结题，2008 年成书出版。该书是新中国成立以后，我国校外教育领域第一次把活动作为一个完整的体系来加以研究的成果，是对我国校外教育活动课程建设的一个突破。它第一次从课程建设的角度全面总结和探索我国校外教育的内在逻辑。它紧紧围绕少年宫教育的生命线——“活动”，对校外教育活动的基本原理、价值结构、开发原理、运行模式进行了深入研究，探索得出了新时期少年宫活动的发展规律和内在逻辑，使校外教育的课程建设从无到有，开启了新时期校外教育课程改革的大门。

回顾我国校外教育的发展历史，校外教育从最初较为散乱的“活动”走向具有一定规模的“兴趣小组”“儿童社团”，再到风行一时的“培训班”“竞赛部”，最终形成具备一定体系的“活动课程”，其课程建设的形态越来越完善、越来越系统化。

纵观校外教育活动课程的建构过程，我们可以得出以下结论：

1. 校外教育课程的活动属性。

以活动为形式的校外教育课程形态是校外教育教学的基本形式。这是学校课堂教学所不具备的课程特点。

“活动”是校外教育的生命线。作为一种教育方式，其核心特征是自主参与和实践。实践是对某种具体事物情境的体验。体验不仅停留在过程中，更注重活动的结果。体验的价值不在于掌握某种操作过程，学到某种知识和技能，而在于在活动中获得对现实的一种真实的感受，这种内心的感受是形成认识、转化成行为的动力。实践是体验教育最直接的表现形式。

“活动”符合青少年儿童的心理特点，是青少年儿童产生兴趣、保持兴趣的基础。“活动”是校外教师与学生双边互动的行为，是在教师主导下，由学生自主参与、用来满足内在需要的一种教育方式。活动过程就是校外教师实施教育的过程，是学生主动参与活动的过程。活动是校外教育的本质特点。不通过“活动”来实施教育的不是校外教育，只有“活动”而不实施教育的也不是校外教育。

从这个意义上剖析，研学实践活动课程必须紧紧把握“活动”这一基本原则，以“活动”形式开展教育，以“活动”形式进行教学，以“活动”形式引导学生释放自我、自主学习，以“活动”形式建构研学实践教育的课程体系。而不能把学校课堂教学的知识传授、作业练习、标准考试那一套搬到研学实践活动中来。唯有如此，才能彰显研学实践教育旺盛的生命力。

2. 活动的课程表达。

校外教育对活动课程的建构是在兼顾活动特质的同时，更注重活动形式的课程化，即活动课程的规范化表达。课程是学习经验有计划的传导过程，在学习经验的组织上强调阶段性与连续性，而这些特性恰是校外教育机构“活动”

所不具备的，却又是规范化学习尤为关键的因素。因此，在活动形式上引入课程的体系建构，用课程结构约束校外教育的活动形态，使之成为有序、规范的活动序列，进而实现课程标准规定的各个阶段的学习目标。这是校外活动课程建设的真正意义之所在。

从课程实施角度，校外教育活动课程更加强调课程的开放性，突出学生的自主学习、小组学习，注重学生的个性培养。这些特性恰是学校课程没有的，也是校内和校外机构所开展的“群众性活动”所不具备的。用课程形式来规范“活动”，以“活动”为载体实施课程，这是校外教育活动课程建设最根本的途径。

因此，我们把校外教育活动课程的特点归纳为“以活动为载体的课程”或“活动性的课程”。这里强调活动的课程性而不是课堂教学的课程化，二者是有明显区别的。

具体到研学实践活动课程的建构，我们应该尤为重视研学实践活动的课程表达，从课程的三维目标、课程的施教手段、课程的阶段目标实施以及活动的评价体系等方面建构研学实践活动课程，在研学实践活动的各个环节都要充分体现课程意识，这是用课程思想统领研学实践教育的真正意义之所在。

研学实践教育作为学校教育的创新形式，其实施方式必然是以课程思想引领的教育形式，否则就无从凸显教育的科学性与严肃性，也无法界定研学实践教育的客观效果和教育质量。研学实践活动课程的建构并不等于学校课程的翻版，而应该参照校外教育活动课程的基本原则进行研学实践活动课程的建构。

由此我们可以得出结论，研学实践活动课程的特点应该是在兼顾学校课程特质的同时凸显内容的“活动性”；在学校课程结构基础上凸显“活动性”，在一般“活动”意义上强调“课程规范化”。

如果我们仅仅强调研学的活动性，没有课程作为规范，这种活动的组织就会取决于教师个人素质，没有规范化的标准和要求，缺乏科学的论证和设计，也没有系统的规划和严密的组织实施，就会成为随意性的教育。

如果我们过分用学校课程的规则来框住研学实践活动，那么就变成了学校课堂教学的翻版。姑且不论这种平移式的课堂教学在社会环境或研学基地中能否实行，其结果必然是将研学实践教育导入死胡同，学生自主学习也就成了一句空话。

研学实践教育的课程建设是用规范化的课程标准和要求，用科学的规划选择不同的活动课型，通过严密的组织实施来开展研学实践教育，从而让学生获得最大的学习收益。这是研学实践活动课程建设的根本追求。

随着时代变迁，社会发展的需求在不断变更，教育的价值取向也需要随之进行相应的调整。当今学校教育走向大规模社会实践教育的新时代，研学旅行从学生真实生活和发展需要出发，课程环境由课堂传授式学习转变为在大自然和社会实践中自主学习，学生学习方式由课堂传授式转变为在真实的社会生活中通过实践体验的方式获得个性发展。这种价值取向的变化必然决定了学校在研学实践活动课程目标定制上的变化，而这种变化落实到实践教学层面也就直接决定了研学实践活动课程的形态，那就是以活动为载体的校外实践活动课程形态。

二、研学实践活动课程具备德育课程的基本功能

《关于推进中小学生研学旅行的意见》提出：研学旅行要“以立德树人、培养人才为根本目的……让广大中小学生在研学旅行中感受祖国大好河山，感受中华传统美德，感受革命光荣历史，感受改革开放伟大成就，增强对坚定“四个自信”的理解与认同；同时学会动手动脑，学会生存生活，学会做人做事，促进身心健康、体魄强健、意志坚强，促进形成正确的世界观、人生观、价值观，培养他们成为德智体美劳全面发展的社会主义建设者和接班人”。

教育部在《中小学德育工作指南》中把研学旅行作为实践育人的重要途径

加以明确，提出要“把研学旅行纳入学校教育教学计划，促进研学旅行与学校课程、德育体验、实践锻炼有机融合，利用好研学实践基地，有针对性地开展自然类、历史类、地理类、科技类、人文类、体验类等多种类型的研学旅行活动”。

从教育育人层面，研学旅行教育首重思想性原则，具有德育课程的基本功能。

德育课程是对学生进行一定政治观念、信念和政治信仰教育的课程；思想教育是形成学生一定世界观、人生观的教育。教育的思想性原则主要包括两个层面的含义：其一，要坚持“立德树人”的方向。要始终把对青少年进行以社会主义核心价值观为主要内容的爱国主义、集体主义和社会主义教育，科学世界观、人生观和价值观教育，远大理想和崇高信念教育等放在首要位置。其二，要把培养青少年基础道德渗透到教育教学活动中去。要避免和克服简单的说教、生硬的灌输。

具体到研学实践教育中，德育教育的手段是多样化的。具体方法有如下几种。

1. 行中的法制教育。

结合研学旅行中学生的观、行、餐、住的具体行为开展法制教育，培养学生自觉守法的法制观念和良好品行，是研学旅行的一项重要任务。在研学旅行中许多学生都是第一次走出家门，他们缺乏独立生活的基本常识，更缺乏与社会上形形色色人打交道的经验。在研学旅行的出行中用社会道德规范约束学生，用生动的事例对比教育学生，是培养学生认知生活、树立良好行为规范的重要途径。这种教育可以表现为各种不同的形式，除讲述、讲解等说理方式外，在研学旅行的行程中讨论或辩论也是重要的方式。我们倡导的德育教育法是一种民主的、平等的、对话式的说服方法，而不是那种“我说你服，我打你通”的旧模式。

2. 榜样示范教育。

榜样示范法是指在学生面前呈现一定的道德范例，让学生敬仰和模仿。榜样的力量是无穷的，它具有激励作用、调节作用、矫正作用。在研学旅行中参观考察革命遗址，用老一辈无产阶级革命家、社会主义建设时期的英雄模范和科技精英事迹的榜样行为来教育学生，都是研学旅行德育教育的重要途径。

3. 实际锻炼教育。

实际锻炼法就是根据研学旅行的目的、参观内容、学习任务确立德育课程主题，精心组织各种实践活动，有目的、有计划地训练学生成为具有优良品德行为习惯的人。这里包括了引导学生直接接触社会的调查走访等社会实践活动、慰问乡村老人的志愿服务活动，等等。都是结合真实生活实际锻炼的范例。

4. 情感陶冶教育。

情感陶冶法是教育者有目的、有计划地利用情感和环境因素，以境感情、以境触情、以境陶情，对受教育者进行潜移默化、耳濡目染的熏陶、感化的一种德育方法。研学旅行依托当地资源的原生性、创意性，呈现的是自然环境的真实原色。研学指导教师带着学生走进大自然，走到哪里，看到什么就随时讲述相关知识。一片森林、一座公园、一片菜地……都可以在教师的带领下开展一场精彩绝伦的自然教育课程。学生在大自然的怀抱里，最容易触发心灵深处的同频共振，扣动学生的心弦，发出和谐的共鸣。这种即时的定向熏陶、感染，使学生在潜移默化中受到道德精神的熏陶。

5. 生活指导教育。

生活指导即在尊重个人、注意个别差异的前提下，就人生整个领域，给学生以具体的帮助和引导，使其获得尽可能充分和全面的发展，并最终具有自我选择、自我决定的能力。

在研学旅行中，学生会在现实的社会生活中遇到各种矛盾和困难，研学指导教师在此时应给予学生及时引导和帮助，培养学生正确的生活态度、正确处理同学之间的关系、正确对待男女同学的友谊和爱情、学会料理日常生活的技能。

当然，这种生活指导要着眼于个别差异，强调因材施教、个别帮助，同时关注学生的内在需求，信赖他们具有自己解决问题的能力。

6. 品德评价教育。

品德评价法是教育者根据德育目标的要求，对受教育者已经形成或正在形成的优良品德和不良品德给予肯定或否定，由此对学生进行思想品德教育的一种方法。它的根本目的在于使受教育者通过评价来明辨是非、荣辱，明确品德修养的方向。

品德评价法有三种主要的方式：表扬与奖励、批评与惩戒、评比竞赛与操行评定。在研学旅行中的具体体现就是研学实践活动的课程评价。研学实践活动的评价有两个要素：一是必须遵循发展性原则。要基于学生的发展水平进行品行评价，而不能武断地以“优良中差劣”的标准给学生下结论性的定义，更不要一开始就试图把正确的答案告诉给学生。品德的评价应该是以肯定、鼓励为主，适当地指出其不足，促进学生逐步发展。二是学生要成为评价的主体。要引导学生通过自我评价、他人评价（教师与同学的评价）和评价他人，客观、全面地认识自己、理解他人，增强自我认识和提高自我教育的能力。

三、研学实践活动课程具备综合实践活动课程的基本特点

《关于推进中小学生研学旅行的意见》提出：研学旅行要“纳入中小学教育教学计划……各中小学要结合当地实际，把研学旅行纳入学校教育教学计划，与综合实践活动课程统筹考虑，促进研学旅行和学校课程有机融合”。

教育部在《中小学综合实践活动课程指导纲要》中提到研学旅行的地方共有四处。

第一处：在综合实践活动四种主要方式（考察探究、社会服务、设计制作、职业体验）中，《纲要》把研学旅行列入“考察探究”环节。提出“考察探究

是学生基于自身兴趣，在教师的指导下，从自然、社会和学生自身生活中选择和确定研究主题，开展研究性学习，在观察、记录和思考中，主动获取知识，分析并解决问题的过程，如野外考察、社会调查、研学旅行等，它注重运用实地观察、访谈、实验等方法，获取材料，形成理性思维、批判质疑和勇于探究的精神。考察探究的关键要素包括：发现并提出问题；提出假设，选择方法，研制工具；获取证据；提出解释或观念；交流、评价探究成果；反思和改进”。

第二处：《纲要》在明确初高中阶段综合实践活动课程目标时指出：要“通过……研学旅行……深化社会规则体验、国家认同、文化自信，初步体悟个人成长与职业世界、社会进步、国家发展和人类命运共同体的关系，增强根据自身兴趣专长进行生涯规划和职业选择的能力，强化对中国共产党的认识和感情，具有中国特色社会主义共同理想和国际视野”。从而完成综合实践活动课程“价值体认”的目标。

第三处：《纲要》在综合实践活动课程的规划与实施方面对学校的要求是：“中小学校应对综合实践活动课程进行整体设计……要依据学生发展状况、学校特色、可利用的社区资源（如各级各类青少年校外活动场所、综合实践基地和研学旅行基地等）对综合实践活动课程进行统筹考虑，形成综合实践活动课程总体实施方案……对学年、学期活动做出规划。”

第四处：在《纲要》推荐的152个主题活动模板中，初高中阶段研学旅行的活动方式有“带着课题去旅行”和“研学旅行方案设计与实施”两类活动课程。内容包括“围绕寻访红色足迹、中华文化寻根、自然生态考察等主题，收集研学旅行目的地的资料，寻找自己感兴趣的问题作为研究课题；通过实地考察和调查，完成课题研究和旅行活动。在活动中激发爱国热情，培育民族精神，增强保护自然的意识。设计研学旅行路线及行程，设计研学旅行参观考察内容，确定自己的研究课题；设计研学旅行成果的展现形式，在研学旅行活动后对设计方案进行反思和评估，提高规划、设计与实施的能力”。

从教育部规定的综合实践活动课程要求上，我们可以明确研学旅行是综合实践活动课程的一种课程形态。综合实践活动课程的相关内容需要通过学生走出校园来实现，而不能在教室里完成，要通过学生的活动实践，在探究、服务、制作、体验四大类活动中去学习。这与研学实践教育的课程性质是完全重合的。

研学旅行与综合实践活动课程在突破传统教育方式的变革上是一致的。它促进了学生学习方式的多样化，使学习过程中的发现与探索变成了现实；它改变了传统教学注重书本知识传授的现状，实现了课程的多元化，变“被动接受学习”为“主动学习”，倡导学生主动参与到活动中去，学习不再是枯燥无味的，而是激发学生的潜能，促进学生的全面发展。

学校仅仅是学习的一个环境，教师仅仅是学生利用课程资源学习的指导者。没有一个学校能提供学生想要学到的所有知识，没有一个教师能够代替学生的兴趣与思索。研学旅行与综合实践活动课程正是根据学生的求知欲，以学生实际生活为基础来发掘课程资源，让他们走进生活，走进社会，为学生展现真实的生活世界，并组织他们开展亲力亲为的社会实践。

综上所述，研学实践活动课程具有校外活动课程、德育课程、综合实践活动课程的三大属性。因此，笔者将其界定为：**研学旅行是具有校外活动课程、德育课程、综合实践活动课程多元属性的社会实践活动课程。**

四、研学旅行为校本课程研发提供了创新之路

下面我们讨论的校本课程并不属于课程属性的范畴，但值得指出的是，研学旅行作为具有多元属性的社会实践活动课程，为各级中小学校提供了校本课程创新与研发的新的思路。

校本课程是指学校根据其教育理念，充分利用当地社区和学校的课程资源，通过自行研讨、设计或与专业研究人员合作等方式编制出的多样的、可供学生选择的课程。校本课程的开发，主要是针对国家课程而言，以学校为本体进行地方性、特色性课程的开发，实现学校课程特色化。

校本课程开发是我国基础教育三级课程管理的重要内容。它是在中小学校多年来实施活动课、选修课和兴趣小组活动的基础上，继承和发展而来的课程开发策略，是学校根据自己的办学理念和实际情况自主开发的课程，目的是更好地满足学生的实际发展需要。

长期以来，校本课程研发一直是中小学校课程建设的难点。一些学校始终把希望寄托于办学条件的改善和教师素质的提高，苦苦等待课程改革条件的成熟，殊不知开发与管理能力只有在校本课程的研发与实施中才能得到实现。随着我国基础教育课程改革的深入推进，对学校提出的课程管理要求会越来越高。而研学旅行实践教育的应用则为广大中小学校开发以实践活动为主要形式的校本课程提供了新的思路。

研学旅行首重课程开发。教育部等 11 部门在《关于推进中小学生研学旅行的意见》中把**“开发一批育人效果突出的研学旅行活动课程，建设一批具有良好示范带动作用的研学旅行基地，打造一批具有影响力的研学旅行精品线路”**作为研学旅行发展方向的三个首要任务。这就为中小学研学旅行常态化教学提供了校本课程建设的良好条件。

研学课程的开发有助于学校建构自己的校本课程。当一个纳入学校教学计划、有明确教学目标和系列课程的研学线路固化后，学校与各基地形成了长期固定的合作关系，校本课程也就自然而然地形成了（研学旅行的校本课程开发方法非本文所要讨论的范畴，故在此不做展开论述）。

北京十一学校自 2012 年开设研学课程以来，在持续研发了近三十条研学旅行线路的基础上，逐步建构起了具有独到特色的研学课程群，大大丰富了学校的校本课程，学生通过网上选课、混班出行，形成了风靡全校的研学学习热潮。据学校每年对学生的问卷调查统计，研学旅行课程都排到学生最喜爱的课程的前三位，为学生的多元化发展提供了更多的选择机会。

北京市陈经纶中学自 2008 年开始了以“人生远足”为主题的社会实践课程，每学期定期组织学生外出游览名山大川，走访革命圣地，走进西部边远乡村，探究民生，认识真实的社会。通过研学旅行的教育实践，学生收获了对人生的真实感知，积累了难得的社会生活经验。

第 4 节 研学实践活动的课程结构

什么是课程?

我国教育学者朱智贤在 20 世纪 30 年代给课程下过一个定义。他认为:“学校的课程，是使受教育者在学校规定的期限内，循序继续获得各种应得的智识和训练，以求达到一种圆满生活的精密计划。”在现代教育中，课程是指学校学生所应学习的学科总和及其进程与安排。具体而言，课程是对教育的目标、教学内容、教学活动方式的规划和设计，是按照一定的科学要求，系统地选择和组织课程内容，引导学生沿着明确的规程通向理想目标的过程。

一、课程的基本要素

从具体的教育实施层面上，课程是指要“教什么”的问题。

“课程”常见于学校时间表上科目内容的安排。应包括性质、标准、建议和计划等，是用纲要形式反映的教育教学计划。核心是课程标准。标准是编写教科书和教师进行教学的直接依据，是评价质量的重要指标。

课程的基本表达有课程标准、教材、教学策略（方法）以及评价体系等元素。

1. 课程标准。

是指学生在经过一段时间学习后应该知道什么和能做什么的界定和表述，实质反映了对学生学习结果的期望，是教材编写、教学、评估和考试命题的依据。

课程标准通常包括了几种具有内在关联的标准，主要有内容标准（划定学习领域）和表现标准（规定学生在某领域应达到的水平）。

课程标准要从以下两个方面理解。

一是从管理层面上，分总纲和分科课程标准。总纲规定学校教育的总目标、学科的设置、各年级各学科每周教学时数表和教学通则等。课程标准的总纲部分，相当于现行的学校教学计划。分科课程标准规定各科教学目标和教材纲要、教学要点和教学时间的分配、应有最低限度的教学设备以及教学方法和其他应注意的事项。分科课程标准，相当于曾经使用的分科教学大纲。

国家课程标准是教材编写、教学、评估和考试命题的依据，是国家管理和评价课程的基础。应体现国家对不同阶段的学生在知识与技能、过程与方法、情感态度与价值观等方面的基本要求，规定各门课程的性质、目标、内容框架，提出教学和评价建议。

二是从教学层面上，国家规定的课程的三维目标包括：知识与技能（能力要求），过程与方法（学习要求），情感、态度、价值观（品质要求）。

知识和技能、情感态度和价值观目标的最终实现，离不开过程与科学的方法，过程和方法是连接另外两者的纽带；知识与技能是实现另两个目标的载体，情感态度和价值观是另两者的升华。

课程标准描述的是学生的学习结果，没有限定教师的教学内容，因而它不直接规范教学材料，而是通过描述学生的学习结果间接影响教学材料的编写。

2. 教学材料。

教材是课程表达的重要手段。

教材受制于课程内容，是基于课程基础上产生的载体。教材必须反映课程内容，但仅有课程内容“教材化”是不够的，教材内容还须“教学化”。教材内容不是素材的堆积，必须经过方法化处理。这种“教学化”实质上是让教材“心理化”，即遵从学生学习活动的心理逻辑，使教材更具“可教学性”。

教材不是教学的目的，而是一种途径或手段。这样，体现同一课程内容的教学材料可以是多种多样的，而同一材料也可服务于不同的课程内容。

3. 教学策略。

教学策略是指教学过程中教师与学生为实现教学目的和教学任务，在教学活动中所采取的行为方式。形象的表述即是教师与学生、学生与学生间的互动方案。

教学方法包括教师教的方法（教授法）和学生学的方法（学习方法）两个方面，是教授方法与学习方法的统一。教授法必须依据学习法，否则便会因缺乏针对性和可行性而不能有效地达到预期的目的。在学校课堂教学中，由于教师在教学过程中处于主导地位，所以在教法与学法中，教法处于主导地位。

传统的教学模式是：教师授课→学生听课→课后作业巩固→习题讲评。在以学生为主体的现代教育理念下，现行学校中课堂教学一般采用以下教学方法：

一是训练与练习策略。其教学模式是：提供示范→巩固练习→反馈迁移。

二是演绎策略。其教学模式是：提出概念→演绎推理→实验（例）验证→概括得出结论。

三是归纳策略。其教学模式是：演示（列举）实例→归纳推理→实验（例）验证→概括得出结论。

四是启发式教学策略。其教学模式是：准备→诱发→释疑→转化→应用。

五是探究策略。其教学模式是：提出问题→形成假说→制订方案→实施方案→分析论证→评价→交流与合作。

六是情境教学策略。其教学模式是：创设情境→获得体验→引发思考（分析→探究→应用）。

七是问题教学策略。其教学模式是：问题设置→问题探索→问题解答→问题讨论→问题归结→同类问题的设置与解决。

八是发现策略。其教学模式是：创设问题情境→提出假说→形成方案→验证假说→分析总结，补充发展假说。

4. 课程评价。

课程评价是指检查课程的目标、编订和实施是否实现了教育目标。用来检测课程实现的程度如何，产生的效果如何。以判定课程设计的效果，并据此作出改进课程的决策。包括评价主体、评价标准、评价内容与评价方式。

5. 四者关系。

课程标准解决的是教学的方向问题，教育是以传授知识、经验为手段，培养人的社会活动。是有明确目的性的文化传承活动，因此课程标准描述的是教育的结果，体现了教育的设计者对教育结果的期望值和愿景。

教材是回答“用什么教”的问题，一般人们常常把教材理解得过于片面化，认为学生使用的课本即为教材。实际上课本仅仅是课程表达的手段之一。广义的教材泛指一切用于教学的相关材料。教材、学材、教具、课程资源都应该视为教学的材料，即教育材料。

教学策略是说明“如何教”的问题。有明确课程目标的同时还需要有实现目标的教学手段。学生通过“信息传递”和“吸收内化”两个阶段，将知识（经验）吸收到头脑里，完成知识的“内化”。教学方法体现的是知识传授与归纳的方法、学生思维的启迪、良好学习习惯的养成、学生持久专注力品质的培育。

课程评价是解决“教的结果怎么样”的问题。课程评价是一个价值判断的过程。价值判断要求在事实描述的基础上，考查课程的目标产生效果。课程评价的方式是多样的。它既可以是定量的方法也可以是定性的方法，教学测试或测量只是其中的一种方法，并不代表课程评价的全部。

二、研学实践活动的课程要素

研学实践活动课程乃是基于旅行的校外社会实践教育活动课程，即通过选定旅行目标、制订活动计划与组织管理，在自然状态及在社会生活中亲身体验与感悟，从而获得最佳学习效果的体验实践式课程。

研学实践活动课程最大特点是学生学习方式的转变。学生由课堂传授式学习转变为在大自然和社会实践中自主学习。研学实践活动课程立足于学生对社会生活的真实体验，从学生的真实生活和发展需要出发，基于学生兴趣需要，从生活情境中发现问题，转化为活动主题，通过探究、服务、制作、体验等方式，培养学生综合素质。收获生活认知，撷取生命感悟，获得个性发展，践行实践育人，这是研学实践教育的课程特点。

1. 研学实践活动课程的主题设置。

在以活动形式开展的研学实践活动中，主题是研学实践活动课程的引领。

主题是指研学实践活动课程所具有的新颖性和创造性的想法与构思。综合起来就是研学课程核心思想的具体而生动的表达。主题应基于学生的需要、兴趣和直接经验来设计。主题只有符合学生的愿望与兴趣，他们才会有探究、参与的内在动力。行动上才会主动，责任感才会更强；反之则惘然。

校外活动课程是以主题活动的形式开展。任何一项研学实践活动课程都应该先确定好学习的主题目标，这样才可以有针对性地选择相应的课程资源构建研学实践活动的课程结构。在研学实践活动课程主题之下才能设置研学课程的三维目标（详见第六章第一节研学实践活动课程主题的设置）。

2. 研学实践活动的课程目标。

作为纳入国家标准课程实践活动课程的研学旅行教育活动，其课程也必须遵照国家规定的课程三维目标即知识与技能（能力）、过程与方法（学习）、情感态度价值观（品质）来设置。其设置原则是：体现研学实践教育自主学习的本质属性。

课程目标决定了研学实践教育产生的育人效果，后面我们将以专题的形式对此进行讨论（详见第六章第二节研学实践活动课程目标的设置 ）。

3. 研学实践活动课程的教学材料。

研学实践活动课程教材包括课程目标、课程计划、《学生学习手册》和开展研学活动所涉及的景点、研学基地、社会资源单位，还有开展活动所使用的器械、耗材等。

社会资源是广泛的、冗杂的，这种资源直接应用于教育是不可行的。因为缺少教育目标与施教手段，体现不出教育的行为。因此，我们要对这种泛文化的社会资源进行转化，即“教材化”，就是通过具体的事实、现象、素材表达出来，从内容到材料进行一个具体的物化过程（见下一节研学实践活动课程的社会资源转化）。

4. 研学实践活动课程的教学策略。

作为体验与实践类课程形式，研学实践活动课程是行走的教育、实践的教育、合作的教育、共享的教育。笔者将其教学策略归纳为实践学习、自主学习、合作学习三种学习模式；依据实践教育活动课程的目标取向，将学习方式划分为认知性、情感性、实践性、技能性、思维性五类基本课程模型。五类共包括讲解观摩活动、考察活动、分享活动、仪式活动、诵读活动、体验活动、拓展活动、探寻活动、访谈活动、志愿服务、实践活动、实验活动、研究性学习、课题研究十四种常用活动范式（详见第六章第三节研学实践活动的课程实施、第九章研学实践活动的课型研究）。

5. 研学实践活动的课程评价。

研学实践活动课程既是实施素质教育的重要途径，又承载着道德素养养成、人文素养培养、创新精神培育、实践能力锻炼等多方面教育功能，具有鲜明的多元性特征。因此，研学实践活动课程的评价要在促进学生全面发展的总目标统领下，以多维的视角来确定评价的目标。

在研学实践活动课程中，教科书不再是唯一的课程资源，以丰富的社会资源为核心的课程建构成为课程的主体资源。因此，分等划类的考试等量化评价方式已经不适应研学实践活动的课程评价，多元角度、发展性的定性式的质性评价更能体现实践教育活动课程的特性。

研学实践活动课程评价的多元化表现为：①评价内容多元化。包括目标检测、过程评价、成果评价。②评价形式多元化。包括研学作业的完成、研学体会的分享、研学成果的展示、研学成绩的认定。③评价方法的多元化。包括定性评价、定量评价等（详见第七章研学实践活动课程评价）。

第5节 研学实践活动课程的社会资源转化

研学实践活动课程是在自然情境中实施的实践类课程，要真正实现社会教育资源的有效开发，将社会教育资源转化成社会实践课程，与学校学科、课程紧密结合，形成制度化、课时化、校本化的常态教育，必须紧紧围绕中小学现行学科和课程，结合不同的社会资源特点，实现资源的有效分配和利用。

社会资源具有广泛性，它们是丰富的，又是零散的；是多指向的，又是碎片化的；是蕴含深刻内容的，又是杂乱无章的。从类别上分不外乎是文化资源、自然资源和生活资源。这三种资源要直接应用于教育是不可行的。因为它们缺少教育的目标与施教的手段，体现不出教育的行为。因此，我们要对这种泛文化的社会资源进行转化。而这种转化需要完成三次，才能形成我们所需要的课程材料，为具体指向的课程服务。这就是社会资源的三次转化（如下图）。

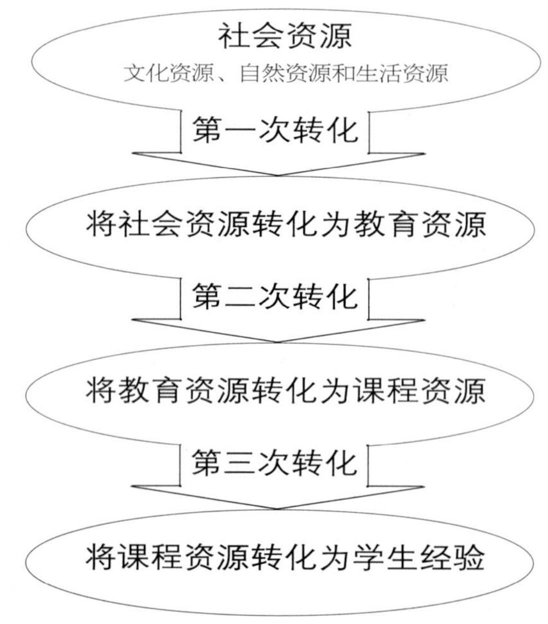

在研学实践教育活动中，一些教师往往抱着固定的课型结构和教学流程来指导不同年级段学生进行依据教案内容设计好的研学实践活动，这样不但不能适应学生能力发展的需要，反而成了一种约束，禁锢了学生的成长。面对鲜活的学生个体，面对广博、生动的社会资源，我们应该对固有的课型结构进行改造、整合、创新。根据具体的活动主题和学生能力发展需要，灵活选择课型，进行整合实施。

一、第一次转化：将社会资源转化为教育资源

第一次转化的方法是：通过拓展与置换，将社会资源转化为教育资源。

博物馆、科技馆、科研机构的文化资源十分丰富，但它们是面向全体公民的文化性机构，并不能完全满足学校不同年级、不同学科的教育需要，因此这里就存在一个筛选、侧重和角度的问题。要根据学校不同年级、学科的需求，筛选出适合本学段学生的教育资源，这是实现校内外课程衔接的前提条件。

这种转化首先要进行课程的资源分析，要认真考察，分析资源对象蕴含的教育价值，从中筛选出与本次研学旅行学习相关联的内容，形成研学活动课程的主题。

根据 2018 年教育部《关于开展“全国中小学生研学实践教育基（营）地”推荐工作的通知》，从全国中小学生研学实践教育基地课程配置上提出了五大课程版块的标准界定：一是优秀传统文化，二是革命传统教育，三是国情教育，四是国防科工，五是自然生态。

以上五大主题实际上划分了研学实践活动课程的五大课程体系，也基本确定了社会资源转化为教育资源的方向。我们可以根据每次研学的学习方向，通过有目的的分析、筛选，在五大主题框架内确定研学实践活动的课程目标，也就是进行活动主题的设计，即之所以选择这个景点，那我们的学习目标是什么？是历史的，还是人文的？是德育主题的，还是科技教育的？抑或是侧重学科的？然后根据选定的学习目标定出明确的主题方向。这样，资源转化的第一步——将社会资源转化为教育资源的过程就基本完成了。

我们以一个农村果园为例，当确定了以这个农村果园为研学对象时，首先要对其进行社会资源的分析。果园作为社会资源，具备了可以转化为教育资源

的许多条件：果树生长的知识、果树栽培的知识、果园管理的知识以及劳动实践，浇水、剪枝、打药、采摘等。这些都可以作为教育资源指导学生开展研学实践学习。学生可以通过对果树的生长以及成熟的知识学习来完成知识的转化；可以通过与农民的接触实现情感的培养；可以通过集体劳动的实践培养热爱生活、劳动光荣的意识；可以通过体验、实践、劳动实现能力的锻炼。为此，我们可以确定本次研学实践活动课程的主题为：感悟自然，体验农村。在此基础上，就可以进一步根据学生各学段的年龄特点和接受能力，设置体验实践的不同方式，以此设定课程的知识、方法、情感的三维目标。这样就完成了社会资源向教育资源的第一次转化（如下图）。

下面我们用小学高年级学段的理解力和接受力为标准制订课程学习目标。不同年级学段的学生，学习目标还需要有所变化，程度适时加深。

学习目标（小学高年级学段）：

知识与技能目标——通过考察，聆听讲解，填写研学考察表。认知果树的成长周期和一般栽培、养护知识。

能力培养目标——通过亲身劳作，学会一种果园栽培的农业技术。体验果农劳动生活，感知丰收果实的来之不易，体味劳动的艰辛与快乐。

情感培养目标——通过与果农的亲切接触，能够说出劳动人民质朴的生活对自己的触动，培养热爱自然、热爱生活的情感。

在此基础上，我们就可以进行社会资源的第二次转化。

二、第二次转化：将教育资源转化为课程资源

第二次转化要通过设计专题、学科，开掘深化，将教育资源转化为课程资源。

教育资源选定和课程三维目标的确定不等于能够形成有效的课程。要将有用的教育资源转化为课程，还必须要与学科课程相结合，根据学生学习的课程内容和进度，挖掘教育资源深度，将静态的教育资源活化，让学生能够将课本知识与现实的实物进行印证，引起学生探究的学习兴趣；只有形成与小学、初中、高中学段相对应的课程内容，学校教师和研学指导教师才可以有选择地直接应用于教学，这样的教育资源才是活化的教学课程。

我们在进行教育资源向课程资源转化时，必须要从学生经验出发，以学生经验为基础生成课程，将与学生经验相连的、具有潜在发展可能性的能力嵌入课程之中，才会激发学生对研学课程主动产生兴趣。“这如同让一棵幼苗根据自身情况，主动吸收土壤中的养分，自我调节，逐渐成长。而研学的对象（社会资源）如同土壤，我们的主要工作在于选择适合幼苗生长的土壤，而非借助外力拔苗助长。”**

因此，我们在将社会资源转化为课程资源时，必须强调与现实生活的联系，努力使学生与课程资源“建立关系”，必须让课程呈现的知识与学生自身的经验或者生活体验结合起来。这在抽象的知识学科中是有一定难度的。然而在广

* 沈伟．杜威眼中的教材 [J]．新课程研究（基础教育）.2017，11.

博的社会资源背景下，我们有一千种办法来开发和利用各种资源，创设开放生动的学习情境，引发学生兴趣。因为研学实践教育本身就是学生感兴趣的，研学教学活动的互动性和探究性学习也势必维持学生对研学实践活动的兴趣。这种稳定、强烈的兴趣可以保证学生以一种认真细致的态度去思考、去实践、去感受认知对象，并透彻地把握它、领会它。

因此，研学课程开发者应该依据在社会资源基地上提炼出来的教育资源，根据研学实践教育的三大原则（实践学习、自主学习、合作学习）建构课型模块，在对教育资源进行加工、提炼的基础上，赋予日常生活以课程的意义，让现实生活素材补充、丰富、具化学生学过的知识内容，帮助学生自主建构学科知识体系。这样的教育资源才是活化的教学课程。

我们仍以农村果园为例来说明这一转化过程。

这方面应该分成三层来进行课程表达：

一是课程学段划分。要依据学生的学段，来设定课程学习的难易程度；二是制订课程实施方法，这里可以根据第九章提供的活动课型来选择；三是设置课程拓展途径，包括知识拓展和学科融合。

“带着问题去探究”。研学旅行是发现之旅，它的灵魂是实践育人，想要取得预期的收获，关键是要有一颗探究的心。研学中，学生行走于山水间，吟诵诗词、描绘风景，在情景交融中领略自然生态之美；他们奔走于村落间，感受民风民俗、了解村史，在探寻访问中发现民俗文化之美；他们畅游于田野间，认识植物、探索奥秘，在观察记录中感受农业科技之美。多学科融合的研学，让学生乐在其中，成为探究学习的小主人。

这里需要强调的是，在研学实践活动中，研学指导教师要尽量安排相应的体验、实践活动。体验是指由身体性活动与直接经验相互作用而产生的情感、意识。因为有了体验，知识的学习不再是仅仅属于认知、理性范畴，它已扩展到情感、生理和人格等领域，学习过程也不仅仅是知识增长的过程，同时也是身心和人格健全、发展的过程。

对于初中以上学段的学生，要多以小组或班级为单位，引导学生接触大自然和社会生活，在果园中开展参观、访问、调查等活动，体验现实生活，感受真实人生；或引发学生提出感兴趣的问题，或以设置主题为中心，遵循科学研究的一般程序，引导学生通过调查、访谈、实验、分析等方式开展研究，提出解决问题的途径和方法，从而培养学生研究的意识和创新能力。

在第九章中，我们设置了参观、考察、诵读、体验、实践、访谈、探究、分享、课题研究、志愿服务等五类十四种研学课程模型。这里对研学实践活动课程的实施方法不做过多赘述。

三、第三次转化：将课程资源转化为学生经验

第三次转化是通过设计具体的研究性学习方式，将课程资源转化为学生

经验。

人的认识是一个从感性到理性，逐步认识事物客观规律的过程。只有经历必要的感性阶段，积累相应的直接经验，才能进行有效的思考，促进知识的有效建构和思维的发展。学生应该带着问题下去，没有问题可以帮助设计问题，以此来实现探究性学习。在教育方式上，不应提倡走马观花式的讲解参观，而是要与综合实践活动一样，针对学生年龄特点，以活动作为教育的载体，用丰富多彩、形式多样的体验式学习，让学生“活”起来、“动”起来。要求学生积极参与到各项活动中去，强调学生的亲身经历，在“做”、“考察”、“实验”、“探究”等一系列的活动中发现问题和解决问题，体验和感受生活。

研学教育体验的第一要素是强调身体性参与。研学学习不仅要让学生用自己的脑子思考，而且要用自己的眼睛看，用自己的耳朵听，用自己的嘴说话，用自己的手操作，即用自己的身体去亲力亲为，用自己的心灵去亲自感悟。这不仅是理解知识的需要，更是激发学生生命活力、促进学生生命成长的需要。

研学教育体验的第二要素是重视直接经验。从研学实践活动课程角度而言，就是要把学生的个人知识、直接经验、生活世界看成研学生成性课程的依据，尊重“儿童文化”，发掘童心、童趣的课程价值。在引发学生兴趣的基础上，在体验和感悟中使潜在的知识显性化，而不是拘泥于学科和书本上间接经验的认知。

因此，面对丰富的自然、文化、生活资源，我们没必要让学生采用死记硬背的方法进行知识层面的学习，在研学时应适当补充形成观点或原理的背景性材料，丰富学习内容，拓展学生视野。通过学生的亲身感受和生活体验，辅以丰富的资料介绍和学习导航性的知识拓展，在真实的生活环境下引发学生对新奇的大千世界的探讨、质疑，提出疑问，思考问题，从而用研讨、探究的方式去自己解决问题或提出解决问题的方法。

那么，学生在实践中获得成长的过程是如何实现的呢?

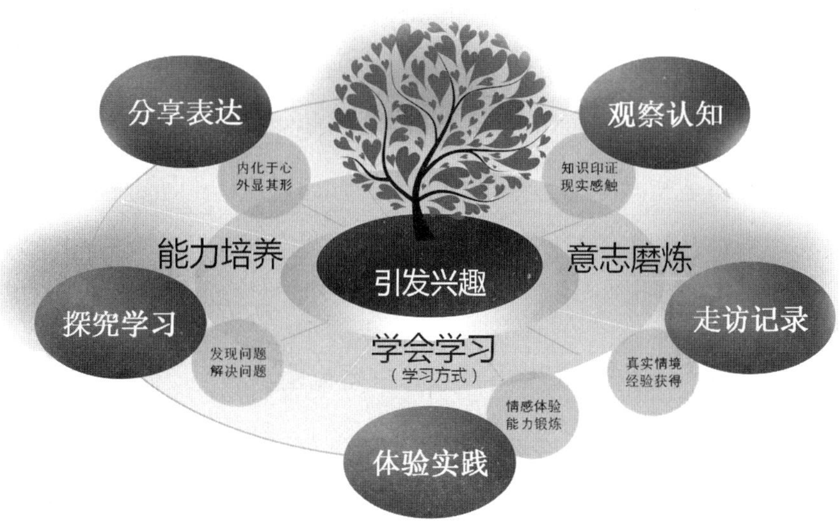

我们仍以上面的果园实践活动为例，学生通过对果园果树的观察认知，在现实的接触与体验中对书本上的知识进行印证，获得具体而实际的感受。这个过程是任何课堂学习都无法替代的。只有通过对具体事物的感知，学生才能把书本上的知识与实际生活串联起来，得出结论——“原来它是这个样子的”。

我们可以安排学生在果园中走访学习，让学生采访果农，了解果树的成长知识；让学生去村落探访，了解村民的真实生活。学生在真实的情境中去认识生活，在亲力亲为的生活体验中获得经验。这种基于亲身体验获得的经验比任何的说教都管用。而这些，恰恰都是我们的课堂教学所无法给予学生的。

我们可以在果园中安排学生进行锄草、施肥、采摘等体验实践活动。在这种情感体验过程中学生会获得能力的锻炼。当他们亲手拿起工具在阳光下进行劳作时，他们才会知道美好生活的来之不易；才能学会珍惜，学会感恩；才会悟得生命的存在与社会千丝万缕的联系；才会使在这样的生活情境中获得提升与进步。

在课程拓展环节，我们可以开展与科学融合的探究学习活动，可以结合自然、生物等学科知识的内容，让学生将书本上的知识与现实的实物进行对比研究，在大自然的课堂中开展实地教学，在真实的实物教学中开展实物对比的验证学习。启发学生发现问题、提出问题，共同开展探究学习，解决问题。这样开展的研究性学习将是充满活力、情趣和快乐的。通过这样的研究性学习，学生学会了收集、分析、利用信息的能力，学会了发现问题与解决问题的能力，学会了合作与社会交往的能力。

在研学实践活动中要注意引导学生开展研究性学习。

研究性学习是以学生为主体，综合运用已有经验、知识去解决面临的新问题，创造出新知识，获得新经验的过程。个体的认识既不是外界客体的简单摹本，也不是主体内部预先形成的展开，而是由主体与外部世界不断相互作用而逐步构建的结果。这一过程是学习者通过新旧知识经验间双向的、反复的相互作用而完成的，需要学习者在自己已有的知识背景下，按自己的方式对它进行编码、加工，进而构建成一个合理的知识结构。

研学实践活动强调学生的亲力亲为，鼓励学生超越学科的逻辑体系，转变学习方式，综合运用学科知识，自主选择探究课题，发现问题，进而解决问题。在这一过程中，学生的创新精神和实践能力获得了提升，学生的社会责任感获得了释放。也正是基于这一过程，满足了学生个性发展的需要，促进学生树立正确的人生观、价值观、世界观。

研学实践活动课程尤为重视的是分享表达的环节。通过观察认知、走访记录、体验实践、研究性学习，学生已经获得了知识结构的重组与提升，这时就需要研学指导教师创设一定的讨论环境，让学生将自己新鲜的感受和理性的认知表达出来，让学生在多向、有效的交往互动中获得生动、活泼、主动的发展，完成内化于心到外显其形的学习过程。

这种交往与互动的学习对学生有着重要的发展价值。首先，交往活动具有生成性，与别人即时即境地交流交谈，往往会启发学生思维，碰撞出灵感火花。在研究性学习活动中，学习的过程与组织是动态生成的，是由师生之间和生生之间在探究过程中共同协商、合作构建的。因此，学生通过小组讨论、辩论、合作解决问题等各种形式的学习交往活动，可以学会理清思路和表达自己的见解，学会聆听和理解别人的看法，促使他们不断对自己的观点进行反思，从而拓宽他们的思路，促使他们的思维更活跃，促使每个个体潜在的认识立场、观点、信念或认识模式，伴随着自己见解的发表而“显现”出来。

综上所述，学生在将课程资源转化为学生经验这一过程中收获了意志的磨炼（劳动），学会了学习的方式方法（探究学习），完成了一定能力的培养（运用知识解决问题）。这样的研学实践活动就是成功的。它体现了“研究性学习 + 旅行”的真实意义，是学生课堂上所实现不了的一种学习。

另外一个问题就是兴趣引发。上述一切实践学习的过程都是建立在学生兴趣之上的。杜威认为，兴趣是学习的原动力，它源于学习者内在的冲动。这种冲动（兴趣）不是靠教材、教学和教师来引发出来的，而是靠教育者创设符合儿童身心发展的活动情境，在活动情境中主动生成的，是要靠随风潜入夜、润物细无声的教育情境激发的。研学本身为学生提供了猎奇、探秘、寻找、体验的冲动，研学指导教师应充分发掘出研学对象（自然、生活、文化资源）本身特有的魅力，调动学生探索的兴趣。这就需要研学指导教师在研学过程中要从教学目的出发，通过社会资源的转化，寻找、筛选社会资源中能够用于教育资源的方方面面，精心设计，将学习目标用问题化的形式融入研学的“行”“观”“看”之中，激发学生的求知欲和兴趣。

一个研学实践活动课程成功实施的基础是引发学生的兴趣。研学指导教师要通过各种手段引发学生认知的兴趣、探究的兴趣、玩的兴趣；引导学生在社会这一大课堂中运用体验学习、探究学习、合作学习、小组学习、分享学习等多种方式开展学习，将课程资源转化为学生经验，实现能力培养与锻炼。研学实践告诉我们，研学指导教师在指导研学实践教学的过程中，提出一些与学习目标相关的富有启发性的问题，将学生引入情境之中，有意识地在自然情境中引导学生观察、寻找、探究，会很好地激发起学生学习的动机，培养学习兴趣。

因此，在研学过程中，只要研学指导教师做有心人，通过合理利用自然情境，不仅能起到组织教学的作用，而且能使学生明确学习目标，产生浓厚的学习兴趣，获得令人满意的教学效果。学生由于爱好而尽力去探索，专心致志，聚精会神，有助于深刻理解所学习的对象，将课程资源转化成学生的自身经验。

将社会资源转化为教育资源、将课程资源转化为学生自身经验，这三次转化的核心都是要围绕课程进行转化。按照学习内容和课程三维目标，遵循不同年级学段学生的身心发展特点（小学低和高、初中、高中），实现“四个结合”，即认知、体验与实践相结合；需求、要求与兴趣相结合；自主与合作学习相结合；学校、家庭与社会相结合。这样才能有效地实现社会资源的教育价值，将丰富而冗杂的社会资源转化成鲜活、生动、与学生所学习的课程内容相呼应的教育资源。

社会教育是一个大概念，是指对广泛的社会综合资源的有效利用。要将广博的社会文化资源与学校课程结合起来，将社会资源向课程延伸，向学生生活经验延伸，实现社会优质教育资源课程化，这不仅需要进行资源的多次转化，还需要学校与社会资源单位以及与多方社会力量合作才能实现。

CHAPTER 5

第五章

研学实践教育活动的课程研发

课程是实施教育的基本要素，配套建设研学实践活动课程是开展研学旅行的基础条件。本章从研学实践活动课程的理念建构、课程版块、课程分类、课程表达、课程群组合等多个角度，系统介绍研学实践活动课程的研发方法。其中引用了笔者近年来为多个中小学生研学实践教育基地开发的各类活动课程以作印证，从而系统说明研学实践活动课程研发的基本规则和方法。

第 1 节　研学实践活动课程的理念建构

开展研学旅行，是新时代落实立德树人根本任务、强化综合实践育人的有效途径。

自从 2016 年 12 月教育部联合 11 部门出台《关于推进中小学生研学旅行的意见》以来，研学旅行犹如雨后春笋般在全国各地迅速发展，引来众多社会参与机构和投资者。但是在教育实施过程中，也面临着不少问题。譬如，研学旅行行业门槛低且缺乏标准，组织方良莠不齐，缺乏专业审核；不少研学旅行缺乏课程设计，让研学旅行变成了集体旅游，等等。究其原因，主要是对研学旅行的概念内涵认识还不够到位、对研学旅行的课程性质没有准确理解和把握，课程开发缺乏科学设计，课程的盲目性和随意性较大。

研学实践活动课程的建构应当从何处入手？如何基于研学基地的教育资源开发研学课程？这两个问题实际是制约中小学生研学实践教育基地实现研学实践教育育人的根本因素。纵观目前建立的各级中小学生研学实践教育基地，缺乏生动鲜活的研学实践活动课程是普遍情况，课程碎片化的现象比比皆是。而其背后折射出来的是缺乏明晰的教育思想和课程理念。学生到研学基地参加各种形式的实践活动，更多获得是新鲜感、好玩，缺乏明确的教育指向。没有一套相对完整的育人体系的教育必然是空中楼阁，与国家所提倡的实践育人的要求相距甚远。这正是研学实践教育倍受诟病的根本原因。

本节从研学实践基地实践活动课程的理念建构角度介绍研学课程的研发思路，并以若干实例加以说明。

一、研学实践活动课程研发，理念建构是关键

研学实践教育承担着全面育人、培养“全面发展的人”的重任。从这个意义上而言，研学实践教育基地是“没有围墙的学校”。

没有育人目标就不会有真正的教育，没有理念的课程是失去灵魂的课程。

育人目标是对教育作用与效果的回答，是教育的永恒主题，也是每一次教育活动结果检测的标准，更是研学教育的根本价值所在。学校的使命是为了将学生培育成“认识自我，了解自我，创造自我”的对社会有用的“完整的人”。学生全面发展是教育的最终归宿。作为与学校教育配套的校外教育的重要阵地，研学实践基地的功能同样如此。因此，研学基地首先应该确立自己的育人目标和教育理念，以此明晰基地在中小学生教育中的定位和作用，为基地的课程实施和服务目标明确方向。

教育理念是课程的灵魂和支点。在育人目标确定的基础上，基地要根据课程资源确定研学课程理念。有了课程理念，基地开发研学课程就有了方向，各项课程资源的配置也就有了可筛选的依据。

教育的实现必须要遵循基本的教育规律，研学基地必须首先明确基地各门课程总的教育目标，即课程理念。如果课程理念不明确，基地应该培养学生的哪些能力、品格和素养，学生来到基地究竟要达到什么样的学习目的，这些不明确，就难以形成统一的认知和理性分析，就会导致研学活动没有明确的教育主题，更谈不上让学校满意，让学生有所获得，研学旅行教育的价值实现也就无从谈起。

因此，在设计、研发各类研学基地活动课程时，首先要从基地的教育资源角度提炼基地研学活动课程的理念，然后根据课程理念进行课程版块的配置，在课程版块下再研发各类丰富生动的活动课程，形成基地的实践活动课程群。

在此基础上，学校才能根据基地所提供的课程菜单，根据参加研学的学生人数、学段，从中进行选择和配置，组织学生有计划、有组织地来基地开展研学。这同样也解决了研学旅行动辄几百人进入基地造成管理混乱的局面。

课程理念一旦建构完成，所研发的各门课程都将围绕这一理念进行设计，从而形成有明确教育目标指向、有中心思想、有实现其教育愿景的具体活动（课程）的课程体系。

那么，如何提炼研学基地的课程理念呢？

课程理念不是想当然的泛泛的口号，不能脱离实际的人为谋划。课程理念必须在基地已有的教育资源基础上进行建构，从基地能够生成的相关课程的课程目标指向所归纳出的育人目标上生成，这就是研学实践基地的课程理念。

举例而言，如果一个研学基地计划以农耕文化为核心开发课程，那么劳动教育必然是课程的目标指向之一。基地可以根据学生的年龄、特征及对事物的适应能力，设计不同层次的农业体验项目，如农事耕种、植物移栽、种瓜点豆等，让学生亲身体验农业劳作，在寓教于乐中体会农事的艰辛。同时，基地还可以配置与农耕相关的农事活动，如搓玉米、面食制作、插秧比赛、磨豆浆、传统节日特色活动等，有利于学生深入了解农耕文化及农业知识。还可以引进当地的非遗项目，如传统泥塑技艺、剪纸、葫芦制作技艺等，让学生了解家乡非遗文化，感受传统文化魅力。基于以上课程内容特点，我们可以将以上三类活动课程的教育指向归纳为**“传承中华美德，体验农耕文化”**。

前一句体现的是各活动课程中所蕴含的文化元素和教育元素，后一句则说明活动课程的出发点——以农耕体验为主体的活动。

课程理念不必用过分华丽虚拟的辞藻，也没必要用高大上的虚华词句修饰，实实在在地体现育人目标指向就可以。课程理念一定是富有正能量的体现育人思想的具体目标，是通过基地活动课程能够形成一定的教育服务方向。

建构研学基地实践活动课程理念可以从基地社会资源、课程特色、发展愿景三个角度设计。

二、基于社会资源建构课程理念

各个研学基地的社会资源分布是不同的。有的研学基地侧重于革命遗迹，有的研学基地靠近水域，有的研学基地属于现代农业庄园，有的研学基地建在自然风光景区内。正是这种多样化的社会资源构成了社会大课堂的丰富内涵，这也正是研学旅行让学生“行万里路”的意义所在。

社会资源虽然呈现多种多样的特点，但无外乎是自然资源、文化资源、人文资源三类。我们可以将其归纳为自然生态、传统文化、革命传统、国情认知、科技体验、国防教育六大指向。基于基地的社会资源，依据上述六个方向建构基地实践活动的课程理念是简便可行的思路。

【案例】云南省麻栗坡县全国中小学研学实践教育基地课程理念建构

云南省麻栗坡县，因对越自卫反击战而名闻全国。在那里，曾有日夜轰鸣的连天炮火，有被烈士热血浸透并含着无数弹片的红色热土，有缅怀英雄的烈士陵园，更有激励了一代人的因数十万英雄儿女不畏牺牲、无私奉献、以青春

热血铸就的“老山精神”。那里，是无数有志青年向往的地方。麻栗坡还拥有丰富的自然资源与原始丛林生态，得天独厚的自然条件孕育了它悠久的历史、神秘的文化。为此，我们将研学基地的课程归纳为三类：一是红色文化，二是传统文化，三是自然生态。但其课程的核心是红色文化。基于此，我们将麻栗坡中小学生研学实践教育基地研学活动课程名称定为“重走英雄路”。课程理念提炼为“热血青春 寻访英雄足迹，凝心铸魂 弘扬老山精神”。

课程理念诠释：

寻访足迹——寻与访，是研学教育的手段，让学生在研学旅行的过程中，通过寻与访，以互动式、启发式、交流式学习去主动探究，自主发现。课程以英雄老山的红色文化为中心，结合麻栗坡地区丰富的自然、人文、历史教育资源，以红色文化、传统文化、自然生态研学课程三大版块构建研学课程体系。

凝心铸魂——通过感受祖国山川壮美和厚重的人文历史，树立国家认同与民族自信，争做新时代的奋斗者、追梦人。

继承弘扬——弘扬的基础是理解与继承，通过自主探究学习，引导学生在身临其境中了解战争与和平，了解民族尊严与领土完整神圣不可侵犯，培养当代青少年对“老山精神”的认同与继承，从小树立爱国情、强国志。

三、基于课程特色建构课程理念

同理，不同研学基地的社会资源各有特色，由此可以研发出多种多样丰富多彩的活动课程，也体现了研学实践基地丰富的教育资源。但是生成多样化的活动课程并不等于形成了基地的课程体系。如果没有一个正确的课程理念作为统领，基地的课程就会呈现碎片化的分布，也无从体现基地的育人思想和教育特色。

因此，基地要善于梳理自己多样化的课程资源，要将课程依据自然生态、传统文化、革命传统、国情认知、科技体验、国防教育等课程版块进行分类，从中提炼出最能体现基地活动特点、最富有教育意义的课程理念作为基地教育的主导思想，着眼于学生创新意识、创新精神、创新能力培养，建构基地的活动课程理念。

【案例】安徽省六安市九仙尊霍山石斛文化园中小学生研学实践教育基地课程理念建构

大别山，蕴藏着极为珍稀和丰富的中草药物种，素有“西山药库”之称，拥有华东地区最后一片珍贵的原始森林，被誉为珍稀生物的避难所。霍山作为大别山“西山药库”里的一颗明珠，是珍稀药材霍山石斛的原产地。九仙尊霍山石斛文化园是由民企500强精工控股集团投资成立的，已累计投资逾5亿元，以国家一级濒危药用植物——霍山石斛（米斛）的保护、种植及后续的产业发展为核心事业。九仙尊企业躬耕霍山9年，历经万次试验，成功拯救霍山石斛野生原种。

九仙尊传承了厚重的传统中医文化精神，使濒临灭绝的国家一级药用植物得以保存。九仙尊霍山石斛文化园区占地面积500亩，包含名医广场、霍山石斛文化体验中心、组培车间、非遗传承展示区、智能温室、西山药库百药园、大别山农耕文化园和四季药用花海等。作为霍山石斛产业的龙头企业，其研学课程环境独特且具有其他地域的不可替代性，是开展青少年中医药传统文化教育、自然生态保护教育、现代科技体验的社会实践大课堂。其社会资源有三个特点：①历史悠久的中医药文化；②种类繁多的中医药材；③成熟丰富的现代科技。为此，我们将九仙尊研学课程理念定为“千年石斛 熠熠生辉，现代科企 以医育人”。

随着对健康生活方式的追求，人们对传统文化的认识、环保意识的思考也趋于理性。中医药文化蕴涵着中华医学的优秀哲学思想、全社会关注的环境问题，也包含着我们对未来美好生活的向往。将中医药文化和自然生态保护教育有机融合，引入中小学生研学课程是一种必然趋势，也是一个新方向、新思想、新路线。

四、基于课程愿景建构课程理念

什么是课程愿景?

美国小威廉姆·E·多尔指出：“一旦我们拥有了多种课程文本，我们就可以在我们所处的情境之中，选择如何来建构课程的概念并决定如何学习、研究或者竞赛，这些抉择关系到我们希望过怎样的生活，以及我们希望在怎样的社会中生活。”*

教育是育人的活动。研学基地的课程规划，应当是建立在适切性与可行性基础上，体现全体教育工作者意愿的未来愿景，是一种对（学校）基地教育发展的共同期望。如果课程发展缺乏愿景，其最后结果将欠缺目标方向的指引。从教人员也无从确知其教育价值的立场，不知往何处去，或不知如何考量其成果。

通过对课程愿景的创设，使教师和学生理解课程的意义，把教学和知识结合起来，赋予课程真正的育人意义，这样的课程就不是消极的知识传授，而是在一种对生命的理解和重新认识基础上全新的人生体验与知识传承。这也正是

* 〔美〕小威廉姆 E. 多尔，〔澳〕诺尔 · 高夫 . 课程愿景 [M]. 北京：教育科学出版社 ,2004

基于文化的对生态课程的理解。

让我们以下面的实例加以说明。

【案例】云南省石屏县中小学生研学实践教育基地课程理念建构

在彩云之南，有一个“神龟托起的地方”叫石屏，素有“文献名邦”之美誉，是云南唯一的状元袁嘉谷的家乡，那里四季如春、山水灵秀、民风多姿、人才辈出……

豆腐文化 堪称一绝 说起石屏，首先想到的就是“石屏豆腐”。石屏豆腐奇特之处，是采用当地独有的“酸水”制作而成，所制豆腐清香细嫩，味道鲜美，在中国饮食文化中堪称一绝，因此石屏也被称为“豆腐之乡”。

古风依旧 源远流长 石屏历史悠久，文化底蕴深厚，是云南少有的几个被称为“文献名邦”的县区之一。现保存完整的石屏古城是滇南地区以儒家文化为主体的传统汉文化最为发达、历史文化遗址和遗物最多、文物古迹最为密集的地区，素有“滇南明清民居博物馆”之称。国家级及省级文物保护单位 180 处。

重教兴文 人才辈出 元末，石屏始建文庙，开创石屏儒学盛行之风。民间重教兴文，私塾书院林立，学子遍布城乡。众多学子的心血铸就了“文献名邦”的辉煌，使石屏获得了“山川东迤无双境，文学南滇第一州”的盛誉。

滇南艺术 光耀中华 石屏是著名的“民族歌舞之乡”，全国有名的彝族海菜腔、烟盒舞的发源地，拥有彝调、花腰歌舞、响杆舞、朴喇鼓舞、哈尼衰棒舞、哈尼音乐、傣族毫舞等一系列民族民间歌舞。烟盒舞伴以四弦声和烟盒声，曾两度进京在中南海怀仁堂表演，深受中央领导的好评。

自然风光 天然氧吧 石屏异龙湖国家湿地公园总体规划面积 3749 公顷，其中湿地面积 3636 公顷，湿地率为 97 %，是候鸟及其他鸟类的越冬地和繁殖地。异龙湖的春天桃红柳绿，莺歌燕舞；夏天荷香十里，杨柳夹道；秋天湖畔稻香蛙鸣，天高气爽；冬天鸥鹭翔集，鱼翔浅底……

立足于石屏丰富的传统文化底蕴和深厚的历史资源，基于宋代张载的“为天地立心，为生民立命，为往圣继绝学，为万世开太平”的儒学理想，突出“教以立心、学以立命、行以做人”的研学实践教育思想，我们把石屏研学实践教育基地活动课程名称定为——“魅力石屏”。课程理念定位为——“促兴致育 创特传文”。

课程理念诠释：

促兴——即引发学生兴趣。丰富的社会资源是石屏县研学实践教育基地开展研学旅行教育的优势，也为学生打开了丰富多彩的社会生活的大门。引发学生兴趣，让学生积极主动地参与到研学实践教育生活中去，是达到研学旅行教育育人效果的不二法门。

致育——即以育人为研学旅行教育的根本目标。兴趣的培育和引导是研学实践教育的前提，其核心是学生的真实获得。引发兴趣，进而引导学习，让学生收获真实的自我，是研学旅行教育的根本目的。

创特——即为创新研学实践教育的方式方法。基于石屏丰富且独特的社会教育资源，让学生在大自然和社会生活中自主学习、探究学习，激发完整的人生感悟，促其健康成长。

传文——即为传统文化的传承。悠久的历史、多彩的民俗生活是石屏研学的基本教育资源，也是传播、传承优秀民族文化基因的最好课堂。依托石屏厚重的历史文化，让学生从中了解历史、认知传统、感受家乡、传承文化，培养民族自信，夯实民族传承根基。

研学实践教育是行走的教育，是实践的教育，是合作的教育，是共享的教育，是以社会资源为书本、以大地为课堂、学习方式多元文化、感受 N 多体验的一种教育形式。从石屏研学基地的课程理念设计，我们可以分析得出，其课程理念的直接指向是研学实践教育的育人目标，也是基地教育服务的主观愿景。当然，在各项课程的配置中还需要体现落实这一愿景的方式方法。

第 2 节 研学实践活动课程版块与课程群配置

许多人对研学课程研发感觉十分混乱，认为有好的项目能够生成一个个的活动课程就够了。殊不知这样的课程仅仅是无序化的校外活动的翻版。它既不能建立起系统有条理的课程体系，更不能形成有生命力的课程形态，课程的教育质量也大打折扣。

研学实践活动课程的研发应当按照“类别（版块）——课程群——课程”的序列进行系统设置。首先是课程类别（版块）界定，其次是课程群组合，之后才是各个活动项目的课程化表达。

下面我们对研学实践活动的课程版块进行分析。

一、研学实践活动的课程版块设置

教育部在 2018 年《关于开展“全国中小学生研学实践教育基（营）地”推荐工作的通知》中对全国中小学生研学实践教育基地和营地的研学实践课程标准提出了五大主题版块。基地如果具备了五大版块之一，且已开发或正在开发不同学段（小学、初中、高中）、与学校教育内容衔接的优质研学实践课程就可以参加“全国中小学生研学实践教育基地（营地）”的评选。

根据各研学实践基地的常见资源分布，笔者把上述五大版块分为革命传统、传统文化、国情认知、军事训练、科学探究、自然生态、素质拓展七大类。这七大类基本可以涵盖社会资源（文化资源、人文资源、自然资源）的主要内容，也可作为研学实践教育基地课程的分类参考。

从综合实践活动课程的属性而言，研学活动课程具有实践性、开放性、生成性的特点。但生成性的概念不是无中生有，而是要在基地已具备相应资源和条件下生发其课程。依山可创编地理课程，傍水可研发水资源考察课程，引导学生回归自然，可创编丰富多彩的自然、生物课程。在广袤的大自然中，万物皆是生活，万物都可生成生动可研的研学实践活动课程。

当然，基地引进相关的教育资源，如民俗生活、民间工艺、非遗项目来生成民族传统教育的相关课程也非不可，但前提是基地还要引进与之相配套的师资力量、教具、教材，以及创设良好的与课程相关联的学习环境。

开发基地研学课程要注重基地资源的特殊性，即注重研发基地独有的、与众不同的社会资源的特质，从中开掘、筛选、提炼有教育价值的课程元素，生成研学实践活动课程。这样生成的课程才能彰显基地的独特性，凸显基地的教育价值，才是最有生命力、鲜活的研学实践活动课程。

生成性的研学课程也不是信手拈来的。它应该是依托于基地已有资源开发而成的，能够归类到七大类活动版块的活动课程中。在七大课程版块下形成基地的各门各类活动课程，这样的课程群才能建构起基地研学实践活动课程体系的框架结构。

下面我们以内蒙古春坤山中小学生研学实践教育基地活动课程配置为例加以说明。

【案例】内蒙古春坤山研学实践教育基地课程群建构

春坤山研学实践教育基地位于包头市九峰山北麓固阳县境内，距固阳县城56千米，距离包头市区120千米左右，道路平坦。景区海拔2340米，是包头市最高点，是国家级AAAA级景区，2014年被农业部评为最美田园。

资源分析：春坤山有广阔的大草原，是开展乡情、民族情教育的很好场所；春坤山有丰富的自然景观，有开展自然生态教育的良好环境；春坤山有野外自然生态的山丘、丛林，是开展生存拓展训练和国防教育的优良场所；春坤山有几十种野生药材和自然草种，有黄芪、秦艽、黄芩、柴胡等，具备开展中医药文化教育的良好条件；同时，作为少数民族自治区，天然的牧场、蒙古包，具备了开展民族团结教育和传统文化传承的优势。神奇景点石洞沟，有原始桦林，有深不见底的石洞和潺潺流水，是开展青少年研学历奇、探究学习的好地方。因此，基地研学活动课程的定位应该是针对小学生的生活体验与自然考察项目以及初中、高中学生的历史、生物、地理等学科来进行设计。

为此，我们在春坤山研学实践教育基地社会资源的基础上设计了民族传统、生存体验、素质拓展、中草药课程、学科拓展五个课程版块。

民族传统版块：拟开设课程：①学做蒙古民族器皿，感受蒙古族文化；②学唱蒙古民歌，增强民族传统文化认同；②举办篝火晚会，欢庆民族节日。

生存体验版块：拟开设课程：①自己动手做野炊，真实体验草原生活；

②尝试骑马、赶羊，学做一天小牧民；③自己搭建蒙古包，体验牧民生活。

素质拓展版块：拟开设课程：①举办拓展训练，培养团队合作；②攀爬春坤山峭壁，锻炼意志精神；③骑车绕行草原，体验野外生存。

中草药课程版块：拟开设课程：①走进自然植物园，辨识中草药种类；②学习草药知识，传承传统医学文化；③采摘草药样本，尝试家庭种植。

学科拓展版块：拟开设课程：生物考察课程（①讲解植物知识，了解草原植物；②分组考察草原植物，了解植物生长特点；③结合课本知识，完成探究学习）、地理考察课程（①讲解春坤山地貌特征，了解地理构造；②分组考察山川地貌，了解春坤山地形特点；③结合课本知识，完成探究学习）。

在上述课程版块建构的基础上，以学段划分研学课程的层级，以满足不同年龄学段学生的学习需要来构建课程主题。形成针对小学低年级学段的生活体验课程；针对小学高年级学段的生活体验＋知识拓展＋能力培养课程；针对初中学段的生存训练＋学科融合＋民族传统教育课程；针对高中学段的学科实验＋科学考察＋民族传统教育＋学科实践课程。将景区的自然资源进行多样化配置，在不增加基地项目投资的基础上，构建丰富的可满足不同年龄学段学生研学学习的课程体系。

二、围绕课程版块配置活动课程群

规模性是研学旅行的特点。中小学校的研学出行往往是成百人的规模。因此，面对这样大规模的研学活动，研学实践教育基地不能仅仅依靠一两门课程就试图把基地活动撑起来。研学实践活动的课程必须多样化、多种类化，这样才能满足成百甚至上千学生在基地开展活动的需要。许多研学基地认为自己的场地足够大，设施足够全，在基地的申报表上往往填写上可以容纳几百人的数字。殊不知研学实践教育不是能够容纳多少人的问题，而是你有多少课程能够满足多少学生同时开展实践活动的要求。当然，这里课程的容纳数也不单单指基地有多少活动课程的数量，还应该包括与课程配套的相关设施以及活动课程执行的辅导教师人数。

具备一定数量的活动课程组成研学实践活动课程群是研学基地能够有效开展研学教育的基本前提。这样学校就可以根据基地提供的课程菜单对参加研学的学生按照班级进行分配，并实行活动轮换，使每个学生在基地一次的研学活动中能够选择2—3个活动项目进行体验。这是研学实践活动的基本方法，也唯有如此，才能够避免出现大规模学生参加研学变成游走式的观赏、游玩的“游而无学”的现象。

必须明确一点，基地课程群的配置不是无序的，它必须遵循课程的分类而进行。而研学课程的分类标准就是我们前文所说的课程版块。基地依照革命传统、传统文化、国情认知、军事训练、科学探究、自然生态、素质拓展七大课程版块中的若干项完成研学课程体系的建构后，将各个有明确特点的活动课程依照上述领域进行分类，分门别类地归纳入基地的课程体系中，形成一个个具有鲜明主题的活动项目。这样的实践活动课程体系才是鲜活的、有血有肉的活动课程。

【案例】安徽省黄山市徽州丝绸文化园、徽商、蚕桑文化系列课程研发

古代徽州，民风淳朴，崇文重教，初等教育向来比较发达。史有“十户之村，不废诵读”之说，可见读书风气之盛。由教育所带来的浓厚的文化根基，使明清徽州的学术、绘画、书法、篆刻、丝绸、医学、建筑都极为繁盛，从而形成了新安理学、徽派朴学、新安医学、新安画派、新安篆刻、徽派建筑、徽州刻书、徽派版画、徽剧等斑斓璀璨的“徽州文化”。

在古徽州，与丝绸同样出名的是“徽商”。徽商是我国历史上一个极为特殊的商帮群体，虽然行商逐利，但为人处事却秉持儒家思想，秉持着“修身齐家治国平天下”的情怀。他们在经商赚取利润的同时，也热心公益，回报社会，大力推动当地的经济发展和社会繁荣，创造了“无徽不成镇”的辉煌业绩。

丝绸承载着我国悠久的历史文化，是底蕴丰富的文化载体和富有生命的宝贵遗产。徽州丝绸博物馆前身为徽州丝绸厂，该企业为研学教育投资建成了7000平方米的丝绸博物馆。整个基地包括了徽州丝绸馆、丝绸文创馆、丝绸厂发展史展馆、丝绸学生体验工厂等，总面积26亩，建筑面积1.48万平方米。涵盖了从史前走过来的中国丝绸，与徽州丝绸相伴相生的徽商文化，直至今日依然绚烂如花的丝绸文物等。

为此，我们以“丝绸文化”为核心，以传承丝绸文化为宗旨，以弘扬徽商精神为内涵，集丝绸生产、创意设计、互动体验等功能为一体，在开掘徽州深厚、古朴的传统文化基础上，构建了徽商文化、传统丝绸技艺、现代科技、丝绸文化、一带一路五大活动课程版块，并设计配套多样化的体验、实践活动课程，结合具体鲜活的丝绸文化园教育资源，共研发了参观类、实验类、体验类等十几门活动课程。

徽州丝绸博物馆的课程配置，主要遵循了以下四个教育原则。

一是认知教育。让学生在丝绸博物馆中通过考察学习，了解中华民族五千年的悠久历史文化和灿烂的古代文明；了解历史上徽商的独特历史地位和带有浓厚儒家思想的徽商文化，达到继承中华文明、传承传统文化的教育目的。

二是体验与实践教育。让学生在丝绸生产车间体验丝绸制作、传统纺织、香包制作，让学生学会动手动脑，学会生存生活，学会做人做事，培养他们成为“全面发展的人”。

三是生本教育。通过学生采桑、喂蚕、抽丝、制作桑点等活动，依靠学生自身体验和感悟，收获对生命生活的认知，提升学生合作和自主学习能力。

四是学科拓展。通过有关桑蚕丝绸的各项比较研究和实验，让学生将平日学习的知识运用到科技实验中，培养学生科学探索精神，促进学生自主学习、研究性学习能力的提升。

2019 年，该单位正式通过了省级研学实践教育基地的验收，获批为安徽省 2019 年第二批中小学生研学实践教育基地称号。

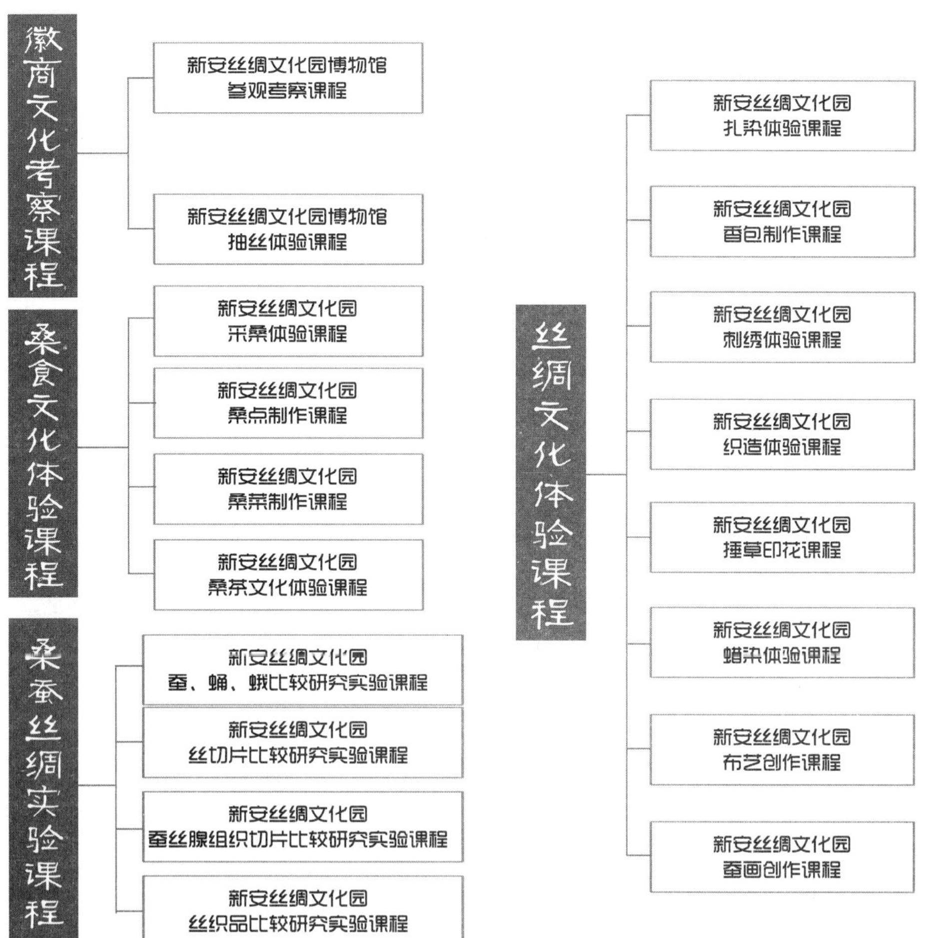

第3节　研学实践活动课程的生成

在上一节，我们讨论了基地研学课程开发的结构和布局。本节将从课程配置角度，对基地研学活动课程的建构结合实例作进一步的探讨。

综前所述，研学实践活动课程与综合实践活动一样，二者都是生成性课程。所谓生成性课程的开发是指基地对具有潜在教育价值的社会文化、自然资源进行加工利用，使之变成符合学生学习需要的教育资源的过程。这种生成性应该建立在对基地社会资源进行详尽分析的基础上，建立在基地课程整体规划的基础上进行课程的生成性设计。

研学实践活动课程生成要遵循以下原则。

一、内容为王

教育是服务人的成长和进步的行业，教育的模式是用课程形式进行表达的一种教育行为。具体到研学实践教育基地而言，基地研学的教育模式是课程。课程开发对基地意味着为学校提供有利于学生成长的课程，并使学生通过课程得到更好的发展。研学基地通过开发和提供课程，使学生能从中学到生存的本领、生活的智慧，并且能在学习过程中感受、体验生命的意义、价值和尊严。这就是研学基地课程开发的出发点。

下面我们以徽州休宁鄣𡸣状元村状元文化课程的研发为例，说明围绕课程主题生成和配置各门各类活动课程的基本方法。

休宁是古徽州文化的重要发源地之一，自东汉建安十三年（208）建县，距今有1800多年历史。自古以来，休宁便以山水之美、林茶之富、商贾之多、文风之盛而闻名遐迩。近些年，鄣𡸣状元村建设了以状元文化为支撑，集中国状元文化大观园、农家乐、松萝茶园、休闲垂钓、书画写生、徽州武术、太极养生等项目于一体的海阳庄园。

【案例】安徽省琊琲状元村研学实践教育基地研学课程研发

琊琲状元村历史悠久，人才辈出，有“一门三进士”的佳话，为开展研学，该村兴建了进士第、状元大戏楼、状元居等。从研学的角度而言，这里有厚重而凝练的传统文化，有充满人文色彩的江南水乡生活，有山奇峰秀的自然风光，有质朴自然的田园风情。这都是青少年学生研学教育的丰富资源。

为此，我们把琊琲状元村的课程理念定位为“文魁故里　书香传承　励志勉学　启迪人生”，旨在将琊琲状元村打造成古徽州徽文化的缩影，打造成“徽州读书人文化传承之乡”。

由于历史的原因，琊琲状元村的状元文化的遗留几乎已经没有了。现存的状元文化的建筑都是近几年重新建设起来的。因此，我们结合休宁县城状元博物馆以及离该村3华里的清末状元周诒春故居，从四个角度生成课程：“阅历史档案，揭秘科举制度；溯村庄印记，寻访状元文化；体传统游戏，感受儒家思想；察茶韵农耕，了解乡土民风。”以阅、寻、体、察的活动形式建构状元村研学实践活动课程的基本模块。

研历史——厚重的历史积淀是琊琲状元村社会资源的最大优势。历时一千多年的中国科举制度，是中国优秀传统文化的重要组成部分，也是中华民族文化传承的重要渠道。将状元村的状元文化与历史史实有机地结合起来，塑造状元村厚重、凝练的历史文化氛围，使学生获得对于中华民族悠久历史的认知，从状元村历史上的多个状元事迹中，让当代青少年获得对中华民族历史文化的真实体验。

寻文化——历史上琊瑯状元村状元人物的迭出涌现，是与徽文化的重教习文分不开的。每一个状元人物身上体现的不光是刻苦学习的治学精神，更多地体现了中国悠久的儒学文化传统。状元村研学以状元文化传承为核心，让当代学子学习古人严谨的治学精神，学习儒家仁、义、礼、智、信、忠、孝、节、勇、和的十德精神，感受中华儒学文化的魅力，培养爱国爱家、责任担当的社会主义核心价值观和健康向上的人生素养。

重礼仪——瑯琊状元村的状元文化，其核心是儒学思想的集大成。开掘丰富多彩的儒学传统文风，以古人严谨的礼仪文化再现士大夫的修德精神，让当代青少年从传统文化的优秀儒学思想中汲取精华，引导学生通过亲身体验，传承中华传统文化思想。

做味道——通过设计多种形式的考察、体验、实践、探究性学习、课题研究等研学学习模块，以殿前考试、金殿传胪、状元夸街等体验活动再现历史情景，以丰富的儒学文化和多彩的趣味表达，引导学生在状元村的开放性环境中感受民族文化，建立学习与生活的有机联系。

根据建构主义理论，学生不是通过教师的传授而获取知识，学习是学习者在一定的情境即社会文化背景下，借助其他人（包括教师和学习伙伴）的帮助，利用必要的学习资料，通过意义建构的方式而获得的。“情境”“协作”“会话”和“意义”是建构学习的四大核心要素。从瑯琊状元村研学课程开发的课程实践而言，历史上的状元人物不是研学的重点，古代状元的刻苦学习、顽强拼搏的学习精神才是我们要倡导的研学教育内容，历史人物仅仅是承载这一教育内涵的载体。正是基于状元村独有的课程资源，我们在此基础上围绕“文魁故里 书香传承 励志勉学 启迪人生”的课程理念，从科举文化、状元文化、儒学文化、乡土文化四个方面配套建构起瑯琊状元村研学课程体系。

二、文化为核

教育以育人为目的。教育传导的是思想，课程的核心是文化。瑯玡状元村状元文化的背后实质上是中国儒学思想的集中体现。这里既包含了儒学“忠孝礼义信”的基本内容，也可以探寻中国科举文化的兴衰，为增加课程的趣味性，我们还设计了儒学雅习的古代游戏课程以及乡土乡情的采茶和农耕课程。

【案例】徽州休宁瑯玡状元村研学实践教育基地状元文化课程体系建构

科举文化——科举制度是中国首创的，世界最早、最持久、最优秀的官员选拔制度，科举制包含了公开、平等的民主理念，直接影响了近代西方的文官考试制度。正是通过科举考试，无数的休宁学子得以走出大山，走进紫禁城，凸显了休宁历史上教育的发达、文风的昌盛、经济的繁荣。基于科举选拔脱颖而出的瑯玡状元村，本身就含有厚重的历史文化底蕴。开掘历史文脉，以科举历史探究课程的形式，建构状元村历史文化系列课程，是瑯玡状元村研学课程的重要方面，这样既可以将瑯玡状元村历史上状元涌现与历史有机结合，也体现了乱世武夫、盛世状元的历史发展脉络。

状元文化——徽州自古被誉为“东南邹鲁”。在历史上，作为徽州一府六县之一的休宁县一向以科举文化闻名遐迩。虽然偏居皖南山中，却书院栉比，藏书丰富，人文荟萃，教育发达，科举兴盛。自宋至清，休宁籍状元多达 19 人，堪称中国科举史的传奇。状元文化课程以清末最后一批进士、清华大学奠基人周诒春史实为据，结合历史上古人刻苦学习、严谨治学的学习风范，借以弥补状元村历史人物史料不足的缺憾，建构瑯玡状元村状元文化系列课程。

儒学雅习——休宁乃新安故郡，徽州重镇。山川钟灵毓秀，英才繁盛不凋。清代休宁学术思想空前发达，名家辈出，各擅风流。作为以状元辈出为特色的瑯玡状元村，其厚重的儒学文化是培育状元奇才的根本核心之所在。建构以古诗文诵读、古人文人雅士生活娱乐为内容的曲水流觞、羯鼓传花、长廊猜谜、射箭、斗茶、射覆、投壶、筹令等系列古代文娱课程，再现儒学文化中趣味游戏的一面，建构状元村儒学文化研学的特色。

乡土文化——休宁美丽的田园、质朴的乡村生活是开展乡土乡情研学教育的极佳题材，以松萝茶园采摘、菊花采集、水车农耕文化为核心，打造瑯琊状元村乡土文化，以培育学生对徽州农商一体、农教一体生活的亲切感为重点，续文脉，行天下，放牧于乡野，吟诵于古状元之乡，彰显瑯琊研学教育之特色。认知徽州民间教育思想的传承，了解传统教育对人的成长的价值与作用，培养学生文化认同。

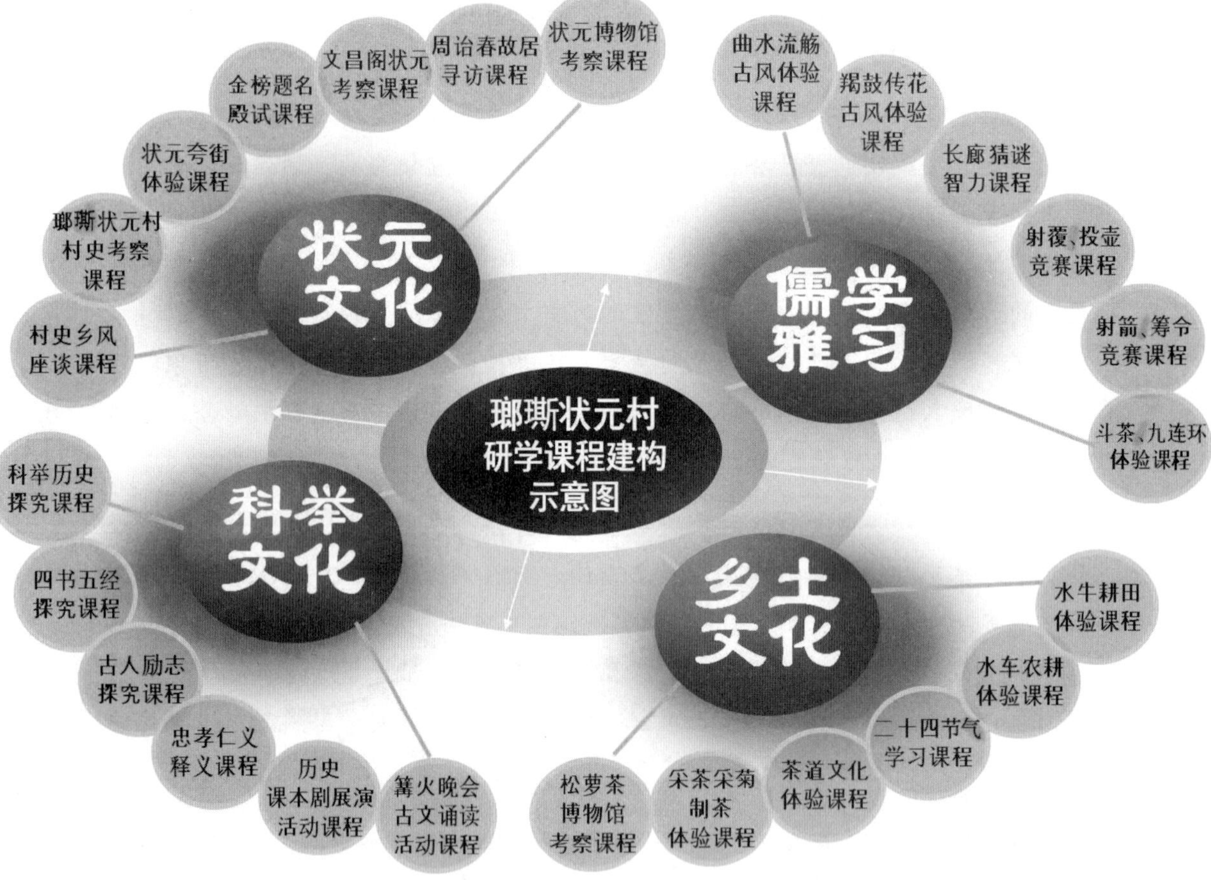

三、体验为本

从多元智能的理论看研学实践活动课程的架构，研学课程开发和实践要实现对学生各种美好生活可能性的开启。研学课程的特色应该体现在丰富性和选择性上，要尽量避免让学生花大量时间去从事某一项技能的学习和训练，特别是在很多同学并不喜欢或没有在这一领域表现出兴趣和发展潜能的时候。

在同一类教育资源基础上建构多样化的课程，从不同的角度开掘文化与知识的内涵，是研学活动课程研发时应当把握的要点。这种知识和技能的学习应该通过创设多样化的课程体验环境，让学生在真实的情景中学习并建构自己的知识体系和基本技能体系。只有在实践基础的知识传导下，通过学生亲身的社会实践，知识和技能才能转化为学生经验。

仍以郠斯状元村为例，我们利用状元村海阳庄园的空间布局，运用知识展板、实物展示、活动摊位等形式，将郠斯状元村科举文化、状元文化、儒学文化、乡土文化四大类课程巧妙地分散其中，结合考察、探寻、体验、实践四种基本活动类型，由此建构起学生小组合作、自主探究的问题式、任务式学习模块，形成状元村研学课程的体验实践活动特点。

四、实践为用

学生未来的成长需要多样的学习方式，不同的知识、技能和情感教育也需要匹配不同的学习方法。就研学的学习内容和学习方式而言，我们首先强调要灵活多样，要给学生提供未来生活的多种学习经验，同时活动课程的内容和活动方式都不能过于单一。各门课程的设置都要真实再现历史人物的故事，以山水之美、林茶之富、民风之盛、文风之载，体现历史文化的厚重和精彩。以生动的故事性、历史情景的再现性、活动的趣味性来吸引学生参与，通过学生对知识的主动探索、主动发现，形成对所学知识的主动建构，为学生发展提供潜在的可能性和发展的方向性，并通过具体的活动设置将这种发展的潜在可能性转化为发展的现实性。

【案例】安徽省休宁聊斯状元村中小学生研学实践教育基地活动课程菜单

课程领域	课程类别	课程性质	课程名称	课程实施	课时
状元文化	科举历史	研学考察课堂	状元博物馆考察研学	观摩、考察探究、分享	2小时
		研学考察课堂	周诒春故居考察研学	观摩、考察、分享	1小时
		研学考察课堂	文昌阁考察研学	观摩、考察、分享	1小时
		研学考察课堂	村史馆考察研学		二期
		研学考察课堂	拱北古廊桥考察研学	观摩、考察、分享	1小时
		研学体验课堂	金殿传胪体验研学	观摩、体验	2小时
		研学体验课堂	状元夸街体验研学	体验、分享	1小时
	历史知识	研学行走课堂	历史文化长廊历史知识考察	观摩、考察探究、分享	1小时
		研学实践课堂	课本历史剧表演	实践、诵读、分享	3小时
儒学雅习	传统游戏	研学体验课堂	曲水流觞古风情趣体验研学	讲解、体验、分享	1小时
		研学体验课堂	击鼓传花古风情趣体验研学	讲解、体验、分享	1小时
		研学体验课堂	长廊猜谜古风情趣体验研学	讲解、体验、分享	1小时
		研学体验课堂	射覆古风情趣体验研学	讲解、体验、分享	1小时
		研学体验课堂	筹令古风情趣体验研学	讲解、体验、分享	1小时
		研学体验课堂	射箭古风礼仪体验研学	讲解、体验、分享	1小时
		研学体验课堂	投壶古风礼仪体验研学	讲解、体验、分享	1小时
		研学体验课堂	九连环古风智慧体验研学	讲解、体验、分享	1小时

（续表）

课程领域	课程类别	课程性质	课程名称	课程实施	课时
儒学雅习	传统游戏	研学体验课堂	诸葛锁古风智慧体验研学	讲解、体验、分享	1 小时
		研学体验课堂	华容道古风智慧体验研学	讲解、体验、分享	1 小时
乡土文化	茶文化	研学体验课堂	松萝茶博物馆考察体验研学	考察、诵读体验、分享	3 小时
		研学体验课堂	制茶技艺考察体验研学	体验、分享	3 小时
		研学体验课堂	茶道茶礼文化体验研学	讲解、体验实践、分享	2 小时
	农耕文化	研学体验课堂	农时与农具考察研学	观摩、考察、分享	1 小时
		研学体验课堂	草编体验研学	讲解、体验、分享	1 小时
		研学体验课堂	庆丰收运粮忙体验研学	讲解、体验、分享	1 小时
		研学体验课堂	耧车播种体验研学	讲解、体验、分享	1 小时
		研学体验课堂	插秧体验研学	讲解、体验、分享	1 小时
		研学体验课堂	踩水车体验研学	讲解、体验、分享	1 小时
	乡俗文化	研学考察课堂	村民访谈考察研学	座谈、分享	1 小时
		研学体验课堂	篝火晚会体验研学	体验、分享	2 小时

从郰斯状元村研学课程的生成过程我们可以得出结论：一方面，针对研学基地纷杂零乱的社会资源，要学会取舍，从中筛选出与课程理念相吻合的课程资源；另一方面，我们不能囿于单一讲解、传导的活动样式，需要开辟新的思路，新的思路就在于建立课程和学生生活世界的关联上。从这个意义上讲，研学实践活动排斥除任何的学习方式。

在实践教育层面上，学习不是直接让学生面对抽象而缺乏生动感、意义感的知识，而是引导学生投身蕴含问题的生活情境（知识问题化），对生活中的问题进行探索，在问题解决中建构新的知识（问题知识化），这样的过程可以让知识“生根”。另外，获得知识本身不是研学的最终目的，运用知识把握和创造生活世界，使生活世界能更好地满足人的需要，满足学生成长的需要，体现人的价值和意义，这才是研学学习的最终目的。研学实践教育需要引导学生运用知识把握和创造世界，并培养这样的态度和习惯，使他们能自觉地在自身探索的行动和实践中体味生活的意义，体会到知识“有用”、学习有价值，从而更加热爱生活、热爱学习，并致力于用所学知识创造更美好的生活。在生活和知识的往复中，修炼学以致用、知行合一的学习态度和方法，使学习“有法”，通过“有法”的学习活动学会学习、学会生活。

研学实践活动课程与基地教育资源的匹配性用下图表示：

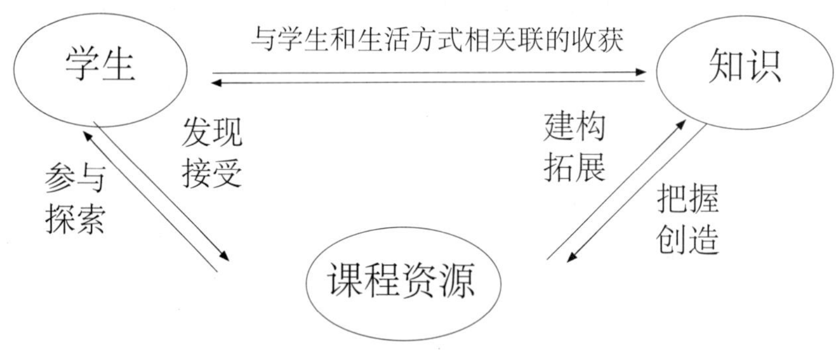

第 4 节　研学实践活动特色课程的开发

如果说课程是研学实践教育基地的生命，那么特色课程就是这一生命体的呼吸。打造特色课程，保持课程特色，是保证研学基地活动课程鲜活的生命线。

从国家评选中小学生研学实践教育基地的标准来看，涵盖多种实践类型是研学实践教育基地建设的基本原则。从 2017 年第一批研学实践教育基地的分布来分析，主要包含红色革命教育类、历史文化类、军事训练类、科技教育类、职业体验类、自然生态类 6 种基地主题，分别从爱国、文化、科技、自然等方面培养学生的综合素养与能力。其中科技教育类数量最多，共 62 个，占总数的 30.4%；其次是自然生态类，共 45 个，占总数的 22.1%；再次是红色革命教育类，共 42 个，占总数的 20.6%。详见下表。

2017 年全国首批中小学研学实践教育基地类型及数量

类别	红色革命教育类	历史文化类	军事训练类	科技教育类	职业体验类	自然生态类
数量	42	34	10	62	11	45
合计	204					

从以上分析可以看出，建设特色基地，发挥特色课程功效，是国家指导研学实践教育基地工作开展的基本思路。

如何打造特色课程，建设独具特色的研学实践教育基地？笔者在此提供以下思路。

一、精准定位

精准定位是指在对基地自身的社会资源进行分析的基础上，开掘基地研学课程的独特内容，提出独特且新颖的课程理念，在课程理念的基础上建构有自己独特表现形式的优质课程。

做到精准定位要有三个步骤：一是研学基地要对自身的地域特点、占有资源以及资源的有效性进行科学分析，归纳提炼出其独特、优质的优势；二是在开掘出独到资源的基础上分析其特色课程的核心要素，即个性化的育人目标，明确教育理念，统整课程结构，建构多样化的课程实施方法和特色化课程评价，形成背景分析、愿景构建、内容设计以及评价角度的基本课程模式，为下一步的特色课程开发提供基础；三是把基地的特色资源进行系统归纳，从特色课程架构、特色课程表达以及特色课程方案设计三个方面进行设计开发。要注重课程的整体性，体现课程的创新性，并使之呈现出能够长期实践、体现地域特色、具有多元形式的特征。

二、以资源的独占性呈现特色

独占性是指资源的独占性和不易复制性。

资源的独占性指研学基地特有的资源，主要特征是有形性和异质性。独占性资源是基地开发特色课程形成独特竞争优势的重要来源。特色课程的研发必须建立在基地原有教育资源上的深度开发。因此这一独特性应该是基地本身所独有的，是其他基地所不具备的资源优势。作为公益性的教育产品，课程很难形成具有法律意义上的知识产权保护，亦无法形成课程研发主体对特定权利的垄断，因此这里的独占性是指资源的独特占有。建立在独有资源上开发的研学课程，其他单位想要模仿也无从谈起，或者复制起来要付出巨大成本。

独占性资源包括以下几方面。

1. 自然资源：天然形成和人工形成的自然资源。

2. 人力资源：具有丰富经验与技能的技术人员或管理人员。这是研学基地生存和发展的重要资源，也是基地战略决策和开展竞争的人力基础。

3. 设施资源：具有完备的执行某项活动的物质基础，包括器械、物资、独有的课件。这是基地特色课程开发和竞争的物质基础。

4. 资本资源：指研学基地的资本实力和融资能力，它是基地战略决策应重点考虑的因素，尤其对研学实践教育这一资金、人力密集的行业而言，资金优势往往是处于竞争优势地位的重要来源。

5. 推广资源：指基地的宣传与推广渠道。这是研学基地提升服务便利性和社会认可性的基础，也是建设教育品牌战略的前提，使同行企业在短期内无法模仿、可迅速形成独特竞争优势的资源。

下面我们以安徽省黄山市祁门县历溪村研学实践教育基地的课程研发为例进一步说明。

【案例】安徽省祁门县历溪御医村研学实践教育基地特色活动课程建构

历溪村属今历口镇，在牯牛降山脚下，四周群山环抱，远离尘嚣。村中王姓后裔于宋朝迁此定居，聚族而居。

徽州的古村落多有名人典故，其或在朝中身居要职，或在外从商衣锦还乡。历溪同样如此，村中王姓于宋朝迁此定居，后因在明嘉靖年间，这里出了一位赫赫有名的御医王琠，在历史上久负盛名。历史上祁门县名医辈出，历数百年，祁门县共涌现供奉皇家的御医 23 名，仅历溪一村就出现了 13 名御医，成为远近闻名的御医之乡，历代名医香火不绝，传承有序，是中华医学、特别是新安医学传承的集大成者。

历溪还是人文景观与自然景观十分丰富的古村，古有历溪十二景。村中的古桥、古祠、古碑、古庙、古戏流传着许多古老而神秘的传说。王氏宗祠“合一堂”为该村明代御医王琠所建，该祠堂大门按圣济五凤楼形式建造，一对汉白玉抱石鼓为嘉庆皇帝所赐。村中的古树林保留着诸多的千年古樟、白果、红楠、香枫等珍稀名贵树木，为徽州保存最好的古树林。2018 年 8 月，安徽省旅游发展委员会评选出 20 条最美的安徽乡村旅游路线图，历溪村榜上有名。

历溪拥有百年医道传承和古老、保存完整的古徽州村落，兼有秀美、原生态的自然景观，其研学课程环境独特且具有其他地域所不可替代性，是开展青少年传统文化教育、自然生态考察、民俗民生体验的社会实践大课堂。

历溪医道文化传承研学课程基于以下五个方面进行建构。

新安医学文化——祁门县历溪村是大名鼎鼎的明朝御医王琠的故里，村中 85% 都是王琠的后代。历史上名医迭出，良医代代相承，是名副其实的中国御医之乡；历溪村中药资源丰富，天然中药材品种多达 895 种，祁术、祁蛇等药材久负盛名，很多濒临绝迹的药材都能在此见到，堪称“安徽省天然药库”。基于历溪厚重的新安医学文化底蕴、丰富的中草药资源，我们以“新安医学文化传承”“中医药文化体系”两个版块建构历溪·皖南医道文化传承系列课程。

古村落民生文化——历溪是皖南民俗文化的集大成地区，民风淳朴，风情独特。历溪村有 17 幢明清时代古民居，错落的古民居与纵横交错、原始古朴的青石板路，共同诉说着历溪村古老的历史。这里还是国家级非物质文化遗产目连戏的发源地。美丽的山川、丰富的饮食、寻常的起居、日常的劳作都演绎着美好的传说和地方掌故，是开展民族文化传承教育的良好教材，也是教育青少年学生认知民族文化、培养民族情感的社会实践大课堂。在此基础上我们设计了“历溪古村落民生文化系列课程”。

自然景观文化——历溪地处牯牛降南山麓，是距牯牛降主峰最近的村落。牯牛降是安徽省第一个国家级以森林生态类型为主的综合性自然保护区，保存着结构复杂、功能齐全的自然生态系统，被誉为“华东物种基因库”，有“氧吧里的村庄”之美称，是开展研学旅行的好去处，让学生身临其境，能激发学生对祖国大好河山的热爱，树立爱护自然、保护生态的意识，珍惜幸福生活。

在此基础上我们设计了“历溪古村落自然生态文化系列课程”。

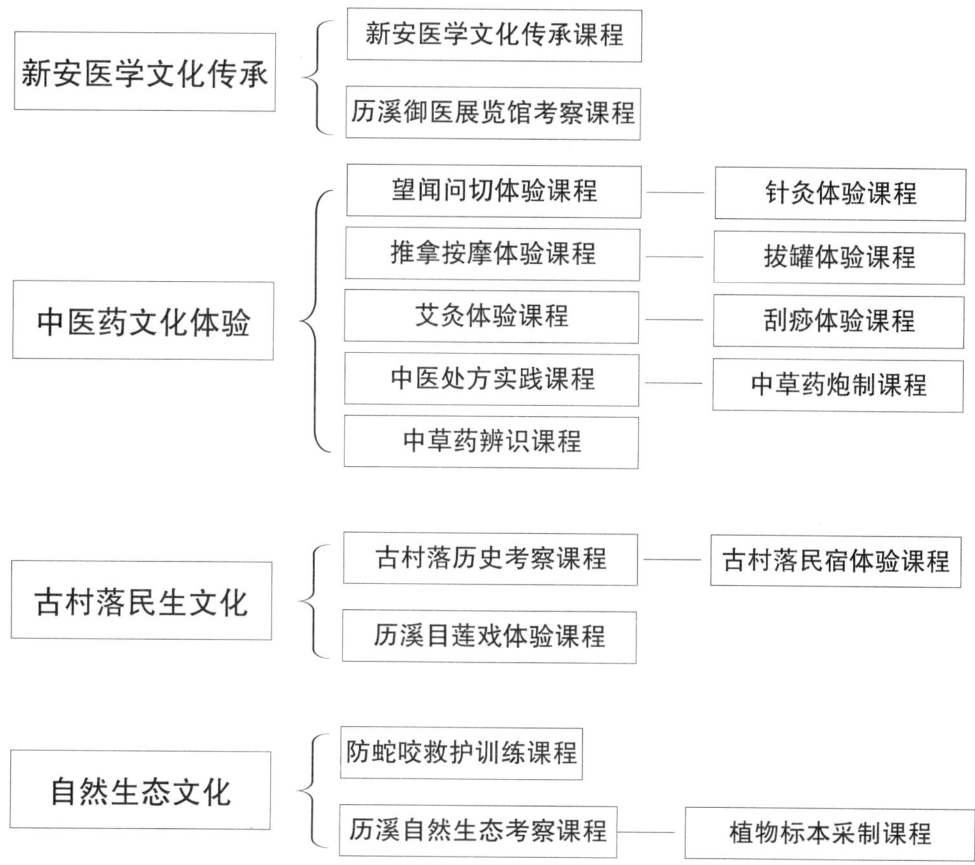

从历溪御医村特色研学课程研发中我们可看出，历溪·皖南医道文化传承课程体系中“新安医学文化传承”“中医药文化体验”两个版块是特色课程建构的核心，而“古村落民生文化”“自然景观文化”两个版块都是围绕着核心课程建构的配套课程，由此搭建起基于历溪御医村独特资源的研学课程体系。

三、以文化的差异性打造特色

构建特色课程的第三种方法是充分开掘课程资源和内在文化差异，要用与其他相近课程不同的独特视角审视课程资源，从多个层面寻找特色课程的独有价值。这就需要基地课程研发者要有一种开放的心态、一种深刻的文化价值观，能够在基地有限的教育资源中从历史、文化、知识以及操作角度，利用实践课程模型建构多种多样、有特色的研学实践活动课程。

我们以山东孟府中小学生研学实践教育基地的课程研发为例加以说明。

齐鲁大地，物华天宝，人杰地灵，素称“礼仪之邦”。这里是中国历史上最伟大的思想家孔子的家乡，也诞生了亚圣孟子这位伟大的人物。辉煌的历史为邹城留下了丰富的历史文化遗产。孔孟思想影响了一代又一代中国人，历经2000多年历史沧桑而不衰，推动了中华民族文明和社会的进步，是中国传统文化中影响最长久、最广泛、最深刻的民族优秀传统文化。

孔孟思想是一个完整的文化体系。孔子、孟子身处不同时代，既是一支内容相承的文脉体系，又是两支风格迥异的历史传承，在更深层次上却又是从同一条母根上孕育成长起来相连相通的同一个完整的文化体系。

2017年12月，山东省邹城市孟庙孟府孟林景区获首批“全国中小学生研学实践教育基地”称号。

以孔孟学说为主体的传统文化体系是中华优秀传统文化的核心表达。三孔景区已经成为华北、华东中小学生研学旅行必去之地。仅2018年曲阜“三孔”景区接待人数就达30万—40万人次，景区已不堪重负。而相距仅仅20千米的“三孟”景区才接待了8万余人次。

孔府作为成熟的研学基地，已经形成了以仪式课程为主体的祭孔、诵读活动课程。如何开发与孔府有别的孟府研学课程，是本课程研发的难点。

经过分析我们发现，对于目前历史、文化遗址的研学旅行，更多体现在建筑、文物的观赏层面，缺乏对历史文化内涵的探究。这也是旅游景区的普遍弊端。而对于中小学生研学而言，教育是研学的第一要务，教育核心必然是文化。“三孔”景区的研学仍然没有摆脱这一樊篱，仍然停留在浅表层“走马观花”的观、游、娱的层面。“形”的活动过多，对孔子思想的认知和传导远远不够，而且极易流于复古的神秘主义倾向。

如何充实历史遗址景区的文化内涵，让学生在景区中能够触摸历史，感受传统，吸收文化，真正学到内容，是本研学课程研发重点要解决的课题。

经过深入研讨和论证，我们从“孔孟之辨”的角度提出了“**塑文化自信，扬民族文脉**”的孟子研学课程理念，立足孔孟文化传承，侧重孔孟学说之辨，以“孔子为本，孟书作芯”为方法，打造“孟子学堂”优秀传统文化研学品牌；立足曲阜与邹城地区之别，解析三孔景区与三孟景区的差异化区别，以孔孟为经，以孔、孟、曾、颜、子思及孟母教子为纬，打造系统表达孔孟思想体系的研学课程体系，使“三孟”景区成为齐鲁大地上一个新的教育亮点。

【案例】“三孟”中小学生研学实践教育基地研学实践活动课程研发

1.“三孟”景区研学基地课程建构思路

孟子研学课程在内容上从“孔孟之辨”入手，凸显孔子与孟子在历史上的三别：一是经纬之别，二是仁义之别，三是历史时代之别。在课程目标上以“孔府复古、孟府今用”为原则，突出孟子学说的现实教育意义，从课程规划、课程建设、课程环境上打造实践育人的研学课程。从课程推广上，以悬念引流学校，以知识引导研学，以文化教育学生，以课程贯穿学习。

孟子优秀传统文化研学课程从四方面打造：

一曰古为今用。传承传统文化不是为了复古，而是为了服务新时代。故我们将课程定位于“塑文化自信，扬文脉传承”，以文化自信、家国情怀、责任担当为研学课程的核心育人理念。

二曰以人论事。以孟子人物为中心，重点推介孟子故事、孟子成长、孟子成语和名言、孟子七篇、孟母三迁，让学生全面了解亚圣为民生奔走之路。

三曰以孟学为核心。以孟子《七篇》为核心，从中提炼孟子要义、孟学发展，并引入南怀瑾国学大师释孟学说，以“今人说孟”来诠释孟子学说在现代的应用，突出儒学在当代的教育功用。

四曰重体验实践。孟子《七篇》皆以生动的场景故事组成，这是孔孟学术在形式上的重要区别。孟子课程结合历史场景、故事，以图说拓碑、国学书法、木刻、版画、研学剧、探寻课程等多种活动形式，把艰深生涩的古文学术变成富有生动性和趣味性的活动课程。

2.“三孟”景区研学课程规划

“三孟”研学课程要侧重从孔孟之辨角度，以差异性来设置研学课程。

一曰“尊”与“辨”之别。孔府以尊孔为主要内容，孟府则从经纬、仁义、历史角度让学生了解孔孟区别为主要内容，体现孟子学术文化。

二曰“仪”与“学”之别。孔府重在儒家礼仪活动，孟府则以《七篇》为主要内容偏重儒家思想的学习，突出“教化”之功。

三曰“位”与“言”之别。孔府重在推崇孔子的历史地位，孟府则强调孟子学说的内在价值。围绕《七篇》用多样化的活动课程传导儒家思想。

四曰“存”与“史”之别。孔府侧重用碑、林、石、刻表现孔子在当代的具化显现，孟府则引入史实，结合中小学校历史课程，通过孟子在历史上的活动，战国故事、成语、名句建构活动课程。

五曰"旧"与"今"之别。孔府重在对孔子文化的传统表达，孟府则应突出孟子学说的古为今用。包括从习近平主席引用孟子学说诠释治国方略的事例，用探究、对比、喻今等方式建构研学课程。

六曰"形"与"实"之别。孔府侧重从外在打造孔子在当代的形象，孟府则从孟子学说入手，用对话、表演、戏剧等形式让今人认知孟子学说的内在价值。

七曰"乱"与"静"之别。孔府人流众多，这就决定了其研学不可能做得深入且生动，孟府则充分利用其客流量相对较少、场地宽敞的优势，组织学生深入开展探究性考察、研究性学习，凸显课程的教育内容。

八曰"点"与"线"之别。孔府研学仅仅以"三孔"为核心展开，而孟府则从孟母三迁做起，开发曾、颜、子思系列人物课程，把孔孟思想体系做出来。

3. "三孟"景区研学活动空间结构规划

一主一辅一线，辐射周边。

一主：以孟庙为研学主体，以讲解观摩、孟子七篇、孟学发展历史沿革的探究为基本内容，建构孟子研学课程体系。

一辅：以孟府为研学主体，围绕孟子成长历史、孟学今用、孟母教子等文化内容，以孟子图说拓碑、国学书法、木刻、版画等建构孟子研学实践课程。

一线：以子思学院为研学主体，建构国学体验、研学剧、国学绘画等体验课程。

周边：以邹城历史遗迹为研学对象，建构曾子、颜子、子思子等历史文化题材的孟子研学拓展课程。

从总体功能布局上，我们以"三孟"景区厚重的历史文化积淀为核心，以孟府、孟庙、子思学堂为课堂，打造了"文化课程"、"历史课程"、"实践课程"、"体验课程"、"拓展课程"五个研学版块，从文化、历史、现代三个层面解析孟子学说，体现孔孟之辨、"尊""学"之别、"传""教"之义，实现古为今用、文脉传承的现代意义。

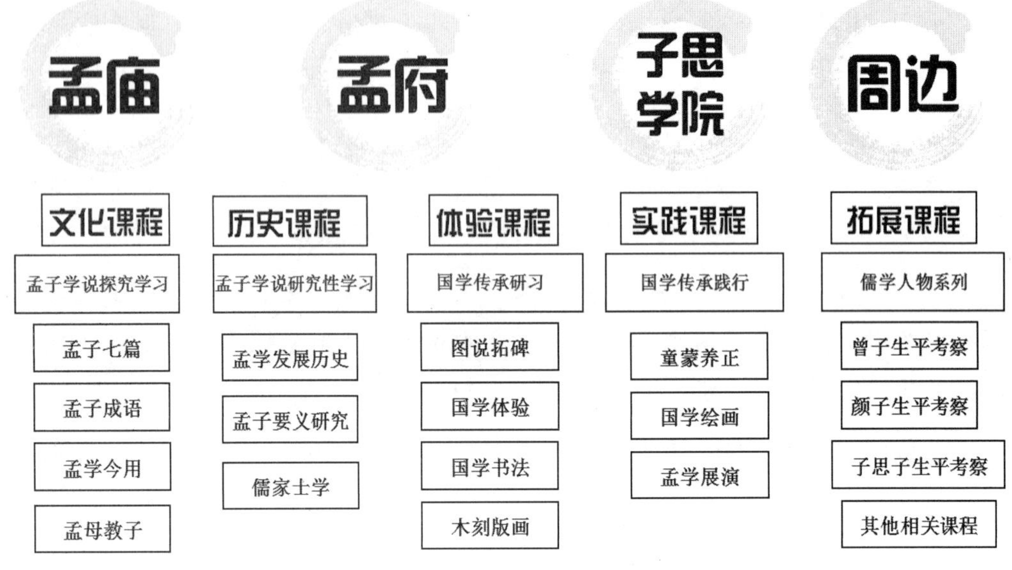

四、以方法和材料的差异性体现特色

基于实践的研学课程实施，其操作多种多样。需要我们从学生的兴趣、爱好与特长出发；要善于利用课程材料，作为课程思想表达的“中介物”，从学生喜爱的动手操作的课件中选取课程资源，引导学生开展研学实践活动。

从课程材料（教材）的角度看，依据课程材料形成的学习活动是影响和促进学生发展直接而现实的因素。据此可以这样认为，实践活动课程的形式之一就是学生利用材料创生的、并对其产生影响的教育活动；也可以说，实践活动课程的形式之一就是为实现教育目的，经过学生创造加工完成物化成果的教育活动。其中，课程材料起到让学生的学习与生活关联起来的作用。这也是综合实践活动所提出的创意物化的具体体现。

通过配置适合学生操作的课程材料，引导学生自己动手，调查、采访、收集有关资料并动手实践制作，在实践中解决问题，从中认识生活、了解生活，这样的实践活动课程将会充满生机和活力。

下面，我们以徽州潜口民宅景区（研学基地）徽派建筑课程为例进行说明。

徽派建筑又称徽州建筑，作为徽文化的重要组成部分，历来被中外建筑大师所推崇。徽派建筑在总体布局上，依山就势，构思精巧，自然得体；在平面布局上规模灵活，变幻无穷；在空间结构和利用上，造型丰富，讲究韵律美，以马头墙、小青瓦最有特色；在建筑理念上，古徽州先民崇尚“天人合一”，与自然环境有机地融合在一起，成为徽文化的物化表现。

“观皇宫去北京，看民宅到潜口”。潜口民宅建筑群占地约 70 余亩，采取原拆原建的方法将散落在各地的明、清建筑集中于一处，共有明代建筑 13 幢、清代建筑 11 幢，亭、桥、楼、阁、厅及内部陈设俱全，重现了明清时期山庄建筑的风貌。

我们在开发本课程之前，走访了徽州多个研学基地。我们发现，各基地的徽派建筑课程大多停留在讲解、观赏的层面，仅有的几家实践操作的徽派建筑课程也仅仅是从网上购入纸介模型，让学生以个人操作的形式进行组装后带走，其实质是一个加价销售的过程。其中也有用真实木材模型搭建房屋的活动课程，但限于榫卯结构的难度，大多数学生根本完不成课程任务，既造成了材料的大量浪费，也使学生丧失了兴趣，课程费用也远远超过标准。因此，我们设计开发了一套结合沙盘的徽派建筑插件模型课件，并引入 STEAM 教育的方式，让学生分成小组，通过调查、设计、制作、展示、评价几个环节形成群体性的实践活动课程，帮助学生了解徽派古村落的规划思想与布局特点；通过动手操作，了解保护文物古迹的意义；通过自己设计实践动手搭建徽派古村落，了解徽派建筑文化，获得美的熏陶，实现创意物化。

【案例】“我心中的最美徽州古村庄”徽派村落景观设计研学课程

本活动课程首先通过参观考察潜口民宅，使学生了解徽派建筑的主要特征和徽派民居特点；能够辨别明代民居和清代民居建筑的特点差异；了解建筑装饰中运用的吉祥寓意。然后组织学生以小组的形式，在3×2米的沙盘上开展“徽派建筑·我心中最美徽州古村庄”徽派景观设计搭建活动。

全套模型包括祠堂、书院、民居A型和B型模型10个，寓意古徽州“十户之村，不废诵读”的民风。再结合牌楼、小桥、亭子、假山、竹林、树木，让学生以小组为单位，依据古徽州人“天人合一”的理念和“无山无水不成居”的建筑思想，设计搭建自己理想的徽派村落，体现依山傍水的自然布局、错落有致的村落民居、幽深宁静的里坊小巷、景色如画的村头装点。

课程实施环节如下。

1. 调查。

——潜口民宅建筑考察研究：①“聚水聚财”的徽州住宅风水理念。②徽派民居的天井、楼阁布局特点。③徽派民居的门楼、马头墙特点。

——金紫祠建筑考察研究：①徽派祠堂建筑的布局结构。②祠堂的仪门、多进大殿的布局。③祠堂享堂与寝殿的布局特点。

（以上课程可以在潜口民宅与金紫祠参观考察中落实）

2. 设计。

——分组分工：①分工合作，共同研究。15—20人一大组。每组选正组长1名，副组长2名。②设计小组：组内设设计小组。正组长和2名副组长负责设计。③制作小组：其他成员组成3—4个制作小组，负责组装搭建。

——操作步骤：①设计小组根据辅导教师讲授的原理，负责设计水口、水塘、村庄主轴线、辅轴线、宗祠、学校、民居的基本位置。要在坐标纸上绘出村落的基本格局。②设计方案完成后与全体组员沟通，听取组员意见进行至少2次的修改。其他组员积极提出自己的意见和好的想法。特别是在局部装饰的布置上，如假山、小桥、石径、竹丛。在设计过程中可以随时到模型处观察、讨论、研究。③搭建。制作小组每组领取至少2个建筑模型负责搭建组装。房屋的模型共有12个，小组每个人都要有分工，共同完成。

3. 制作。

——整体布局：①设计小组成员负责把水口、水塘、水道位置用裁刀将KT板切割好，放到正确位置上。②在设计小组成员的指导下，每人把组装完成的建筑模型按要求放置在沙盘上。

——细节装饰：①全组成员齐心协力，共同完成路径、树林、假山、竹林的装饰和点缀。②小组成员各自提出自己的建议，进行细节上的调整和修改。

——统一意见：基本布局设计完成后，设计小组成员根据徽派建筑对水口、水塘、村庄主轴线、辅轴线、宗祠、学校的布局原则一一进行对比分析，待小组成员意见统一后，确定作品完成。

4. 评价。

——互评。每组选出三名评委代表观摩各组搭建好的徽州古村落模型，被点评的小组组长代表全组向大家讲解本组的设计思路。小评委点评并打分。

——基地老师评。对评定的局部亮点插上小红旗以示表彰。

——整体评比。在全体同学一致表决后，评选出最优作品。

5. 展示。

对评定的最优秀作品插上一面大红旗，各组成员过来观摩。获奖小组组长代表全组向大家讲解本组的设计思路，交流经验。

——全体小组成员在模型前拍照合影留念。

——在学员手册上进行打分，在成绩确认页盖章确认成绩。

该课程一经推出，就获得了各研学机构和学校的关注，经过几轮实践，收获好评多多。该课程通过学生设计、搭建完成体现徽派古村庄特点的建筑，让学生了解和认识徽派传统村落的布局和特色，学会合作和探究性学习的方法。课程的精髓在于注重实践、动手能力，让学生在实践操作中建立起跨学科的思维。其核心特征表现为集跨学科、趣味性、体验性、情境性、协作性、设计性、艺术性、实证性于一体。课程特色鲜明，体现了培养学生创新能力、动手能力、跨学科综合能力的实践教育思想。

第5节　红色研学教育活动课程的开发

红色文化是在革命战争年代，由中国共产党人、先进分子和人民群众共同创造并极具中国特色的先进文化，蕴含丰富的革命精神和厚重的历史文化内涵。红色文化是一种重要资源，包括物质文化和非物质文化。

习近平总书记强调："历史是最好的教科书。学习党史、国史，是坚持和发展中国特色社会主义、把党和国家各项事业继续推向前进的必修课。"中国共产党党史高度浓缩着党领导人民的光辉奋斗历程，它是对青少年进行革命传统教育和爱国主义教育的好教材。实际上，由于年龄、阅历、知识结构、理解能力等因素存在，目前，我国青少年对党领导人民进行革命、建设和改革的伟大历史尚不能充分把握，甚至存在偏差。

基本国情是一个国家选择发展道路的依据，引导青少年不断了解基本国情是青少年从中国的国情实际出发正确认识问题的基础。青少年只有了解我国的基本国情，才能加深对党的基本理论、基本路线的理解，才能树立科学的发展观和艰苦奋斗的思想。

如何实现以红色研学为核心的革命传统的传承教育？

这是一道关于历史与哲学的命题。必须回答中国从哪里来？将向何处去？要回答这一问题，必须从历史的脉络中寻找未来的答案。历史总结过去，哲学引领未来。这正是红色文化教育传承的意义之所在。

红色文化是优秀革命文化的源头，是革命传承的起点，是中国革命历史的回放。每一处革命遗迹、革命历史博物馆都是革命传统文化与革命精神传承结合的表率，是优秀传统文化、革命传统与精神、现代国情发展与民族振兴于一体的中国共产党与中华人民共和国过去、现在与未来的鲜活样板，是对当代青少年学生开展以革命传统教育为核心的研学实践教育的殿堂。

一、红色研学教育的实施原则

教育的实施原则是指在教育过程中必须遵循的一般指导原理，它贯穿于教育的任务、内容、形式、方法和环境的整个过程。红色研学教育的原则是指在遵循党的教育方针、青少年身心发展规律、思想品德生成规律和教育学基本原理的基础上，结合研学实践教育实践性、开放性、活动性、自主探究学习等特点而采取的教育方法，其核心是以践求实、知行合一。

1. 层次性原则。

所谓层次性原则，是指在红色教育的施教过程中，要充分考虑到学生的年龄、性别、职业、经历、文化水平和承受能力等特征，采取不同的教育方式，因材施教，区分层次和级别进行教育的原则。

红色教育从内容上讲，主要包括党史国情教育、理想信念教育和以爱国主义为核心的民族精神教育，各部分在具体的教育活动过程中深浅不一、难易有别。接受红色教育的青少年也可分为不同的层次，如按教育背景可分为初中生、高中生和大学生；按其心理和年龄的不同发展阶段，还要考虑其顺序性、连续性、不均衡性、可变性和差异性等特点。因此，开展红色教育必须重视层次性原则，遵循青少年身心发展的不同特点和规律，采用青少年乐于接受的语言、事例、形式和方法，由低到高，由浅入深，循序渐进，寓教于乐，分层次进行内容与形式不同的教育活动，避免“一刀切”“一锅煮”的现象，从而增强教育活动的针对性、实效性、吸引力和感染力。

2. 以学生为主体的原则。

在研学实践教育中，学生是教育活动的行为主体，我们不能把学生放在教育行为被动的接受者角度，仅仅用宣讲、解读、灌输的方法进行革命道理的传导，在教育过程中强调教育过程活动的控制。每个学生都是有思想、有自主意识、有自主能力的独立的人，只有他们有意识地接受了施教者的传导时，教育才能够转化为他们自己的认知和经验。因此，在红色教育中坚持以学生为本，建立起受教育者与教育材料有机的联系，才能使他们参与到教育活动中来，增强教育的实效性，使红色教育达到最佳的效果。

3. 知行统一的原则。

所谓知行统一原则，就是无论教育者持有何种教育任务和目的，在教育活动中，都必须将受教育者的知识水平、思想道德观念和实践活动结合起来，促使知识和观念转化为实际行动，做到知行并进、言行一致。研学实践教育是在真实的社会生活场景中实施的以学生为主体的实践学习、自主学习、探究学习的“悟人生，求本真”的教育行动，这与在学校开展的知识教育和技能教育是完全不同的，与学校以讲授为主的民族精神和爱国主义教育的形式也是有所区别的。在红色研学教育中，学生面对的是革命历史遗存的真实环境，在引导学生考察革命历史遗迹的过程中，要用多种方法还原历史的真实，再现历史的场景，让学生从中体验革命年代的艰难、困苦、残酷，感受革命先辈抛头颅、洒热血的献身精神，从中分是非、识善恶、辨真伪，了解红色事迹、学习红色精神、培养革命感情，自主参与和体验教育实践，从而实现红色教育内化的目的。

4. 以文化人的原则。

什么是文化？文指的是内容与形式，化指的是影响与教化。古人对文化的解释最为到位，文而化之，化而文之，文物化成，乃为文化。

文化是人化和化人。人才是文化的起点与终点，历史遗迹只是一道风景而不是文化，通过人的感知和表达才成为文化。唯有含有历史人文内涵的景观、物件才会有价值，才能承载人类文明并加以传导，才是具有鲜活的生命气息的文明载体。

文化由文脉和文象构成。所谓文无脉不传，文无象不生，无脉则无魂，无象则无形，缺一不可。现在很多红色景区只剩文象而文脉难寻，历史的厚重感荡然无存，文化价值大打折扣。更多的景区则只有象或者只做象，重在历史遗迹的开发或文物的展示而缺乏革命历史传统文化的脉的开掘，更缺乏革命历史精神的内涵表达。当学生走进几所破败的房子、秃秃的山头时，你如何让他们产生联想去感知、理解那个艰苦的年代革命先辈们的高尚行为与革命精神？

在历史景观中创设研学实践活动课程，必须努力使学生与课程资源“建立关系”，必须让课程呈现的知识与学生自身的经验或者生活体验结合起来，创设开放生动的学习情境，引发学生兴趣。

因此，研学课程开发者应该依据革命历史背景提炼出有历史生命的教育主题，对革命历史资源加以选择、提炼和利用，从而赋予革命历史以课程的意义，让革命历史素材补充、丰富、具化学生的知识内容，帮助学生自主建构革命历史文化的知识体系。

二、红色研学教育的活动方式探究

人的认识是一个从感性到理性，逐步认识事物客观规律的过程。只有经历必要的感性阶段，积累相应的直接经验，才能进行有效的思考，促进知识的有效建构和思维的发展。在红色研学教育中，应该设计相关的历史知识问题，让学生带着问题去探究、去思考，以此来实现探究性学习。在教育方式上，不提倡走马观花式的讲解参观，而是要与综合实践活动一样，针对学生年龄特点，以活动作为教育的载体，用丰富多彩、形式多样的体验式学习，让学生“活”起来、“动”起来。强调学生的亲身经历，在“考察”、“体验”、“探究”、“制作”等一系列活动中体验并感受革命历史年代的生活和经验。

因此，面对革命历史景观的研学，我们没必要让学生采用死记硬背的方法进行知识层面的学习，在研学时应适当补充形成观点或原理的背景性材料，丰富学习内容，拓展学生视野。通过学生的亲身感受和生活体验，辅以丰富的资料介绍和学习导航性的知识拓展，在真实的生活环境下引发学生对历史的探讨、质疑，提出疑问，思考问题，在这一过程中形成属于自己的对革命历史文化的认知和觉悟。

研学本身为学生提供了猎奇、探秘、寻找、体验的冲动，我们应当充分发掘出革命历史景观本身特有的魅力，调动学生探索的兴趣。精心设计，将学习目标用问题化的形式融入研学的“行”、“观”、“体验”之中，激发学生的求知欲和兴趣，将学生引入情境之中，有意识地在革命历史遗迹的独特情境中引导学生观察、寻找、探究，能激发起学生学习的动机，培养学习兴趣。

1. 任务导向的考察学习。

目前许多红色景区、革命历史博物馆开展研学活动，仅仅是带着学生完成一个过程的讲解、介绍。许多景点的讲解词都没有依据青少年学生的特点进行重新编写，更谈不上从学生的学段、年龄、心理接受层面进行重新设计。这种走马观花式的革命传统教育其实是达不到真正教育效果的。

实际上，革命博物馆、革命历史遗址公园都收集了丰富的历史史料和历史文物，是开展考察、调查学习的很好场所。我们可以设定任务的方式，让学生分组领取任务，到博物馆中就某一个历史事件或过程开展调查式考察学习。这样，既解决了在博物馆的开放空间内学生不能集中精力听讲解员讲解的问题，同时也实现了引导学生开展自主学习的研学教育特性。

【案例】安徽省六安市金寨县革命博物馆红色文化研学考察课程

金寨县革命博物馆位于鄂、豫、皖三省交界处的大别山腹地，坐落于有将军县之称的安徽省金寨县县城。包括 1983 年兴建的金寨县革命博物馆、红军烈士墓园等，是一个具有山区特色的红色旅游景区。

课程设计：分组在博物馆考察刘邓大军千里挺进大别山的历史资料。围绕“金寨为什么这么红”“什么是大别山精神”“为何说金寨是将军县”等问题进行研学考察。

考察活动程序：

目标——通过参观和讲解，理解大别山精神对青少年成长有怎样的启迪。

方法——五个环节。

①题目。设定若干研究题目。以抽签的形式给每个小组分配不同的学习任务，发放学习单。

②讲解。在纪念馆主大厅做 15 分钟讲解，介绍大别山历史，点出参观博物馆的现实意义；提出学习任务和目标；结合学习任务介绍博物馆各展厅的分布。

③考察。学生分组进入博物馆，通过查阅资料、走访调查、实物考察、社会调查，以文字、照片、视频等多种形式记录考察结果。

④讨论。组织学生以小组形式展开讨论，质疑问题，探讨难点，得出结论。

⑤评比和分享。活动结束后集合。每组学生选出一名代表介绍本组学习收获。老师可通过评比和奖励的方式进行表彰和总结。

金寨县革命博物馆考察学习课程学习单

研学地点	金寨县革命博物馆	学习方式	考察探究
考察目标	在博物馆中考察金寨县革命历史和刘邓大军千里挺进大别山的历史，认识“大别山精神”。		
考察任务 1	为什么说金寨是将军县？金寨为什么这么红？		
考察记录	历史史实：		
	重点人物：		
	结论说明：		
	材料支撑（文字、照片、视频说明）：		
考察任务 2	千里挺进大别山的历史对中国革命进程的影响是什么？你认为什么是大别山精神？		
考察记录	历史背景：		
	重大事件：		
	结论说明：		
	材料支撑（文字、照片、视频说明）：		

2. 结合仪式活动的诵读竞赛。

仪式教育是红色教育的重要手段。仪式氛围是学生人生的重要体验，从性质来看，仪式教育是依据不同受教育人群选定的一种以典礼程序和形式集中进行的展演，发挥的是隐性教育的作用。不同的仪式活动对着装、程序、礼仪都有具体的要求。

仪式过程是革命传统文化的直接展示，它不仅体现了革命传统文化的重要内容，同时也是对革命传统文化在精神文化层面上的广泛认同。规范的仪式活动程序在客观上形成了庄严的公共教育氛围，会对学生产生强烈的视觉、听觉冲击，使不同学生的思想意识与行为趋同，起到震撼心灵的作用，激发学生的情感体验，进而通过自我的内心感悟受到影响和教育。

但是，必须明确的是，注重形式的仪式活动如果没有后续内容的跟进，往往会流于表面化和形式主义。这里我们还要提倡学生积极主动的参与。在研学活动中，建议把仪式活动与集体诵读结合起来，实现形式与内容的有机统一。

集体诵读应该根据学生的年龄、学段特点做形式的区别，如低年级学生可以用集体诵读形式完成，中高年级和初中学生则可以加入领诵、小组分段诵读比赛等形式加强活动的竞赛性，有条件的话，现场配上庄严激昂的乐曲，加强活动课程环境的渲染效果会更好。

【案例】河北省西柏坡革命圣地仪式活动课程

课程主题：走进革命圣地 激发爱国情怀

地点：五大书记广场

形式：着装（穿上解放军小服装或统一校服，列队，持少先队旗）

学习目标：通过仪式营造庄严肃穆的学习环境，以培育学生对革命传统的亲切感为重点，开展革命传统启蒙教育，获得对革命传统的初步情感体验。

活动进程：

①全体肃立，面向五大书记行少先队队礼，奏唱国歌。

②辅导员讲解西柏坡历史。

③少先队大队长发言，提出学习目标（事先学生准备讲稿）。

④老师提升，从西柏坡的历史引出诵读文章的内涵意义。

⑤开展革命诗词的诵读活动。

⑥诵读结束，老师讲或由学生代表讲述对于作品的理解，老师进行点评和补充。

小学低年级（集体分班级诵读）：

《沁园春·雪》《七律·人民解放军占领南京》

小学高年级、初中

（按诗歌段落分班诵读，分组诵读作者李峰《西柏坡》诗歌，开展竞赛）

太行下一个普通的小山村
在那叱咤风云、瞬息万变的战争年代
成为全国和世界瞩目的焦点
就这样一个毫不起眼的小村
嬗变为激励中国人牢记历史、发扬革命传统的纪念地
中国革命史上一座不朽的丰碑，并永久载入史册

走进西柏坡
追寻革命先辈的足迹
了解共和国建立的历史背景
领略一代伟人毛泽东和他的战友们
在这里纵横捭阖、运筹帷幄的革命精神
深切缅怀他们的丰功伟绩
虔诚接受革命传统再教育

走进西柏坡

就是走进一部辉煌、厚重的历史

走近中国人民解放军军事作战指挥部

毛泽东、周恩来、刘少奇、朱德、董必武五大书记旧居

看着一间间简陋的土屋

一件件珍贵的实物

一幅幅感人的照片

仿佛又回到了那个战火纷飞而又激情澎湃的岁月

走进西柏坡

走进那个激情燃烧的岁月

这里有中国领导人艰苦奋斗，与人民群众同甘共苦、血肉相连的故事

有毛泽东同志在党的七届二中全会上提出的“两个务必”精神

一代伟人含意隽永、铿锵有力的预示和嘱托

像茫茫大海中一座闪烁的灯塔

照亮了中国新的历史航程

迎来了共和国黎明的曙光

在新的历史时期

党和国家领导人走进西柏坡

重温老一辈中国共产党人留下的优秀文化精髓

西柏坡精神

同井冈山精神、长征精神、延安精神一样

已成为中华民族的宝贵精神财富

正在激励一代又一代中华儿女为振兴中华而拼搏奋进……

3. 目标导向的探寻学习。

研学实践教育是按照预定的教育内容和目标，科学、有效地创设一种“身临其境”的实践教育。在红色研学活动中，当学生“身临其境”地处在具体历史环境中，如何让学生融入环境，在真实的客观环境中体验感受当年的历史真实是关键。用明确的目标作为导向的探寻式学习不失为一种引导学生进入情境学习的有效方法。

探寻式学习借鉴了定向运动的一般方法，通过划分区域和确定具体目标指向的任务驱动式学习，让学生积极参与，在动态的互助合作中完成学习任务。学生找到指定的学习目标后，要通过拍照、数据收集等完成学习。活动结束后进行统一的分享、总结、表彰。

探寻活动本身就带有比赛的性质，可以很好地利用学生争强好胜的心理，进而在润物无声的浸润中实现学习的目标。

【案例】云南省麻栗坡烈士陵园“寻找最可爱的人”研学探寻课程

麻栗坡烈士陵园绿树成荫，花木丛生。从山脚至山顶共安放着 21 排 937 名烈士遗体。当党和人民需要的时候，他们把满腔的热血洒到祖国边疆的土地上。他们的英名与日月同辉，与江河同存，流芳百世，功垂千古。

学习方式：

①分小组在烈士陵园开展探寻活动，找出感动自己的英雄人物。

②阅读并记录英雄的事迹。

③在内心深处为英雄树立一座丰碑。

课程实施：

方法——以小组为单位，在烈士碑林中阅读烈士生平，找出至少 3 名自己心目中“最可爱的人”。

探寻活动程序：

①活动分组。在学校老师指导下，学生以自愿形式编组，限定活动时间和学习任务目标，以小组为单位开展探寻活动。

②寻找。学生以小组为单位在指定区域，开展自主探寻活动，找到自己心目中“最可爱的人”。

③记录。学生在探寻学习单上记录下探寻目标的答案。

课程分享：

目标——活动结束后，老师组织学生积极参与讨论，让学生主动发表自己的见解，说出自己的心得体会和收获，获得由感性上升到理性的认知。

讨论活动程序：

①题目——事先要结合活动内容设定 2—3 个分享讨论的题目。

②发言——引导学生用自己擅长的方式展开讨论，各自谈出自己的心得感受。为避免冷场，要善于从多个角度引导学生发言，或及时转换题目，引发学生兴趣。

③评点——每人发言后，老师要引导小组、班级成员对其进行认可或评价打分。

④表扬——辅导员进行总结，表扬优秀学生。

麻栗坡烈士陵园探寻学习课程学习单

<table>
<tr><td>研学地点</td><td>麻栗坡烈士陵园</td><td>学习方式</td><td>分组探寻</td></tr>
<tr><td>探寻任务</td><td colspan="3">学生以组为单位，对烈士墓地分区进行探究学习，寻找自己心目中“最可爱的人”，寻找英烈墓碑，阅读烈士生平事迹，并进行记录。</td></tr>
<tr><td>探寻记录 1</td><td colspan="3">烈士姓名 ________ 籍贯及年龄 ______________</td></tr>
<tr><td>烈士生平</td><td colspan="3"></td></tr>
<tr><td>考察感悟</td><td colspan="3"></td></tr>
<tr><td>探寻记录 2</td><td colspan="3">烈士姓名 ________ 籍贯及年龄 ______________</td></tr>
<tr><td>烈士生平</td><td colspan="3"></td></tr>
<tr><td>考察感悟</td><td colspan="3"></td></tr>
<tr><td>探寻记录 3</td><td colspan="3">烈士姓名 ________ 籍贯及年龄 ______________</td></tr>
<tr><td>烈士生平</td><td colspan="3"></td></tr>
<tr><td>考察感悟</td><td colspan="3"></td></tr>
</table>

4. 再现历史的体验活动。

在研学实践教育中，体验式学习要让学习者亲身介入实践活动，学生在学习过程中通过语言、行为、动作，在亲身经历的过程中获得新的知识、技能、态度；通过模拟、案例学习、实地考察、亲身体验、演示观察，然后进行思考、讨论、小组活动、集体讨论，在内容分享和传递的基础上进行抽象与归纳，完成认知的收获和情感的升华。

基于革命传统的红色体验式学习，要将固定的、静止的教育资源活化，根据学生的生理、心理特点，创设与课程相关的情境，使活动课程内容成为开放、生动有趣、充满活力的各种学习活动。

【案例】河北省西柏坡红色胜典“重走长征路·过草地模拟体验”研学课程

课程主题：信念铸就奇迹

活动规模：以班级为单位开展活动，100 人以内。

活动课程材料准备：①背包、绑腿、红旗、奖品；②设计体验学习的思考题；③分发场地地形图，学生按图行军。

体验活动设计：①按学生学段，每人发放行军背包，负重行军（小学生 5 千克，初中生 10 千克，高中生 15 千克）；②三人为一单位，每人一条腿与另一人绑在一起，同时行动。③每组在行军过程中需高举红旗，途中可更换旗手，但红旗不能倒下，否则算犯规，全组取消资格退出活动。全组高举红旗行军通过草地，翻过小山为完成任务。用时最短者获胜（翻越小山时解开绑腿）。

活动方式：

①聆听讲解，介绍红军长征的历史。

②分组行军穿过草地，登上小山。

③全体到达终点后，师生分享，结合红军爬雪山过草地的历史讲述自己的感受。

5. 真实场景下的访谈活动。

访谈活动是在设定明确题目的前提下，为学生设定任务目标，让学生自主寻找对象，向被调查者进行访问，通过有目的的谈话搜集所需资料的学习。在红色研学实践活动中，可以事先邀请当地一些有亲历历史的村民或烈军属，通过采访、交流、座谈等形式的活动，给学生接触真实生活的机会，让学生通过实践获取第一手资料，从中收获对事件的直接感受和认知。

【案例】安徽省六安市金寨县红军广场红色文化访谈研学活动课程

金寨县红军广场位于有将军县之称的安徽省金寨县县城。景区占地面积25万平方米。有革命博物馆、红军烈士墓园、红军广场和洪学智将军纪念碑、红军纪念堂等。形成以烈士纪念塔为中心，融塔、馆、堂、碑、墓园、广场为一体，具有山区特色的大型综合纪念园。在革命战争时期，金寨县为革命献身的烈士达十万人之众，出过49名将军，是全国著名的将军县。这里的人民有着丰厚的革命传统，对金寨的革命历史有着无比深厚的自豪感，在开展革命传统教育方面有着得天独厚的文化环境优势。

学习目标：

①通过在红军广场上与当地居民访谈，了解当地革命历史，探究革命战争时期金寨县的巨大贡献，认知金寨10万儿女光辉的革命历史和无畏的奉献精神。

②通过走访考察，感悟承担“传承红色圣火，弘扬红色文化”之责任。

活动环节：

目标——在设定明确题目的前提下，向被调查者进行访问，通过有目的的谈话搜集所需资料。

活动方式：

①确定小组访谈主题。走访老区居民，请他们讲述革命年代的英雄故事。

②寻找。每人发一个采访记录表。划分小组分工，寻找并确定采访对象（可

事先找几个被采访对象，请来与学生分组交流）。

③提问。分工提问引导对方回答，从中选取需要的答案并进行记录。

④记录。小组讨论各自收获的观点，形成共识，并填写采访记录表，记录访谈结果，得出自己的结论。

⑤分享。活动结束后，老师组织学生以小组或班级为单位围坐一圈，让每小组选出代表，介绍本组活动的收获和心得体会。

金寨县红军广场红色文化研学考察、访谈记录单

研学地点	金寨县红军广场	学习方式	考察实践
考察任务	了解当地革命历史，探究革命战争时期金寨县的巨大贡献		
采访人物	受访人姓名、年龄、职业：		
采访题目及记录	1. 您能给我们讲一讲金寨县历史上某个将军的故事吗？		
	2. 金寨县历史上投身革命的有 10 万人，请您介绍一下您家里或身边的先烈事迹？		
	3. 中华人民共和国成立 70 年了，金寨县发生了哪些巨大的变化？		
	4. 自拟题目：		
收获与感悟			

6. 模拟场景的对抗活动。

兴趣是最好的老师。引发学生兴趣的方法多种多样，而班级、小组的对抗性竞赛是最能引起学生争强好胜心理的方法。在红色研学活动中，把静态的历史事件恰当地转成活动场景，引入场景模拟的战争对抗活动，会有效激发并

保持学生参与活动的兴趣，能够把教育气氛推至高潮。但这种对抗游戏不能是因游戏而游戏，而是在模拟历史革命战争场面的大背景下，让学生获得对历史事件的真实认知。学生在主动参与体验的过程中自觉地掌握对事物正面积极的认识。这样的活动有利于引起学生的情感共鸣，有利于引发学生学习动机的心理——自尊、自信、愉快、惊喜等。

【案例】西柏坡红色胜典“星星之火耀井冈·井冈山模拟战争”体验课程

课程主题：井冈山保卫战

活动规模：以班级为单位开展活动，50人以内。

活动设施配置：①在山顶建设2米高铭碑式展墙，中间镶嵌展板，展示井冈山时代重要历史史实。②在山顶沿边建筑1米高防御围墙，再现当年战争场面。

对抗活动设计：以袖标区分红蓝军，模拟战斗攻防。

红军：守方。需设路障、埋地雷、绘制防防御草图；运用配发的小旗、小号、锣鼓等迷惑对方。

蓝军：攻方。需清除路障、起地雷（80%以上），须全体冲破红军封锁，在指定时间攻上山头为胜利，双方不得发生身体接触，否则算犯规，需退出活动。

活动方式：①登山，讲解井冈山的革命历史。②分组开展攻防演练。③活动结束分享学习收获。

7. 基于实践的制作活动。

研学实践活动课程需要以各种活动形式为载体，强调学生通过活动或亲身体验来进行学习，但不是为制作而制作，而是要让学生通过制作活动来学习。这种行动是“知与行”“动手与动脑”的结合与统一，是真正具有“育人”价值的实践活动，学生在制作活动结束时应当有所知、有所得、有所悟。对研学活动课程来讲，制作活动只是一种教学的手段与方法，制作本身不是目的。

在红色研学教育的活动课程中，我们同样可以引进实践制作的活动，这类制作活动必须基于一定的历史文化背景、事件、情境，基于学生的兴趣、能力，基于学生有意义的生活经历和经验，以及他们的爱好和特长，建立在尊重学生意愿、兴趣、现有基础和可能性，以及开展革命传统文化传承的基础上。要为红色文化理念、红色文化教育的传导而设计，不能为课程开发而开发。譬如结合革命历史教育，我们可以设计学生编织草鞋、编织蓑衣的活动；结合延安时期大生产运动，可以设计传统纺织体验的制作布料活动；结合革命战争时期的军民鱼水情，可以设计参与村民农事产品制作，如制作豆腐、磨豆浆等活动。但所有这些活动形式都应是传导革命传统文化的中介体。换言之，我们要赋予不同活动形式的教育内涵，将其放到特定的历史文化环境中，使其成为一种特定的文化载体，从而实现其教育的内在价值。

【案例】安徽省六安市佛子岭水电站红色文化实践课程

佛子岭水库建于1952年1月，是中华人民共和国成立初期中国自行设计施工、具有当时国际先进水平的大型钢筋混凝土连拱坝水库，是响应毛主席发出的“一定要把淮河修好”的号召，周恩来总理亲自规划修建的淮河中上游水库群的第一座大型水电站，是名副其实的“新中国第一坝”，建成至今，仍在向六安、合肥等城市供电。60 多年来，佛子岭水库在防洪、灌溉、发电、城镇供水、航运、养殖等方面发挥出巨大的社会效益和经济效益，秀丽的库区风光吸引了数十万群众。

学习目标：

①参观佛子岭水电站，了解大坝的历史以及它背后的故事。

②与当年水电站建设者对话，了解全民建设社会主义的伟大精神。

③举办讲座，了解佛子岭水电站采用钢筋混凝土连拱式承压面设计的原因；了解水电站的发电原理，认知修建水电站要考虑哪些方面的因素。

④小组制作佛子岭水电站的模型，并与三峡水电站进行比较研究学习。

活动过程：

①参观讲解。引导学生仔细观察大坝及周边自然环境特点，用设问和类比的方法引发学生思考，以学生回答的方式引起全体的注意，引导学生深入观察。

②座谈交流。通过聆听工程师的讲解，了解佛子岭水电站的建成意义和历史功绩，认知水电站发电原理。

③模型制作。分小组组装水电站模型，完成佛子岭水电站模型搭建和水电站发电原理的研究。

④讨论与分享。采取观察、记录的形式，组织学生以小组形式展开讨论，结合学科知识，质疑问题，探讨难点，得出结论。

8. 课题研究。

实践教育之所以重要，是学生将书本所学的知识在实践中加以印证、体验，进而感悟、反思、质疑、探究，获得生活经验的成长过程。对红色教育而言，挖掘、运用红色文化资源形成有目标导向的实践探究课程，引导学生运用科学的研究方法，就某个历史问题开展深入研究，对培养学生的创新精神和创造能力，促进青少年形成正确的价值观、人生观具有重要意义，对今天现代教育的借鉴意义不言而喻，也能体现研学实践教育的独特价值所在。

在红色研学中引入科学考察学习活动，是以任务驱动的学习方式，按科学考察的研究步骤指导学生完成研学考察学习的各个环节，让学生学会科学研究的方法，满足学生个性化发展需求。

组织学生开展课题研究是一个复杂的系统工程。需要教会学生运用科学的方法开展科学研究。这一问题我们将在第七章课程执行的章节中进行讨论。这里仅在以红色文化教育为主题的研学旅行中引入课题研究做几点提示。

【案例】江西省井冈山红色研学课题研究方案

井冈山研学课题方向：“红色之旅——革命历史考察报告”。

本课题研究方向包含以下课题：

①“以农村包围城市、武装夺取政权”这一革命道路的当代解说。

②从“三湾改编”探讨中国人民军队的发展历程。

②从五次反围剿看黄洋界保卫战在中国革命中的历史作用。

④论井冈山精神在 21 世纪现代社会发展中的传承。

⑤从中国革命发展的历史进程角度审视现实，透视未来。

鼓励学生以小组为单位自主提出相关研究课题。

当前，红色文化教育已经迎来了千载难逢的三大历史发展机遇：

第一个机遇是在研学旅行成为教育改革主战略的时代背景下，进一步凸显出了革命传统教育的重要价值和地位。这既是对历史的肯定与褒奖，又是对未来的期许与重托，抓住这个机遇就能再塑高质量创新发展的辉煌。

第二大机遇就是研学旅行教育的刚性需求，这是历史、文化与生态建设的最佳时机，也是各级红色文化研学基地发展的最好时机。

第三大机遇是创新课程建设。全国所有红色研学基地都面临着教育转型的困惑，如果基地对历史沿革、地位、作用以及文化特征、建筑风貌、环境肌理研深钻透，挖掘梳理与提炼出自己红色文脉的独特文化，凸显作为革命传统文化教育的品牌优势，在行业内就必能形成自己独特的优势。

文化找魂，红色塑形，课程铸体，研学育人，这是红色研学应该把握的四大基本原则。但只有想明白，才能说明白，才能写明白，才能做明白，最后才能达到研学实践教育的育人目标。

第 6 节　“乡土乡情”研学活动课程的开发

在教育部联合 11 部门的研学旅行文件中，将研学旅行的出行范围限定为小学阶段以乡土乡情为主、初中阶段以县情市情为主、高中阶段以省情国情为主的三个区域划分。要求各中小学要结合当地实际，把研学旅行纳入学校教育教学计划，与综合实践活动课程统筹考虑。实际上，早在 2014 年 8 月国务院《关于促进旅游业改革发展的若干意见》中就已经提出了中小学生研学旅行“乡土乡情”的要求。文件指出，要“按照教育为本、安全第一的原则，建立小学阶段以乡土乡情研学为主、初中阶段以县情市情研学为主、高中阶段以省情国情为主的研学旅行体系”。

开展以乡土乡情为主要内容的研学旅行教育意义何在？如何认识中小学生研学旅行的“乡土乡情”教育？

一、开展“乡土乡情”教育，是实施爱国主义教育的重要途径

什么是爱国主义？

列宁说：“爱国主义就是千百年来巩固起来的对自己祖国的一种最深厚的感情。”对祖国热爱的深厚感情，首先来源于对祖国历史的深刻了解。而对祖国历史的了解，首先要了解自己的家乡，形成对家乡故土的爱，才能谈得上对祖国、民族产生情感上的认同。很难想象，一个对自己的家乡没有认同的人，能够对国家、民族产生情感上的认同，对社会的发展与进步产生共鸣。

开展乡土乡情研学旅行，其教育作用有四：

1. 以乡史明理——让学生寻找家乡先辈的足迹，了解历史。

中华文化博大精深，每个地方都有自己的历史文化遗存，在历史上都涌现过诸多的名人事迹。带领学生参观、考察家乡的名人故居，在县志、古籍中探究家乡历史名人的生平事迹。通过这种有明确指向性的学习活动，学生们不仅可以看到历史上优秀人物的功绩彪炳史册，而且感受到他们的浩然正气，他们会为自己家乡能够涌现这样的名人而自豪，为自己是一个家乡人而感到骄傲。

2. 以乡文激情——用家乡悠久的历史、灿烂的文化熏陶学生。

热爱家乡首先要从文化认同开始。中国五千年的灿烂文明是以一个个遍布在中华大地山川上的人物、事件组合而成的。在每一个偏远的山村，每一个乡土小镇都能找到中华民族在厚重的历史后面蕴含着的富有深刻人生哲理的历史文化遗迹。带领学生参观、考察家乡的传统文化遗迹，探寻家乡的传统文化，这比在任何书本上的文字所渲染的内容都要来得生动、可感，能有效地激发学

生对家乡的文化认同。即所谓“百闻不如一见”。

3. 以乡景染情——让学生在游览家乡自然风光中感受家乡的美丽。

组织学生走访考察家乡美丽的自然风光，在四季的不同变化中游览家乡四季的自然景观，使学生感受在平日不被注意的乡村美景，体会到家乡自然的美丽、家乡人民的勤劳和智慧，产生对祖先聪明才智的赞叹之情和对乡土文化的认同感。

4. 以乡境励志，用改革开放后家乡的巨大变化激励学生发奋学习。

在建设美丽新乡村的大潮中带领学生参观地方企业、市场、经济开发区和新农村，探究改革开放以来的发展轨迹，使学生在参观学习中了解家乡过去的落后和今天腾飞的事实，看到家乡人民所创造的经济和文化成就，从中得到激励和鼓舞，接受活生生的国情教育，立志投身到现代化建设中去。

通过上述以乡土乡情为内容的研学社会实践活动，可以扩大学生的视野，使学生从丰富的现实生活和翔实的材料中，了解家乡的过去、现在和未来，激发学生热爱家乡、振兴中华的强烈责任感。

二、“乡土乡情”研学实践活动课程开发的方法和途径

以乡土乡情为内容的研学实践教育，要结合地区情况、学校情况、学生的实际情况，充分挖掘自然文化遗产、红色教育资源、综合实践基地，包括科技场馆、乡镇企业、农业基地、乡村民俗等可利用的资源。在学习方式上，应以自主、合作与探究的方式，积极引导学生组建学习小组，对家乡的地理、人文、社会等各个方面开展探究活动，在学生与自然、社会、生活联系的基础上开展学习，这就要对本土资源进行梳理、整合，包含多学科、跨学科知识，甚至是跨界的整合。

1. 实践性原则。

乡土乡情的爱国主义研学必须坚持实践性原则。家乡的历史人物、风土人情，

以及社会主义建设的巨大成就等内容，都是发生在学生身边真实的事情，具有生动、亲切、具体的特点，充分具备了青少年心理接受的可行性，能收到较好的教育效果，也能为学生的成长与发展提供生动鲜活的精神食粮。

2. 联系学生实际原则。

要充分体现乡土乡情爱国主义研学具有的实践体验特点，要把研学实践活动做成一种活生生的“课堂”，让学生明白家乡历史与现实都是自己的父辈用劳动和智慧创造的，传承这种精神是自己的责任，使学生爱国爱乡的感情从实实在在的身边看得见摸得着的事物开始。

3. 与综合实践活动课程统筹考虑原则。

研学旅行作为综合实践活动课程的“考察探究、社会服务、设计制作、职业体验”四种主要活动形式之一，在活动形式和学习方法上是相通的，都强调在学生自身兴趣的基础上，从自然社会及学生自身生活中选择和确定研究主题，开展研究性学习。学校在开展乡土乡情教育中，应把研学旅行与综合实践活动打通，整体设计、综合实施，或跟学科实践活动整合、与相关学科知识内容进行整合。这与当前所倡导的在注重核心素养背景下打破学科界限的融合教育思想是一致的。

4. 融合学科知识的跨学科教育。

利用乡土乡情开展研学教育，可结合学生学习的历史、地理、生物学科知识，形成课堂学习知识的延伸，在征集学生感兴趣或有疑惑的学科知识问题的基础上，根据各学科的知识深度明确考察主题，制订考察目标，确定考察范围，将学科学习的基本知识和基本原理与现实相印证，实现理论联系实际的学习效果。

在自然情景中的实地体验，强化学生运用知识规律、学科原理分析解决实际问题的综合分析和知识迁移能力，缩短教材与实际情境距离，促使学生从现实的自然、人文情境出发，设身处地地认识自然、人文的基本原理、过程和规律，掌握科学研究基本方法，使探究学习方式落到实处，提高学生终身学习能力。

5. 抒发情感的人文情怀培养。

从古至今，“乡愁”一直就是文人骚客笔下的永恒话题。家乡的亲人，一草一木，山山水水，午夜梦回，无不萦绕脑际，挥之不去。屈原、李白、杜甫等伟大诗人正是把对家乡的深深眷恋之情转化成为忧国忧民的民族之恋、爱国之情，才最终成就其伟大。爱国主义就是一种家国情怀，爱祖国，起点就在爱亲人、爱家乡，“乡土乡情”始终是每个人终生难忘的“根”。

以乡土历史中的事件、人物为线索，把乡土历史入祖国的历史长河之中，在实地考察中让学生对家乡的历史、人物产生共鸣，通过学生对事物的认识过程、成长规律来诱发其情感，激发学生的自豪感，从而实现良好的教育效果。

6. 建构多样的活动课程开展乡土教育。

家乡的山水村落都是学生平日常见的生活实际。如何让平淡的生活实景活起来，变为鲜活的教育素材，需要研学指导教师用丰富的活动手段来激活具体的课程资源。可以分成若干专题、若干线路，用参观、考察、游览、访问等多种活动形式，让学生在实践中了解家乡，在社会大课堂中自主探究，找寻问题的答案；还可以采取知识竞赛、主题班会、黑板报和班刊等形式，形成立体的乡土乡情教育。

7. 注重乡土校本教材的开发。

在乡土乡情的教育活动中，必然凸显本地对社会有贡献的人物和有影响的重大历史事件，本地历史上的优秀、杰出人物，当地人民反抗黑暗、追求光明、不畏强暴、英勇奋斗的光荣历史，特别是在中国共产党领导下本地区为民族的解放、祖国的新生而进行的伟大斗争和光辉业绩，以及家乡在社会主义建设中的巨大成就。乡土历史就是区域史、地方史，也是对我国优秀传统文化的继承史。在组织学生开展乡土乡情教育的实践基础上，逐步完善形成以历史发展阶段为纲，以各阶段的事件、人物等专题为目，融编年与纪事为一体的乡土校本教材开发，是以研学旅行形式固化对学生进行热爱家乡、建设家乡、胸怀祖国、献身祖国的爱国主义思想教育的重要方法。

【案例】安徽省黄山市歙县许村乡土文化研学课程

许村，安徽省歙县的一个文化古村落。古名富资里，源于东汉，距今已有1800多年的历史。辉煌的历史为许村留下了丰富的历史文化遗产。村内至今有保存完好的明清建筑200多幢。许村作为历史悠久的传统古村落，不仅蕴含着博大精神的徽州传统文化，还形成了悠久的家族文化历史。这里文风昌盛，历代名人辈出，人文荟萃。现存的部分许氏家谱中就记载有27位进士，11位举人。有“一状元、二解元、三代北大生、四院士、一门五博士”。从研学教育的角度而言，这里有历史沉淀厚重的传统文化，这里有充满人文色彩的皖乡生活，有质朴的民俗风情，这是中华优秀传统文化的结晶体现，也是乡情、民情、民族之情的最好范本。

为此，我们以“诗、书、礼、乐、仁、贤、绅、商、风、俗、艺、技”的角度规划设计了许村12个乡土文化课程版块。将许村课程定位为“名士传家　熠熠生辉”；结合许村自然村落得天独厚的封闭环境，我们以许村民居为课堂，将12个活动课程版块分散到各民居中，形成纵横交错的布局，用仿古银票作为学生参加各个体验活动及考察课程的媒介。学生身着汉服，以小组活动自主选课，以任务驱动、有奖兑换的激励机制鼓励学生参加考察课程并完成任务（学生参加研究性学习活动，完成任务可获得银票奖励；参加体验活动，各项活动需缴纳相关银票），以银票流通的形式拉动课程的循环进行，为学生营造理财体验的沉浸式学习环境。学生可以自由选择参加2个以上的考察课程或体验课程。

一、探究学习课堂

“诗”——民宅课堂。许村历史名人辈出，与文人雅士交往频繁，留下许多诗文。课程结合当时历史史实，选取许村历史上学者大儒的诗作，每诗作皆作普通话翻译，并作背景介绍，配以精美的图画，以文学作品、图片形式用展板加以介绍，同时设计不同内容的学习单，以任务驱动形式引导学生开展自主学习。学生持学习单开展古诗词的学习，完成学习单可获得银票奖励，增加参加其他实践活动课程的几率。

“书”——民宅课堂。选取许村历史上学者大儒的著作，以展柜、书架放置“四书五经”类仿古籍线装书。学生持学习单开展古文学习，完成学习单可获得银票奖励，增加参加其他实践活动课程的几率。

“礼”——小学校课堂。在村中仪耘小学教室内张挂许村历史名人许家泽创办仪耘小学历史故事的知识展板，介绍仪耘小学乡学传统，展现许村历史上学习之风。学生持学习单开展许村历史探究学习，完成课程可获得银票奖励，增加参加其他实践活动课程的几率。

“乐”——民宅课堂。许村民谣小调是非常具有地域文化特色的乡土文化，通过学唱民谣、童谣游戏等活动形式，引导学生了解民间文化。学生以小组形式参加学唱课程，完成课程可获得银票奖励，增加参加其他实践活动课程的几率。

“仁”——民宅课堂。以许本仁、许九益等许村历史人物的仁义事迹为内容，结合史实，以故事形式用展板加以介绍。学生持学习单开展认知古代名人事迹的学习，完成学习单可获得银票奖励，增加参加其他实践活动课程的几率。

“贤”——民宅课堂。乡贤是乡村力行人文道德的优秀代表，也是中华优秀传统文化的一部分，乡贤文化的地域性、人本性、亲善性是教化乡里、涵育乡风文明的重要精神力量。以诵读乡贤文化读物、致敬先贤等活动，让学生感受许村乡贤文化魅力。学生持学习单参加诵读学习，完成课程可获得银票奖励，增加参加其他实践活动课程的几率。

“绅”——民宅课堂。以许村历史上著名绅士，如许规、许国等名人士绅，结合当时历史史实，以故事形式用展板加以介绍，诠释许村“绅”之作用。学生持学习单开展认知古代名人事迹的学习，完成学习单可获得银票奖励，增加其他实践活动课程的几率。

“商”——民宅课堂。许村徽商讲究“以义为利，义先利后，以义取利”，强调诚信经营，特别重视为商中的“诚信仁义”。以许村《新安歙北许氏东支世谱》中20位成功商人的人物传记为课程内容，用图片、文字等形式体现。学生持学习单开展认知古代名人事迹的学习，完成学习单可获得银票奖励，增加参加体验活动的几率。

二、实践学习课堂

“风”——活动课堂。大刀舞、板凳龙是许村当地的传统民俗活动，是歙县具有特色的活动之一。每逢佳节或当地习俗日，许氏村民们就会自发组织进行表演，成为当地群众的一道文化大餐。学生以集体体验实践活动方式开展大刀舞和板凳龙的研学课程，让学生了解许村乡俗文化，增强传承与保护非物质文化遗产的意识。完成活动课程可获得银票奖励，增加参加其他实践活动课程的几率。

“俗”——民宅课堂。以许村乡俗民风为内容，还原古徽州许村徽商鼎盛时期的店铺，开设诚信典当铺、老街盐铺、豆花铺、米铺、布铺、果子铺、茶铺、饺子铺，共民俗八铺。学生用银票购买的方式进入店铺开展体验学习，在指导老师带领下，体验、模拟、实践旧时民间生活，并完成项目学习单。

“艺”——民宅课堂。以许村乡俗民风为内容，还原古徽州许村民间手工坊，在各个民居当中以原始民居为基础进行仿古装修，形成一个个独立课堂，包括拓印坊、木雕坊、草编坊，作为“非遗三坊”。学生用银票购买的方式进入店铺开展体验学习，在指导老师带领下，体验、模拟、实践旧时民间生活，并完成项目学习单。

“技”——民宅课堂。设纺织店、打铁店、扎染店、蜡染店“手工四店”体验课堂，学生用银票购买的方式进入店铺学习民间技艺，在指导老师带领下，体验、模拟、实践旧时民间生活，并完成项目学习单。

爱家乡是爱祖国的起点，爱祖国的情感是从爱家乡的情感中萌发并得以升华的。在研学旅行中重视乡土乡情的考察学习，能够培养学生关注家乡、热爱家乡、热爱祖国的情感，增强学生的历史责任感和使命感。

第 7 节　研学旅行的线路规划

规划研学旅行线路是保障研学旅行顺利开展的重要前提。那么，如何规划出一条合理的研学线路呢?

一、研学线路规划的原则

1. 主题性原则。

依据研学旅行的主题规划线路是研学线路设计的前提。每个学校在研学旅行出行前，都应该确定本次研学旅行的教育目标。这一目标就是研学主题的确定，在此基础上明确本次出行的课程总目标。

2. 兼容性原则。

研学旅行线路应主题鲜明，也应该兼顾其他门类的研学内容。每次研学旅行都应该尽量囊括多个活动主题，让学生有更多体验学习的机会，促进书本知识和生活经验的融合。不同的研学点在美学价值、科学价值、历史文化价值等方面各具特色，教育的功能各异，研学旅行线路的设计应充分考虑各研学学习点的功能、特色和适宜的研学时间，并加以合理的串联、组合，以充分发挥其教育功效。线路设计还应考虑所选景点、基地的地理位置和距离。短线的研学旅行，尽量选择分布集中的研学学习点，长线的尽量选择环线分布的研学学习点，以节约出行成本。

3. 研学课程配置原则。

要根据研学旅行的主题选择出行的景点、基地。各基地、景点的学习内容要与研学主题相适应，能够达到本次研学旅行的教育目的。更重要的是考察各研学学习点、基地活动课程的配置是否能满足本校学生开展实践活动的需要；同时还要根据研学旅行出行的人数、规模，考虑各景点、基地的基础设施和配套设施是否能够满足研学活动的内容、规模的需要。要充分挖掘不同研学基地拥有的教育意义和研学价值，可基于校情实际，对研学线路区域内的研学基地资源进行优势整合，将若干个研学基地“点”串联成多条研学主题的“线”，形成研学课程体系。

4. 可行性原则。

一条设计合理的研学旅行线路要能够统筹研学旅行活动的各主要要素。从内容上要能够满足学生学习的需要，要让学生在本次研学旅行中能够真正获得生活体验、实践认知的收获；从时间上能合理安排日程，学习、体验和旅行穿插进行，实现劳逸结合；从空间上能合理串联各个研学学习点，线路简洁，不走回头路，最大限度地利用时间和空间，提高研学旅行的效率；从成本上能够尽量节约经费，减轻学校、家长的经济负担。

5. 安全性原则。

规划研学线路必须考虑安全性因素。一方面要考量研学景点、研学基地的安全措施与必要的安全保障设备的配置，同时还要重点考察出行的车辆、住宿、用餐等各个环节的安全保障；对研学旅行涉及的学生出行的车、船等交通工具，住宿、餐饮等公共经营场所的经营环境进行考察，要确保开展研学旅行活动的地点、路途没有安全隐患；要密切关注当地的天气预报，尽可能避开危险地段。

二、研学线路规划的方法

1. 收集信息，初选资源。

首先，可根据计划出行的研学旅行的方向，在一定范围内将自然人文景区、工业基地、农业基地、高等院校、国家和省级研学实践教育基地等纳入初选范围。然后依据研学的主题要求进行初选，初选标准是要有一定的研学课程，安全性有保障。政府部门认定的研学基地应该成为首选。为保障信息真实可靠，在初选时应该通过多方渠道收集信息，如通过互联网平台、官方热线、其他资料收集各初选资源的基本情况或参考其他学校、旅行社的反馈意见。经过多渠道信息的收集汇总，确定研学旅行的出行线路。

2. 串点成线，初订线路。

将研学学习点进行合理的串联、组合是规划研学旅行线路的核心。不同研学学习点的功能、风格和教学价值都各不相同，要依据研学主题和目标、学生身心特点，合理安排研学学习点空间顺序。

3. 配置活动课程。

线路和研学学习点配置完成后，要进行研学课程的研发与配置。没有课程的要创编课程，课程不符合要求的要及时整改课程。有些可以直接向研学点索取，不符合要求的，可要求对方进行修改，直到满意为止。

4. 研学踩点工作。

研学旅行线路和课程确定后，教师要在承办单位陪同下对各个研学学习点进行实地考察，以确定这个学习点能够提供给学生良好的学习条件。有关这部分的内容我们将在第 13 章第 2 节“研学旅行的风险管理”中加以讨论。

5. 设计学习方法。

研学实践学习的过程是教与学两方面的互动过程。基本课程具备后，要根据出行学生的学段、身心特点，为每个研学学习点的活动课程设计相关的体验、实践与探究的活动，让学生在研学旅行中能够有效地开展合作学习。

6. 学科知识配置。

研学旅行强调有针对性地开发自然类、历史类、地理类、科技类、人文类、体验类等多种类型的活动课程，促进研学旅行课程与学科课程的融合。特别是当综合实践活动成为硬性的课程指标后，许多学校和教师将研学旅行与综合实践活动课程结合起来，共同计算教学课时。这就需要学校教师对研学学习点提供的课程根据学科的要求加以丰富完善，充实内容，形成适合学校自身特点的研学实践活动课程。

研学线路规划时要注意实地考察与借助外力，要与旅行社、基地建立密切的联系，还要充分听取家长和家委会的意见，吸取各方面的知识与经验，要把教学效益与经济效益、成本效益综合起来进行考量，才能设计出一条教师满意、学生满意、家长满意的科学的研学旅行线路。

以下表格可以为设计研学旅行线路提供一些有益的思路。

研学线路确定	地域			省份			城市		
	方向			线路			研学学习点		
研学课程配置	博物馆 科技馆	景点	山川	企业	乡镇	农村	科研院校	友好学校	其他
	课程与活动	课程与活动	课程与活动	课程与活动	课程与活动	课程与活动	课程与活动	课程与活动	课程与活动

（续表）

研学课程主题配置	革命传统	传统文化	民俗风情	自然生态	科技教育	国情教育	农村体验	国防教育	其他
	主题 1	主题 2	主题 3	主题 4	主题 5	主题 6	主题 7	主题 8	主题 9
	学习目标	学习目标	学习目标	学习目标	学习目标	学习目标	学习目标	学习目标	学习目标
研学学习方式确定	参观	考察	体验	实践	探究	研讨	讲座	示范	仪式
	A	B	C	D	E	F	G	H	I
学科衔接与融合	小学	品社	语文	数学	科学	艺术	综合实践		校本
		a	b	c	d	e	f		g
	中学	思品	语文	历史	地理	数学	综合实践		校本
		a	b	c	d	e	f		g

从表格中我们可以看出，研学旅行方向的确定是首选，先要从地域、省份、城市中去选取。线路方向确定后，是各研学学习点课程的审核与配置，可以按照博物馆、科技馆、景点、山川（自然景观）、企业、乡镇、农村、科研院校、友好学校以及其他类别进行选择。选择的标准是各研学点有无活动的主题，课程是否配备，有无明确的学习目标，这是衡量研学教育质量的基本要素。课程明确后，还要考察各研学点的学习方式是否符合教育的需要，适合学生开展相关的学习。这里列举了参观、考察、体验、实践、探究、研讨、讲座、示范、仪式 9 种活动范式，当然还有许多，这里就不一一列举。学习方式确定后，可以根据学校的具体需求配置相关的与学科融合的学习任务。小学无外乎品德与社会、语文、数学、科学、艺术、综合实践、校本课程等，初中一般以思想品德、语文、历史、地理、数学、综合实践、校本课程为主，大体不离其宗。

我们以安徽六安大别山研学旅行线路的开发为例进行实证说明。

【案例】安徽省六安市大别山研学课程研发与线路规划

一、六安地区研学旅行教育资源分析

六安地区拥有红色研学教育的天然基因。六安市是著名的革命老区。是全国第二大将军县，是鄂豫皖革命根据地的主要创始地和中心区域，是红四方面军和红25军、红28军的主要发源地。抗战时期，是安徽省抗日救亡运动的领导中心。解放战争时期，刘邓大军强渡黄河，千里挺进大别山，同东北、华北、西北、华东等战略区的反攻和进攻相配合，形成了全国规模的巨大攻势。从此，中国人民解放军由内线作战转为外线作战，由战略防御转为战略进攻，扭转了整个战争形势，为夺取全国胜利创造了条件。革命战争年代金寨十万儿女为共和国的建立英勇捐躯，中华人民共和国成立初期，金寨为修建梅山、响洪甸两大水库淹没了十万亩良田，迁移了十万居民。这三个“十万”生动体现了“坚贞忠诚、牺牲奉献、永跟党走”的大别山精神，也是今天传承革命传统，开展革命历史教育的最好题材。

六安是皖西民俗文化的集大成地区。六安风土人情具有丰厚的历史沉积和古朴之风。美丽的山川、丰富的饮食、寻常的起居、日常的劳作都演绎着美好传说和地方掌故，寄托着皖西人民对真善美的憧憬和追求。六安文物古迹颇多、人才辈出，良将名相、文苑群英、党史英杰、政坛名要犹如星斗中天，辉耀古今。这里有国家级非物质文化遗产——大别山民歌、庐剧、霍山石斛、六安瓜片制作技艺，省级非物质文化遗产——霍山黄芽、金寨古碑、丝弦锣鼓、临淮泥塑、竹编（舒席）、思帝乡锣鼓、翁墩剪纸、大红袍油纸伞、大别山盆景、小调胡琴书等，是开展传统文化传承教育的良好教材，也是教育青少年学生认知民族文化，培养民族情感的社会教育大课堂。

为此，基于大别山—皖西文化的深厚社会历史背景，我们把六安地区研学课程定位为“走红色之路，传承革命传统；访现代科企，树立四个自信；考自然生态，感受山川壮美；察皖西风情，了解乡土民风”的“走访考察”四个方面。围绕“红色研学”、“传统文化”、“乡土文化”、“科技体验”、“自然生态”、“名校考察”六大主题，设计研发了“红、酒、桑、丝、竹、茶、药、山、水、校”十个研学课程版块，打造大别山—皖西文化研学旅行课程体系。

二、研学课程体系开发

革命传统教育版块（红色研学）

红——皖西红色文化资源是指与皖西革命史有关的包括重大历史事件、革命运动和知名人士，具有重要纪念意义、教育意义、史料价值的革命遗址、根据地、革命人物和革命文学的总称。皖西的红色文化可以概括为：一段岁月，波澜壮阔，刻骨铭心；一段精神，穿越历史，辉映未来。

本版块基本课程配置有：金寨县红军广场红色文化、霍山红色区域中心纪念园红色研学、天堂寨刘邓大军大别山指挥部考察研学、佛子岭水电站红色文化研学、大湾村红色文化研学。

传统文化教育版块

酒——酒在我国有着7000多年的历史，中国被公认为是世界酒的故乡。酒从诞生开始，就摆脱了纯粹具体“物”的状态，与人类的政治、经济、军事、文化艺术等紧密相连，逐渐积淀升华成一种精神范畴的“文化”，讲究天、地、人的合一，注重饮酒的情趣，在饮酒的同时辅之以赋诗作令、猜谜及各种游戏活动，把饮酒升华为高级精神活动。

迎驾贡酒源自西汉元封五年（前106），汉武帝南巡霍山，当地官民献酒迎驾，武帝饮后御封为贡酒，“迎驾贡酒”由此得名。迎驾贡酒酿造用水全部采用大别山源头活水，成就了迎驾贡酒窖香幽雅、浓中带酱、绵甜爽口的特点。

酒类课程配置有：迎驾集团传统酒文化体验研学、迎驾集团酒生产科技研学、迎驾集团酒生产实践研学。

乡土文化教育版块

桑——安徽桑园主要分布在皖南山区、大别山区、长江流域和淮河流域的丘陵地区，形成以宣城、六安、黄山、安庆、池州、合肥和阜阳40个县为核心的茧丝绸产业带。其中大别山区占全省总面积的80%以上，居全国前列。

桑类课程配置有：海泓桑园采桑和喂蚕体验研学、采桑和做桑食实践研学。

丝——安徽海泓丝绸有限公司是国家级蚕桑示范基地，实行“公司+基地+农场+联合体+农户”的产业化经营模式，年产丝绵150吨。公司专门建造了集科普、历史介绍、物品展示、体验于一体的丝绸文化展示馆。

丝类课程配置有：海泓丝绸缫丝生产体验研学、布艺创作研学、扎染创作研学、蚕画创作研学、纺织体验研学、蜡染创作研学。

竹——霍山是江北毛竹第一县，中国竹子之乡，毛竹资源丰富，现有毛竹林面积35.7万亩，大林是霍山最大的毛竹生产基地之一。大林人以毛竹为业，以毛竹为荣，不仅创造了巨大的物质财富，更为生态环境、水土保持、文明建设、风景旅游作出了巨大贡献。

竹类课程配置有：大林竹海基地生活体验研学、竹器编制实践研学。

茶——数千年来，茶与中国人相依为命，形成了独特的茶文化。“霍山黄芽”始于西汉，自唐始为皇家御用，是中国茶中的珍品。抱儿钟秀是中国茶叶百强企业，十大领袖品牌。

茶类课程配置有：抱儿钟秀茶叶园茶文化体验研学。

药——大别山蕴藏极为珍稀和丰富的中药物种，素有“西山药库”之称，在国家中药材产业领域中占有重要地位。九仙尊霍山石斛文化园作为大别山药库的一颗明珠，是珍稀药材霍山石斛的原产地，由民企500强精工控股集团投资成立，已累计投资逾5亿元，以国家一级濒危药用植物——霍山石斛（米斛）的保护、种植及后续的产业发展为核心事业。

药类课程配置有：九仙尊霍山石斛文化园研学。

科技体验教育版块

水——剐水源于白马尖的山涧泉水，水体经竹根和花岗岩石的层层过滤，水体饱满、纯净，水质清澈、清洌甘甜。山里人世代饮之，俗称“剐水”，又谓“竹根水”，是著名的矿泉水生产基地。

本版块基本课程配置有：大别山野岭饮料股份公司水实验研学。

自然生态教育版块

山——大别山坐落于安徽、湖北、河南交界处，有着独特的地理条件和文化渊源，山南麓的水流入长江，北麓的水流入淮河，因此大别山南北的气候环境截然不同，植物差异也很大，是著名的旅游胜地。

本版块基本课程配置有：大别山天堂寨自然生态考察研学。

名校考察交流版块

校——皖西是中华民族教育的发祥地之一。早在 4200 多年前，皋陶即提出德教思想。古代的皖西教育就有重德教、为治国安邦服务的特征。毛坦厂中学位于六安市金安区毛坦厂镇，学校办学规模庞大，被称为“超级中学”“亚洲最大高考工厂”，为全国人民所熟知。

本版块基本课程配置有：毛坦厂中学名校考察研学。

基于以上系列课程，我们把六安地区研学线路规划了 1—5 日研学。根据路程和课程特色，分别设计了多条线路。下面以四日课程为例。

大别山红色历史、传统文化探究（四日课程）

<table>
<tr><th>时间</th><th>时段</th><th colspan="3">课程版块：红色教育</th></tr>
<tr><td rowspan="10">第一日</td><td rowspan="6">上午</td><td rowspan="6">金寨县红军广场（金寨县）</td><td>学段</td><td>小学、初中、高中</td></tr>
<tr><td>学习主题</td><td>弘扬金寨精神　传承红色基因</td></tr>
<tr><td>学科融合</td><td>道德与法制、历史、思想品德、综合实践</td></tr>
<tr><td>课程实施</td><td>仪式、参观、走访、考察、课题、分享</td></tr>
<tr><td rowspan="2">体验、实践活动</td><td>仪式活动（献花、祭奠）</td></tr>
<tr><td>红色拓展活动</td></tr>
<tr><td rowspan="4">下午</td><td rowspan="4">大湾村（金寨县）</td><td>学段</td><td>小学、初中、高中</td></tr>
<tr><td>学习主题</td><td>追寻习主席足迹　了解国家脱贫大计</td></tr>
<tr><td>学科融合</td><td>道德与法制、历史、思想品德、综合实践</td></tr>
<tr><td>课程实施</td><td>参观、采访、专访、考察、分享</td></tr>
<tr><td rowspan="5">第二日</td><td rowspan="5">上午</td><td rowspan="5">刘邓大军大别山前线指挥部（金寨县）</td><td>学段</td><td>小学、初中、高中</td></tr>
<tr><td>学习主题</td><td>重温红色岁月　感受大别山精神</td></tr>
<tr><td>学科融合</td><td>道德与法制、历史、思想品德、综合实践</td></tr>
<tr><td>课程实施</td><td>仪式、参观、探究、课题</td></tr>
<tr><td>实践活动</td><td>仪式活动（献花）</td></tr>
</table>

（续表）

<table>
<tr><td rowspan="6">第二日</td><td rowspan="6">下午</td><td colspan="3">课程版块：传统文化、乡土风情</td></tr>
<tr><td rowspan="5">大别山
天堂寨
（金寨县）</td><td>学段</td><td>小学、初中、高中</td></tr>
<tr><td>学习主题</td><td>奇松飞瀑竞秀色　吴楚东南第一关</td></tr>
<tr><td>学科融合</td><td>地理 、 生物 、 综合实践</td></tr>
<tr><td>课程实施</td><td>考察、探寻、探究、分享</td></tr>
<tr><td>体验活动</td><td>爬山、缆车</td></tr>
<tr><td rowspan="10">第三天</td><td rowspan="5">上午</td><td rowspan="5">大林竹海
（霍山县）</td><td>学段</td><td>小学、初中、高中</td></tr>
<tr><td>学习主题</td><td>走进江北毛竹第一县　领悟悠久的竹文化</td></tr>
<tr><td>学科融合</td><td>地理 、 生物 、 综合实践</td></tr>
<tr><td>课程实施</td><td>考察、探究、分享</td></tr>
<tr><td>实践活动</td><td>小组合作，挖竹笋、编竹器</td></tr>
<tr><td rowspan="5">下午</td><td rowspan="5">海泓丝绸厂
（霍山县）</td><td>学段</td><td>小学、初中、高中</td></tr>
<tr><td>学习主题</td><td>蚕桑丝织传技艺　璀璨文化五千年</td></tr>
<tr><td>学科融合</td><td>科技、综合实践</td></tr>
<tr><td>课程实施</td><td>参观、采桑、考察、访谈、课题、分享</td></tr>
<tr><td>体验、实践活动</td><td>采桑、煮茧和缫丝、编制小饰品、制作茧画（四选二）</td></tr>
<tr><td rowspan="11">第四天</td><td rowspan="6">上午</td><td colspan="3">课程版块：传统文化、乡土风情</td></tr>
<tr><td rowspan="5">迎驾酒
文化馆
迎驾酒厂
（霍山县）</td><td>学段</td><td>小学、初中、高中</td></tr>
<tr><td>学习主题</td><td>幽幽酱香传千年　生态白酒看迎驾</td></tr>
<tr><td>学科融合</td><td>综合实践、物理、化学</td></tr>
<tr><td>课程实施</td><td>参观、考察、讲座、探究、课题、分享</td></tr>
<tr><td>体验、实践活动</td><td>酒文化馆考察、古礼仪式体验、生产制作、劳作体验：光脚踩曲、蒸馏出酒实验</td></tr>
<tr><td rowspan="5">下午</td><td rowspan="5">九仙尊霍山
石斛文化园
（六安市）</td><td>学段</td><td>小学、初中、高中</td></tr>
<tr><td>学习主题</td><td>情怀与梦想　执着与担当</td></tr>
<tr><td>学科融合</td><td>综合实践、生物</td></tr>
<tr><td>课程实施</td><td>讲座 、参观、考察、探寻、观摩、分享</td></tr>
<tr><td>体验活动</td><td>寻宝、实验</td></tr>
</table>

第六章

CHAPTER 6

研学实践活动课程的创编

具化的活动课程单元是开展研学实践教育活动的依据，也是对学生开展教育活动的最小单元。本章从研学实践活动课程的编制、研学学习手册的编写以及各项活动模式的配置等角度，系统介绍研学实践活动课程的创编方法，即如何把一个个设计好的研学活动用课程形式完整地表达出来，从而为研学活动课程的执行提供依据。

第五章我们着重讨论了研学实践活动课程的研发问题，侧重于如何从研学基地的资源角度进行课程的规划和建设。而每一次研学旅行都是由一个个单元的活动课程组成的。本章我们将围绕具体的研学实践活动课程单元的创编方法进行研究。

课程是对教育目标、教学内容、教学活动方式的规划和设计。在本书第四章中我们已经就研学实践活动课程的结构问题进行了说明。在研学实践活动课程中，“课程目标”“课程材料”“教学策略”“课程评价”作为课程的四个基本要素，是课程必不可少的基本元素。具体到一个个以具体单元形式表现的研学实践活动课程而言，这四个元素仍不可少。下面我们分节展开论述。

第1节 研学实践活动课程的主题设置

作为以活动为主要形式的研学实践活动课程，在课程四大要素的基础上还应该加上一个主题设计的元素。这是基于校外教育活动课程的特点而生发出来的活动课程的一大特点。

研学实践活动课程创编的第一步是主题创意。即研学课程所具有的新颖性和创造性的想法与构思。综合起来就是研学课程核心思想的具体表达。

具体而言，一个研学课程的主题表达是借助一个与课程核心思想相关联的目标性指向贯穿整个研学课程，以趣味方式或类比手法来表达其主旨内容的教学设计，来增强研学课程的传播效果。研学课程主题设计有助于提升学生对知识的理解，提高学生对课程的学习兴趣。

研学课程主题的确立是对研学实践活动的方向性指引。有利于指导研学导师统一思想，主动作为，提升质量。唯有在活动主题明晰确立的基础上，才能够设计课程各要素间的相互联系和制约的有机组合形式。

下面我们谈一谈研学实践活动课程主题设置的几种方法。

一、从课程版块入手把握研学实践活动课程的主题方向

教育部在《关于开展“全国中小学生研学实践教育基（营）地”推荐工作的通知》中，从全国中小学生研学实践教育基地课程配置角度提出了优秀传统文化、革命传统教育、国情教育、国防科工、自然生态五大类别。这实际上界定了研学实践活动课程的五大类别。为了更有效地区别不同活动内容的主题划分，笔者将国防与科技拆分开来，并增设劳动教育类别，建构了研学实践活动七大主题系列。

一是优秀传统文化主题。在研学实践活动中可根据博物馆、非遗场所等课程资源，通过资源整合，提炼出传承中华优秀传统文化、中华传统美德、中华人文精神的活动主题，引导学生坚定文化自觉和文化自信。

二是革命传统教育主题。在研学实践活动中可依据爱国主义教育基地、革命历史类纪念设施遗址等课程资源，通过资源整合，提炼出了解革命历史、增长革命斗争知识、学习革命精神的活动主题，引导学生培育新的时代精神。

三是国情教育主题。可根据传统村落、企业、公共设施、重大工程等课程资源，通过资源整合，提炼出了解基本国情及中国特色社会主义建设成就的活动主题，激发学生爱党爱国之情。

四是国防教育主题。可根据国家安全教育基地、国防教育基地等课程资源，通过资源整合，提炼出学习国防知识、开展国防训练的活动主题，引导学生树立国家安全意识和国防意识。

五是科技教育主题。可根据科技馆、海洋馆、科普教育基地、科技创新基

地、科研院所等课程资源，通过资源整合，提炼出学习科学知识、培养科学兴趣、掌握科学方法的活动主题，培养学生科学精神。

六是自然生态主题。可根据自然景区、植物园、动物园、风景名胜区、世界文化遗产地、国家海洋公园、生态保护区、野生动物保护基地等课程资源，通过资源整合，提炼出感受祖国大好河山、爱护自然、保护生态的活动主题，培养学生正确认识人与自然环境的关系。

七是劳动教育主题。可根据示范性农业基地、农耕生态园等课程资源，通过资源整合，提炼出懂得劳动的意义、热爱劳动和劳动人民的情感、养成劳动习惯的活动主题，引导学生树立正确的劳动观点，形成以劳动为荣、以懒惰为耻的品质。

以上七大主题是我们设置研学实践活动课程主题的方向，以这七大类主题方向为引领，再根据具体的课程指向与活动内容，就可以具化提炼某一研学实践活动课程的主题内容。

二、从学生兴趣入手开发课程主题

兴趣是最好的老师。学生的兴趣、愿望是确定研学课程主题最基本的依据和关键因素。主题只有符合学生的愿望与兴趣，学生才会有探究、参与的内在动力。行动上才会更主动，责任感才会更强；反之，如果学生对主题不感兴趣，漠然视之，就不会在活动中倾注全部心力。主题的设置要能够让学生产生强烈的兴趣，能够让他们在欢快、愉悦、充满期待的活动氛围中自觉自愿地参与活动。在活动中感受到了学习的乐趣，体验到成功的喜悦。如在植物园中开展生物课程的研学活动，我们可以根据学生兴趣、爱好、年龄特点等，设计“找寻植物种类，探索自然奥妙”的活动主题，并基于这一主题设计探寻、竞猜、寻宝、比赛等活动环节。

三、着眼于学生现实生活开发课程主题

研学实践教育强调突出学生主体，联系学生生活，注重实践以及学习活动方式的多样化，这是研学课程的基本原则。因此，设计研学课程主题，要从学生的学习生活、家庭生活、社会生活或自然生活中提炼出富有生命力的鲜活的主题内容。主题设计与学生生活越贴切，学生的参与度就愈高。

如临近重阳节，我们可以设计“走进重阳”研学主题的实践活动，以中华传统节日——重阳节的文化内涵为核心，学生从自己感兴趣的问题入手，通过合作、调查、采访、访问、信息搜集与处理、到养老院慰问演出、总结交流等活动，拉近学生与传统节日间的距离，在引发学生对传统知识探究兴趣的基础上，促进学生主动地去了解中华民族的传统文化，感受传统节日的氛围，培养学生对长辈的尊重与关怀，在自主合作探究的过程中培养实践能力、团队精神和人际交往能力。

四、以问题为突破口开发课程主题

研究从问题开始，没有问题就没有研究。研学实践活动课程的生命力就在于一个个活生生的问题。生活中不是缺少问题而是缺少发现问题的眼睛。引导学生从身边或身上发生、演变的问题入手，选择有意义、学生感兴趣而又符合学生身心发展规律的问题来设计研学活动课程的主题。这种基于学生身边问题的活动主题有利于学生的参与，更有利于调动学生的主观能动性开展自主性的思考与学习，引导学生在自主学习的基础上将活动中的体验迁移到新的知识体验中来，从而有效地实现对新知识的意义建构。

五、结合时事开发课程主题

生活中处处有题材，关键在于挖掘。只要善于挖掘，生活处处是课程。研学课程主题可以由近及远，由小到大，从身边到社会，从家庭到国家逐步展开。

这也是开展国情教育的重要方法。

结合时事开展研学活动课程，要抓住眼前的、身边的活动资源，由小及大地展开课程，从中贯穿学生动手体验的实践活动。从生活的表象中导出深刻的文化内涵，从渗透式的交融、感知中收获人生价值的认知。

【案例】“冬奥场馆我知道”主题研学活动

2022年北京的冬奥会是一个全球瞩目的体育盛会，是向世界展示中国、展示北京的机会，同时也是对学生进行爱国主义情感和民族精神教育的良好契机。我们以“冬奥场馆我知道”为主题开发与冬奥会有关的研学实践活动课程。

在“冬奥场馆我知道”这一主题下，我们设计了以小组为单位的学习活动。引导学生通过网上搜集信息、查阅地图、实地参观、拍照等多种途径对北京首钢奥组委所在地、延庆、河北张家口各个奥运场馆，从场馆名称、场馆大小（面积、容纳人数）、场馆地理位置、交通路线、赛时功能、建筑特点、开竣工日期（改建日期）、配套工程、工程进度、场馆周围的环境（绿化、著名建筑、娱乐设施等）、场馆预期效果图片、场馆设计者、场馆建设者、场馆总投资等方面开展资料收集，并以小组为单位将资料进行汇总、整理和分析，制作展板，进行宣讲。

通过以研学实践活动为形式的冬奥教育，从学生的学习经验和社会实际生活出发，倡导学生的亲身经历，让学生积极参与考察、实践、服务、反思等一系列活动，让学生走出学校，接触了解社会，在活动中得到锻炼，提高各方面的能力。同时，感受到民族精神和民族文化，体验到作为中国人的民族自豪感。

第2节 研学实践活动课程目标的设置

所谓课程目标，就是对学生在经过一段时间学习后应该知道什么和会做什么的界定和表述，实际上反映了施教者对学生学习结果的期望。国家的课程标准是以三维目标进行阐述的，包括知识与技能（能力要求），过程与方法（学习要求），情感、态度与价值观（品质要求）。

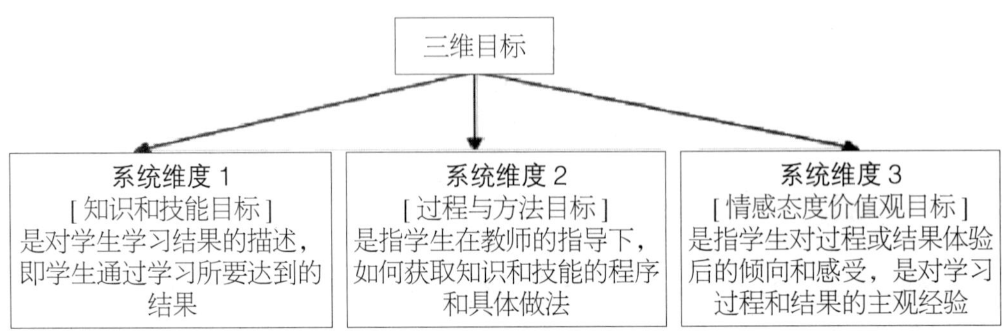

这里需要强调说明的是：三维目标是一个整体，不是三种目标，是新课程目标的三个维度，而不是三种类型，是一个问题的三个方面。

研学实践活动课程的三维目标是一个整体，是紧密联系在一起的，其中知识与技能是课程目标的核心，过程与方法是课程目标的操作系统，情感、态度与价值观是课程目标的动力系统。三维目标的实现主要得益于学生学习方式的转变，前者制约、决定后者，后者成为前者的有效途径和手段。

一、知识与技能目标

我们设计任何一个研学实践活动课程都应该先确定好学习的主题，在主题下建构活动课程的学习目标，引领学生形成对与活动主题有关的事物、现象的科学认识，引导学生在开放的实践学习中自主获得新知识。当然，研学实践活动课程不是以获得体系化的知识为首要目的，更重要的是培养学生的能力，而这种能力必须是可测的，能够看到学生从中获得的点滴成长和进步。

二、过程与方法目标

研学实践活动课程强调学生亲身参与实践的体验，在体验、活动、探究中进行学习，进而逐步形成善于质疑、乐于探究、勤于动手、努力求知的积极态度。

同时还应该使学生了解、经历和初步学会某些问题解决的基本方法，增强学生的方法意识和科学意识。这种实践能力的目标设定同样需要有明确的任务驱动和目标检测，而不能只是为能力目标的设定而设定，忽略能力的培养过程。

三、情感、态度与价值观目标

研学实践活动课程不仅要关注学生知识、技能的形成和智力的发展，还要关注他们情感的体验、态度的养成、价值观的确立。这里包括三个方面：一是科学的态度和科学的道德养成。二是形成积极的人生态度。三是正确世界观、价值观的确立。情感目标的设定也应该具有可视性，不能以泛而空的文字描述便试图使学生的情感培养落地。

以下我们用学生到自然博物馆考察学习的事例来分析学习目标具化设定的科学性。*

学习目标设定一：

知识与技能目标：使学生了解恐龙灭绝的原因。

过程与方法目标：培养学生探究与合作学习的能力。

情感、态度与价值观目标：培养学生热爱科学、热爱自然的美好情操。

从以上设定的课程三维目标中我们会发现，所有的目标设定都是站在老师角度上，使学生如何如何……培养学生如何如何……没有体现以学生为主体的学习目的；同时也没有一项目标在实践中是可测的，从中我们即无法进行目标的考量，也无法从中看到学生的真实获得。

学习目标设定二：

知识与技能目标：学生能够说明恐龙灭绝的原因。

过程与方法目标：在教师引导下对哺乳动物进行观察对比，每个小组归纳出哺乳动物的相同特点。

* 该案例选自北京市特级教师周放讲课案例。

情感、态度与价值观目标：学生在参观时能够做到遵守博物馆规定，不触摸展品，积极参与学习活动。

从设定二的课程三维目标中我们会发现，所有的目标设定都有具体的任务目标，既体现了老师的实践施教，也体现了学生的真实获得。这样的研学学习就不可能是“游而不学”“游而无学”的教育。

在某省研学旅行协会的课程推介会上，我们看到了这样一份课程方案：

学习目标的设定：

知识目标：物理知识、数学知识、历史知识。

能力目标：综合力、合作能力、实验操作能力、问题解决能力。

核心素养目标：理性思维、信息意识、国家认同。

在对以上学习目标的诠释中，是这样解释的：

知识目标：

物理知识：掌握机械原理、运动学知识、牛顿力学定律、电力等物理知识。

数学知识：掌握机器人编程涉及的概率、几何、空间描述、数理逻辑、算法等数学知识。

历史知识：掌握研学地点所涉及的改革开放、香港澳门回归、宋元文化等历史知识。

能力目标：

综合力：立足粤港澳大湾区建设全局，通过研学考察，思考深圳、珠海、广州三地的统筹协调发展。

合作能力：研学过程以小组为单位活动，同学同思，共同解决问题，培养团队意识和沟通合作能力。

实验操作能力：运用已学知识，体验无人机拆组、机器人编程等活动，锻炼知识运用与动手实践能力。

问题解决能力：带着问题进行研学，研学过程中自主探究，进行简单逻辑推理，结合所学知识与环境分析，提升问题解决能力。

核心素养目标：

理性思维：通过研学活动，能对粤港澳大湾区所存在问题进行观察、比较、分析、综合、抽象与概括，形成自己的观点。

信息意识：亲身体验，把握高新产业发展现状与未来趋势，了解国家政策与战略安排，培养信息意识。

国家认同：近距离接触国家领先技术，体会国家战略带来的城市发展，增强民族自信与国家认同。

分析：姑且不论学生在一次研学实践活动中能否完成这样海量的知识学习，仅就课程目标设置而言，将知识的传授与技能的培养割裂开来就已经背离了实践教育的本意；而能力培养目标均不能作出可定性或定量的测评，这样的研学与游走一圈又有什么区别？而尤为谬误的是，课程的创编者将情感态度价值观改换成了核心素养目标。这里必须要明确，作为国家的教育课程，国家意志的要素是不可改变的。情感态度价值观既包括了旧课程当中思想教育目标的方面，同时更重要的是从学生全面发展的角度进行考量，这里既包括了知识基础、能力基础，更包括道德基础和价值观的基础。如果只是把它理解成为简单思想教育的扩大或者是综合素质的培养，就会限制我们的视野，背离了课程目标设置的本质。同时，我们也不可能像讲解知识要点一样，通过灌输方式，把情感、态度、价值观直接“教”给学生，这样的教育只是一种知识教育或技能教育，而不会成为有效的情感、态度和价值观的教育，因而对学生的发展不可能有积极的作用。

从另一个角度而言，核心素养的内涵是指学生应具备的、能够适应终身发展和社会发展需要的必备品格和关键能力，是关于学生知识、技能、情感、态度、价值观等多方面的综合表现，是每一名学生获得成功生活、适应个人终生发展和社会发展都需要的、不可或缺的共同素养。它是在学生学习、成长与发展的过程中，融入学生生活实际，遵循学生认知规律和成长规律的渗透性教育与获得的过程，而不可能成为显性的、可视的、可定性测量的学生成长标杆。以核心素养代替情感态度价值观的课程目标更是无稽之谈。必须认识到，获得基础知识与基本技能的“过程”是教育与学习的最基本的过程，而第三维的目标——形成正确价值观是蕴含在这一基本“过程”之中共生的，而不是单列的教学过程，也不是外贴的标签。它必须是在认识知识及建构知识过程中才能得到培养和提高。

还有一个明显的错误是：这个案例把知识与能力、过程与方法、情感态度与价值观看成是分散的三个互不相关的目标，割裂了课程三维目标的关系。

从以上案例分析中我们遗憾地看到，今天流行于社会上的研学实践活动课程，离国家所倡导的现代教育理念还很遥远。

北京市特级教师周放老师研究综合实践活动课程多年，并且主持了多个青少年学生实践活动基地课程的研发。他有一段精彩的论述或许可以给读者以启迪：

教育就是教人去思维，要使人的思维积极活跃起来，最有效的办法是让他置身于问题中，进行主动积极的探索。给学生设置问题，给学生的思维以起点。

活动中老师要提出这样的训练思维的问题：

——你是如何想的？你为什么这样想？

——你是如何做的？你为什么这样做？

——你用什么办法解决这个问题？你能否再用其他方法尝试一次？

——你对此有什么看法？你是如何评价的？

——你能否用自己的语言表述（简述）？

——你能说出他们相同（不同）的地方吗？你能举一个例子说明吗？

——你能预测一下结果吗？

——如果……结果会怎么样？

——你支持（反对）哪一个说法？

——如果是你主持，你会怎样安排这个程序？

……

知识与能力、过程与方法、情感态度与价值观是一个事物的三个方面。我们在进行研学设计的时候，每一个知识点都要从这三个维度来考虑。一个知识点可能三个方面的目标都有，也可能只有其中的两个，也可能只有其中的一个。

研学是生活化的课堂。它没有多么遥远，就在我们身边。只要你能俯下身来关注到你的学生，思考他们在一次研学中的实际获得，这样的研学课程设计就必然会成功。

从素质教育发展的视角来看，研学旅行课程设计的科学性和严密性，直接影响了学生学习目标、学习内容、学习方式、学习评价等方面，直接影响到学生学习质量和学习效果，而最终成为影响学生素质养成的制约因素。时下许多学校把研学旅行活动等同于旅游活动、夏令营，将研学实践活动停留在“走马观花”式的参观、合影留念等表层活动上，呈现全校“一体化”与“有行无课”的现状，势必影响到研学旅行教育目标的实现。

因此，用国家课程的三维目标（知识与技能、过程与方法、情感态度与价值观）来规范研学实践活动课程的实施与操作，是保障研学实践教育效果的基础。

第3节 研学实践活动的课程实施（教学策略）

研学旅行是在21世纪素质教育背景下教育方式的创新。在研学旅行中，学生的学习以自主、合作、探究的方式为主，将所学的语言、文学、人文与社会、科学等知识运用在实践活动中，在亲身体验与实践中收获对具体事物的认知。研学旅行的目的在于促进学生全面和个性的发展，教师需要引导学生经历知识记忆、自主探究、小组合作的学习过程。而这一学习过程的基点就是实践与体验。

实践学习、自主学习、合作学习是研学旅行实践教育的基本教学策略。

一、实践学习

实践是认识的基础。人们只有在实践活动中，才能获得对事物的认识。所以我们常说实践出真知。但仅仅从事实践活动，未必就能认识事物的本质和规律。要获得对客观事物本质和规律的认识，必须实现从感性认识上升到理性认识的飞跃。要实现这一飞跃，人们必须通过实践，占有丰富而真实的感性材料，并且运用科学的思维方法，对感性材料进行加工制作，才能透过现象认识事物的本质和规律。

我们仍然回到关于“学”与“习”的概念上来。孔子说：“学而时习之，不亦说乎？”意思是学了之后要及时、经常地进行温习和实习。这里的“习”，很明显就是践行的意思。按照孔子和其他中国古代教育家的看法，“学”就是闻、见，是接受、获得、认知知识和技能的过程，是知识的内化。“习”则是巩固知识、技能，是运用知识在实践中印证的过程，也就是知识的外显。“学”偏重于思想认识的理论领域，“习”则偏重于行动实习的实践方面。有学无习则知识只是一种储存，无法为己所用；有习无学则因没有理论的指导会陷于盲目。因此，一个完整的学习过程应该包含了学、思、习、行的全部。

对于研学旅行而言，旅行就是课堂，社会就是教材，真实的生活就是老师。行走是主要的学习方式，探究是主要的学习特点，合作是主要的学习模式。学生在研学旅行中辨别、探究、思考、分类、归纳、总结、吸收，最终形成属于自己的能力，这是研学的真正意义所在。

1. 研学实践教育首重体验与实践式学习。

研学实践教育的显著特征是让学生在大自然和社会生活中去体验感知，从而获取经验和自身的成长，这是与课堂学习完全不同的。从课程内容上看，它包括了考察、体验、实践、探究、研究性学习、合作学习等综合性的实践活动；从活动方式上看，它倡导学生自主、探究、合作的多元学习方式，旨在充分调动、发挥学生主体性的多样化学习方式。因此，研学指导教师要在研学实践活动中设计安排尽可能多的体验与实践活动，有目的地让学生开展探究、调查、访问、考察、实践、探究学习等，注重学生对实际活动过程的亲历和体验。

实践活动要求学生综合各个学科领域的知识，运用各种技能技巧，通过自己的努力解决实际问题。活动要具有趣味性和挑战性，让学生有更广泛的空间去展现自我的能力。整个学习活动过程都应该是真实的，是现实生活的一种反映，使学生的学习更有针对性和实用性。这种实践活动的学习在研学旅行中运用也是最多的。

2. 建立学生与自然、社会、生活的联系。

研学实践活动的实践不是凭空想象的，它必须建立在真实的生活情境中才有价值，要避免实践活动课程课堂化的倾向。很多研学指导教师过于看重课堂指导，在实践活动中知识性的传授往往花了太多的时间，而忽视了学生实践探究的学习过程，导致学生在实践过程中难以建构经验主体对客观事物的自我认识。研学实践教育强调以学生的经验、社会实际、社会需要和问题为核心，以主题活动的形式开展实践活动。研学指导教师在实践活动过程中给予相应的指导才是正确的。

3. 从课情学情出发选择实践活动的学习方式。

根据学生能力发展水平选择合适的研学实践活动的学习方式，是保证学习效果的重要因素。任何活动设计都要从学生的能力水平选择，都要基于学生已有的知识经验。这里包括了学段年龄特点、心理接受能力、身体适应能力等。不能将一些成人都难以操作的技能性强的学习任务分配给学生，这样不仅会造成材料上的浪费，还容易造成学生人身伤害事故的发生。

依据校外教育活动的主题创设原则，实践活动的学习一般是围绕项目（主题）的提出、调查了解、设计改进和分析总结来组织学生开展实践操作。

实践学习的基本程式

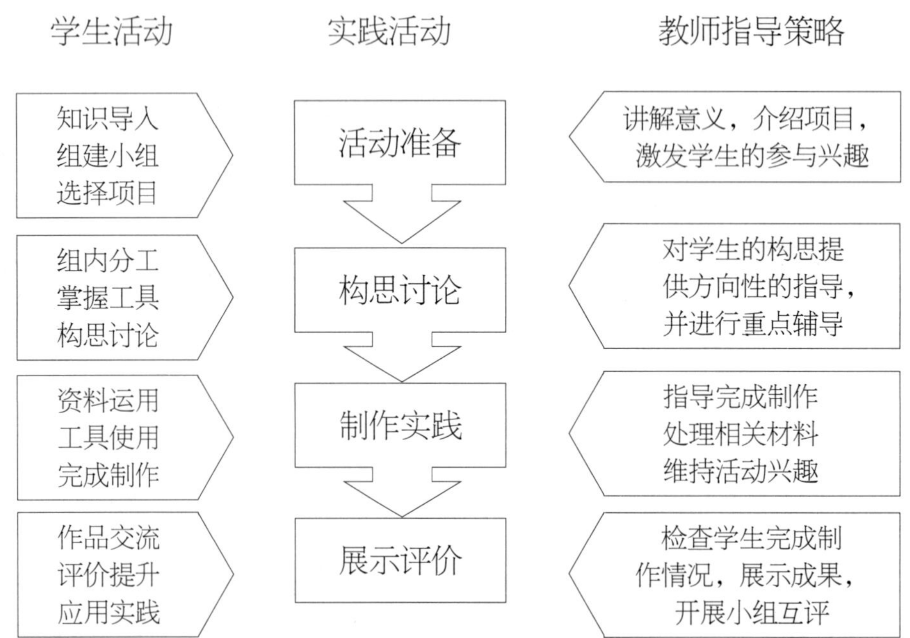

二、自主学习

自主学习是一种现代化的学习方式，它要求学生成为学习的主体，减少外力对于学生学习的影响，从而使学生获得知识的过程得到优化。在研学实践活动中，主要从以下四个方面理解自主学习：

1. 实地体验。

实地体验是指在课堂限制以外，让学生在真实的生活场景中通过观察、接触等方式获得感受和认知，将在课堂上学到的知识和概念在实际中获得印证，然后进一步理解、分析资料，联系课堂学习的知识，从而建构更多的新知识。学生踏足真实的生活世界，直接接触具体的事物，使学生对社会现象、事件产生真实感，形成对事物的主观认识，建构自己的知识认知体系。

实地体验的方法有多种，调查研究是最常采用的学习方法。

调查研究是指通过考察了解客观情况直接获取有关材料，并对这些材料进行分析的研究方法。它多以个体为分析单位，通过问卷、访谈等方法了解调查对象的有关情况，加以分析，开展研究。在研学旅行学习中，研学指导教师应该为学生设计相关的问题，让学生带着问题走进社会，深入接触生活，从直接观察中获得资料，从生活中搜集资料，获得对事物的独立认识。

调查研究的应用不受时间、空间的限制。在时间上，调查研究可对已经发生过的事情从当事人或其他人那里获得相关资料。在空间上，调查研究可以通过书籍、报刊以及网络，跨越时间、空间和国界，获得大量资料。

在研学旅行中，调查研究可应用在对不同社会环境现状问题的研究上，如某一地区民俗文化情况的调查等；可应用在利用调查研究方法研究现实生活中的问题，引导学生思考，提出对策；还可应用在比较研究上，如同一地区不同人群生活水平的调查比较研究；也可应用在纵向发展研究上，如对某些对象不同时期情况的调查研究，以获得其发展变化的资料；还可应用在历史问题的研究上，如对一些未成为文献的历史遗物的搜索，对今日还健在的当事人的访问等。

2. 独立思考。

人的认识从感知外界事物发展到抽象思维的过程，起关键作用的是人的主观能动性，即能否主动地去思考探究问题。在研学实践活动中，研学指导教师要注重启发学生，多向学生提问，多问几个“为什么”。如此既可以帮助学生巩固已经学到的知识，又可以培养学生独立组合知识的能力，思考如何运用自己学到的知识去解决问题。

研学实践活动是以学生的兴趣和直接经验为基础，以与学生学习生活和社会生活密切相关的各类现实性、综合性、实践性问题为内容开展的体验实践性学习。在研学旅行中，除了开展观光、考察、旅行，让学生感受祖国大好河山，感受自然风光、人文历史外，研学指导教师应当从研学学习点的地理、人文、社会等多个角度设计问题，让学生接触社会的各种信息，开阔自己的视野，指导学生明确学习目标，确定具体的学习内容，开展实践学习，自己去获得问题的答案。

在这个过程中，要让学生独立完成整个活动，而不是聆听教诲和听取指导。教师在研学实践活动中，只是一个引导者、指导者和促进者，要注重引导学生在实践中学习，养成独立思考、探究本源的学习习惯。

独立思考的学习形式可以是多样的，可以采取个人训练、讨论探究、小组合作的形式开展实践学习，关键是要引导启发学生思考，培养学生多方面多角度思考问题的能力。

鼓励学生独立思考，就要允许有不同见解和不同的答案，要为学生的学习营造一个宽松的环境。不能限制学生的思维，不要限制答案，允许答案的不唯一性。对于学生的分析，不要一棍子打死，要鼓励学生敢想敢说，鼓励学生发散思维、展现能力，提出新问题。研学指导教师不要代替学生做决定，而要教会学生如何思考及做出自己的判断。

要留给学生独立思考的时间。让学生能从不同方面、不同角度、不同层次提出问题，研学指导教师要加以梳理、组织，分别对待，逐个解决，这样才能培养学生独立思考的能力，养成独立思考的习惯。

3. 注重方法。

研学旅行为学生提供了更丰富的学习方式、更直接的知识来源。研学指导教师要事先为学生设计好调查问卷和学习任务单，从提出问题、研究问题到解决问题的角度引导学生；要引导学生开展讨论，发表看法，激发学生的自主思考行为。

要指导学生根据自己的兴趣与擅长选择适合自己的学习题目，引导学生学会运用资料采集、现场采访、全程记录、整理统筹的学习方法开展学习。在研学旅行中，由于活动是动态的，学生的学习时间多是碎片化的，而碎片化的自主学习并不能给学生以充足的时间思考，这就需要研学指导教师根据研学旅行的日程安排将学习细化到每一天、每一个时段、每一个人。让每一个学生研学旅行学习的研究面不断缩小、具体化，围绕一个明确主题开展有目标的学习，将学习效果最大化，同时指导学生合理利用时间与空间，提高自主学习的有效性。

4. 提高整合学科知识的能力。

在研学旅行中，研学指导教师要注重引导学生将课堂里学到的知识用起来，将知识活化，为实践活动打好基础；要引导学生将不同学科知识融合起来，整合学科知识为同一个学习目标服务，提高学生的资源整合力、自主学习力。

要注重创新组织学习的方式，将学习过程变成环环相扣的活动，要让学生在任务的驱使下积极开展生生互动，相互引导学习，要为学生表达自我、展现自我创造机会。

自主学习的基本程式

学生活动	自主学习	教师指导策略
课程导入 布置学习任务 活动分组	活动准备	设计方案、布置场地、准备材料
知识传授 分配任务	激发动机	指导学生对活动可行性进行分析，提出任务目标
开展活动 互动互助 体验情感	组织学习	关注学生情感变化，指导活动进程，记录学生表现
展示成果 自评互评 反馈升华	总结升华	引导学生深入思考，分享收获

三、合作学习

小组合作探究是指两个或两个以上的学生或群体，为了达到共同的目的而在行动上相互配合的过程。从研学旅行的角度，小组合作探究一般是将一个大的群体活动规模分解成5—8人的若干小组，每个小组根据一个具体的任务目标，以小组为单元开展自主学习的过程。

在合作学习的过程中，学生不仅可以相互间实现信息与资源的整合，扩展和完善自我认知，学会交往、参与、倾听、尊重他人。在提高学生的学习效率、培养学生的学习兴趣的同时，促进学生创新意识和实践能力的培养。

如何有效地进行合作学习?

1. 合理分工。

合作学习的前提是分工，所有的学生都要参与进来，每一个人都需要有独立的思考；不是每一个人做同样的事情，而是为解决共同的问题，每一个学生做不同的事情。因此，合作学习不是把学生聚集到一起就行了，而要分解学习目标，把不同的学习任务落实到每一名组员身上，形成以分力完成若干个子目标，最后形成合力完成学习任务的总目标。在这里，大家的任务目标虽然是共同的，但是每个人所承担的责任是不同的，由此达到人人参与的效果。

小组合作探究的分组要按照“组内异质、组间同质”的原则，根据每个人的特长，如性别比例、兴趣倾向、学习水准、交往技能、守纪情况等合理搭配，分成学习小组。善于组织活动的学生为组长，善于记录的学生为记录员，善于表达的学生为发言人，为了让每一名学生都得到锻炼，各个角色间应定期轮换。

2. 要有“契约”精神。

由于小组成员之间能力发展不均匀，能力强的学生发表见解的机会多，能力弱的学生往往缺乏表达的机会。因此，建立小组合作学习“公约”，引进激励机制，培养合作交往意识和小组合作学习技能是十分重要的。

“公约”是学生和教师所遵循的法则和要求，与全体学生共同商议后形成，主要对学生如何积极参与、如何生生互动、如何师生交往等方面作出基本规范和要求，如何参与、互动、交往能够有效提高学习效能等。

3. 要选择合适的合作方法。

合作学习要富有成效，关键在于研学指导教师要教给学生合作学习的方法。没有一个好的合作学习方法，小组学习就会在一张张叽叽喳喳小嘴的废话中消耗掉学习时间，学习行为和方式并没有得到实质的转变，到头来仍然是几个优秀学生在发言，而其他学生并没有参与体验学习的过程。小组学习就失去了重全员参与、重情感体验、重人文关怀与合作的真正意义。

合作学习要把小组中的不同思想进行优化整合，把个人独立思考的成果转化为全组或全班共有的成果，以群体智慧来解决问题。研学指导教师要通过学习目标的设计和任务分工，使活动任务真正具有合作性，即单独的学生依靠个人的力量无法完成，使学生由“要我合作”变为“我要合作”。让学生学会帮助、学会合作、学会倾听、学会展示。这合作方式的选择要根据不同的学习内容、学习场景来设定，其核心是独立思考。没有独立思考，合作学习就会失去真正的意义。

4. 建立健全评价机制策略。

创建以学习共同体为主的小组合作学习，评价是达到学习效果的必要手段。要引进多元评价机制来落实各层级的学习责任。对每位成员的学习有同伴评价、小组长评价，再加上教师评价，监督和保障每位学生的学习效果。建设一个生生之间、师生之间学习责任“牵制”的有效机制。

5. 教师在合作中的角色。

在合作学习前，研学指导教师应当根据学习目标提前精心设计“学习任务单”，训练时间、训练量、训练难度，要根据学生能力适当把握。在小组合作学习过程中，选择恰当时间及时“投放”给学生，每个小组在小组长领导下，在规定时间内保质保量地完成。

合作学习活动结束后，研学指导教师要指导小组交流学习结果，还要交流组员之间的合作情况。小组讨论的时候，教师应该深入到小组当中。以听、看、了解为主，了解学生合作的效果、讨论的焦点、认知的进程，从而灵活地调整学习进程。在评价时，要多肯定学生合作学习的成效，赞赏他们独到的见解，激发他们合作学习的兴趣和欲望，增强他们的自信心，使他们不断获得成功的喜悦。

研学旅行中做好小组建设也是研学指导教师的一项重要工作。研学旅行的群体是由学生、教师、领队及当地导游组成的一个小型团队，学生来自不同的班级，如果组织协调不到位，很多活动都难以顺利开展。因此，建立团队中互相帮助、互相监督的机制很重要。研学指导教师应当引导学生在内部主动建立管理制度，通过设立小组长、小团长、记分员、摄影师等职位来组建一个个小型团体。这种组织管理方式的创新可以突出学生的主体地位，为研学旅行的自主学习创造条件。

在研学实践活动中开展小组合作学习时，要注意以下几点：

一是任务制定与小组准备要统合起来考虑。要有明确可分解的任务指标，组内学生可形成分工合作。避免小组中对单一的任务目标只有感兴趣的组员参加，其他人无所事事。任务制定时，可以先设立一个大任务，然后将其分解为若干小任务。这些小任务不应该是独立的，而应该是相互联系的。制定任务后，研学指导教师应制作学习任务单下发给小组，由组内自行分配到每位学生。

二是任务实施时，研学指导教师应引导学生以小组为中心，循序渐进完成任务。在讨论学习中，要通过小组力量解决问题；当小组内部不能解决问题时，研学指导教师可以介入，同时也可以导入组间竞争，优化合作学习。学习过程要由小组长或小组某成员对学习过程进行记录，用于后面的评价环节。

三是在效果评价时注意小组的团队整体表达。小组合作学习结束后，小组内部先要进行讨论、总结，然后再由小组长向全班同学和老师分享本组在学习过程中遇到的问题。最重要的是，要说明白小组是怎样解决所遇到问题的，同时成员在相互帮助之下有了什么启发和收获。然后才是研学指导教师评价和总结。小组分享学习心得成果后，研学指导教师要对每小组完成的任务情况进行评价和总结，要有赞许性记录（表扬）和谴责性记录（游戏性的惩罚）。

如每小组进行汇报后，应该先肯定该小组的汇报成果，这时候就应该提出表扬，可以通过引导全班同学对汇报人进行鼓掌鼓励；然后及时开展小组评价，最后引导其他小组成员，对汇报人进行提问，形成一个相互提问、相互讨论的学习氛围。当然，老师可以准备好礼物，对特定小组或提问者进行奖励。

四是要重视成果展示。对于小组在完成任务后所产生的作品，研学课程结束后研学指导教师要在学校教师的配合下组织对作品进行展出。让学生通过展示自己的作品，展示集体的力量和智慧，来提高对合作学习的兴趣，激发学生的成就感与自豪感。

合作学习的基本程式

学生活动	合作学习	教师指导策略
组建小组 确定问题 领取任务	活动准备	提出任务目标 提供必要咨询 激发学生兴趣
组内分工 可行性验证 修改完善 着手实施	任务准备	指导学生制订研究方案，有重点地讲解和辅导
查阅资料 走访专家 实地考察 社会调查	分工合作	指导活动进程，关注学生情感变化，记录学生表现
汇报交流 反思评价 拓展提升	总结汇报	指导撰写学习总结 组织开展展示和点评

以上三种学习模式是交叉、融合的，我们不能把它们单独割裂开来运用。在研学实践活动中，实践活动也可能同时是一种合作学习模式，也可能是需要学生独立操作完成的自主学习模式。实践学习、自主学习、合作学习三种方式的综合运用，是研学实践教育学习的基本原则。建构学生间的相互依赖和合作的机制，促进学生共同合作以实现共同的目标，使他们个人及彼此的学习成果最大化，争取所有小组成员的成功，是研学实践活动培养学生学习能力的基本途径。

第 4 节　研学实践活动课程的学段设置

教育部在 2018 年《关于开展“全国中小学生研学实践教育基（营）地”推荐工作的通知》中对研学实践教育基地活动课程的要求是要“有多个不同主题、不同学段（小学、初中、高中），且与学校教育内容衔接的研学实践课程和线路，能够实现中小学研学实践教育活动的育人目标”。

在研学实践活动课程中要注重分学段教学，“量体裁衣”，使教学目标、教学内容以及教学方法更符合不同年龄学段学生的知识水平和接受能力；要充分考虑到学生的年龄和心理的差异程度，有针对性地开展对不同年龄层次学生的学习指导，使每个学段的学生都能收获最佳的学习效果，得到最好的发展。

设计研学实践活动课程要根据学生的认知规律安排教学活动。学生的学习过程是一个在原有认知结构基础上进行新的知识建构的过程，当他们遇到新问题时，总是试图用自己原有的模式去同化，如果获得成功，便会得到认知上的暂时平衡；否则，便会出现认知上的不平衡。这就需要研学指导教师在设计课程时要考虑不同年龄学段学生的认知水平和接受能力，创设合适的教学环境，用铺垫、搭桥的引导和恰当的教学手段启发学生的思维，让学生充分发挥自己的聪明才智，自己去解决问题。

在校外教育领域，我们一般把小学分为低、高两个学段，初中为一个学段，高中为一个学段，共计四个学段。每个学段的学生因其年龄特点、心智成熟水平、身体发育状态，都呈现出不同的特点。它决定了我们选择何种教育方式去施教以及用何种方式去引导学生开展学习，以达到预设的教育目标。

一、小学低年级学段学生在研学实践教育中适应能力分析

小学低年级学生的心理特点是注意力不稳定、不持久，无意注意起主要作用，且好奇、好动、好胜。这一阶段的学生以养成性教育为主，强调认同教育。

这一阶段学生的思维是直接与感性经验相联系，具有很强的具象性，习惯于模仿。因此，要加强启发式教学，发展学生比较、分析、综合思维的能力。

低年级的小学生十分喜欢自主性的活动，而不是被动性的知识灌输，丰富多彩的游戏活动能帮助学生训练各项思维能力，有助于思维的扩散和实践能力的发展。

根据低年级学生的年龄特点，小学低年级开展研学实践活动的内容应以游戏为主，让学生在玩中学，寓学于玩、玩中求知。内容要具体、形象、生动、活泼，突出活动性，体现趣味性。如：通过讲故事活动对学生进行爱劳动、讲卫生、爱科学、刻苦学习的品德教育；通过操作实践培养学生讲卫生、爱劳动的良好行为习惯和勇于探索、勤于实践的精神；通过游戏竞赛诱发学生学习兴趣、爱好，培养学生合作意识、竞争意识和语言表达能力；通过实践活动融入唱歌、跳舞、绘画、表演等低年级学生喜欢的形式，让学生感受艺术的魅力，等等。

要注意数量与质量的关系，不能因为学生喜欢听故事就一味地讲，喜欢做游戏就一直做，内容要适当，多了不利于及时反馈，少了达不到目的。每次活动要贴近学生现有知识水平，结合课程内容和学生实际情况确定活动形式。活动前研学指导老师要用明确、具体的语句表述活动的方法要求。语言要亲切、

婉转，富有感染力和鼓动性，活动后要有结束语，不能含糊其辞，否则学生无所适从，达不到活动目的。

在情感教育方面，小学低年级应以培养学生对活动课程文化内容的亲切感为重点，开展启蒙教育。引导学生养成友爱同学、礼貌待人、言行一致的生活习惯和行为规范；培育热爱生活、亲近自然的情感。在研学实践活动中可以诵读浅近的古诗，获得初步的情感体验，感受语言的优美；了解爱国志士的故事，知道中华民族重要传统节日，了解家乡的生活习俗，初步了解传统礼仪，学会待人接物的基本礼节；初步感受经典的民间艺术，培育热爱家乡、热爱生活、亲近自然的情感。

此阶段小学生的注意力较差，在学习过程中常常会因为走神而遗漏很多知识点，这就需要在研学实践活动中加强重复性的指导示范，避免在小制作类的动手实践课程中出现不必要的伤害。

二、小学高年级学段学生在研学实践教育中适应能力分析

小学四至六年级学生的兴趣十分广泛，几乎所有体育活动都喜欢，感知动作的要领比较笼统，容易把相近的动作混淆起来，时间和空间感较差。集中注意力能力较好。这一阶段的学生情绪强度和持久性迅速增长，各种日常行为很容易受情绪的影响或支配。他们既有强烈的情绪体验，对人对事都极为敏感，情感容易外露，爱争论问题，容易激动，动不动就提出质疑，但仍愿意依靠老师，希望老师来做主。

这一阶段学生的集体意识显得很强烈，与其他小组的对抗意识越来越强，喜欢与同学协作参加竞赛性的练习，愿意练习竞技运动中的一些基本动作，十分喜欢游乐性、趣味性、活动性游戏。

这一阶段学生感知能力还属于少年阶段，感知事物的目的性比童年阶段明

确，感知事物的精确性也有所改善，已从具体形象思维向抽象逻辑思维过渡。因此，在设计实践活动时可以相对提高难度和标准，加强启发式教学，发展学生比较、分析和综合思维的能力。

这一阶段的学生是青春期自我意识发展的第一个飞跃期，尊重强者确定朋友关系的倾向十分浓厚，愿意同水平相当者竞争，自尊心、自信心、好胜心强，但往往对自己的能力估计过高。在设计研学实践活动时，要注意加强小组合作式的学习，用任务驱动的学习模式往往能够起到很好的学习效果。

这一阶段的学生集中注意能力有所发展，专心致志的时间可达 25 分钟左右。动作的协调性初步形成。在研学实践活动中可以适当安排一些运动量较大、操作相对复杂的项目。

这一阶段学生自我评价意识逐步得到发展，愿意摆理由讲道理，智力和体力相结合的能力得到发展，对老师的行为敢提出批评意见，对老师不公正的处理会有不满的表现。不愿违反规则，十分重视约定事项。他们已经有了一定知识的经验积累，独立思考能力开始发展，在思维、认识、兴趣爱好等方面的差异日渐增加，处于勤奋或自卑的心理阶段。发展顺利，就会具有求学做事、待人合作的基本能力；如果发展出现障碍，就会缺乏生活的基本能力，充满失败感，从而产生自卑心理。在研学实践活动中，对这一阶段的学生要重视和保护他们思维的积极性，研学指导教师要尊重、保护学生的独创精神，哪怕是微不足道的见解，也要给予充分的肯定。特别是对那些失败的学生更要加倍关注，要着力培养他们成功的心理、自信的心理，使每个学生都相信自己能学习、会学习。小学高年级学段要注意加强小组合作式的学习，用任务驱动的学习模式往往能够起到很好的学习效果。

在情感教育方面，要以培养学生对活动课程文化内容的感受力为重点，开展认知教育。可以尝试引导学生运用喜爱的艺术形式来表达情感，引导学生学会理解他人，懂得感恩，逐步提高辨别是非、善恶、美丑的能力。

三、初中学段学生在研学实践教育中适应能力分析

初中学生智力的发展，最主要的特点在于其新的思维特点的出现。初中阶段是“形式运算”阶段。这个阶段的主要思维特点是：在头脑中可以把事物的形式和内容分开，可以离开具体事物，根据假设进行逻辑推演，能运用形式运算来解决诸如组合、包含、比例、排除、概率及因素分析等逻辑课题。抽象逻辑思维已占主导地位，但有时思维中的具体形象成分还在起作用。

初中学生是青春期自我意识发展的第二个飞跃期，进入自我意识从外化向内化转变的阶段，这一时期学生自我意识活动空前高涨，但他们对已形成的自我观念却常常是动荡和片面的。一方面，自我意识的高涨使得初中生开始以一种全新的目光看待自己、看待别人、看待人际关系和价值理念。围绕“我”的探索和体验也十分明显，为他们培养自知力和自控力提供了可能，也为他们接受社会行为规范、学会与别人沟通和相处提供了强烈的主观愿望。另一方面，他们经过反复的思考也不一定能产生明确的客观结论，有时会因为认识能力和社会经验的不足，让自己陷入经常性的迷惘和困惑，乃至对人和事出现一些敏感、偏激的认识，过度地强调自己的观点，使其自我观念中伴随着许多夸大、消极的情绪体验。

逆反心理是这一阶段学生普遍存在的个性心理特征。这种特征主要表现为对一切外在力量予以排斥的意识和行为倾向。这主要是因为自我意识的高涨、中枢神经系统的兴奋性过强、独立意识的产生这三方面因素。反抗的方式也比较多样化，时而态度强硬、举止粗暴，时而漠不关心、冷漠相对，往往表现出强烈、狂暴性与温和、细腻性共存，情绪的可变性和固执性共存，内向性和表现性共存等比较极端的情绪类型。

在人际交往上，初中学生逐渐脱离了儿童期团伙交往的方式，朋友关系在生活中日益重要，对朋友的质量提出了更高的要求，并希望从朋友那里获得更多的理解和关怀。对待异性方面，双方都开始意识到了性别问题，并彼此对对方逐渐发生了兴趣。总体上表现为情感上、行为上、观点上与父母榜样期许要求的脱离。

初中学生由于学习强度与学习压力骤然增大，学习方法与小学时出现了明显差别，学生自学能力逐渐显现，学习成绩的分布也出现了比较大的变化。这一时期，非智力因素的发展成为主导，学习动机、学习兴趣、学习方法、学习习惯等都因个体的差异出现较大的区别。在此期间，学生成人感增强，极力想表现出成人的作风和气魄，努力摆脱家长与教师，甚至社会的“约束”，追求思想、行为的独立与自由。因此导致学生情绪起伏较大，易激动，叛逆性强。学习方面积极性和自制力不高，孤独、压抑、自卑、厌学和青春期“自我封闭”的问题都开始出现。所以，这一时期被称作青春期的“关键期”。

组织初中学生开展研学实践活动难度较大。由于自主意识的增长，他们不易融入群体活动。叛逆性格的发展让他们对身边的事物产生更多的挑剔心理。这一时期学生的成人感较强，他们不希望被大人像哄小孩子一样做一些低水平的游戏活动，更希望获得成人创造性工作的赞许。因此，设计初中生的研学实践活动，要适当增加学习的难度，多设计探究性的问题，运用研究性学习指导他们开展有一定深度的思考，从而获得自己对社会、人生的深层次认识。课程内容要更多地贴近社会，融入生活，让他们在现实的真实生活中学会做人处事，在生活中担当独立的角色，产生参与意识。在研学活动课程实践中，要注意创造让学生有独立表达自己思想的机会，训练他们的成人化思维。

在情感教育方面，要以培养学生对活动课程文化内容的理解力为重点，提高欣赏品位；培养对传统文化的认同度，欣赏传统音乐、戏剧、美术等艺术作品，感受其中表达的情感和思想；引导他们了解活动课程的思想文化内涵，培养社会归属感和自豪感。

四、高中学段学生在研学实践教育中适应能力分析

与初中生、小学生相比，高中生情绪、情感的发展由外显为主向以内隐为主发展；从情绪控制的情形来看，由冲动为主向以自制为主发展；从情绪引起的动因看，由直接、具体为主向以间接、抽象为主发展；从情绪体验的内容来看，由以生理需要为主向以社会性需要为主转变。

高中学段学生处于青春发育末期，由于人体的发育和性的成熟，自我意识能力和水平提高了，内容也进一步丰富和深刻。常常表现出从“无我”到“唯我”的状态。他们充满自我炫耀的冲动，常常表现出标新立异、哗众取宠的举动，同时他们对自己形象的关注超过任何一个时期，喜欢有自己独特的装扮，比如戴首饰、穿异服等。这种强烈敏感的自尊心与容易出问题的自卑感并存。

自尊心是高中生自我意识最敏感、最不容许别人亵渎、侵犯的部分。自卑感强的高中生，往往在其反面都有着强烈的想超越别人的欲望；自我意识的触觉更深地指向自己的内心世界，更多地关注自己的个性品质。高中学生的自我评价能力进一步提高，能够对自己进行独立评价，但这些评价中常常存在着一种自利化倾向，即自我评价总是趋于对自己有利。

高中学生性格基本趋于稳定状态，成人化的倾向使他们易表现出喜欢怀疑、探索、猎奇、争论，容易接受新事物，行事比之少年谨慎、沉稳的特点。但由于高中生思维的独立性和批判性还不够完善，又容易孤立偏激地看问题，易走极端，容易肯定一切或否定一切，高中生的自我调控处于一种动态发展的过程中，还不成熟、不稳定。

在学习能力上，高中学生已经体现出在时间上的连续性和稳定性。由于他

们已经初步具备了相对完备的知识系统，对事物的理性认知和评价成为这个阶段学生的最明显特征。他们会更经常地考虑自己的能力和前途，把今天的自我看作只是未来“自我”的保证，是个人成长的一个关隘。

因此，在组织高中学生开展研学实践活动时，要注意到学生成人化的需求心理，要利用一切可能的机会，为他们创造走向社会、走入生活的真实场景。要让他们充分发挥自己的能力，在社会生活中充当一定的角色，体现自己的价值。切忌运用小学生的模拟、体验的游戏活动，这样会使他们感到自己受到轻视。

在情感教育方面，要以增强学生对课程文化内容的理性认识为重点，引导学生感悟事物内在的精神内涵，增强学生的自信心。在研学实践活动中，要多创造条件，让学生接触和体验各地的风土人情、民俗风尚，了解中华民族丰富的文化遗产，引导学生深入理解中华民族最深沉的精神追求，更加全面客观地认识当代中国社会，认识国家前途命运与个人价值实现的统一关系。

我们通过下面的表格归纳出小学生低、高年级，初中、高中的学段分布和心理特征，以及在研学实践教育中适宜采用的活动学习方式，为研学实践活动指导者参考。

中小学生心理、行为规律在研学实践中的运用

学段	年级	年龄	思维特点	行为特点	适宜的教育方式	教育目标
1	1—3年级	7—9	感性认识为主，注意力不稳定且不持久	好奇、好动、好胜，习惯于模仿	自主性活动、游戏、趣味性强、重复性	培养对事物的亲切感，养成性教育，认同教育
2	4—6年级	10—12	感性认识与理性思考并存，易激动，喜对抗，爱争论，善质疑	喜欢体育、拓展、竞赛活动，集体意识强，朋友意识强	游乐性、趣味性、活动性，启发式，多对话，讲道理，重表彰，小组合作	培养对事物的感受力，认知教育

（续表）

学段	年级	年龄	思维特点	行为特点	适宜的教育方式	教育目标
3	初中	13—15	抽象思维能力为主，自我意识强，喜欢沟通，逆反心理强，有异性排斥，重成人感	朋友意识强，自学能力凸显，非智力因素影响大，希望认可和赞赏，对事物挑剔	模拟、体验，探究性学习，创造独立表达自己思想的机会，训练成人化思维	培养对事物的理解力，对社会的归属感，对传统文化、艺术的欣赏
4	高中	16—18	情感走向含蓄，自制力强，重社会认同，自我意识敏感，能够对自己独立评价	关注个人品行表现，善怀疑，好探索，喜争论，重理性认知和评价，成人感强	注重真实场景下的活动，创造发挥能力机会，引导深入理解和思考，满足成人化需求	培养对事物的理性认识，对社会的归属感和自豪感，对传统文化的认同感

第5节　研学实践活动的课程表达（研学学习手册编写）

开展研学旅行，研学是目的，旅行是载体，学习是内核，而《研学学习手册》则是保障学生开展学习重要的学材。许多人错误地认为，研学旅行教材就是那本薄薄的《研学学习手册》。我们在第四章第2节“研学实践教育的课程属性与课程结构”中已经讨论过，教材是教学材料的统称。它包括了开展研学活动所涉及的景点、研学基地、社会资源单位，以及开展活动所使用的器械、耗材等，而《研学学习手册》仅仅是教材的一种表现形式，或者说是对研学实践活动教材所运用的事实、现象、素材的一种课程表达，是研学实践活动课程开发成果的样态之一，也是学生在整个研学过程中的行动指南。

笔者注意到，现在各基地、研学承接部门在设计研学旅行课程时，更多地关注《研学学习手册》的形式、式样，认为用一本装帧漂亮、印刷考究的研学手册就可以概括全部的研学课程了。细究起来，内容上无外乎仍然是围着行程、线路转圈，往往片面狭隘、漏洞百出，摆脱不了“剪刀加浆糊”的基本操作。

研学实践活动课程的社会性、生成性、动态性特点决定了研学实践活动课程内容的丰富性和变化性。每一次研学旅行都是与上次不一样的，每一次出行线路都是与以往的研学线路有区别的，每一次研学学习点的选择和活动的配置也必然和以前有所不同，更何况每次出行的学生年级、人数都不一样，每次带队老师的要求也不尽相同，学生在变，学生的需要在变，决定了《研学学习手册》不可能编印定型。因此，学习手册要根据每次研学旅行课程的变化对学生的需求做出及时调整和改变，即遵从学生学习活动的需要，使《研学学习手册》更具有“可教性”和“可学性”。

一、《研学学习手册》的作用和意义

1. 整合多种社会资源，打造精品研学线路。

研学旅行一般体现为单独研学学习点的研学旅行、跨区域的研学旅行、主题类研学旅行多种形式，包括了博物馆、植物园、科技馆、纪念馆、自然和文化遗产资源、大型公共设施、知名院校、工矿企业、科研机构等综合性社会资源。《研学学习手册》要在充分挖掘各研学学习点活动课程资源的基础上，结合具体景点的教育资源和活动主题方向，设计考察项目，完善相应的课程目标、知识点讲解、体验实践项目、拓展阅读、练习题、研究性学习活动、评价反馈等。

作为跨区域研学旅行使用的《研学学习手册》，还要考虑在挖掘沿途景区课程资源的基础上，做好交通线路的设计、食宿建议、安全知识等。

《研学学习手册》的编制是从整体上对研学课程资源的有效开发、线路选择的合理性、可行性、安全性和多样性进行的一次梳理和整合，通过整合完成研学学习点自然资源和社会文化资源的转化，形成学生喜欢、课程执行易于使用、学校老师评价方便的研学实践活动课程学材，促进学校研学实践活动课程向固定化、校本化发展。

2. 根据学段设计课程，挖掘深度提升内涵。

每次研学旅行的学生对象都是不同的，《研学学习手册》的编写要根据出行学生的不同学段设置教育目标，进行资源整合，设定适合某个学段学生的学习方法和活动形式，有针对性地开发多种类型的研学实践活动课程，还需要从校情、师情、生情出发，对各个研学学习点课程素材的整体架构进行整合、重组、拓展、开发，使“大一统”的研学教育理念转化成为个性化的教学资源。

在每次《研学学习手册》的编写过程中，要根据学生认知特点、不同学段的学生水平，提出有针对性的研学旅行学习目标和实施建议，区分活动和习题的难度，并对课程进行指导。研学旅行前要依据手册指导学生了解目的地相关知识，制订研学旅行计划和需要探究的问题。在研学旅行过程中要依据《研学学习手册》设定的活动内容和方式，通过动手做、实验、探究、设计、创作、反思等方式开展实践活动。《研学学习手册》的编写要注重中小学生的实践体验内容，如实地调研、照片拍摄、调查问卷、现场制作、定向越野等，避免只设计一些简单的填空题、辨识题，使《研学学习手册》成为一本研学旅行作业本。此外，还要包括研学旅行评价、学生完成研学的任务指标等；还要包括目的地注意事项、每天出行的时间和注意事项等内容。

3. 为学生研学旅行中开展学习提供学材。

从文本的《研学学习手册》到现实的研学实践活动，从普适的教育思想理念到特设的研学实践活动落实，使静态的文本材料衍生成动态的教学过程，《研学学习手册》是其间过渡的重要媒介，是引导学生学习、助力学生学习、支撑学生学习的材料，是提升学生自我学习能力、自主建构能力、自我调控能力的支架。这里，《研学学习手册》就有了学材的价值，它体现的是教育理念的转化与实践的跟进，是教与学价值的转化，是教与学方式的具体落实，是对教与学结构设定后的行动指南。

具体而言，《研学学习手册》作为学材具有四大功能：唤起学习欲望的功能、提示学习内容的功能、提示学习方法的功能、巩固学习的功能。

研学实践教育是基于学生生活经验的学习，《研学学习手册》为学生的知识与经验的生长提供必要的学习材料，设计有效的教学结构。因此，《研学学习手册》既要有基于课程内容的全局性、战略性的知识系统布局，又要有基于学生经验的微观性、战术性的学习导航，从而引导学生从生活经验出发，尊重学生已有的认知，借助已有的经验，促进学习的正迁移。

教学是一门逻辑性很强的学科。每一个内容元素在编排结构中都有其独特的价值与作用，有严密的逻辑体系。无论是大单元的整体编排，还是小单元的螺旋上升，都有其背后的知识结构支撑；不仅要理清知识的前沿后续，还要关注学生学习兴趣的引导。如果手册内容学生觉得索然无味，或者与自己毫无关系，就不可能看到其中蕴藏的价值，更不可能引起有意义的学习投入。因此，手册要编写得生动有趣，以刺激学生学习动机，促进有效学习的形成。

《研学学习手册》要以“学”为原点，以“材”为基点，全面渗透到学生学习的每一个环节，凸显学习方法的渗透、学习习惯的培养、学习能力的提升。指导预习、帮助互学、引领群学，全面关注学生学习能力的发展与提升，建构学生个人学习与合作学习的链接与沟通。

二、《研学学习手册》的基本要素

《研学学习手册》的编写要依据出行学校规定的本次研学旅行的各课程目标，根据各门课程考察对象的分布和资源特点，整合各考察单位教育资源，制订学习方法。在此基础上创编课程的文本，引导学生有目的、有方向性地开展学习。此即《研学学习手册》的功用。

《研学学习手册》一般由三大部分组成：一是总体提示部分。二是每个研学学习点的课程学习部分，三是课程评价与附件部分。

1. 总体提示部分。

从学校角度而言，一本完整的《研学学习手册》必然是依据研学旅行行程按时间顺序进行编排的学习、生活融为一体的指南性课程材料。因此，首先应该介绍本次研学的目的地、地域的地理气候情况，其次是学习组织与学习指导，再次是生活性的指导意见。

（1）行程介绍是必备。《研学学习手册》中行程介绍是必须的要素。行程介绍必须要考虑学生的认知特点，不能像旅行社的行程表一样啰啰嗦嗦一大页，让人看不清主次，也缺乏学习的指导。行程介绍应该包括日期、时间、地点、课程目标四个要素。每日行程可分成上午、下午两个时段，要明确说明每个时段的出行方式、路途远近，对景点的介绍要从课程目标角度加以提示。另外整个行程的车次、集合时间都应在行程中加以注明。

（2）地域人文知识是核心。介绍研学地区的地理、气候、人文环境十分必要。让学生了解出行目的，了解当地传统文化、安全法规、风土文化，包括民族传统文化与当地风土人情等方面的介绍。只有让学生多了解祖国的传统文化和艺术，才能增强文化自信，拓宽视野；学生了解了祖国疆域的广大，对祖国的地大物博有一个感性认知，逐步学会对大千社会认知的方式方法。

【案例】《研学学习手册》楚汉名城长沙导航

探千年古城风貌 觅湘江风土人情

地理人文环境：长沙市位于湖南省东部偏北，湘江下游和长浏盆地西缘。东邻江西省宜春地区和萍乡市，南接株洲、湘潭两市，西连娄底、益阳两市，北抵岳阳、益阳两市。全市土地面积 1.1819 万平方千米，其中城区面积 556 平方千米。长沙市辖芙蓉、天心、岳麓、开福、雨花 5 区，长沙、望城、宁乡 3 县及浏阳市。

长沙是湖南省省会，古时称为“潭州”，是著名的楚汉名城、山水洲城和快乐之都，中三角（长江中游城市群）副中心城市。长沙作为我国首批历史文化名城，具有三千年灿烂的古城文明史，是楚汉文明和湘楚文化的发源地。

长沙是我国南方地区重要的中心城市之一，综合实力位居全国前列。经济总量位居中部第二位，仅次于中部地区龙头城市武汉。同时，长沙致力于打造中部开放、具有重大国际影响力的文化名城和世界级旅游城市。如今正与武汉、南昌、合肥共建长江中游城市群，呼应长江三角洲和珠江三角洲，打造国家规划重点地区和全国区域发展新的增长极。

气候特点：长沙属亚热带季风气候，气候温和，降水充沛，雨热同期，四季分明。夏冬季长，春秋季短，春温变化大，夏初雨水多，伏秋高久，冬季严寒少。夏季日平均气温在 30℃以上有 85 天，盛夏酷热少雨。

长沙特产：长沙最重要的特产是“长沙三绝”，即湘绣、棕编（另一说为红瓷器）和菊花石雕。浏阳有“花炮之乡”的美称，生产的花炮在中国和世界各地都有销售。

（3）学习指导是关键。研学是学习的过程。《研学学习手册》要及时、准确地为学生提供实践学习的指导，同时还要在手册中指导学生规划自己的外出学习，确定研学的学习目标以及学习重点，实现自主学习和合作学习。

【案例】《研学学习手册》学习提示

本研学导读手册是为我校 XX 年级研学活动编写的。其目的是对同学们在研学过程中的探究与实践起指导和提示作用，让同学们在研学过程中能够有的放矢地开展学习。

本手册内容根据每日活动行程的内容进行编写，包括每个研学学习点的基本情况介绍、课程要求、学习内容等，分别介绍了各个研学课程单元的学习主题、学习目的、学习方法和学习要领。特别是设计了探究性学习研究的部分题目，同学们可根据手册的内容，结合自己感兴趣的方向，选择部分题目完成。还可以记录下自己的感言、印象，让它成为自己成长历程中的一段难得的印记。

本手册也对同学们日常的出行、购物、乘车、住宿等方面进行了相关的提示和指导，对于可能发生的事故隐患做了提示。预祝大家研学顺利，愉快地完成我们的研学旅程！

【案例】《研学学习手册》研学学习规划

姓名		学号		研学线路	
小组成员	组长： 组员：				
学习准备					
感兴趣的题目					
拟深入开展探究性研究的目标					
学习成果的呈现方式					
学习总结的呈现方式					

（4）生活指导必不可少。研学旅行是基于旅行的学习。去何地、如何去，注意什么，这些对成人来说不是问题的问题，对于青少年学生来说却都是新奇的事项。作为从小就在父母身边受到照顾呵护的孩子来说，能够和同伴一起到一个陌生的地方出行，对自己无疑是一种全新的生活经历和挑战。每一个孩子出行前的心理都是终于可以摆脱大人们啰啰嗦嗦的监管了。兴奋中的他们缺少对独立生活的认识，更缺少出门在外自理生活的能力。因此，在《研学学习手册》中除行程介绍外，适当加入学生出门在外的生活指导是十分必要的。

【案例】《研学学习手册》出行注意事项

旅行在外，品尝当地名菜、名点，无疑是一种“饮食文化”的享受，但一定要注意饮食饮水卫生，切忌暴饮暴食，注意卫生与健康。

长沙为大型旅游城市，人流量较大，成分较复杂。夜晚出行最好三五人结伴（须经带队老师批准）。自由活动时要结伴而行，注意安全。

部分景点行程个别区间运行时间较长，因途中条件有限，洗手间较少，故提醒大家在出发前上洗手间，做好准备。在研学期间一定要注意自己的财物（如手机、照相机），以免丢失。

入住宾馆后，请切记宾馆电话及所处位置，外出须经老师批准，尽量不要远离酒店；外出搭伴而行，贵重财物可寄存在宾馆前台，不可放在房间。没有老师允许不能擅自离开酒店。

到达长沙后，由接待单位统一组织安排研学行程，请同学们配合研学辅导员的工作，记住你所在团号、车号，不得擅自离团，以免出现事故，延误行程。

特别提示：入住宾馆时先要了解宾馆的大体位置和逃生通道。

2. 课程学习部分。

课程学习部分应包括每个研学学习点的情况介绍、学习主题、课程目标、学习方法以及作业指导。具体有以下要素：

（1）介绍课程资源。任何一个研学学习点的文化、历史、社会资源都是不同的，在《研学学习手册》中首先要为学生介绍所要去的研学点的课程资源情况，介绍其教育价值，以利于学生能够清晰了解自己到这个地方去学习的客观环境。课程资源的介绍对学生的学习方向起提示的作用，不能夸大也不能缩小。夸大会使学生产生“不过如此”的失望，丧失学习的兴趣；缩小则不容易引起学生的兴趣，心里有了先入为主的对事物的判断，后期的学习动机也难以调动。

（2）明确活动课程主题。俗话说：“好的开端是成功的一半。”主题确定是一个研学活动的起始阶段，主题是否有意义、是否真正为学生所喜爱，决定了学生的投入程度，决定了活动是否能顺利实施。主题选得好，学生的参与热情就会很高涨，后续活动开展起来就顺利，活动将会收到事半功倍的效果；如果主题选得不好，活动效果就会受到影响，而且还有可能使学生失去兴趣。

（3）点出课程目标。课程学习目标是研学旅行学习的导向。研学旅行中学习时间是有限的，开放的外部课程环境又给予学生更多的选择机会。只有让学生明确本次活动的课程目标，才能让他们集中精力在某个领域或在某一方面集中精力开展学习，而不是看到什么、喜欢什么就流连忘返，变成了“即兴而游”“游而无学”。目标明确，才能促使学生努力实践，最大限度地释放能量。

课程目标的设定要遵循课程的三维目标，从知识目标、能力目标、情感目标三个方面进行设定。学习目标要适度而有效，形成“跳一跳，摘桃子”的学习态势。这个问题在本章第 2 节已有表述，这里不多做解释。

（4）设计学习导航。在研学课程中有必要设置一个学习导航栏目，引导学生围绕活动主题，实现课程目标。学习导航可以是课程背景知识的扩展性介绍，以利于学生开拓思路，从多个角度去考虑问题；学习导航更重要的是根据课程资源做出的学习方法的提示，引导学生在研学中能动地开展自主学习。

（5）确定课程实施方法。通过对课程蕴含的文化、历史、旅游等资源进行整合，根据课程的不同主题，如文化研究课程、爱国主义教育课程、红色文化精神传承实践课程、文化体验课程、生态体验课程等，通过观摩、考察、参观、体验、实践和学习探讨等形式，为学生打造不一样的教育体验。在第九章中，我们将具体讨论参观、考察、诵读、体验、实践、访谈、探究、分享、课题研究、志愿服务等十四种研学实践活动课型的功用。这里不做过多赘述。

在《研学学习手册》中明确课程的实施方式，可以使学生明白到这一研学学习点开展研学学习集体将做什么，自己要做什么，能够做到有的放矢，可有效避免学生在研学活动中陷入盲目的状态。

（6）设计探究性学习题目。探究离不开问题，在研学实践活动中的探究学习主要围绕“问题”进行。在手册中要针对具体的事物设定问题，直指真实生活场景中的某一个情境，引导学生运用已有知识和认知进行解释，开展学习。

任何基于实践的探究活动都要具有一定的步骤和程序，就像科学家无论从事哪一门类或是哪一项研究，都要经历从发现问题到解决问题的过程一样，探究性学习活动同样要遵循一定的探究过程和规律。要引导学生学会探究学习的方法，为学生开展探究式学习提供方法的指导和技术层面上的要求，使研学实践活动的学习能够有的放矢。

（7）活动隐患和活动纪律提示。安全是研学旅行最重要的问题。对于缺乏自我防范意识的未成年人来说，各个研学学习点都存在着一定概率的事故隐患。指出每个研学学习点的安全隐患，并用活动纪律来约束学生是十分必要的。

【案例】《研学学习手册》苏州木渎古镇研学课程

访江南古镇 探历史遗存

研学地点：木渎

活动对应学科：历史、综合实践

学习主题：参观木渎古镇，感受江南古镇独特魅力。

学习目标：认知目标——通过实地考察，了解古镇形成的自然因素。

能力目标——通过分小组采访、调查，完成探究学习任务，学会与人交往和独立分析问题的能力。

情感培养目标——能够说出对江南古镇文化的独到感受。

课程环境：木渎古镇有丰富的历史文化积淀，经国家批准的文物保护单位有12处。1983年被列为太湖13个风景区之一，享有“秀绝冠江南”之誉。镇西有风景名山灵岩山，山上建有“馆娃宫”，是中国历史上第一座山顶皇家花园，给后人留下了许多遗迹。雄踞山顶的灵岩寺为梁代建筑。灵岩山以中国佛教和游览胜地著称于世。与灵岩山遥遥相对的天平山位于镇西北，以“红枫、清泉、怪石”三绝闻名江南。木渎古镇明清文化遗存丰富，清代《姑苏繁华图》描写木渎景致占一半。明清时代镇上有私家园林30余处，享有“园林之镇”的美誉。

学习方式：

1. 参加活动前分组，8—10人为一组，每车分为4组。

2. 各小组明确小组长。小组长须持手机，保持通信畅通。

3. 参观过程中开展资料收集、记录和拍照。

学习导航：相传春秋末年，吴越纷争，越国战败，越王勾践施用“美人计”，献美女西施于吴王。吴王夫差专宠西施，特地为她在秀逸的灵岩山顶建造馆娃宫，又在紫石山增筑姑苏台，“三年聚材，五年乃成”，源源而来的木材堵塞了山下的河流港渎，“木塞于渎”，木渎之名便由此而来。公元前221年（秦始皇二十六年），秦设吴县，木渎隶吴县。王莽新朝，木渎属泰德县。其后，木渎均为吴县辖地。《元丰九域志》载：“北宋设木渎镇，属吴县，镇以渎名。”明、清时为吴县六镇之一。清雍正年间，木渎古镇属吴县长寿乡。历来是基层政权驻地。1912年（民国元年），木渎、金山隶属吴县。1949年4月27日起，为木渎区人民政府驻地。1952年为县直属镇。1954年9月划归苏州市郊区。1958年8月，复划归吴县。1985年金山乡与木渎镇合并。2001年2月，吴县撤市建区，木渎镇归苏州市吴中区管辖。

课程实施：

参观：分组参观木渎古镇，听专家讲述古镇的历史和故事。

探究：以小组为单位，探讨古镇形成发展与哪些自然因素有关。

采访：以小组为单位，就你感兴趣的江南风土人情，采访古镇居民，了解古镇的佚事。

思考与探究：

1. 江南古镇与北方古镇有什么差异？试举例说明（至少举出3例）。你认为导致这种差异的主要原因有哪些？

2. 小镇有什么特色食品？结合小镇特色食品，探讨一下江南古镇饮食与地理环境的关系。

考察与践行：请对木渎古镇的发展与保护提出你的建议。

____

采访记录：

采访对象描述（如：张奶奶，59 岁，退休，本地人）	1. 2. 3.	
问　题	回　答	资料分析
1. 木渎的历史名人和传说故事		
2. 历史上木渎古镇的发展受益于哪些自然条件?		
3. 木渎有哪些独特的风俗		
4. 木渎古镇的饮食特点		
5 木渎当地语言的特点		
6. 木渎建筑的风格特点		
7. 木渎的老建筑保留下来的都有哪些？人们对老房子是什么样态度?		
8. 木渎的生活方式是否一直保留着自己的风格？受外界影响有多大?		
9. 木渎人休闲时喜欢做什么?		

知识链接：

木渎古镇

木渎古镇视频

活动纪律：

（1）遵守古镇管理规定，文明参观。

（2）认真聆听讲解员关于木渎古镇相关知识的讲解。

（3）参观过程须沿指定路线行走，不要在水域或临水区戏水。

（4）带上通信工具，如手机，万一丢失，队伍便于联系。

（5）准时集合，保持团队活动。

3. 课程评价与附件部分。

评价是研学活动课程的重要环节，也是检测学生学习成果、教育目标的试金石。在研学旅行中要采取多元评价的方式。我们将在第七章具体讨论这一问题。需要指出的是，在《研学学习手册》中设置的评价指标与在研学基地单元课程的课程评价不同，应该侧重于整个研学过程中的过程性评价和研学后总结展示内容的终结性评价，以便学校方将学生的研学成绩记入学生综合素质成长手册。

《研学学习手册》还应包括研学旅行组织架构、联系网络、医疗、警力的应急电话、行程备忘、随队老师、辅导员联系方式等方面。手册内容应具体明确、操作性强，便于检索。

要注重《研学学习手册》学材的特点，手册中要穿插适量的思考题、探究活动和练习题，让学生游中有学、学有所得。要有反思的篇章，让学生对研学旅行的收获和经验教训做出总结，提升自己的能力。要注重可读性，要把材料、图片、题目有机地结合起来，在版式、插图、语言、留白、装帧、风格上形成学生喜爱、有一定存留价值的读本，给学生呈现出图文并茂的优美小册子，加大学生阅读的兴趣。要有笔记、学习记录、日志书写、总结感悟等。通过笔头落实，既让学习过程落在实处，又让学生的学习体验更加深刻，体现“读万卷书，行万里路”的教育理念和人文思想。

第七章 CHAPTER 7

研学实践活动课程评价

无规则无以成方圆，无标准无以定优劣。“建立适合学生发展的活动课程”是实现研学实践教育育人的根本途径。而检验一个优质的研学课程的标准，就要有一个科学的研学实践活动课程评价指标体系，本章在参考了多个中小学生研学实践教育基地课程设置与管理经验的基础上，从研学实践活动课程学习评价、研学实践活动课程研发评价、研学指导教师课程执行力评价和研学实践活动课程管理评价四个方面尝试建构起研学实践教育的课程评价体系。旨在抛砖引玉，促进研学实践活动课程评价体系的建设与发展。

一个完备的教育评价指标体系包含三个要素：一是评价指标；二是评价标准；三是指标权重。评价指标是评价目标的具体化，评价标准是对最低一级评价指标的具体化，具有可操作性，是用以衡量评价对象是否达到评价目标的尺度和准则。指标权重用以表明各项评价指标在整个指标体系中所占的重要程度。本章所指的“研学课程评价体系”包括上述评价指标、评价标准和指标权重三个组成部分，以及建立在三级评价指标基础上的评价标准说明。

目前有一种趋向，即偏重于研学旅行行业管理的评价。许多省市和地方教育行政部门以及学校制订了一系列的研学旅行行业准入办法及文旅单位承接研学旅行业务的绩效管理和考核奖惩办法。应该说在加强研学旅行的行业管理方面是十分必要且及时的。但研学旅行教育的目的是促进学生健康成长，因此制订一个相对科学的研学实践活动课程评价体系已是当前研学旅行发展急需解决的问题。

研学课程评价的对象既包括课程的计划、实施、结果等课程计划本身，也包括课程执行方在研学基地的实践过程，同时也包括参与课程实施的教师、学生、学校，还包括课程活动的结果，即学生和研学指导教师的发展。关于研学旅行行业管理的评价以及研学旅行承接机构的管理评价，社会各界在这方面的文章已经有许多。本章主要从以学生为主体的研学课程评价、研学实践活动课程研发评价、研学指导教师课程执行力评价和研学实践活动课程管理评价四个方面进行论述。

第 1 节　研学实践活动课程评价体系的建构原则

研学实践活动课程评价体系的建构原则有以下四个。

一是以“建立适合学生发展的课程”为基本理念，在传统的“开发或选用适合基地特点的活动课程”的基础上，更多地从“全人教育”的角度关注学生的成长与发展，从而确立研学活动课程评价的科学定位。

二是逐步提升基地研学活动课程的品质，凸显各个研学实践教育基地研学活动课程品质应具有的结构、功能和价值方面相应的特质，能体现出研学实践活动课程内容的精良与系统，能满足受教育者的合理教育需求以及与国家教育目标的高度契合，具有传承和创新教育文化的本质属性以及文化意义上的核心价值观。

三是进一步强化研学实践教育基地研学活动课程管理的主体意识，提高基地对其课程管理活动的自我反思和改进的能力。

四是进一步明确和细化学校、研学实践教育基地在研学活动课程管理过程中应该承担和落实的管理责任。

没有课程评价就难以自觉改进教育管理，没有教育管理就难以保证教育质量。建构研学实践活动课程评价指标体系是促进学校和研学基地反思、改进其研学活动课程管理行为的重要手段。因此，我们在此提出了以“全”为特征的研学实践活动课程的管理体制，即全员管理、全程管理和全面管理。

全员是指研学活动课程管理需要由决策人员、管理人员、执行人员（教师）和监督人员按一定方式组成管理系统并发挥综合作用；全程管理是指既要关注研学实践活动课程的教学实施过程，也要关注研学活动课程的编制与评价；全面管理是指研学实践活动课程的管理既是对人的管理，也包括对物的管理，如教师与学生管理、课程目标与内容管理、课程资源与成果管理等方面。

基于以上理念，我们从以研学实践活动课程学习评价、研学实践活动课程研发评价、研学指导教师课程执行力评价和研学实践活动课程管理评价四个方面建构起研学实践活动课程体系，以适应日益发展的研学实践教育的现实需要。

研学实践活动课程评价体系建构表

<table>
<tr><th>目标与方向</th><th>一级评价指标</th><th colspan="2">二级评价指标</th><th>三级评价指标</th></tr>
<tr><td rowspan="17">研学实践活动课程管理目标</td><td rowspan="13">学习评价</td><td rowspan="6">研学表现评价</td><td rowspan="3">自评、小组评价</td><td>行为能力</td></tr>
<tr><td>活动态度</td></tr>
<tr><td>情感价值观</td></tr>
<tr><td>基地老师评价</td><td>表现评价</td></tr>
<tr><td rowspan="2">学校老师评价</td><td>过程性评价</td></tr>
<tr><td>终结性评价</td></tr>
<tr><td rowspan="7">研学实践成果评价</td><td rowspan="5">自评、小组评价</td><td>创意</td></tr>
<tr><td>技术</td></tr>
<tr><td>内容</td></tr>
<tr><td>合作</td></tr>
<tr><td>展示</td></tr>
<tr><td rowspan="2">基地老师评价</td><td>过程评价</td></tr>
<tr><td>成果评价</td></tr>
<tr><td rowspan="4">课程研发评价</td><td colspan="2" rowspan="4">规划</td><td>现实需要</td></tr>
<tr><td>立足社会资源开发</td></tr>
<tr><td>总体目标</td></tr>
<tr><td>课程结构</td></tr>
</table>

（续表）

<table>
<tr><th>目标与方向</th><th>一级评价指标</th><th>二级评价指标</th><th>三级评价指标</th></tr>
<tr><td rowspan="39">研学实践活动课程管理目标</td><td rowspan="11">课程研发评价</td><td rowspan="3">实施</td><td>研学课程开发纪要</td></tr>
<tr><td>教师培训与课程研究</td></tr>
<tr><td>课程内容与活动安排</td></tr>
<tr><td rowspan="3">评价</td><td>课程评价</td></tr>
<tr><td>教师实施评价</td></tr>
<tr><td>学生学习评价</td></tr>
<tr><td rowspan="3">保障</td><td>组织保障</td></tr>
<tr><td>制度保障</td></tr>
<tr><td>资源保障</td></tr>
<tr><td rowspan="2">成果</td><td>基地成果</td></tr>
<tr><td>师生成果</td></tr>
<tr><td rowspan="10">研学指导教师课程执行力评价</td><td rowspan="2">课程研发</td><td>课程资源开发与调整</td></tr>
<tr><td>活动课程的二次开发</td></tr>
<tr><td rowspan="6">课程执行</td><td>课程资源协调</td></tr>
<tr><td>活动组织</td></tr>
<tr><td>学习动机激发</td></tr>
<tr><td>研学学习指导</td></tr>
<tr><td>生活管理</td></tr>
<tr><td>活动安全管理</td></tr>
<tr><td rowspan="2">课程评价</td><td>对学生的评价</td></tr>
<tr><td>课程执行评价</td></tr>
<tr><td rowspan="11">课程管埋评价</td><td rowspan="2">规划</td><td>方案制订</td></tr>
<tr><td>制度建设</td></tr>
<tr><td rowspan="2">组织</td><td>机构建设</td></tr>
<tr><td>资源发展</td></tr>
<tr><td rowspan="2">领导</td><td>愿景创生</td></tr>
<tr><td>文化革新</td></tr>
<tr><td>控制</td><td>系统保障</td></tr>
<tr><td rowspan="4">评价</td><td>背景评价</td></tr>
<tr><td>投入评估</td></tr>
<tr><td>过程评估</td></tr>
<tr><td>成效评估</td></tr>
</table>

第2节　研学实践活动课程学习评价

学生是研学旅行活动的主体，中小学生走进研学实践教育基地开展研学活动，其教育目标是要在丰富的社会资源与环境中，收获对中华优秀文化的历史认知；对革命先辈顽强斗争、不怕牺牲的革命传统文化的自觉传承；对民族历史文化的认同和感受；对美丽的自然生态和丰富的地质地貌与植被的亲身体验，从中感受祖国大好河山，感受中华传统美德，感受革命光荣历史，感受改革开放伟大成就，增强对坚定“四个自信”的理解与认同；同时学会动手动脑，学会生存生活，学会做人做事，促进身心健康、体魄强健、意志坚强，促进形成正确的世界观、人生观、价值观，培养他们成为德智体美劳全面发展的社会主义建设者和接班人。

在此基础上，对学生为主体的研学活动课程的学习评价是指学生来到研学实践教育基地后经过实践活动学习所获得的收获进行一个价值判断。这一价值判断要求在事实描述的基础上，体现评价者的价值观念和主观愿望。

对学生的研学活动课程收获的评价要从以下三个方面实现。

第一，突出发展价值。研学课程的评价是以学生的真正收获为内容的。研学实践是学生实践的教育，是学生发展的教育，更是学生成长的教育，因此课程评价的核心是突出发展价值。

第二，学生是课程评价的主体。研学实践活动的课程目标强调以学生为主体的主动学习和探究，对其评价也要强调学生的主体性。在研学实践活动实施中，我们倡导学生自主参与、自主探究的学习方式。这就改变了以往由教师对学生单向评价的状况，学生既是研学实践活动的主体，又是自我评价、相互评价的主体，从而使教与学在评价中得到和谐统一。

第三，课程评价的多元化。研学实践活动课程既是实施素质教育的重要途径，又承载着道德素养的养成、良好人文素养的培养、创新精神的培育、实践能力的锻炼等多方面的教育功能，具有鲜明的多元特征。因此，研学实践活动课程的评价要在促进学生全面发展的总目标统领下，以多维的视角来确定评价的目标。

一、评价原则

全面性原则——要从学生发现问题、探究问题和解决问题，自我规划、自我管理和自我发展，合作探究和交流，科学精神、态度和价值观，创新意识和能力，公民意识和社会责任感等方面全面进行评价。包括学生的个性化表现和学生团队的集体表现。

表现性原则——必须依据学生在真实情境中完成任务时所表现出来的理念、态度、能力、知识等，进行研学旅行教育目标的综合评定，即评价学生发展的核心素养。

开放性原则——依据研学内容的广泛性和现实问题情景的开放性，不能设置唯一正确的答案，要兼顾学生实现研学目标的一般情况和在某一方面的特别表现，顾及学生的个别差异进行评价，注重对发散性思维和创新思维的评价。

激励性原则——除了甄别区分功能外，要让学生通过评价认知自己的强项和潜能，激发学生学习的自信心和进取心，促进学生反思和持续发展。

二、评价角度和方法

1. 评价内容的多元化。包括：（1）研学作业的完成；（2）研学体会的分享；（3）研学成果的展示；（4）研学成绩的认定。

2. 评价角度的多元化。包括：

（1）目标检测：对照课程目标，以学生活动为主体，结合学生在研学过程中的表现，如情感态度与价值观、积极性、参与情况等进行评价打分。

（2）过程评价：按照活动小组的分工要求，将活动组织的各个环节对照实施标准进行检测，并根据活动完成情况，对学生学习的有效性进行过程评估。

（3）成果评价：对实践操作、活动作品、摄影资料等进行评比。

3. 评价方式的多元化。

对学生参与研学实践活动的课程评价应充分肯定学生活动方式和问题解决策略的多样性。评价不是简单给出等级和结果，评价要重在反馈和激励，要杜绝对学生的作品随意打分和简单排名等功利主义做法。要尊重每一个学生个性，让每一个学生都有参与、表现和被肯定的机会。同时，研学活动课程评价要与学科评价区分开来，不能一把尺子衡量所有学生。

评价方式既可以是定量的方法，也可以是定性的方法。而对于情感态度价值观的评价则应更多地适用于定性的评价。

4. 学生研学成果形式。

学生的研学学习成果可以有多种形式，可以是一篇研究论文、一份调查报告、一件模型、一块展板、一场主题演讲、一次口头报告、一本研究笔记，也可以是一项活动设计方案。不同学段、不同学校、不同学生可以根据实际情况采用最适合自己的方式提供研学成果。

成果表达形式：图画、照片、模型、实物、录音、录像、光盘、网页、诗歌、节目、口头报告、书面报告和论文等。

成果交流方式：班报、刊物、展览会、演讲会、答辩会、研讨会、节目表演、展板、墙报等。

三、评价方法

（一）学生的自我评价

学生自我评价是使学生作为评价主体，依据一定的标准对自己的期望、品德、发展状况、学习行为与结果及个性特征进行判断和评估，是学生自我认识、自我分析、自我提高的过程。包括学中，学末评估，教师一般也会参照学生自评作出自己对该学生的评价，简单的优良中差已是过去的评估方式，在个性教育的时代，如何挖掘每个学生自身独特的可塑性的优势，激励引导学生的自信自尊，是值得每个教育者和相关者思索的课题。

研学实践课堂作为教师学生彼此交流的一个活动平台，要通过分享、交流等活动，将学生眼中的自己，教师眼中的学生彼此加强认识，实现学生的自我成长。

1. 研学辅导员如何引导学生开展自我评价？

（1）知识掌握的自我评价。

依据认知的分类，从记忆、领会、应用、分析、综合等方面引导学生评估自己对知识的学习情况。

——是否清楚参与的活动项目的基本概念，以及内涵和外延？

——能否将新学知识和已有知识联系起来？

——能否对所学知识举一反三、触类旁通？

——能否在实际条件下灵活运用所学知识？

（2）学习动力的自我评价。

学习动力有内在动力与外在动力之分。自我评价要对内在动力进行分析、判断。主要包括：

——学习目标是否明确？有无长远目标和近期目标？

——对参加基地研学的各项活动课程是否充满信心？

——对所参与的活动课程是否有浓厚的兴趣？

——学习态度是否勤奋、认真？

——是否有主动积极的进取精神？

——有无战胜学习困难的勇气和毅力？

——学习情绪是否稳定、持久?

（3）学习策略的自我评价。

可从以下几个方面引导。

——能否妥善安排学习时间？

——能否正确利用各种材料？

——能否与同学、教师合作学习？

——能否集中注意力听辅导员的讲解？

——能否排除干扰，保证研学学习活动的顺利进行?

——能否选择并采用合适的学习方法？

——能否总结自己或借鉴他人好的学习方法和经验？

（4）学习能力的自我评价。

学习能力的评价可从以下几个方面进行：

——获取信息的能力：包括感知能力、阅读能力、搜集资料能力等；

——加工、应用、创造信息的能力：包括记忆能力、思维能力、表达能力（口头的、文字的）、动手操作能力、创造能力等；

——学习的调控能力：包括确定学习目的、制订和调整学习计划、培养学习兴趣、克服学习困难等；

——自我意识和自我超越的能力。

自我评价的方法灵活多样，可以定性分析与定量分析相结合；诊断性评价、形成性评价与总结性评价相结合；绝对评价、相对评价与个体内差异评价相结合；还可采取现场讲评、自我鉴定、写日记、写读书笔记、同学间相互提问、自我奖惩等方法。

自我评价最好能与他人评价结合起来，因为他人评价（如教师的指导性评价、同学间鉴定性评价）客观性较强，比较能反映学生学习的实际状况，还能促进学生自我评价能力的形成。而自我评价由于缺乏外界参照体系，不便进行横向比较，主观性强，容易出现评价偏高或偏低的趋向，甚至报喜不报忧的情况。但如果引导得当，评价者态度端正，自评也可能获得比外部评价更准确的结果。

2. 研学辅导员引导学生开展自我评价须注意的问题

（1）教师要为学生树立良好的评价榜样。

自我评价往往以他人评价作为重要参照。教师的评价活动是引导学生开展自我评价和自我控制能力的基础。

学生通过教师的评价活动掌握一定的评价标准和运用标准的方式方法，掌握评价结论的表述方式并积累评价经验。因此，教师的评价应为学生树立榜样。譬如研学指导教师对活动课程的总结，适时对一个或几个表现优秀同学的表扬、对一个问题或一节课的总结性评价、对学生的评价等，都是引导学生积极开展自我评价的导入方法。

教师的评价活动应做到全面、客观，重点突出，观点正确、鲜明、深刻，语言简洁、准确、有条理，使学生从评价角度、评价方法、评价观点、评价依据、评价语言几个方面学有所获。同时，教师应引导学生对参与活动后所学到的知识、能力，积极进行梳理评价，检查评价研学物化成果，引导学生开展自我认识和评价。

自我评价的方法是多种多样的，学生应根据自身的特点，结合外部的要求选择合适的评价方法，提高自我评价的效果。

教师引导学生自我评价的目的是帮助学生正确认识自我、对待自我；正确把握自我与他人的比较；确定适合自己的发展目标。

——帮助学生正确认识自我。由于人都是处在一个特定的环境中，对自我的认识在很大程度上受环境的制约，因而人们对自我的认识也就存在局限性。研学指导教师可从以下几个方面引导学生评判自己的行为认识，为他人了解自我提供行之有效的方法，最后得出一个全面的“自我”。

一是从他人对自己已知、未知的看法揣测上评价自我。

二是从已知自己和他人都了解的部分的角度评价自我。

三是从自己不清楚但他人了解的部分评价自我。

四是从自己了解，但他人没注意的部分评价自我。

五是从自己和他人都不了解的部分评价自我。

——帮助学生正确对待自我。帮助学生实事求是对自己作出恰如其分的评价，不要过高或过低评价自己。正确对待已取得的成绩，不要自我陶醉，停滞不前。“尺有所短，寸有所长。”每个人都有自己的长处和短处，应从内心里接纳自己，鼓励自己，给自己一个准确的定位，确立自尊心和自信心。

——正确把握自我与他人的比较。学习者可从自我与他人的比较中了解自己、评价自己。例如在自我评价中，教师要有引导学生客观地从研学活动学习中，自己对教师的讲析、实践的操作、以及其他同学的行为等方面作一番对照，看看别人在哪一点上比自己站得高、看得远、讲得透，看看自己有没有独到的见解。

——确定适合自己的发展目标。学习者应学会根据学习任务的要求，确定适合自己的学习目标。所确定的学习目标最好是近期的、具体明确的、能够完成的，以便于目标的实现。而且学习者应确定恰当的自我期望值。

值得注意的是，学生在完成某项学习任务后，往往要对学习结果（成功或失败）的原因进行解释。这种解释叫做归因。而学习者的归因方式会影响其后续的学习态度、学习行为。因此，研学指导教师要引导学生采取正确的归因态度评价自我。对成功总结经验，再接再励；对失败进行正确归因，调整对策，重整旗鼓，这样才能走向成功。

那种怨天尤人（把失败原因归之于客观因素）、自暴自弃（认为自己能力差，无论怎样努力都无济于事）的态度都是不可取的。研学指导教师应有效指导学生客观分析影响成败的原因，学会先从自己内部找原因，并尽量找自己可以控制的原因。

自我认知学习类型的归因影响

类型	自知之明型	自我贬低型	自我夸张型
态度	正确对待成功与失败	自我评价过低	自我评价过高，虚假的理想自我
表现	知道自己优点，也知道自己不足	脑子笨、能力差、成功也是侥幸	夸张自己成绩与能力，炫耀表现
比较	不骄傲不自卑不攀比	自己之短比他人之长	好表扬赞许，听不得批评
效果	自信心增强，更加努力	看不到自己优点，感到自惭、羞愧	说不中听的话，伤害别人，责任推诿
心理暗示	平和，积极	自责羞愧	沾沾自喜，自以为是
结果	追求成功能力	丧失信心，放弃努力	学习不认真不踏实，不肯吃苦

3. 注重对学习过程进行小结与总结

在研学实践活动过程中，研学指导教师应该在每一个活动环节结束后都及时对学习过程进行小结，引导学生开展自我评价，回顾自己的学习过程，谈谈满意什么？不满意什么？为什么？实事求是、科学地分析评价自己，总结经验教训，找出错误并加以纠正，逐步养成自我评价的习惯。同时表扬和鼓励活动中表现良好的学生，以利于活动下一个环节的顺利进行。

（二）小组评价

研学是以学生自主学习为主导形式的教育。这种自主学习应是以小组形式开展，基地教师或研学导师作为指导教师辅助指导学习的过程。因此，基于学生的自我评价或小组分享评价是学习的一个重要环节。

研学实践教育以合作学习小组为基本形式，利用现实环境中动态因素之间的互动来促进学生的学习，它要求学生学会如何与他人合作，为兴趣和快乐而竞争，主动地进行独立学习，并把“不求人人成功，但求人人进步”作为追求的目标。

学习评价作为学习系统的反馈调节机制，在学习与教学过程中起着重要作用。在实施小组合作学习评价时，应当采取适当的评价机制，力求对合作学习小组及其成员做出准确、恰当、有效的评价，从而达到激发学生学习热情和培养良好学习行为习惯的目的。其核心原则是“让每一个孩子都精彩”。

建立和形成探究式小组合作的学习方式，是研学实践活动的教学前提。为充分调动学生学习的参与性和积极性，让学生能真正成为课堂的主人，建立有效的小组评价方式尤为重要。

1. 建立小组的方式

将班级成员按照成绩、性别、性格差异每 4—6 人为一组，组内成员分别编为 1 号至 6 号，原则上 1 号为组长。活动时小组的座次最好安排 1 号和 6 号一桌，2 号和 5 号为一桌，3 号和 4 号一桌，6 人面对面就座，这样有利于管理和问题的讨论、指导和解决。

学校老师负责小组划分，并将各组员名单印发给研学指导教师。研学指导教师要根据学生活动过程的表现及时打分，并告知组长及时记录，以便考核。

2. 以小组为单位考核

各小组以组为单位就学习、纪律、卫生、小组合作等各项展开竞赛，组里成员采取捆绑式政策，每组以原始积分每周 100 分为准，优则加分，劣则减分，每项活动结束后进行评比。小组总分最高者评为阳光小组，组员为阳光少年。

活动结束后举办分享会，要求各小组长汇报本组活动和自评得分情况，以及今后改进措施，研学指导教师总结表扬做得好的小组与个人，对表现欠佳的提出要求及采取相应的措施。

（1）每项活动结束进行一次小组得分汇总。根据分数选出分数最高的一个小组，研学指导教师给予表扬，或采用其他形式给予赞赏。

（2）暂时落后的小组，可督促组长及组员写出改进措施交予学校老师。

（3）小组内互帮互助，被帮扶者进步给小组加分。由研学指导教师与学校老师一起商议，把握帮扶对象进步程度，并加分。

（4）组与组之间互相监督，如遇组长徇私舞弊现象，可向老师反应，情况属实应给予该组双倍扣分。

（5）小组长带头违反班级纪律，给该组双倍扣分。

（6）每项活动可采取小组长轮换制，组员之间可推选出星级队友。如团结之星（带领本组努力学习，遵守纪律）、学习之星（不仅自己努力学习，还能帮助组员共同进步）、进步之星、文明之星、小组合作之星（平日表现进步者优先）等。研学指导教师可按具体情况作相应安排并给予奖励。

3. 教师评价与小组互评结合

在小组评价时研学指导教师要用鼓励性、针对性和指导性的评价来引导学生开展评价。教师要多角度、多层面地评价学生。

（1）加强过程性评价。

教师要注重实践活动过程中学生的合作态度、合作方法、参与程度的评价，要更多地关注学生的倾听、交流协作情况，对表现突出的小组与个人及时给予充分肯定和生动有趣的奖励。

（2）突出学生在评价中的主体地位。

合作学习的评价要求重视学生在评价中的主体地位，强调学生主动参与评价过程。因此，教师要改变单一由教师评价学生的倾向，用小组互动交流的形式让学生成为参与评价的主体，将评价机制有机融入实践活动的学习过程，加强评价者与被评价者之间的互动。从这个角度来说，小组合作学习评价的主体是多样化的，每个小组成员、每一个学习小组都可以成为评价的主体。

在进行小组合作学习评价时，要鼓励学习小组和小组成员进行自我评价和合作评价。可采用教师评价、自我评价、小组互评相结合的多主体评价方法。

（3）侧重学生学习素养的评价。

在合作学习中学生合作学习素养是非常重要的，在研学实践活动中的表现就是六个“学会”：学会倾听、学会表达、学会质疑、学会思考、学会欣赏、学会包容。因此在小组评价中研学指导教师要格外关注学生们在这些方面的表现。如活动参与积极，探究主动；善于动脑筋，从不同的角度思考问题；与同学合作学习意识强，能主动帮助学有困难的同学；在合作中学会站在对方的立场考虑问题，体现理解和包容，等等。

4. 小组评价要注意的问题

（1）小组全体成员都要参与评价。

小组合作学习以小组评价为主要形式，评价时要面向小组内的所有成员，把学习小组作为一个整体进行评价。特别要注意避免组内所有任务都由优生包办的现象，否则“潜能生”（关爱生）在组内的学习将会陷入被动与消极。

小组评价时可先请对问题认识理解可能有不足的学生回答，再让其他组员共同补充完善。这样能使“潜能生”得到重视，同时也让优等生通过帮助其他同学的方式，调动学习的积极主动性。

（2）评价标准多样化。

不能用一把尺子去量所有的人。特别是一些“潜能生”（关爱生），他们在小组中处于相对“弱势”，这时候教师就要积极为他们创设表现的机会，同时对于他们的表现也可以采用更正面的评价。比如一个平时话都说不清楚的学生能够主动站起来回答问题了，不管说出的答案是否准确合理，教师都要对他积极参与学习，努力为本组争光的做法给予表扬，同时尽量引导他较清晰地说出个人见解，让他体验到成功的愉悦。对于“潜能生”，除用热情的语言大加鼓励，可能教师一个赞美的眼神、一个带头鼓掌的动作对他的触动都会更大。

（3）教师评价应针对小组全体做出评语。

教师评价时应侧重面向学习小组的评语， 如“这一小组的同学团结互助，这么难的问题马上就弄懂了”“这小组的同学真是好样的，等等。通过评价学习小组整体，有利于培养学生的团结协作精神和集体荣誉感。

（4）量化的评价方法和定性的评价方法结合。

量化评价能够及时和数据化地反映各小组的整体情况，但对于每个组在合作过程中存在的优点与不足却无法反映出来。合作能力是内隐的个人品质，很难对其进行直接定性评价，而且简单地用一个分数表示是不科学的，这样做无助于培养学生的合作能力或提出有针对性的改进措施。只有将量化的评价方法和定性的评价方法结合起来，才能达到有效地描述学生发展状况的目的。

5. 小组评价的常用方式

小组合作学习评价要把评价方法的多样化与评价方式的灵活性结合起来，强调小组成员之间的互动、小组与小组间的合作以及师生互动。合作学习的特性决定了小组合作学习评价方式的灵活性，在研学实践活动中指导教师要根据具体情况采取适当的评价方式。

（1）调查问卷式评价。

调查问卷法适合于在研学实践活动开始之前、活动之中和结束之后进行，通过比较分析调查问卷的结果，可以了解学生小组合作学习的情况，既有助于评价学生合作学习能力，又为采取有针对性方法进行教学提供了借鉴。

（2）解答问题记分制评价。

学生任何一项“劳动”都有成果的回报。对小组的认可或者小组成员的认可，可通过活动记分制实现。即根据实践活动的难易程度，可以有不同的分值。同时还可以把一个实践活动内容划分成若干环节，分别赋分，在小组评价中以累计加成的方式完成评价，对于有创意的项目可以根据“学术价值”进行加分，鼓励学生发表新颖的观点，进一步调动学生参与的积极性，并可强化学生分析问题能力和创造能力的培养。

（3）“奖惩”性评价。

“奖”的目的是树立正面榜样，让小组成员体会到由合作带来的认可；“惩”的目的是对表现不佳组进行督促，明确下一步要努力的方向。其实将各组的评价结果进行公布，本身就是对小组及成员的一个“奖惩”。从心理学的角度来说，每个人都有被认可的需要，在集体的评比中得到同伴、老师的认可是让人身心愉悦的。为了“强化”评价的导向功能，我们可以采取一些符合中小学生心理特点的奖惩办法，比如：给优秀的小组发奖状，给获胜小组的成员家长发贺喜短信，给进步快的小组游戏的机会，等等。惩的方法可以是让表现不佳组给大家表演节目，承办一次整理活动场地，收拾工具活动，等等，在活动中让被罚的小组体会到个人与小组的密切联系，体会到合作的重要性。

6. 小组评价的内容

（1）成果展示。

成果展示可以采取现场讨论、作业提交、手抄报、征文、演讲、图片、视频、书面报告、PPT 等形式，展示学生在研学实践活动中的思考、认知，学习的收获，反思成败得失，提升个体经验，促进知识建构，并根据同伴及教师提出的反馈意见和建议查漏补缺，明确进一步的探究方向，深化主题探究和体验。

学生现场成果展示后的赋分，小组个人汇报可设定赋分标准。如每次有效的现场展示一号得 1 分，二号得 2 分，以此类推六号得 6 分。也可以视问题的难易程度，提出不同分值的问题。分值的界定要视已经掌握问题的学生的人数来定，可以把回答问题的学生人数作为参考依据之一。教师视问题难易程度提问相应学号的学生。小组集体展示汇报以 10 分为基础分，教师可视其汇报情况给出相应的得分，组长记录。

（2）活动作业。

按照研学实践活动的作业完成情况赋分。作业完成良好得 5 分，抄袭作业给组内扣 5 分。每次作业一次性全对，加 1 分。作业有失误酌情扣分。

（3）活动纪律。

小组合作活动时容易出现做与活动无关的事，建立有效的监督机制尤为重要。

——每次活动均能做到快、静、齐，以小组为单位最快安静下来。如果做不到研学指导教师可视情况扣分。

——活动时做到专心听讲解，全组积极参与，不互相打闹，不做危险的尝试。

——在活动过程中，小组成员能够做到合作研究，协调解决组内矛盾，齐心协力共同完成任务，共同进步。

——能够注意保护环境，爱护公共财物。不乱刻乱划。

——能够注意保持环境整洁，活动结束后工具用具放回原处。

——讲文明，懂礼貌。

7. 小组评价的重点

（1）按照研学旅行教材、学案，服从组织安排，遵循计划，规范参与研学旅行活动，遵守研学旅行纪律。

（2）主动、积极体验研学旅行活动过程，把握好独立思考、自主操作与小组合作、师生互动之间的关系。

（3）认真观察、调查，主动发现问题，积极提出问题，参与问题的分析与解决。

（4）积极参与实践操作，在实践活动中争取发现问题，在分析问题中思考设计解决问题的可行性方案。

（5）面对真实情景，积极整合多学科知识，综合运用多学科方法，独立思考，自主提出解决现实问题的意见。

（6）认真倾听别人的意见，积极表达自己的意见，参与集体讨论和辩论。

（7）安排好生活与学习，形成适应集体旅行、集体研学的节奏，关心同学，关心集体，养成团结互助的品格。

（8）遵纪守法，履行安全规范。

小组合作学习是新课程所倡导的一种新的学习方式，对学生进行合作学习评价是研学指导教师教育教学的一项重要工作。合理恰切的评价在调动学生学习的积极主动性方面有着重要的作用，它有助于促进学生间的情感交流和合作学习，有助于在研学实践过程中加强探索研究，不断补充完善，提高小组合作学习评价的科学性和实效性。

以下是用于学生在研学过程中的学习表现与实践操作的课程评价表。

研学实践活动学习表现评价表（自评、组评）

分类		1 分	2 分	3 分	评分
行为能力	角色承担	没有认识自己的角色和任务	认识自己的角色，并知晓自己任务	有自己明确的角色，有被分配明确的任务	
	操作能力	不能独立完成自己的任务，完全不知道自己负责的任务	基本能独立完成自己的任务	能高效率高质量独立完成自己的任务，能成为小组总任务的宝贵素材	
活动态度	参与主动性	不积极参与小组活动，缺乏团队意识，经常缺席研学活动	积极参与小组活动，有团队意识，但曾有缺席研学活动	积极参与小组活动，对团队有强烈的集体意识，从不缺席研学活动	
	创新能力	没有创新意识，在活动中从不质疑、不探究、不动手操作	有创新意识，但在活动中不探究、不动手操作	有创新意识，在活动中善于质疑，积极探究、动手操作	
	合作能力	几乎不与组内成员沟通交流，没有相互分享信息、创意、成果，没有团队精神	与组内成员有沟通，分享信息、创意、成果，但没有选择合适的方式与之交流	善于沟通合作，相互分享信息、创意、成果，与人沟通能力良好，能选择合适方式与同伴交流	
情感态度价值观	环保意识	活动过程中有乱扔垃圾、践踏草坪、乱摘花草等不雅的行为	活动过程中没有乱扔垃圾、践踏草坪、乱摘花草等不雅的行为	活动过程中没有乱扔垃圾、践踏草坪等行为；还能主动捡拾垃圾，阻止其他人乱摘花等行为	
情感态度价值观	文明意识	活动过程中说粗话，对人不礼貌，在研学地点乱刻乱画、随地吐痰等不文明行为	活动过程中不说粗话，对人礼貌，没有乱刻乱画、随地吐痰等不文明行为	活动过程讲文明，有礼貌，没有不文明行为，还能通过合适的方式阻止别人的不文明行为	
	团队意识	擅自离队，不听从老师、组长的指挥，在研学地点无目的地走动、玩耍	没有擅自离队，但不听从老师、组长指挥，未完成自己研学任务	没有擅自离队，听从老师、组长指挥，有目的地完成自己的研学任务	
我的总分					

（三）物化成果评价

设计制作是研学实践活动的主要活动内容之一。它是对当前科学与技术迅猛发展所做出的教育回应，也是由综合实践活动课程体现教育与生产劳动、社会实践相结合教育方针，落实立德树人根本任务的教育理念出发而形成了重要教育形式。

设计制作指学生运用各种工具、工艺（包括信息技术）进行设计，并动手操作，将自己的创意、方案付诸现实，转化为物品或作品的过程，如学习民间技艺，制作风筝、竹器、陶艺创作等。它注重提高学生的技术意识、工程思维、动手操作能力等。在研学实践活动过程中，鼓励学生手脑并用，灵活掌握、融会贯通各类知识和技巧，提高学生的技术操作水平、知识迁移水平，体验工匠精神等。设计制作的关键要素包括了创意设计、选择活动材料或工具、动手制作、交流展示物品或作品、反思与改进几个活动环节。

评价学生在研学实践活动中的物化作品是非常重要的，它对学生学习的态度和主动性能够有一个直观的判断，对学生开展研学实践活动的学习起着促进、推动和激励作用。

交流展示物品或作品是设计制作过程中不容忽视的一个环节。学习者通过交流设计制作的实践过程（包括期间所经历的快乐乃至痛苦），展示实践成果，解释其工作原理，澄明并提升其思维过程等，与同伴在思维、情感上“碰撞”。

对学生在研学实践活动中的物化作品的评价不能只评价最后物化的成果，活动过程中的经历、学生情感随着活动开展的波动起伏都是评价的重要方面。只评价物化成果是肤浅的，关键是通过评价反思让学生燃起下次活动的热情，懂得不断反思不断成长的真谛。

在最后的成果展示汇报阶段可以让学生回顾活动全程，将重要的感触包括活动小组的成功与不足等表达出来；要引导学生对自己在综合实践活动中的各种表现进行“自我反思性评价”，可以请学生讲一讲遇到现实问题解决问题的过程，讲小组的配合效果，讲自己为本次活动付出的努力，等等。即在关注物化成果制作水平的同时更要关注学生体验过程的收获。

1. 物化成果的评价要体现过程与结果的统一

（1）突出展现学习的过程。

体验学习重在过程，在于过程中的反省与感悟，学生自主学习的过程与方法是学生真实获得的根本途径。学生在制作过程中学会运用科学方法开展研究，能主动运用所学知识理解与解决问题，提高解决问题的能力以及产品的设计与制作能力。

（2）关注学生思维能力的深度体验。

设计制作在本质上是深度参与实践性设计、协作学习，以及计算思维、工程思维、创造思维及反省思维等，从而具有独特的教育价值。

设计制作鼓励学习者结合自身兴趣爱好与现实需要，对具有“理智悬念”的问题做出观察与思考，提出多种问题解决方案，并创造性地运用各种活动材料和工具，将理论、概念等应用于实践，产生实践结果——创意物化，从而获得更加丰富、具体的经验。学生在学习过程中涉及到对自身所处的真实世界和工具本身的理解，知识性学习与真实世界的联系得以加强，学习本身的内涵也超越了浅层意义上的“获得”，走向更为深度的学习。从这一意义来说，参与实践促成“学习和理解”。

（3）关注学生综合素养的全面提升。

在研学实践活动中，学生积极参与动手操作实践，运用多种操作技能，解决生活中的某一复杂问题。这一过程实质上反映的是学生动手操作、技术应用和物化能力的培养与提升，通过实践活动，学生在实践操作中形成了学习的意识，提高综合解决问题的能力。

评价实践学习的物化成果，要及时帮助学生总结他们的感悟，引导学生深刻反思和审视自己在创作过程中的真实收获，将感性的实践体验上升为理论的概括，完成认识上的飞跃。

2. 物化成果的评价方法

（1）看质量。

物化成果的质量是任务完成的标志，也是学生将理论、概念等应用于实践后产生的实践结果。这是检测学生实践活动的学习收获的基本因素。

（2）看时间。

完成作品时间的长短取决于学生使用工具的熟练程度和对作品的理解程度。这是一种原生态的体验，也是检测学生实践活动的学习收获的重要因素。

（3）看方法。

在研学实践活动的制作实践中，学生的创造性和自主性是学生个性发展的重要体现。运用自己的知识和能力动手实践操作，使学生的思维得到拓展，动手能力得到增强，点燃了学生智慧的火花，培养了学生的创新意识和创造能力。而方式方法的运用则体现了学生的智慧和创造能力，是培养学生创新精神和创造能力的最好试金石。

（4）看过程。

研学实践活动的成果展示不是简单的物化形式，更应展示学生发自内心的喜怒哀乐，对社会善恶美丑的认识与理解。这就需要在实践活动过程中给予学生更多的关注。关注学生在实践中是怎样与他人交往合作的？他们在活动过程中有否发现问题，又是如何解决问题的？学生在成果展示过程中是否表达了内心的声音，分享了自己真实的收获？他们参与活动的过程和成果展示有何感悟和体验？等等，都是值得研学指导教师关注的地方。

（5）看情感。

学生在研学实践活动中完成的物化成果，源于学生的真情实感，源于学生的独特体验和感受，从中我们可以看到学生对生命、生活的感悟。因此，物化成果展示应从作品内涵和学生陈述两个方面注重学生的真情流露，展示学生的真性情。

（6）看合作。

我们倡导研学实践活动要以小组合作探究的形式开展。在小组的合作学习中，同伴之间相互帮助，动手实践，在实验中发现，探究科学的奥秘，提高了学生创造思维的能力，使他们在参与学习的活动中得到愉悦的情感体验。

在物化成果展示时要注意小组的团队整体表达，要说明白小组是怎样解决所遇到问题，成员在相互帮助之下有了什么启发和收获，小组分享学习心得成果。研学指导教师要对每小组完成的任务情况进行评价和总结，要有赞许性记录（表扬）和谴责性记录（游戏性的惩罚）。如每小组进行汇报后，应该先肯定该小组的汇报成果，这时候就应该提出表扬，可以通过引导全班同学对汇报人进行鼓掌鼓励；然后及时提出对汇报小组完成任务的评价，起到教学总结作用。最后引导其他小组成员，对汇报人进行提问，形成一个相互提问、相互讨论的学习氛围。当然，老师可以准备好礼物，对特定小组或提问者进行奖励。

（7）看积累。

人的主体能动性的创造并非是与生俱来的，从根本上来说，人的能力形成是在实践活动中形成，是实践活动的产物。研学实践活动的物化成果的完成，是学生知识的长期积累和现实转化的结果。是一个综合运用知识分析问题、动手实践解决实际问题的过程。从中我们能看到学生平时的知识掌握程度以及积累，可以看出学生灵活运用所学知识和各种工具、工艺（包括信息技术）进行设计，并动手操作，将自己的创意、方案付诸现实，转化为物品或作品的过程。这也是检测学生实践活动的学习能力的基本要素。

3. 物化成果展示要注意问题

（1）全员参与，多向交流。

研学实践活动的成果展示应该指向多向交流，它是一种师生之间、 学生之间以及学生自身的多向互动、互相讨论和交流、互相倾听和沟通、平等竞争与合作、共同分享成功快乐的正反馈过程。

要注重展示小组或个人与观看学生间互动交流的方式，有助于打破其他学生只是作为“观众”的尴尬局面，促使台上台下的学生充分进行双边对话。通过思维的碰撞迸发出智慧的火花，从而提高展示小组和观看学生的积极性，丰富展示形式，烘托现场气氛。

多向互动，才能碰撞出思维火花，才能让学生在交流过程中自我发展、自我完善、自我矫正。要注重发挥群体智慧，使学生之间能互通有无、共享智慧，而这也正是研学实践活动成果展示的目的所在。

（2）要有反思意识。

物化成果展示过程不能满足于展示和表演，更应关注学生的问题意识和反思意识，关注学生在总结交流阶段的尝试体验，使得成果展示不再是把一个问号变成句号，而是由一个问号生发出新的、更多的问号。

（3）注重引发生成性问题。

研学指导教师要积极参与生生交流，关注小组汇报，要从交流的思路和方法等方面给予及时有效引导，不必慌着作出结论性的答案。在整个成果展示过程中，学生之间的互动交流、思维碰撞，令他们享受到探究的乐趣，并乐有所得。

当然，其中还有很多未知问题真实地摆在他们面前，学生还不能完全解答，此时，研学指导教师可适时引出新的课题，激发学生再次探究的兴趣，将成果展示变成新实践活动的起点。

当然，物化成果展示的形式不仅要根据主题特点，还要根据学生的自身特点和独特体验、收获来选择。每个学生各有所长，我们要允许学生采取他们乐意的方式来表达活动结果，把活动的主动权交给学生。

研学活动实践学习成果评价表（自评、组评）

分类	1 分	2 分	3 分	评分
创意	研学成果 90% 以上是模仿的	研学成果 50% 是模仿的，另一半是创造来的	研学成果 90% 是自己创造的，没有模仿的痕迹	
技术	能够基本掌握研学活动所学的重点技术，完成研学任务	能够熟练使用研学活动所学的技术、方法，设计出创新的作品	能够熟练使用研学活动所学的技术、方法，设计并制作出创新的作品	
内容	成果汇报既没有内容，也没有与主题相关的描述	在规定的时间内基本完成研学任务，在成果汇报中对研学主题有基本描述和体现	在规定的时间内基本完成研学任务，在成果汇报中对研学主题有清楚、创新的描述、体现和展示	
合作	没有完成小组分工安排的任务，与小组成员沟通不流畅	基本完成小组分工安排的任务，与小组合作成员沟通基本流畅	顺利完成小组分工安排的任务，小组成员之间互动交流密切顺利	
展示	作品展示方法不恰当，无法流畅展示研学成果	作品展示方法恰当，表达基本流畅，但未能全面展示研学成果	作品展示方法恰当且多样化，表达有条理，仪态大方，语言表达流畅	
总分				

（四）过程性评价和终结性评价

过程性评价是评价功能与价值的集中体现，从教学评价标准所依照的参照系来看，过程性评价属于指向个体的差异评价，即把每个评价对象个体过去与现在进行对比从而得到结论的评价过程的评价方法。

过程性评价的功能主要在于及时地反映学生学习中的情况，促使学生对学习的过程进行积极地反思和总结，而不是给学生下一个结论。说简单点，就是把学生学习的过程及效果用量化的形式评价出来。

终结性评价是对一个学段、一个学科教学的教育质量的总体评价。具体到研学实践活动而言，是指对学生在研学整体全过程的阶段性学习的质量做出结论性评价。

终结性评价是检测学生综合运用知识收获真实能力和发展程度的终结性评判与全面鉴定，并对整个教学活动的效果做出评定，是反映研学整体教育教学效果、办学质量的重要指标之一。

终结性评价一般是在研学活动结束后，为检验学生的学习是否最终达到了各活动项目教学目标的要求而进行的评价。这里还包括学生回到学校以后，举办研学征文、摄影比赛、成果展示等后续活动。这方面就需要学校老师参与评价。

“过程”是相对于“结果”而言的，具有导向性，在研学实践活动中，要注重教学过程中学生智能发展的过程性结果，如解决现实问题的能力等，及时地对学生的学习质量水平做出判断，肯定成绩，找出问题，让学生在师生交流、互动学习过程中得到全面发展和进步；同时应处理好过程与结果的关系，把过程性评价与终结性评价有机结合起来，兼顾过程与结果。

研学实践教育的评价内容既要有学生研究性学习的各个阶段内容，还要评价学生在整个研学实践活动过程中的言行举止、集体观念等内容，即“情感、态度、价值观”。包括整个研学课程完成的参与度，在研学实践活动过程中表现出的协作精神、团队精神、服务意识、遵纪守法意识和文明程度等。

研学旅行学生表现评价表（学校老师评）

1. 过程性评价（60分）

评价项目	关键评估点	赋分
时间观念	能够做到守时，没有无故缺勤、迟到等现象	
专注学习	态度认真，准备充分，有成果收获	
纪律意识	严于律己，能够自觉服从老师管理，听从指挥，服从大局	
良好形象	注重礼仪规范，互帮互助，能够始终保持良好形象	

2. 终结性评价（40分）

评价项目	观察评估点	赋分		
		优秀	良好	一般
原创性	分享成果是否为原创？原创的分量有多少？			
主题	主题是否明确？是否来自研学课程实践？			
内容	内容是否精彩？是否丰富多彩？			
形式	有没有特色？是否做到图文并茂？有没有最大限度为主题服务？			
表达	语言表达是否清晰？能不能体现自己对问题的独特理解或见解？			

（五）研学基地实践活动课程的实践性评价量表

研学基地指导老师是指导学生开展实践体验活动的直接指导者。从这个角度而言，研学基地指导老师应该是最有发言权的。当一个研学实践活动完成后，基地教师应对学生在研学过程中的实践学习的表现进行评价。

研学实践活动的评价要突出实践性。研学实践教育是通过多种多样的实践体验活动和学生的亲历亲为来实现综合育人的目的。研学强调学生把学到的基础知识、掌握的基本技能应用到实践中去，学生在实践中获取大量的感性知识和情感体验，也培养了他们观察、思维、表达和操作的能力。因此，研学实践活动的评价要侧重于关注学生参与过程情况。对学生在研学过程中知识的整理与综合、资料的收集与加工、研学总结撰写、人际交流与小组合作、研究成果的评定与展示等进行评价，这个过程也是对学生学习方式、思维方式的考查，最后在学生参与活动全过程基础上为学生颁发研学基地实践活动课程证书。

学生参加研学实践活动表现评价表（基地老师评）

考核项目	研学实践活动过程得分	研学实践活动成果得分	学生活动表现得分	总分
评定等级	该生在综合实践与研学实践课程中被评定为＿＿＿＿＿＿			
基地评语				

注：以优秀、良好、鼓励、合格四个标准界定。总分在 90—100 分评定为优秀，80—90 分评定为良好，80 分以下为合格。

四、教师的评语编写

评语反映学生在研学过程中客观、真实的表现。研学指导教师的评语要能够描述学生的真实表现，要充分肯定学生的优点，恰如其分地指出学生的不足，并提出中肯的建议。评语要针对学生特长和独特的优点，作出个性化的描述。

评语编写要以客观公正为标尺，勾画出学生真实的人格；以鼓励表扬为引线，点燃学生希望的火花；以细腻具体为刻刀，雕镂出学生生动的个性；以亲切生动为雨露，滋润学生干渴的心田；以含蓄委婉为清泉，冲淡学生心头的阴影；

以精练优美为画笔，描绘学生五彩的生活。

这里必须要强调的是，对学生的评价必须坚持评价标准的多元化原则。评价标准不能唯一，因为综合实践活动课程的真正价值并不在于结果的正误，而在于活动的过程。学生在没有唯一答案的世界里，会发挥出惊人的潜力，这正是多元化评价的真正意义。

五、建立学生个人学习经历和成绩的学习档案

研学实践基地应建立学生研学评价记录制度，即研学记录袋。研学记录袋记载学生研学过程、学习成就、持续进步等全部表现，包括活动记录、研学成果、评价结果和其他相关资料。记录袋装有学生自主收集课题的研究方案，活动记录（如观察日志、调查表、访谈记录、实验记录、导学卡等），研究成果（如研究报告、小论文、作品等），学生的自我评价、反思和体会，教师、同学和家长的评价等信息资料。记录袋档案应详细记录学生能力培养和素养形成的路径轨迹，记录的资料要求全面、完整和真实。记录袋要发挥学生的作用，让学生参与设计制定评价量表和档案袋内容及形式。

记录袋要有学生在研学实践中所获得的体验，如学生的自我陈述以及小组讨论记录、活动开展过程的记录等。记录袋要有学生学习、研究的方法和技能的掌握情况，如在研学旅行各个环节查阅和筛选资料、对资料归类和统计分析、使用新技术、对研究结果的表达与交流等。记录袋要反映学生创新精神和实践能力的发展，记录学生从发现和提出问题、分析问题到解决问题全过程中所显示的探究精神和能力，通过活动前后的比较和几次活动的比较来反映发展过程。记录袋要装有学生的学习结果，如一篇研究论文、一份调查报告、一件模型、一块展板、一场主题演讲、一次口头报告、一本研究笔记、一项活动设计的方案等。记录袋要有对学生研学实践态度的评价，如是否认真参加每个活动，是否努力完成所承担的任务，是否做好资料积累和分析处理，是否主动提出研究

和工作设想、建议，能否与他人合作、采纳他人意见等。

成长记录袋评价是研学基地一种行之有效的过程性评价方式。它把发展性评价的结果以成长记录袋的方式呈现，成长记录袋能够记录学生成长过程中的成功与挫折，让学生体验成功，切实感受到自己的成长与进步；另外，它也为参加研学实践活动的学校和教师提供了丰富多样的评价材料，使教师能够更加开放地从多层面全面评价每一个学生。

研学基地可将每批参加研学的学生被评过的作业、试卷，他人的建议，个人的感受以及自我评定的陈述累积起来，以学生成长记录袋的形式定期提供给相关学校，作为学生综合实践活动成绩的记录纳入学生的成长手册。

第 3 节　研学实践活动课程研发评价

研学实践教育活动课程作为依托于丰富的社会资源而生成的实践性课程，其本身就具有很大的灵活性和可变性。因此，界定研学活动课程的价值不能静态地评判课程规划、设计与实施的技术水准，更重要的是分析学生在研学实践活动过程中的收获和成长，了解其认知、情感与态度方面的参与程度和收获。这是评判一个研学活动课程优劣的唯一标准。因此，基于学生收获的研学实践活动课程研发评价的意义就十分重要，它不仅是对课程二度研发与深化有着重要作用，同时也对教师深度认知、理解课程，执行和提高课程水平具有重要价值。

一、研学实践活动课程研发评价的原则

1. 研学实践活动课程是否实现对社会资源运用的最大化。

社会资源的丰富性和适切性程度对研学活动课程目标的实现起着决定作用。由于课程资源意识的淡薄而导致的社会资源的闲置与荒废，或由于社会资源的泛

化而造成课程资源的浅用与滥用，都是阻碍研学实践活动课程资源丰富性提升的重要因素。因此，尽管课程资源的丰富性很大程度上依赖当地客观存在的课程资源状况，但更取决于研学基地能否发挥其“造血”功能，即研学基地在课程资源建设方面的能动性开发。通过对研学实践活动课程的实践性教学效果进行评价和考量，可以有效地分析课程对社会资源开发与利用的程度，从而对研学实践活动课程作出准确的评判。

2. 通过研学实践活动的调查研究考量研学实践活动课程研发质量。

通过组织课程资源调查来考量研学实践活动课程的规划、设计和实施水平，不仅可以提升基地能动性，也是切实检验研学课程质量的重要渠道之一。研学实践活动课程调查一般采取以下六个步骤：

（1）明确调查目标；

（2）编制课程适度性调查表；

（3）制订调查工作计划；

（4）组织实地调查；

（5）整理和分析调查资料；

（6）撰写调查报告或建立课程资源库。

在此基础上，研学基地要根据调查的结果定期更新课程资源库，积极拓展和补充有待开发的具有教育价值的资源，根据需要从资源库中进行选择、分析，最后整合到研学活动课程内容当中，实现研学实践活动课程的二次开发。

3. 考量研学课程执行效果。

课程研发的科学性与社会资源利用的广泛性是研学实践活动课程质量保障的前提，但真正能够实现课程的教育效能还需要研学指导教师的执行能力和施教技巧。基于教师团队研发的研学实践活动课程，从根本上说是从教师施教能力角度上进行的课程设置，否则就是无源之水、无本之木。由于教师的执教能力参差不一，课程的研发还必须考虑到为教师能力提升留出空间。这里存在着一个教师与研学实践活动课程的磨合过程。这不仅仅是衡量研学活动课程质量的重要方面，也是检验教师执教能力的过程，同时还是促进教师成长的重要动源。

二、研学实践活动课程研发评价量表

评价项目	评价要素	评价标准
研发	现实需要	了解学生的需求，有相应的调查数据
	立足社会资源开发	充分开掘社会教育资源的深度和广度
	总体目标	以学生个性化发展为目标
	课程结构	结构合理
		结合研学路线分配研学实践活动课程的课时
实施	研学课程开发纪要	有明确的研学课程开发的各项流程
	教师培训与课程研究	对基地教师开展专业化培训，且培训能满足教师专业发展的需要
		引领教师申报开发课题
	课程内容与活动安排	内容合适，内容设计有弹性
		采取除课堂授课以外的多种实施方式
		注重引导学生自主学习和探究
评价	课程评价	建立科学合理的评价指标体系
		形成不同层次的评价量表
	教师实施评价	有教师自评，学生、学校满意度测评
	学生学习评价	评价内容包括知识、技能、情感等
		帮助学生正确认识评价结果
		综合运用多种评价方法
保障	组织保障	建立课程研发小组，成员包括基地、学校领导、教师、学生、学校代表等
	制度保障	研学课程管理制度较为完善
		制度发挥导向、激励的作用
	资源保障	有效调动基地及当地所能依托的资源
成果	基地成果	在一定范围内形成影响或予以推广
	师生成果	师生作品等在基地展览或表彰

研学实践活动课程研发评价量表的使用方法：

本课程评价表应用于研学实践活动课程研发并实施后，根据研学活动的实际效果由基地组织研学指导老师和参加研学的学校教师，结合课程实施对研学课程研发水平进行客观评价。

第 4 节 研学指导教师课程执行力评价

研学指导教师课程执行力是保障研学实践活动课程质量的关键。对研学指导教师课程执行力进行评价，是加强研学旅行活动的过程监控和管理，有效监控研学实践活动课程的主题、步骤、方法、实施、效果的落实情况，提升研学课程质量的根本途径。

一、提升教师课程行动能力

研学实践活动课程执行过程本质上是教学行动研究的过程。它要求研学指导教师以一个研究者的身份进入社会大课堂进行教学实践。研学指导教师在研学实践活动课程执行行动中同时也是实践情境的研究者，发现教学过程中存在的问题，修正自己的教学行为，同时加以反思、评价、改变对问题的先前理解，不断提高对教学情境的理解水平，获得丰富的实践性知识，进而提升课程品质，也提升了研学指导教师研学活动课程的执行能力。

在研学实践活动课程执行过程中，研学指导教师在行使课程执行权力的同时，也会遇到很多以往教学中没有碰到过的问题。教师要善于发现这些问题，寻求解决问题的方法，以提升自身的开发能力。发现研学活动课程开发中的问题后，研学指导教师一方面要对问题进行分析，根据分析的结果提出可能解决问题的假设；另一方面要积极与课程开发者沟通，避免收集无用的资料而走弯路。还有重要的一点是规划与设计解决问题的行动方案。研学指导教师在实施课程方案时，要将实施过程记录下来，如收集访谈记录、观察记录、学生作业作品及实践中教师自己写的随笔等。这些资料的收集，一方面可以作为解决课程开发中问题的证据，作为课程二次研发的参考，为进一步研究提供依据；另一方面，课程实施过程记录可以增进教师对课程问题情境的理解，使教师反思实施过程，提升教师的课程开发能力。

当然，研学指导教师课程开发执行力的提升还需从资源、制度等方面提供强力保障。对于研学指导教师而言，参与课程执行的意愿是教师课程执行力提升的源泉与动力，是提升研学指导教师课程执行力的根本，值得研学基地课程开发管理者高度重视与研究。

二、促进教师专业化发展

没有教师的发展就没有课程的发展。研学实践活动课程能否实现其教育目的，需要教师的专业发展作为支撑。研学实践活动课程作为一门开放性、生成性课程，除了要求研学指导教师具有一般教师所应有的能力外，还要重点突出教师对社会资源的掌控能力，收集资料信息能力，反思和创新实践教学能力，选择、规划、编制、整合实施和研学活动课程的评价能力，教育科研及合作能力等方面。这不仅对研学指导教师是一种新的挑战，也赋予了研学指导教师课程开发的权力和责任，同时对教师的课程意识和专业素养提出了更高的要求，从这个意义上说，它为教师自身成长和发展提供了新的机遇和平台。

1. 提升研学指导教师实践活动课程的开发意识和能力。

研学实践活动课程的开发需要研学指导教师具有较强的信息意识，具备收集信息、环境分析与处理信息的能力。教师可充分利用图书馆、互联网、社区资源以及调查访谈等方法广泛收集资料信息，同时结合课程环境实际进行分析论证，选择满足学生需要和基地实际的资源，开发出适合研学基地环境的研学课程。

2. 培养教师的合作精神与合作能力。

研学实践活动课程开发与执行是研学基地、课程专家、研学指导教师、学校老师、学生与社会人员等广泛参与的活动。研学指导教师作为研学实践活动课程执行的主体，必须加强教师之间、教师与学校、教师与学生、教师与家长、教师与社区人员、教师与社会相关机构、教师与课程专家等多方面的合作，增强合作意识。这既是研学活动课程开发的内在要求，也是教师合作精神、合作能力培养的有效途径。

研学指导教师在研学活动课程执行中有纵向合作、横向合作以及教师与社会资源的合作。纵向合作贯穿于研学活动调研实施过程中的不同阶段。横向合作贯穿于教师研学活动课程执行的某一阶段内教师在某一项目方面的合作，如指导学生开展某一个活动的过程，是单独一个教师所不能完成的任务，需要多名老师的集体合作。与社会资源的合作主要是指与研学基地、研学资源单位或社会人员的合作，与活动场所、社区的合作等，它是研学活动课程执行取得社会支持、得以顺利实施的重要保障。

三、研学指导教师课程执行力评价量表

评价项目	评价要素	评价标准
课程研发	课程资源开发与调整	依据活动课程对课程资源实施情况事先进行踩点调查，编制研学课程实施调查表
		依据客观环境变化及时调配课程资源
	教学设计	对每个单项活动课程资源配置情况进行记录
		对产生变化的课程资源及时统计并上报
		对每个单项活动课程做二次深化设计
课程执行	课程资源协调	协调研学资源单位人员、场地、设施
		明确研学旅行活动的重点、难点和风险
		有效开展研学实践活动

（续表）

评价项目	评价要素	评价标准
课程执行	活动组织	精心组织每一场活动
		与学校老师一起完成小组分工
		合理整合各个活动版块
		合理分配各活动版块的人力和其他资源
		活动进程掌控
		记录每个学生活动表现
	学习动机激发	课程氛围营造及课程环境创设
		兴趣引导以及教学效果
	研学学习指导	综合运用多学科知识和核心素养理论，提升学生发展核心素养
		设定问题目标，以任务驱动方式开展学习
		综合运用多学科考察、调查、实验等研学方法，引领学生发现问题、提出问题、分析问题、解决问题
		组织有效的师生互动、学生小组合作学习
		注重研学旅行成果的实践生成，与学校老师一起开展学生成果展示与评价
	生活管理	关注每个学生起居和身体状况
		关注每餐配置和进餐卫生
		配合学校老师加强住宿监管
		教育、监督学生遵纪守法、注意安全
	活动安全管理	制订突出重点、规避风险的安全预案
		关注天气变化，及时调整行程
		保证活动场地、环境安全
		保障实践活动工具使用安全
		配合司机保障行车安全
课程评价	对学生的评价	综合运用多种评价方法对学生的真实获得作出客观评价
		与学校老师一起对学生作出客观评价
		帮助学生正确认识评价结果
		撰写评语，建立学生研学记录袋报基地和学校存档
	课程执行评价	学校满意度测评
		学生满意度测评
		基地老师互评
		基地机构评定

研学指导教师课程执行力评价量表的使用方法：

本评价表应用于研学实践活动结束后，根据研学实践活动课程的实际效果，由基地组织任课老师和学校老师结合课程实施的过程与结果，对研学课程执行教师进行客观评价。

第 5 节　研学实践活动课程管理评价*

一个研学活动的实施需要严格的制度保障。研学实践活动课程管理制度是研学实践教育基地和学校根据研学课程的具体规划而制定的，要求参与研学实践活动课程开发、管理与执行的成员共同遵守的规章和准则。

事实上，各级学校、研学基地并不缺乏制度，缺少的是回应研学实践活动课程建设的需要、基于对制度建设的落脚点与出发点制订的“量身定制”的制度。那些结构完整、内容一应俱全、但制度本身缺乏必要性的课程管理制度，如同没有基础的空中楼阁，并不能保障基于社会实践活动的研学实践教育的真正需要。

切实可行的研学实践教育活动管理制度是指制度建设应重视各项制度之间的理念统一、内容互补，制度体系能够全面推进研学实践活动课程的发展。尽管课程制度不直接解释和分析学生观、课程观、教学观、资源观、管理观和评价观等基本理念，但这些理念的明晰程度，直接影响着制度的合理性程度。

没有理念支撑的制度，如同没有灵魂的躯壳。研学实践活动课程管理制度的建设，一方面必须与研学基地自有的办学理念、管理思想相结合；另一方面，必须让所有参与课程建设的人员理解制度背后所蕴含的理念，只有理念统一才能有行动统一。

研学课程管理制度包括教师课程申报、教师课程审议、学校选课、基地调课、

* 本节部分内容参考刘婉如的《校本课程管理的评价指标体系建构研究》。

经费资助等一系列制度构成的一个彼此配合、相互补充的有机整体。任何环节上一项制度的缺失都会使课程管理工作出现漏洞，可能导致厚此薄彼、无章可依、推诿扯皮，从而阻碍基地研学实践教育的长效发展。

一、研学活动课程管理原则

研学活动课程管理制度的制定是一个在实践中发展而渐进的过程，没有统一的流程规范。一个有效的课程制度建设应该具备以下特点。

1. 民主性。

民主性强调研学基地管理者以“课程协商”代替“行政指令”，倾听来自教师、学生和校外人士的声音。研学课程制度建设应体现“和谐民主”原则，因为课程制度能否发挥其积极作用，在很大程度上取决于课程制度生成过程中的民主性程度以及研学指导教师在这个过程中的参与程度。

从制度本身来看，制度只是一种技术手段，最终还在于设计者、执行者和利益相关者选择何种价值取向去面对制度，采取何种途径来反映个人与群体的利益诉求。基地管理者应该向研学指导教师授权，建立合作设计研学课程的管理制度，才能获得课程执行教师最大范围的理解和认同。那种单凭基地管理者的主观臆想建立起来的研学课程管理制度是缺乏文化影响力的，其落地实施必将由于失去群众基础而遭遇阻力。

2. 科学性。

科学性主要通过研学活动课程管理制度建设的适用性、系统性原则来体现。研学实践活动课程的管理制度建设必须着眼于解决实际问题，抓住关键，体现制度建设的现实意义。研学实践活动课程管理制度文本的价值不在于制度文字的数量和文本长度，关键是要突出制度的问题解决能力，即是否符合实际需要。

3. 能动性。

研学实践教育课程所应用的社会资源的可变性往往决定了研学实践活动课程资源的适切程度。因此，课程资源的有效配置对于研学课程能否有效实施，实现其课程目标具有重要作用。一方面，研学实践基地要为研学指导教师提供获取资源的便捷途径，因为研学指导教师必须了解课程资源，也必须被授予权力，使自己不但能够选择出最合适的材料，也能决定什么时候、什么场所以及用什么样的方式让学生去利用这些资源；另一方面，则要求教师能够充分认识社会资源所蕴含的教育价值，灵活加以取舍地将其纳入研学实践活动课程当中。因此，教师主观能动性的发挥具有十分重要的意义。

4. 组织实施力。

这是研学实践活动课程管理的基础职能。研学旅行具有综合实践活动课程的基本属性，注重研学实效特别重要。实效就是学生通过研学旅行所获得的综合素养的提升，所以课程的评价不能简单地依据研学实践活动的完成情况，不能简单地作定量评价，而要采取多元主体（学生、家长、指导教师等）对课程效果进行综合评价，得出研学实践活动课程的客观实际效果。

研学旅行涉及面广、相关方面多，多种因素影响着研学活动的成败与得失。根据“短板原理”，只要有某一方评价不合格，则整体评价就不应合格通过。这就要求研学基地作为课程评价主体，对研学实践活动课程的开发建设、课程实施、课程条件、学生研学业绩等进行管理评价。

5. 评价力。

研学实践活动课程是研学指导教师适应并创造性地执行课程的过程。它与学校教学的根本区别在于：学校课堂教学是教师基于已有的课程文本进行的实践操作，而研学指导教师作为自主生成课程的执行者，是在一定课程方案和文本参照下，根据外部条件的变化，不断调整和灵活处理课程进度和课程各个环节关系的实践操作过程。

一个研学实践活动课程的形成需要经过评估、确定课程总目标和结构、制订开发指南、审议、编制课程目录和介绍、学校选课等环节，这就需要研学基地建立健全有关管理制度或条例，要涵盖研学课程的编制、实施、评价等阶段；使课程管理具备引导、激励和约束功能，促进教师主动开发社会有关资源，积极了解资源情况；获取和利用当地有关自然、历史和文化资源，形成较为系统完备的教学材料，用自己的教育手段实现研学实践活动课程的目标。

研学基地通过研学实践活动课程的管理评价，对研学指导教师的教育教学行为进行指导、考量、约束、规范和提高，通过多种途径提高教师的信心，为教师开展跨学科或与第三方组织合作实施研学实践活动课程创造条件，确保研学实践活动课程的课时安排落实到位，确保教学用地、用具等满足研学课程的需要，并通过对研学实践活动课程的质量进行分析，科学地对学生学习成效进行全面客观的评价，实现研学实践教育的课程目标。

二、研学实践活动课程的管理方法

1. 以基地为核心建立研学旅行管理体制，将研学实践活动课程形成课程教学计划，组织开发或选用研学实践活动课程，设计或选用研学旅行线路，制订详细的研学旅行课程实施方案。

2. 因校制宜或跨学科合作、自行或委托开展研学旅行活动的计划，按管理权限报教育行政部门备案。

3. 对研学旅行方案做安全性审核，做好应急预案，组织研学活动的执行教师先行实地考察，拟定安全注意事项，做好行前安全教育工作，确认出行师生购买意外险，投保校方责任险，与委托方、家长签订安全责任书。

4. 以基地研学执行教师为主组织研学指导教师队伍，调动教师参与研学旅行工作的积极性、主动性和创造性。

5. 组织对研学课程实施的考核评估，将其纳入研学和学校学生档案管理体系。

6. 建立基地与社会合作机制，组织、利用各种社会资源，建设研学旅行教育支持合作平台。

7. 沟通参加研学基地研学活动的各级中小学校，及早告知学校研学活动计划、时间安排、出行线路、费用收支、注意事项等相关事宜。

8. 制订基地研学旅行课程方案和实施规划，组织制订基地研学旅行课程标准，编制基地研学旅行课程教材，接受学校制订的研学旅行课程方案和课程标准等。

9. 建立针对参加研学学校的研学旅行工作检查评估机制，并组织实施。

10. 组织基地研学指导教师教学研究。

11. 建立和监督研学基地及委托单位承接研学旅行活动的责任制度，监督做到“活动有方案，行前有备案，应急有预案”。

12. 制定和落实基地研学旅行的优惠政策，与本地区及外埠学校建立广泛联系。

13. 建设基地研学旅行网站，推进基地研学旅行信息化，对外宣传基地研学旅行线路、课程，吸引本地区及外埠学校来基地开展研学旅行。

三、研学活动课程管理评价指标体系的应用

对教育评价或学校课程管理评价要围绕“为什么评、评什么、谁来评、怎么评”这四个基本问题来实施。

1. “为什么评”。

关于为什么评价研学课程管理工作不必多做赘述。

2. “评什么”。

关于运用哪些评价要点的问题，本评价标准依据教育规律和原则，根据各

研学实践教育基地的普遍情况，设定了规划、组织、领导、控制、评价 5 个一级指标。规划职能是中小学研学课程管理的首要职能，其次是组织职能和控制职能，再次是领导职能，最后才是评价职能，这是依据教育管理原则而制订的基本方向。本评价方案规定了课程研发、制度建设、机构建设、资源发展、愿景创生、文化革新、系统保障、背景评价、投入评估、过程评估、成效评估 11 个二级指标，以及技术性、参与性、民主性、科学性、开放性、专业性、能动性、愿景性、文化性、保障性、发展性、需求性、实效性、服务性、达到目标、客观效果、执教力、实施程度、影响度、可持续性、可推广性 21 个三级指标。

3.“谁来评”。

研学实践活动课程管理制度评价采取以研学基地自评为主、专家评议为辅的原则。当前，无论是来自各级教育行政管理部门的考察，还是作为研学课程管理主体的研学基地对其研学课程管理工作的自我反思都相对缺失。可以预见，以教育行政部门开展的以督导为特征的考察评价将在今后一个相当长的时期内成为研学教育管理的基本措施，以基地自评为主的评价会得到充分重视。

与学校管理水平评价、学校德育工作评价、学校办学条件评价等评价内容相比，我国学校教学质量评价显然更为成熟。鉴于此，本评价体系借鉴了学校教学质量评价的方法，以“自评与考察相结合，以基地自评为主”为评价原则，在开展基地研学课程管理评价工作时，也将基地纳入研学课程管理的评价主体，这不仅是出于尊重研学基地在研学课程管理中主体地位的现实需要，也是防止教育行政部门单一评价的局面出现，保障评价主体多元化的客观要求。

4.“怎么评”。

（1）由于量化评价本身必须具备第一手的资料占有，才能形成具有较高的评价效率，在教育行政部门对基地进行考察评价之前，研学基地可以根据本评价标准按照完全符合到完全不符合的级差标准进行自我评价，并通过计算各项指标和各维度得分以及总分获得其工作得失的总体认识。

（2）研学课程管理工作具有复杂性、多样性的特点，对评价体系中某个具体的三级指标而言，评价标准中的要点是其必要条件，但不是充分条件。即评价标准包括但不限于这些要点。这意味着结构封闭的量化评价方式不能评价那些没有预料到的内容，而这些内容正可以反映某些其他相关的评价指标。因此，为全面、深入地再现研学基地在工作中的实际表现，我们建议以质性评价为主、量化评价为辅的方法开展基地研学课程管理的评价工作。

在具体实施程序上，研学基地要坚持“以评促建、以评促改、以评促管”的工作方针，对各项评价指标进行分解，根据评价要素、评价要点等做出客观的文字描述并提供必要的佐证支撑材料，形成自评报告。

在上级教育行政部门组成督导小组到基地考察时，应坚持实证性原则，实事求是地根据评价标准中的要点提供支撑材料清单、佐证材料，明确基地研学课程管理工作中值得肯定、需要改进和必须整改的方面，形成写实性评估报告。

此外，需要指出的是，本评价所列指标的权重仅反映研学基地对各指标重要程度做出的判断。研学基地亦可使用本评价征询参加基地研学的各中小学校教师的意见，从中了解教师对基地研学课程管理工作的期待，找到基地研学课程的不足和努力方向，进一步完善和建立研学课程管理评价指标权重体系。

四、研学实践活动课程管理评价量表

	一级评价指标	二级评价指标	三级评价指标	评价标准
	规划	课程研发	技术性	1. 根据有关政策制订课程方案，明确各课程内容
				2. 结合当地和基地实际情况制订课程方案
			参与性	3. 对课程规划方案的制订有较大热情
				4. 能够反思研学课程规划方案本身存在的不足

（续表）

	一级评价指标	二级评价指标	三级评价指标	评价标准
研学实践活动课程管理	规划	制度建设	民主性	5. 制订管理制度之前收集或听取多方意见
				6. 管理制度实施一段时间后收集师生反馈
			科学性	7. 针对研学课程的实际需要制订管理制度
				8. 管理制度的制订有明确理念或指导思想
				9. 针对管理制度或条例开展解读、学习
	组织	机构建设	开放性	10. 邀请学校、教师、学生、家长等加入课委会
				11. 课委会成员有机会充分表达意见
				12. 对课委会所做出的决策进行公示
			专业性	13. 使课委会成员清晰地了解机构共同职责
				14. 课委会成员能够围绕研学课程建设的相关问题进行持续探讨
				15. 课委会有明确的审议程序或评价指标以审议教师申报材料
		资源发展	能动性	16. 调查校内外资源种类、数量和获取途径等情况
				17. 积极拓展有待开发和获取的资源
				18. 积极建立课程开发资源数据库
				19. 为教师开发研学课程提供便捷获取、使用资源的服务
	领导	愿景创生	愿景性	20. 让尽可能多的人参与课程愿景的澄清
				21. 通过反复讨论形成课程愿景
				22. 能够明确描述出基地的课程愿景
		文化革新	文化性	23. 鼓励基地教师合作开发研学课程
				24. 鼓励有特长的教师积极申报研学课程
				25. 邀请有开发经验者分享心得或邀请专家为有课程开发意愿的教师举办讲座

（续表）

	一级评价指标	二级评价指标	三级评价指标	评价标准
研学实践活动课程管理	控制	系统保障	保障性	26. 能够保证规划的研学课程课时得到落实
				27. 能够保证场地和教学用具等满足研学课程实施的使用需求
				28. 能够保证学生拥有选择某门研学课程的权力
			发展性	29. 定期开展学生学习成效和教师专业发展评价
				30. 确保教师不以测试或仅以学生作品作为评价学生学习成效的唯一依据
				31. 将自我反思作为评价教师专业发展的主要依据
	评价	背景评价	需求性	32. 从需求、问题、有利条件和机会、教学目标和考核等维度进行评价
				33. 研学旅行课程实施能否满足学校、学生、教师、社会需求
		背景评价	实效性	34. 研学旅行活动的开展遇到哪些问题
				35. 各门课程的目标、内容、方法、学业评价的设计是否科学合理
		投入评估	服务性	36. 研学课程及其服务的策略、课程实施所需预算的合理性
				37. 哪一门课程最获欢迎，投入的人力、物力、财力是否足够
			实现目标	38. 评价实现研学课程目标所需条件、资源的投入缺口
		过程评估	客观效果	39. 学校老师、学生课程实施的满意度评价
				40. 研学参与单位对课程实施的满意度评价
			执行力	41. 教师指导是否适时、适度、适当
				42. 课程实施过程中出现的事件、问题及影响

（续表）

	一级评价指标	二级评价指标	三级评价指标	评价标准
研学实践活动课程管理	评价	过程评估	实施程度	43. 是否完成研学课程设置的课时和学分
				44. 对课程实施过程进行监督、记录、反馈
				45. 课程实施过程是否需要调整和改进
		成效评估	影响度	46. 研学课程实际服务对象与计划受益者吻合程度
				47. 研学课程对学生影响及学生对影响的感知
				48. 研学课程服务非预期受益者的影响程度
			可持续性	49. 研学课程能否制度化循环使用
				50. 教师和其他利益方对课程可持续实施的看法
				51. 制约课程可持续实施的问题
				52. 是否着手建设研学旅行的资源包或教材
			可推广性	53. 研学课程在何种程度上可以推广
				54. 其他地域、领域、学校、研学学习点对该课程的态度
				55. 研学课程对学生发展核心素养、各学科核心素养、各学段学业水平要求的适宜程度

研学实践活动课程管理评价量表的使用方法如下。

本评价表应用于研学实践教育基地管理的督导检查机制。基地应建立研学课程管理评价组，以“以评促建、以评促改、以评促管”为指导思想，对各项评价指标进行分解，根据评价要素、评价要点等做出客观的文字描述并提供必要的佐证支撑材料，形成自评报告。同时可作为上级教育行政部门基地考察督导时的评估参考依据。

提高研学实践活动课程执行力与有效性，是一项艰巨而庞杂的系统工程，其根本途径只有一个，即充分调动每位教师的积极性，发挥他们的主观能动性，挖掘出他们的潜能，合理利用现有基地社会资源和教学条件，就一定能走出“山重水复疑无路”的困惑境地，领略到“柳暗花明又一村”的旖旎风光。

研学课程开发的最终目的是为了学生的发展，课程意义的基点离不开学生的“生活世界”，离不开学生的日常生活，也离不开他们的生活经验和社会背景。只有从学生出发，分析学生的需要，收集满足学生需要的资料信息，才能对研学课程的开发具有直接导向意义。研学活动课程是基于研学基地的社会基础和资源而开设的，只有深刻了解基地的人文环境、历史发展沿革、传统特色、师资情况、社区资源、校舍布局、设备配置等各方面因素，才能开发出符合基地特点的研学课程。

从研学实践教育实施的几年来看，各级研学教育基地经过学习、培训等活动，基地教师的教育理念、教学行为正在不断发展成长。但是在现实的研学活动中，我们仍然不难看到，由于理解和接受程度不同，各研学基地将研学实践教育理念、要求转化为实实在在的教学行为的能力差强人意。而其中，学生主体评价、课程研发评价、研学指导教师执行力评价和基地研学课程管理评价正是提升研学实践教育质量的关键因素。为此，笔者在借鉴吸收了多个研学实践教育基地管理经验的基地上，设计了本课程评价体系，其目的是为推动研学实践教育在良性发展的轨道上健康发展。

施者，用也。有了好的研学活动课程，没有有效的课程执行力一切都是妄语。课程重在施教，施教就须有方法。本篇为研学旅行的方法篇，故本篇定为“施”，将从课程施教（执行）角度介绍研学实践活动课程执行的基本方法。

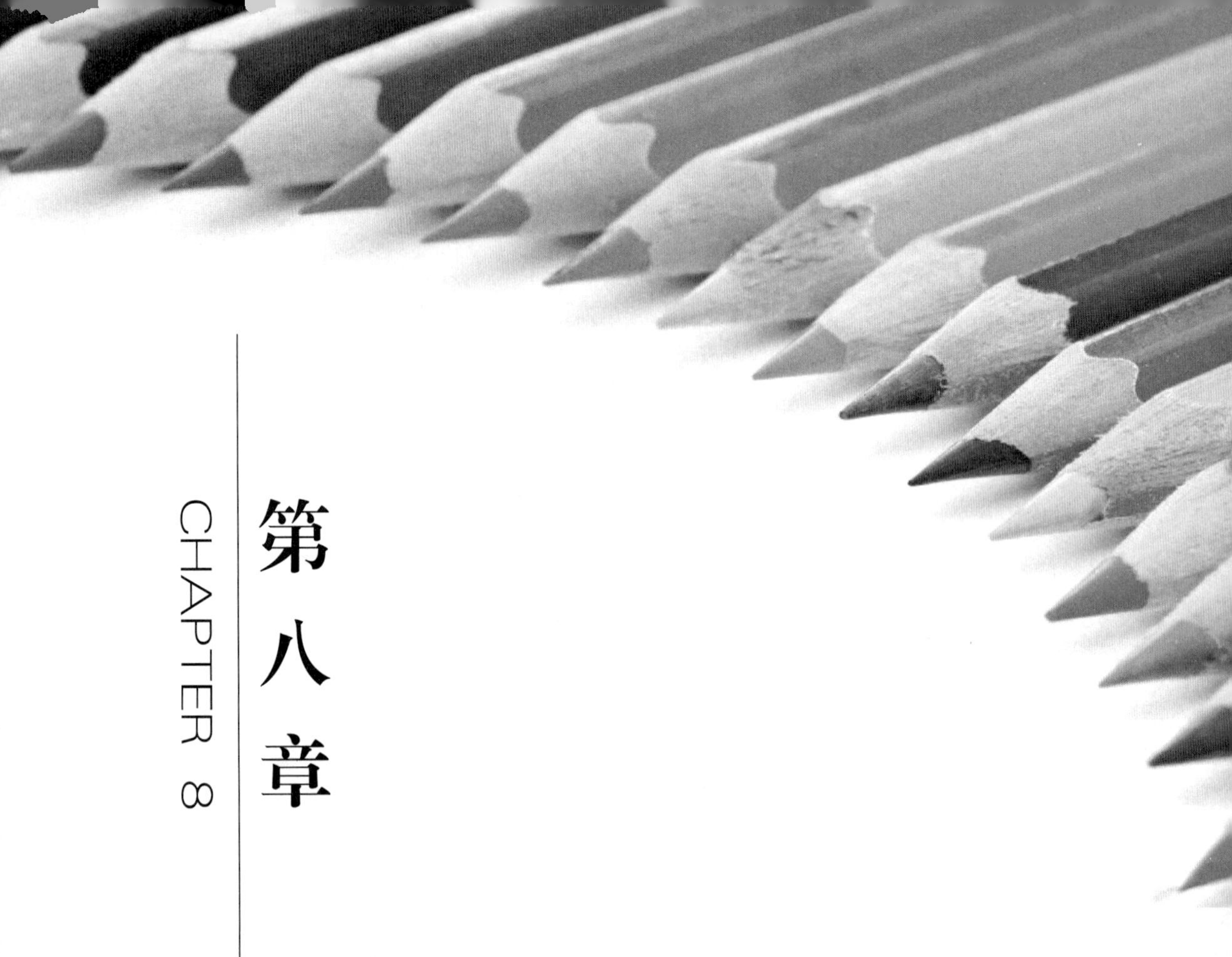

第八章 CHAPTER 8

研学实践活动的课程执行

本章分别从研学旅行的行前、行中、行后的教学管理角度对研学实践活动课程的执行进行论述。研学旅行的行前、行中、行后每个阶段的侧重点和执行内容都有不同。这三个阶段缺一不可，是学生能否实现真实学习收获的关键环节，也是研学实践教育能否产生良好教育教学效果的必要途径。

研学旅行的核心是学习，因此要有行前辅导、行中学习、行后评价，才能构成一个完整的教育行为。以下我们分节展开论述。

第 1 节 研学旅行的导学（行前辅导）

研学旅行一般都是整学校、整年级的出行。作为大规模的外出活动，校方都会给予高度重视。研学行前的准备工作包括课程方案上报、选择机构、确定线路、实地考察、方案确定、学生教育等。学校在行前往往要召开全校、全年级大会、教师会、各班召开班会，布置工作，强调纪律。但这些都是研学行程管理的内容，而不是行前导学的内容。研学的“研”字特别体现在出行前的学习准备和学习辅导上。

行前辅导的内容主要有：行程安排、当地风俗介绍、学习重点、活动纪律、安全教育等。行前辅导是让学生了解出行目的，了解当地传统文化、安全法规、风土文化，包括民族传统文化与当地风土人情等方面的介绍，但更重要的是学习方法上的指导以及建立合作学习的小组结构。

行前辅导不仅是为引发学生兴趣与想象，向学生做出行景点的介绍，或者过分强调研学旅行的安全性而进行反复的风险防范知识的学习。诚然这些介绍和安全学习都是必要的，但在行前引导学生制订学习规划，指导学生在出行前确定学习目标，找到自己感兴趣的探究方向，制订自己的学习计划，做到心中有数，这样才能在研学旅行中完成体验实践式的学习，实现在研学旅行中的自我管理、自我教育。

以下我们就研学旅行导学课程的执行进行系统的分析和讨论。

一、建立学习组织架构

组织架构的建立是指研学旅行前要建立一个学生自我管理组织体系，这是研学实践教育能否顺利实现教育目标的关键。其核心结构是建构一个由学生干部、核心成员、学生三位一体的学习以及生活管理的组织架构。

行前要做的第一件事是学习分组。学生以自愿结合的形式分组，6—10 人为一组。小组明确小组长，准备好《研学实践手册》、纸、笔、本及手机（iPad）、相关学习书籍、学习用具，要准备好外出行走、登山所需的各种物品，组员须持手机，保持通信畅通。

分组不是目的，分组的目的是开展学习。每个学习小组人数应差不多，保持在 6—10 人为宜。每一个小组由学习基础上、中、下三类学生组成，男女搭配，便于学生互相帮助，发挥每个人的特长，共同进步。建立学习小组以后，设置组长、副组长，可由组员轮流担任；明确组长、副组长、组员的职责；在每天或每个研学学习点每一个成员都必须分配明确的任务，都有自己的事情可做，让每个成员都感觉到自己的重要性，为了团体的荣誉，都去努力完成自己的任务。

二、制订学习规划

研学是导学式教学模式的具体应用，即以导为主线，学为主体，强调学生在教师指导下自主渐进学习。其源于“启发式”教学模式，但与“启发式”教学模式相比，更加注重对学生学习能力的培养，使学生学会思考、求知、探究、应用、创新，为终身学习打好基础。

在研学旅行的导学环节中，我们强调任务驱动式的学习方法。

任务驱动式学习是通过“任务”来诱发、形成学习者的成就动机。任务作为学习的桥梁，“驱动”学生完成任务的不是老师也不是“任务”，而是学习者本身的兴趣和欲望。它应该是贴近学生学习和生活经验，是学生通过努力能够实现的。教师要创造条件引导学生完成任务，但不可越俎代庖、过多干涉。教师要保护学生的好奇心，鼓励学生自主探究完成任务。这方面我们可以通过在行前下达学习任务单的形式落实。

行前小组每名成员要做好自己的学习规划，包括要研究的题目、准备深入开展研究性学习的目标、学习成果的呈现方式（PPT、游记、研究报告、总结）等。

学生在根据研学线路和研学学习点的活动内容选择了自己的学习重点后，以小组为单位从学习任务单中选择自己的学习重点，开始组员间的学习准备。

教师要根据学习的内容和学生的具体情况，制订任务学习单的学习目标。目标的设定要求：一是要具体，不能抽象，让学生一看就明白。二是要重基础。因为是自学，所以要以学业能自主为度，切不可人为地提高标准。三是小而少，小是指学习目标不要太大，太大就显得空洞；少是指目标不宜过多，要把重心放在知识和能力上，至于情感目标是融合在教学全过程中，是教师教学艺术上的问题。学生是否知晓是次要的，只要授课者对此有所把握，情感也就自然渗透其中了，这就是所谓的教育即影响。

学习任务单要从学生知识的建构进行设计，而不是一味追求答案的准确性，也不是展现各种不同的题型。填空题、选择题这类题目虽同属客观性思考题，但它们的共同特点是形态短小精悍、考查目标集中，考量的是学生对关键词的知识记忆和结论的准确，不能体现思考过程，很难考查学生语言表达能力、创造性思维能力、综合运用知识的能力，问题的零碎呈现也不容易让学生形成知识结构。学习任务单设计问题的呈现方式应采用方向性的探究题目，让学生为问题的思考留有空间。就像作画一样，留有“飞白”，才能给观赏者想象的空间。这样可以充分调动学生学习的兴趣，对即将开始的研学旅行充满期待。

其次是自学内容的设定。任务学习单应以“问题”形式出现，让学生能够明白这次出去研学所要解决的主要问题都有哪些？有了具体问题，学生的选择才有方向，预习才会有的放矢。但只有问题还不行，还要有具体的“方法提示”。这是“导学”的重要价值体现，也是培养学生自主学习能力的重要方面。

三是问题设计要更多地关注基础，要有梯度，一定要保证每个学生都能参与到预习中，让每个学生都能有因预习而获得不同程度的收获。梯度即层次性，要考虑到学情、生情的具体情况。

教师要向学生开展行前的教学辅导，指导学生根据不同研学线路的主题，自主确定学习目标和规划，学会自主安排学习；指导学生掌握手机摄影、摄像，如何存取资料，撰写游记、研究报告及总结等多种实践学习的方法和手段。

导学强调研学指导教师的“主导”地位，教师的“导”必须真正建立在学生“学”的基础上，以“学”定“导”，为“学”而“导”。其程序是：教师向学生展示任务学习单（研学学习提纲），明确目标、要求、方法、时间——提出学习思考题（与课堂学过的知识相关联，与研学线路及研学点活动相搭配，学生通过查询、体验、实践可以找到、感知到的知识）——学生选择确定学习规划，教师答疑——小组反馈，教师检查（发现学生中的问题，及时补差）。

研学旅行学习规划表

<table>
<tr><td>姓名</td><td></td><td>学号</td><td></td><td>研学线路</td><td></td></tr>
<tr><td>小组成员</td><td colspan="5">组长：
组员：　　　　特长：
组员：　　　　特长：
组员：　　　　特长：</td></tr>
<tr><td>学习准备</td><td colspan="5"></td></tr>
</table>

（续表）

感兴趣的题目	
拟深入开展探究性研究的目标	
学习成果的呈现方式	
学习总结的呈现方式	

三、行前预习

行前预习一定要有方向，只有为学生提供有具体指向的学习任务，学生才能积极参与到教学活动中来。这就是任务学习单的重要性。

当小组每名成员都有具体的任务后，学生就可以有的放矢开始预习，准备学习资料，上网查找与自己探究学习有关历史、自然、科技知识，进行资料采集。

研学指导教师行前应该为学生推荐各线路研学学习的书目，指导学生开展行前阅读。要根据各线路不同研学学习点的历史、文化背景，结合历史、文化典籍，指定一些书目让学生在行前自主研习阅读。

在开展研学课题的研究性学习时，行前的小组分工尤为重要。这时的小组学习实际上已经转化为课题小组的形式。在确定课题研究方向后，组内要进行分工合作，组内各个成员要承担课题研究的不同任务。研学前老师要为学生进行科学考察学习方法的指导，指导学生如何在行前搜集资料，撰写研究大纲，讨论、确定课题研究的具体问题和题目。这一问题我们将在第九章“研学实践活动的课型研究（活动范式）”中加以介绍。

提出问题即“导”。研学旅行作为一个新的教学形式，学生学什么？怎样学？学到什么程度？学生并不清楚，而且学生读书往往易犯两个毛病：一是走马观花，浅尝辄止。二是无疑可生，两眼茫然。怎样克服研学旅行中这两个问题呢？这时候研学指导教师就需要充分发挥导学作用，要根据研学旅行具体课程的学习目标和研学学习点的知识点，设计一些具有明确目的性、知识阶梯性的“自学提纲”，让学生带着问题，由点及线地去感知研学活动课程的文化内涵，激发学生循序渐进地探索问题的答案。研学指导教师应在导学阶段就把研学旅行全过程的知识点编成自学提纲告诉学生，学生就有了学习的目标和方向。

北京中学、北京市樱花园实验学校等一些学校将研学小组的学习进一步深化，教师实行放权，将各研学学习点研学的讲解任务作为学习任务直接下放到学生手中，让学生自主承担，获得了很好的学习效果。以此为例，我们来进一步说明研学行前导学的学习步骤：

1. 划分讲解任务。各组每名组员在研学景点中选择自己感兴趣的 1—2 个景点，在小组长处领取任务，承担该景点的学习讲解、主持讨论、答疑等任务。各个景点的事先预习由学生自主完成，每名组员都要负责 1—2 个景点的讲解，其他同学聆听，构建共同学习体的研学模式。讲解的过程也是锻炼的过程，是一个领导力培养的过程。

2. 资料收集。任务分解后，小组成员要上网查找自己承担讲解部分的相关历史、自然、科技知识，自己撰写解说词，写好后发给同组同学批阅，并提出修改意见（每名同学都有修改、补充其他组员解说词的任务）。然后根据组员提出的修改意见对解说词进行修改，行前打印文稿并练习脱稿默诵。

3. 设计探究性学习题目。小组成员除负责景点的讲解任务外还要对负责讲解的景点设计拓展性的知识和问题，现场引导同组同学开展探究性的讨论学习。

4. 学生自主讲解。到达研学景点后，由各组学生按事先分工进行自主讲解，开展自主学习。研学辅导员或地接导游负责引导、管理，把控小组学习进程，为学生在讲解中提出的问题进行答疑解惑。研学指导教师即使当时解答不了也没关系，现场可以形成讨论的氛围，通过手机查阅寻找答案、组内讨论，营造研究性学习的环境。

5. 设备配置。每组学生下发无线讲解器，实现一对多的讲解服务。

这种学习方式有效培养了学生的自主学习能力，充分回归了学生的主体地位，调动了学生的能动性、主动性，使学生在研学旅行中想学、能学、会学、愿学，真正成为研学实践活动的主人、学习的主人，收获终身学习的兴趣与能力。

当然，这种方法的运用还应考虑到学生的年龄、学段和能力，但不失为研学旅行中学生自主学习的积极且有效的尝试。

第 2 节　研学旅行的研学（行中学习）

研学是行中的学习，即在行走中的学习，它是一种体验式学习、研究式学习、小组式学习。研学学习最重要的是要引导学生学会合作学习，要以小组活动的方式，开展探究、讨论、交流、沟通，以拍照、记录、采访、体验、比较、小组讨论等形式开展学习。这是一种积极的学习方式，也是学校课堂上所做不到的。

在研学实践中，学生的自主学习主要通过任务驱动式学习和目标驱动式学习两种方式开展。

一、任务驱动式学习

任务驱动式学习也称“抛锚式”学习。即将学习目标“链接”于复杂的、有意义的问题情境中，各个“锚点”（知识点）都能够提供多课程的延伸。通过让学习者合作解决真实的问题，进而掌握隐含于问题背后的科学知识，学习解决问题的技能，并形成自主学习的能力。

任务驱动教学本质上是通过“任务”来诱发、加强和维持学习者的成就动机。任务作为学习的桥梁，“驱动”学生完成任务的不是老师也不是“任务”，而是学习者本身，更进一步说是学习者的成就动机。因此，研学指导教师要在提出任务目标时引导学生认清任务的轮廓、所蕴含的目标指向和目的意义，引发学生的自我提高驱动，产生求知欲，从而形成一种比较稳固的学习动机，通过合作探究完成思维认识的提升过程。在任务学习的过程中以及任务完成后，研学指导教师还要及时地加以引导和总结，使这种认识更加清晰化和深刻化。

诚然，任务驱动式的学习不可能排除“被动”，但这不能成为研学指导教师和任务“驱使”的理由，教育的起点和终极目的都是学习者的“自主”和“自动”，任何其他因素都不能取而代之。

在研学实践活动中，我们可以通过“学习能手”的评选、学习小组组长的轮换、个人或小组间的作品竞赛等，以物质和精神奖励等方式来激发学生自我提高的内驱力。这些手段可以使学生体验到荣誉感、自尊心，体验到学习的“成功”与“失败”。当然，过分强调自我提高的内驱力也是不恰当的，如果学生的学习动机主要着眼于取得个人的名誉、地位，就会影响对学习内容社会价值的认识，不会产生持续而深入学习的愿望。

在研学实践活动中任务驱动式学习可以通过以下几个环节开展。

1. 确定问题。

根据研学学习点的具体资源及课程要求，选择出与学习主题密切相关的真实性事件或问题作为学习的中心内容，让学生面临一个需要解决的现实问题。这一环节的作用就是“抛锚”。

2. 引导自主探究。

不能由研学指导教师直接告诉学生应当如何去解决面临的问题，而是由研学指导教师向学生提供解决问题的有关线索，例如需要搜集哪一类资料，从何处获取有关的信息资料，以及现实中专家解决类似问题的方法过程等。要特别注意培养学生以下自主学习的能力，包括：确定任务学习单的能力（任务学习单是指为完成与给出问题有关的学习任务所需要的知识点清单）；获取有关信息与资料的能力（知道从何处获取以及如何获取所需要的信息与资料）；利用、评价有关信息与资料的能力。

提出任务之后，研学指导教师不要急于讲解，而是要引导学生开展讨论、分析任务，提出完成任务需要做哪些事情，需要解决哪些问题。

3. 小组合作学习。

组织学生以小组为单位开展讨论交流，通过查阅资料、考察走访、调查研究，形成不同观点的交锋，补充、修正，加深每个学生对当前问题的理解。

任务驱动使学生进入学习情景，小组讨论，生生讨论，使学生明确学习的目标和自己要解决的方案。在解决任务的过程中，学生要仔细揣摩任务及样例，领会并进一步清晰解决任务的意图和思路。研学指导教师要引导和鼓励学生创造性地发挥，同时鼓励学生讨论、交流。对于完成任务有困难的学生或小组，研学指导教师要与学生一起找出存在的问题，给予恰当的引导。

4. 效果评价。

既然给出了任务，就一定要检查任务完成的情况。研学指导教师可以逐个检查，看是否符合要求，并作相关的记录，也可以交流展示，大家讨论点评，及时对学生的学习情况做出反馈。指出存在的问题和需要改进的地方，发现和挖掘每位学生的优秀表现，并做出评价和表扬。

任务驱动式的学习过程就是解决问题的过程，该过程可以直接反映出学生的学习效果，因此研学课程的评价往往不需要进行专门的测验，更重要的是在学习过程中随时观察记录学生表现，最后给予综合的评价。

任务驱动式教学法要避免学习任务的简单化。如果任务设计过于简单，脱离了学情，有些学生就会不感兴趣，也不能设计得过于艰深，让学生产生望高山而却步的畏惧感，因而失去学习的兴趣。最好的程度是“跳一跳，够得着”，才能达到最佳的学习效果。

在研学实践活动中，“任务驱动法”和“小组合作模式”要达到有效的融合，要求研学指导教师在设计学习任务时，充分考虑到运用小组合作学习的形式，有效完成任务的分解。实际上，任务驱动学习更加适合采用小组合作的学习模块来实现，既可以更有效地完成教学任务，又可以提高学生的合作、交流能力。

具体施教方法的技巧可参考第六章第三节“研学实践活动的课程实施（教学策略）”中的“合作学习”部分。

二、目标驱动式学习

目标驱动式学习是通过目标驱动策略为学生设定学习目标、能力目标和学习方式目标，帮助学生习得概念、管理时间、设定目标，通过自学专题实践，让学生主观上掌握自主学习方式，学会自主学习。

目标驱动式学习是在基于课程三维目标的基础上的具化操作。课程的三维目标是课程实施后希冀学生达到的学习效果的目标追求，但它不能直接成为研学指导教师指导学生学习的具体方法。目标驱动是研学指导教师根据课程要完成的教育目标为学生设定的学习方法的技术策略。通过课程目标的指向要求，具体从学习目标、能力目标和学习方式目标三个方面规划学生的学习，把多种课程资源、学习机制、思维推理机制和各种与学习、评价、考核相关的应用进行无缝连接，在此基础上指导学生运用这一策略，发挥学生的主观能动性，实现主动学习的转变，最终实现脱离教师指导主动学习的目的。

目标驱动的学习策略多用于指导学生的自主学习（这一自主学习可以是个人或小组合作的学习形式）。教师在为学生布置学习方式目标要求后，要求学生自行设定符合自己学习方式的学习计划，并在指定时间节点内反馈给老师。最后，老师通过多种测评的方式检测学生学习情况，通过测评结果反馈学习效果。

目标驱动的学习应以专题的形式规定学习目标，通过知识目标、能力目标和学习方式目标引导学生一步步完成从被动接受知识到主动获取知识的转变，实现从被动学习到主动自主学习的转化，以此培养学生自主学习能力。

目标驱动的学习着重培养学生个性化学习兴趣，体现因人而异的教育思想。因此，目标驱动的学习模式更多的是体现其导向性和人性化特点，具有过程清晰、目标明确、自主选择以及注重个性化发展的优点，对彰显学生个性、提高个性化教学质量会起到积极的作用。

目标驱动学习的规范流程是：教学目标（做什么、怎么做、做到什么程度）——学习任务单（个体或小组）——自主学习，自主完成——小组交流检查，个体完善，自己完成——学生展示、补充——教师引领学生生成准确、完整的知识——学生完善，拓展提升。

没有目标永远都是浅层学习，对学生自己没有改变的学习都是没有价值的学习。有了目标就有了奋斗的方向，有了在学习中战胜困难所需的动力，这就是所谓的目标驱动法。目标根据学情设定，不要急于求成，要引导学生步步为营，螺旋上升，形成良性循环，就会使学生觉得学习很有意思，能从中得到乐趣。

在研学旅行学习中，每日或每到一地活动课程都在转换，研学学习的知识呈碎片化。开放的外部环境也会分散学生学习的注意力，动态的活动空间、学生间的交往、个人爱好兴趣等都成为专注学习的障碍，想要实现体系化的学习还是有一定难度的。目标驱动式的学习可以有效地解决这一问题。

研学旅行虽是碎片化的学习，但是绝不等于漫无目的的学习。在研学旅行中，海量的信息与琐碎的任务导致有价值的知识信息与大量无价值的信息碎片掺杂在一起。不论你是否愿意，时间与信息的碎片化是学生不得不接受的现实。因此，确定应用目标，让学生能够高效调取，学以致用，避免知识的零散，是让学生集中精力学习的好办法。

以上我们讨论了研学实践中运用任务驱动和目标驱动的教学方式组织学生开展学习的方法。这与第六章第三节研学课程实施中提出的实践学习、自主学习、合作学习的教学策略并不矛盾。二者都是论述在研学实践活动中的学习方式问题，只不过前文着重从学习策略角度进行讨论，本文则侧重于从研学指导教师的施教方法上进行讨论，二者皆可重合，也是在实践中交织运用的，属于一个事物的不同侧面，而非两个分开的学习模式。

第 3 节　研学旅行的展学（行后总结）

研学成果的展示是一种课程评价，是研学旅行课程规范管理的需要，是推动学生有效参与研学的重要手段。研学成果的展示可以小组为单位，体现小组合作学习的效果。要借助信息手段，对学生研学课程成果进行科学、合理的评价和认定，实现研学成果的物化和延续，以提升研学的实效性。

研学实践教育培养的是学生将课堂所学转化为解决实际问题的综合能力，锻炼的是学生团队协作和沟通交流能力，考验的是小组成员包容学习和自我反思能力，最终则需要学生用实际行动给家长和学校交出一份完美的答卷，也让研学旅行成为素质教育的一种新方式。

如果说研学旅行是一堂生动的行走中的课堂，那研学成果展示则是旅行结束后呈现的随堂作业。研学旅行结束后，学校要将学生按小组形式再次聚集一起，总结、整理小组或个人的学习成果，举办手抄报比赛、征文比赛、演讲比赛、摄影展、科学考察报告等系列活动，展示学生在自然与社会的真实生活中的思考、认知、学习的收获，为学生表达自我、展现自我创造机会。

成果展示是学生实践效果的显现阶段，选择适合的展现形式能更有效地展示和交流实践活动成果，为主题活动评价提供依据。成果展示的内容和表现形式必须与成员的能力特长和研究方法结合在一起考虑，确保学生的主体地位。展示过程也是一个再学习的过程。展示活动有利于培养学生的合作精神和竞争意识，有利于为他们的自我表现和相互间的交流提供更多更广阔的空间，使他们能够在合作中相互学习、相互促进、共同发展。在展示活动中，研学指导教师可以根据各小组和学生个人的不同特点与发展需求，把自主表达、小组竞赛、班级展示有机地结合起来，让学生始终处于主动参与、积极活动的状态，为他们巩固知识、提升能力创造良好的条件。

展示的目的是评价，不能为了展示而展示。研学旅行评价的主体是人，价值体认、责任担当、问题解决、创意物化等意识层面的东西，并不是学生写一篇日记就能证明他真正获得了提升。总结性文字很可能忽略了过程性的成长。因此，应该将总结式的评价与研学实践学习成果展示相结合。这种评价要通过多元评价和综合考察，突出对学生的发展价值，充分肯定学生学习方式和问题解决策略的多样性，鼓励学生自我评价与同伴间的合作交流和经验分享。

研学旅行是一个持续性的过程。对学生的评价应该贯穿于整个研学旅行过程中，贯穿于学生参与整个研学旅行的行为当中。从这个意义而言，评价无所不在，无所不包。行前阶段是组织学生对研学旅行的目的资源和文化的了解阶段，需要教师以学生获得间接经验为标准进行评价；行中阶段需要围绕学生实际学习能力、动手能力、实践能力、生活能力等进行评价，主要是以学生的学习行为检测学生在实践中的学习运用；行后阶段是对学生进行综合性评价的阶段，主要是通过展学来检查学生对知识的真正掌握情况，以学生的实际获得为标准检验学生的收获。

研学旅行提倡多采用质性评价方式，避免将评价简化为分数或等级。要将学生在综合实践活动中的各种表现和活动成果，作为分析考察课程实施状况与学生发展状况的重要依据，对学生的活动过程和结果进行综合评价。

要将过程性评价和终结性评价相结合，评价方式可以包括自我评价、组员评价、老师评价。评价不仅要重视对学生掌握知识的评价，更要重视对学生综合运用知识的能力进行评价。过程性评价主要由研学指导教师完成，每天在活动完成后进行评分和奖励。

学生对研学过程的自评和互评可以落实到每天的学习单和集体交流环节中，评价的要点可以从上述几方面进行，也可以由学生自由发挥。研学结束后由指导教师统计给予奖励和鼓励。

课程评价是一个价值判断的过程。价值判断要求在事实描述的基础上，体现评价者的价值观念和主观愿望。不同的评价主体因其自身的需要和观念的不同对同一事物或活动会产生不同的判断。课程评价的方式是多样的，既可以是定量的方法也可以是定性的方法。教学测试或测量只是其中的一种方法，并不代表课程评价的全部。具体的评价原则和评价方法可参看第七章第二节“以学生为主体的研学活动课程评价”。

CHAPTER 9

第九章

研学实践活动的课型研究（活动范式）

研学实践活动的课程执行不仅仅是行前、行中、行后的学习管理，更重要的是对各种实践活动课型的灵活运用和有效组合。本章将向读者介绍认知类、情感类、实践类、技能类、思维类五大类十四种实践课程的活动课型。熟悉了这些活动课型，对有效地组织学生开展研学实践活动具有一定的实际意义。

研学旅行实现了由单一的课堂教学人才培养模式向课堂教育与课外教育、校内教育与校外教育、理论与实践、正规教育与非正规教育相结合的人才培养模式转变。它改变了中小学生传统学习方式，学生由课堂的被动接受学习转变为主动的自主学习，由个体的独立学习转变为互助的合作学习，由机械的记忆性学习转变为探究式的研究性学习。学生成为学习中的主体、合作中的伙伴和新知探究的共生者，为学生形成完整人格和综合能力培养创造了基础条件。

伴随一个新生事物的出现必然要有一段科学应用方法的探索过程。由于专业师资的匮乏、社会其他行业的进入以及各方面现实条件的制约，在初期的研学旅行中出现了课程目标不明确、主题选择不清晰、运行形式不规范、教学手段单一化的问题，使研学旅行流于形式，出现“游而不学”“学而不研”的现象，效果不佳，有违初衷。

研学实践活动课程的执行需要研学指导教师了解实践活动课程各类课型的特点，通过提炼课型的基本要素、基本特点、主要任务和教学要点，掌握不同课型操作的基本规律，才能更好地抓住各类课型的结合点，提升自己的课程规划与活动设计能力、课程组织、管理与协调能力，更有效地指导学生的实践活动。

研学实践活动课程的执行需要研学指导教师具有敢于创新的精神，要在了解各种基本活动课型的基础上，体现研学实践教育活动的开放性与生成性；在实践运用中根据现实条件和动态变化对各种实践活动学习课型进行筛选、组合、超越与创新，学会打破线性思维，整合不同课型；要能够深刻领悟研学教育核心理念——实践育人。唯有实践，在实践中反思，在反思中实践，才能真正让学生在研学中有所收获。

研学实践活动课程是在基于学生知识能力基础上建构的。正是由于学生知识、能力发展水平存在的差异性，研学实践活动课程的设计与实施也必须体现一定的序列性和发展性。即使在同一类课型的运用中，小学中、高学段，初中、高中学段在活动的方式方法上也都有所区别和差异，这样才能实现学生学习能力的发展。

本章基于笔者多年研学实践活动的实际经验，根据不同活动课型达到的学习效果，将多种形式的实践活动课型归纳为认知性、情感性、实践性、技能性、思维性五大类，在五大类下分门别类列举了 14 种社会实践活动的基本课型，作为研学实践活动的一般方法，从活动课程的操作规则角度，向读者进行介绍。

从校外教育活动管理的角度而言，活动课型是在社会空间里开展的不同的活动模式，我们也称之为活动范式，其根本目的是创设一个宽松、和谐、民主的教育环境，引导学生主动参与，让学生获得更多的自主学习空间和学习的主动权，为他们动口、动手、动脑，提供足够的素材、时间和空间，让学生思路开阔、思维敏捷、多种感官并用，在“一波未平、一波又起”的情感波澜中积极参与，主动发展。

第 1 节　认知性实践活动课型

认知性学习目标水平是要求学习者能够实现对事物知识要点的基本认知，初步理解学习材料的意义；能够认识事物的内在逻辑联系并在理解的基础上运用；能够说出它们的大意，描述事物的基本特征，从科学的视角去认识其对科学、技术、社会生活的影响，对事物的本质进行说明；能够从组成或结构的角度对其进行区分和解释；能够运用所学知识对其进程进行推断，并能够判断事物的存在与发展的意义。

认知性的实践活动可分为讲解观摩、考察学习、分享学习三种形式。这三种活动模式都是研学实践活动中最常见的活动形式，也是目前在研学旅行的实践操作过程中最易被忽略或者混淆的活动范式。

一、“讲解观摩”活动课型的操作要领

讲解观摩活动是学生通过聆听讲解员讲解，了解相关知识，感悟事物的内在含义与价值的学习过程。

讲解观摩活动是在博物馆、爱国主义教育基地、革命历史类纪念遗址开展研学活动的基本活动模式。博物馆是历史知识的殿堂。博物馆、纪念馆汇集着先人智慧的结晶、先辈奋斗的足迹，利用陈列的空间语言，见证人类历史文明的发展。展品本身就包含着高度浓缩的历史、艺术语言和审美价值，讲解员的任务是通过讲解语言再现陈列品的内在价值，以引领、交流、探讨的方式引导学生解读展品的深刻内涵，认知历史，感受精神，传承文化。从这个意义而言，讲解是文化、知识和教育的引领。

在研学实践活动中，讲解是必须的。学生走进博物馆、纪念馆，接受传统历史文化的熏陶，了解中华民族悠久的历史和灿烂的文化，了解革命先辈的奋斗历史，感悟中华文明的深厚底蕴，实质上是一次接受传统文化的洗礼过程。

博物馆、纪念馆的课堂环境是自然封闭的，具有丰富的展品实物和图片，以及现代化的声光电技术，可以有效地营造历史、艺术的情境氛围，有利于学生的认知体验。但是，在研学旅行中，各地博物馆、纪念馆往往停留在成人的常规接待方式上。各展馆、基地一般都采取团队式的带队讲解，一个团队约30—40 人不等。讲解员使用扩音器辅助，从一个展厅走到下一个展厅，沿途用背好的解说词一路讲来，不管听者的接受能力如何，一路讲下来就算完成任务。

这样的讲解对于中小学生群体而言，远远不能达到教育的目的。展馆里大

多人流涌动、人声嘈杂，受到严重干扰的课程环境很难使学生集中注意力聆听讲解，更何况研学活动课程还需要一个引发学生兴趣、认知、理解的过程。我们建议讲解员在讲解中要采用提问的方式，在互动中调动学生主动参与的积极性，进而达到学生自主学习的效果。在人流密集的博物馆，讲解的动态性互动方法还要再进行细化，小组划分还要缩小，才能达到有效的学习效果。

我们把讲解观摩活动分为四个环节，让学生带着问题、带着求知走进展馆，将泛讲解的活动方式与互动、交流的学习方式相结合，从而实现在行走中学习、在观摩中认知。

讲解观摩学习是研学旅行中普遍应用的活动形式，适用于小学低、高，初、高中各个学段的实践性学习活动。

讲解观摩的学习活动有以下四个环节。

一曰讲（讲解）。对中小学生的讲解，必须考虑到学生的接受程度和理解能力，要有重点地进行讲解，注意引发学生兴趣，要重视开发历史文化背景中生动的小故事、有趣的历史情节，从而使讲解生动有趣，引发学生学习、探究的兴趣。

二曰问（提问）。讲解员讲解过程中要用实物和展品引发问题，用提问、学生回答的方式引起全体的注意，引导学生深入观察。这种提问应该是事先设计好的，是基于展馆众多的史实资料中事先提炼出来的知识点。

三曰记（记录）。在互动提问交流的过程中引发学生思考，总结出答案，让学生在学习单上进行记录。因此，场馆应当事先编制研学学习单，根据参观学生的不同年龄学段的接受能力，设计层次不同的题目，形成目标驱动的任务式学习，充分发挥学习单在学生学习过程中的作用。

四曰结（总结）。每个展厅讲解交流完成后，讲解员要进行回顾性的总结，巩固学习的知识，给学生留下准确的答案和深刻的印象。

【案例】孟子博物馆观摩课程学习单（初中、高中学段）

<table>
<tr><td>研学地点</td><td>孟子博物馆</td><td>学习方式</td><td>分组随讲解员进馆，聆听讲解，观摩学习</td></tr>
<tr><td>学习任务</td><td colspan="3">1. 了解孟子生平，能够讲述孟子故事，并列举后人对其思想的评价
2. 了解孟子的主要思想与观点主张，能够列举重点语句并准确解释
3. 能够说出孟子崇尚的“浩然之气”与“大丈夫”的具体内容，并结合中华民族的性格塑造与现实生活中的现象进行分析说明
4. 了解习总书记引用孟子名言的含义，学习《孟子》在现代语言中的应用</td></tr>
<tr><td>第一展厅知识点</td><td colspan="3">1. 记录习近平总书记引用的孟子名言的含义及在此处所强调的意义
2. 了解孟子的生活背景及时代对其思想产生的影响
3. 了解儒家思想的道统与传承</td></tr>
<tr><td>第二展厅知识点</td><td colspan="3">了解《孟子》包括哪七篇？能够对应七篇的主题分类总结孟子的观点，并对重点内容进行列举</td></tr>
<tr><td>第三展厅知识点</td><td colspan="3">1. 了解孟子“升格”运动，以及在不同阶段《孟子》所处地位
2. 了解历代的孟子研究及各朝代取得的主要成果
3. 能够以列举的方式，总结孟子对后世的影响</td></tr>
<tr><td>第四展厅知识点</td><td colspan="3">了解孟子对“仁爱”“道义”“修德”“励志”“规矩”“求知”“尚友”“孝亲”的观点及名言，对自己喜欢的名句能够引用并解释</td></tr>
<tr><td>观摩学习感悟</td><td colspan="3"></td></tr>
</table>

讲解观摩的学习过程通过以下五个环节实现认知活动的递进序列和发展性。

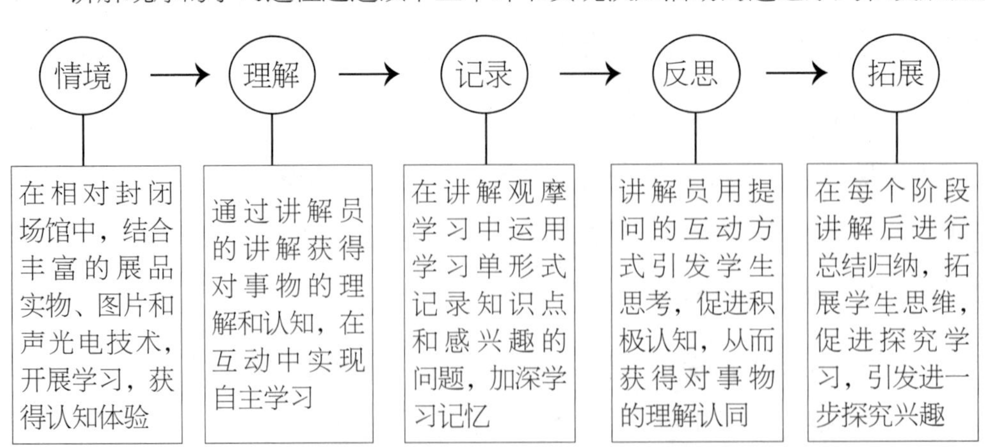

情境→理解→记录→反思→拓展，这五个递进环节是讲解观摩活动课型认知性实践活动的规律和特点。

博物馆的观摩学习看似简单，实则不然，它是研学旅行中最常用、也是最基本的活动模式。运用得好，学生能够从博物馆的参观学习中得到对事物的真正认知，收获思想、情感上的真实提升，实现课程目标中情感态度价值观的学习效果。运用得不好，就是“游而无学”。

二、“考察学习”活动课型的操作要领

考察学习是指学生通过对具体事物的考察，从起源、形状、状态等多个角度，了解其价值、特性、功能、用途等，认知考察对象内在含义和作用。

在小学高年级以上的学段，学生已经初步具备一定程度的认知、判断能力。在一些历史事实翔实、展馆资料丰富的博物馆、文化馆，可以采取让学生分成小组自主学习的方式开展考察探究活动，这样的学习比讲解员单纯讲解的学习效果要好得多，同时也符合研学实践教育的实践探究精神。

考察学习是实践活动的重要方法。在研学旅行中，考察学习适用于小学高和初、高中学段的实践性学习活动。

考察学习活动有以下五个环节。

一曰引（引导）。在开展考察活动前，讲解员应在进馆前集合全体学生，进行展馆知识全方位的介绍性解说，让学生有一个总体的认知和印象，然后分配考察活动各个环节的学习任务。

二曰题（问题）。研学考察活动一般以小组为单位开展考察，每组设定一个或若干考察题目，以任务驱动的学习方式引导学生开展自主的探究学习。这就需要在研学活动前事先设计好考察题目，以便学生有的放矢地开展考察活动，实现自主学习和合作学习。

三曰观（观察）。考察学习的题目应当和展馆的知识点有机结合起来，引导学生在展馆中仔细观察考察对象的细节特征，让学生学会考察学习的研究方法。

四曰记（记录）。在考察活动过程中，学生要依据观察所得，用文字、照片、视频等形式在“考察学习单”中记录下自己的发现，同时还要留出对考察结果的理性分析，记录学生考察心得和认知结果。

五曰结（总结）。考察活动结束后，研学指导老师要集合全体学生，进行分享总结。各小组要说出本组考察的题目和考察过程，得出结论性的考察总结。

【案例】老山神炮展览馆考察学习课程学习单（小学高年级、初中学段）

研学地点	老山神炮展览馆		学习方式	分组考察
考察任务	考察老山战役时期我军的装备和武器			
考察记录 1	火炮装备：　种类——	型号——	性能——	
考察记录 2	步枪、手枪装备：种类——	型号——	性能——	
考察记录 3	掷弹筒装备：　种类——	型号——	性能——	
考察记录 4	运输装备：　种类——	型号——	性能——	
考察结论				

实地考察的学习过程通过以下六个环节实现认知活动的递进序列和发展性。

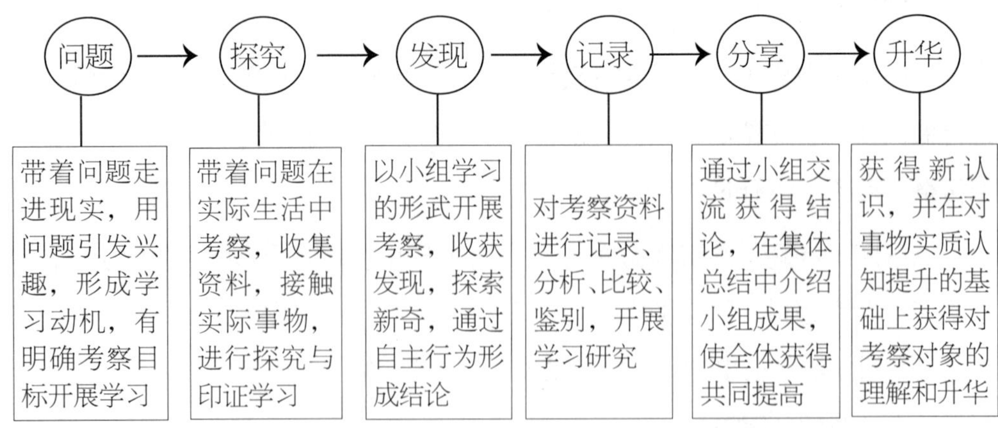

问题→探究→发现→记录→分享→升华，这六个递进环节是考察学习活动课型认知性实践活动的规律和特点。

三、“分享学习”活动课型的操作要领

分享学习是指在一个活动结束后，由研学指导教师组织学生以小组或班级为单位集中，让学生说出自己的心得体会和收获，并对各组学习收获进行评议，获得由感性上升到理性的认知。

分享学习是实践活动的必备环节。在研学旅行中，分享学习适用于小学低、高和初、高中各个学段的实践性学习活动。

分享学习活动有以下四个环节。

一曰题（题目）。研学实践活动一般以小组为单位开展活动，各组皆有具体的学习目标或题目。活动完成后，要根据各组的学习题目生成分享会的讨论题目，以便于学生在分享会上围绕一个或几个题目开展有效的交流，实现合作学习。

二曰言（发言）。引导学生用自己擅长的方式展开讨论，各自谈出自己的心得感受。为避免冷场，研学指导教师要善于从多个角度引导学生发言，或及时转换题目，引发学生兴趣，在学生分享时要做好记录，作为活动最后分享表彰的依据。

三曰评（评价）。研学是基于小组合作的学习，每人发言后，老师要引导小组、班级成员对其进行认可，或评价打分，开展同学间的互评或小组评价。

四曰夸（夸奖）。辅导员进行总结，表扬优秀学生。可从参与度、精神面貌、语言表达能力、任务完成情况进行个人评价；也可从团队合作、任务完成、任务展示角度进行小组评价。核心是营造合作式的宽松气氛，一起学习，互相激励，使学生在学习过程中不断体验进步和成功，认识自我，建立自信。

分享学习的内容可从以下角度逐层深入：（1）简要描述学习内容要点和

学习过程；（2）对学习的内容知识有哪些方面的关联或建议？（3）本次学习对自己最有帮助的是什么？（4）本次学习自身存在哪些不足？哪些需要改善？（5）围绕学习内容以后是否有进一步探索的目标？如何达到这一目标？（6）要完成这些目标，需要做哪些准备和步骤，需要什么样的合作或帮助？

分享交流的学习过程通过以下五个环节实现认知活动的递进序列和发展性。

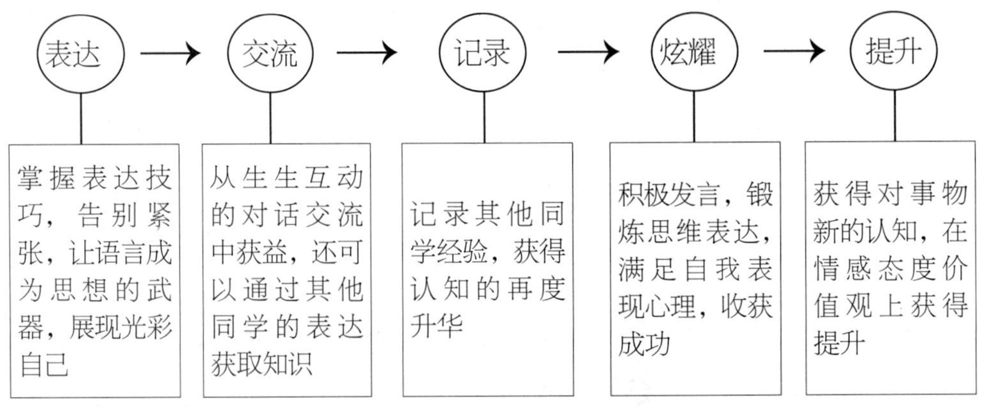

表达→交流→记录→炫耀→提升，这五个递进环节是分享学习活动课型认知性实践活动的规律和特点。

第 2 节　情感性实践活动课型

情感性学习目标水平是要求学习者能够识别、辨认事实或证据；能够描述对象的基本特征；把握内在逻辑联系，与已有知识建立联系，运用推断、区分、扩展的方法提供证据，收集、整理信息；能够在新的情境中使用抽象的概念、原则，建立不同情境下的合理联系；能够在原型示范和具体指导下完成尝试，独立完成操作或进行调整与改进，建立感性认识，在经历的基础上表达感受、态度和价值判断，形成稳定态度、一致行为和个性化的价值观。

情感性的实践活动可分为仪式活动、诵读活动、体验活动、拓展活动四种课型。这四种活动模式是在研学实践活动中经常运用的活动形式。

一、“仪式教育”活动课型的操作要领

“仪式”在古汉语的《说文解字》中释为：“仪，度也，从人，义声。度，法制也。”《简明文化人类学词典》解释为：“仪式是指按一定的文化传统将一系列具有象征意义的行为集中起来的安排或程序。”故此可知，仪式教育是依据不同受教育的人群选定的一种典礼形式的程序表达。

仪式是德育的一种重要手段。仪式的氛围是学生人生的重要体验。仪式教育活动注重学生全程参与，突出情绪感染。作为道德教育一种形式，它包含独特的文化意蕴，具有丰富的教育意义，对学生的思想观念、价值追求、行为方式具有启迪、引导和教育的作用，是学生品德培养和人格塑造的有效途径。

在红色研学旅行以及传统文化传承的场合，举行队会、班会、祭奠、宣誓等仪式活动，学生通过穿着服装、模拟流程、庄重行礼等形式，拉近心理距离，获得心理认同，使学生在仪式感和活动中体会感悟，完成从知识到见识、由见识到认同的生成转化，发挥隐性教育的作用。

在研学旅行中，仪式教育适用于小学低、高和初、高中学段的实践性学习活动。

仪式教育活动应包含以下四个环节。

一曰服（服装）。仪式教育活动建议在有条件的情况下应集体穿着与课程内容相适应的服装，以营造课程情境。在这一点上学术界有不同的声音。有些专家认为是形式主义作祟，为没必要之举。笔者认为，不能简单地混淆仪式与形式的区别。过分的形式化固然是没有必要的，但也不能放弃用服装服饰营造出的仪式感在情境营造、情感表达以及团队建设方面的作用。整齐划一的仪式

表达可以营造庄严肃穆的氛围，在客观上形成庄严的公共教育氛围，使不同学生的思想意识与行为趋同，起到震撼心灵的作用。

二曰程（议程）。仪式活动常常是大规模、隆重的，又是以精确的时间设计为前提的，特别需要有效的组织和严密的程序。仪式的组织是管理水平的现场检验，要确保仪式活动的井然有序，不仅需要经验，也需要魄力，有效的组织本身就是对师生的极好教育，能震撼人心、洗礼心灵。

三曰礼（礼仪）。仪式过程是课程内容的直接展示，仪式的设计和策划、仪式的内容安排，绝不是仪式本身短暂过程的时间流逝，而是课程内容价值的集中体现。仪式的每一个环节、每一个流程都需要精心策划，每一个细节都需要周密考虑。仪式活动要设计可供学生集体执行的礼敬形式，使学生感受到礼仪的庄严，在主动、快乐的主体实践体验中获得特定的精神文化营养，对其心灵起到深刻、震撼、庄严的感染效应。

四曰诵（诵读）。在仪式活动中经常结合文章的诵读，使仪式活动的参与者获得内心感悟与精神的提升。关于这一点将在诵读活动的课型中加以进一步阐述。

仪式教育的学习过程通过以下五个环节实现情感活动的递进序列和发展性。

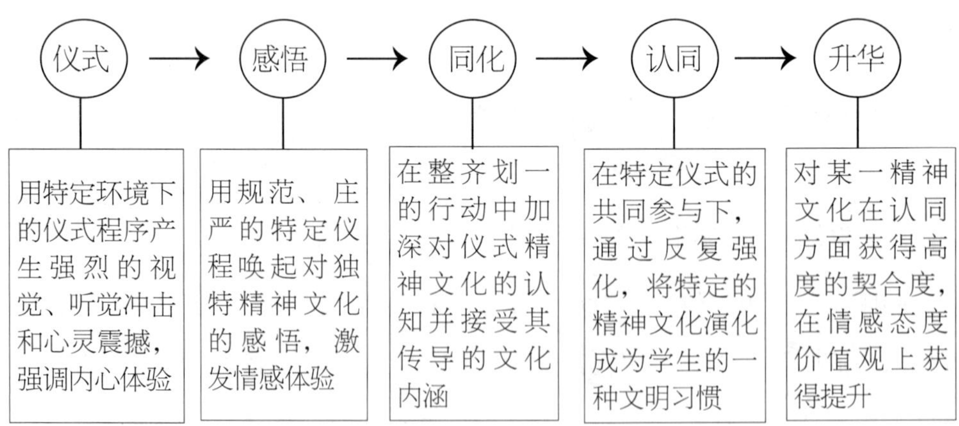

仪式→感悟→同化→认同→升华，这五个递进环节是仪式教育活动课型情感性实践活动的规律和特点。

二、“诵读式学习”活动课型的操作要领

诵读活动课型是通过现场诵读，使学生感受情境的再现，让自己融入作品中，加深认知，从而感受作品的深刻内涵。

中华民族优秀传统文化是人类的智慧、世界的瑰宝，对家庭、国家和社会的和谐起到巨大的维系与调节作用。中华经典诗文承载着中华民族精神和传统文化的精华，是对青少年进行伦理、道德教育的重要载体。开展中华经典诗文诵读活动，对于传承和弘扬中华民族优秀传统文化，激发学生对中华优秀文化的学习和热爱，增强民族自豪感和文化自信心，提升广大青少年的道德素养和文化素质具有重要意义。

传承特定精神文化，没有仪式活动的支撑就失去了载体。诵读活动往往作为仪式活动的一个环节，与仪式活动结合起来使用，通过在特定仪式场景中诵读相关篇章，让学生进入身临其境的体验，收获属于自己的内心感悟。应该注意的是，诵读文章应选择与仪式课程内容相对应的名篇佳作，才能起到良好的教育效果。

在研学旅行中，诵读学习适用于小学低、高和初中学段的实践性学习活动。

诵读学习活动应包含以下四个环节。

一曰诵（诵读）。选择与活动场景或与仪式活动相融的相关题材，根据参加活动学生不同的年龄特征和接受能力，选择适合学生认知能力的古今文章和名篇佳作，举行集体诵读活动。学生以组或班级为单位列队，个人（或组）轮流进行独诵或齐诵。条件许可时可配以音乐、伴舞、歌唱等艺术手段。

二曰赛（竞赛）。可以开展独诵、齐诵、领诵、角色扮演等多种形式的朗读比赛，使诵读的学习变成学生主动参与的互动活动，引导学生随文入境，因境生情，因情悟文，因文明理，感悟人生，和谐身心，开智益慧。

三曰评（评议）。诵读完成后研学指导教师要进行现场评议，在与现场学

生进行互动的情形下评选出前三名发给奖品或掌声鼓励。

四曰析（剖析）。研学指导老师讲解或选出优秀学生讲述对于诵读作品的理解，教师可在一旁进行点评和补充。

诵读学习过程通过以下五个环节实现情感活动的递进序列和发展性。

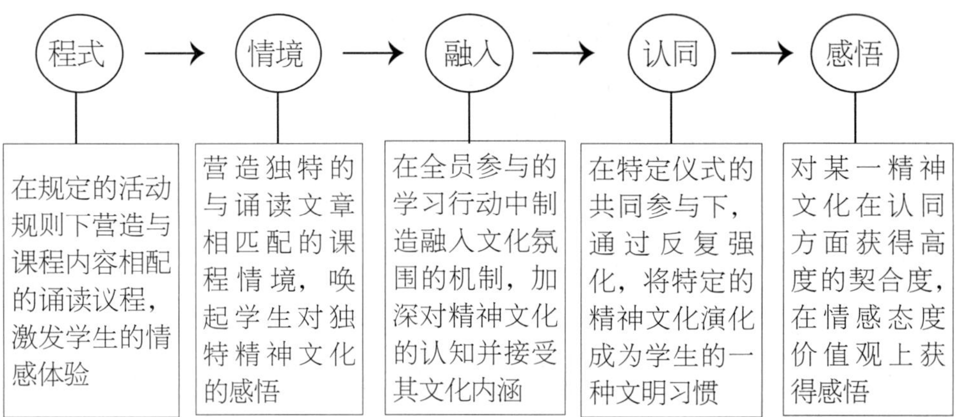

程式→情境→融入→认同→感悟，这五个递进环节是诵读学习活动课型情感性实践活动的规律和特点。

三、“体验式学习”活动课型的操作要领

体验式学习是指通过对具体项目的体验，用触摸、模仿、操作、实验、服务等多种形式，获得一次感受，明白一个道理，学会一种本领，养成一种品格。

体验式学习是美国大卫·科尔伯提出的学习模型。体验式学习强调学生的主体性，让学习者完全参与学习过程。教师要利用各种可视、可听、可感的教学媒体为学生做好体验准备，让学生在学习过程中通过语言、行为、动作，在亲身经历过程中收获认知。研学指导教师以引导促使学生反思、内省及批判，学会新的知识及概念并内化。

在研学实践教育中，体验式学习让学习者亲身介入实践活动，通过认知、

体验和感悟，在实践过程中获得新的知识、技能、态度的方法。学生通过模拟行为、案例学习、亲身体验、演示观察，然后进行思考、小组活动、集体讨论，在内容分享和传递的基础上进行抽象与归纳，完成认知的收获和情感的升华。

体验式学习包括两个层面，即行为体验和内心体验。行为体验是一种实践行为，是亲身经历的动态过程；内心体验则是在行为体验的基础上所发生的内化、升华的心理过程，这是学生发展的关键因素。

体验具有直接性和自我性，只有当学生能动、自主地去体察知识经验、认识事物并获得自己的感悟，激发起自己的情感，并以自我面目参与时，才真正获得了主体的体验并在此基础上进行自我建构。

体验学习以学习者参与实践活动为基础，活动是体验的载体。不同的活动方式和活动内容，会带给学习者不同的心理体验。常见的体验式学习方法有视听欣赏、角色表演、情境模拟、探究活动等。

在研学旅行中，体验学习适用于小学低、高和初、高中学段的实践性学习活动。

体验式学习活动有以下四个环节。

一曰引（引导）。教师需要设计情景环境并引发学生的探究兴趣，产生动机，要贴近学生的知识与生活经验，诱导学生感悟，从中获取新的认识。

二曰触（接触）。学生通过语言、行为、动作等行为体验，对活动的内容产生感悟和认知。在这一过程中，研学指导教师要使每个人都有机会参与，收获真实经历。

三曰言（发言）。学生将对事物、知识的感知或者对情境、人物的情感体验内化成为自身行为或观念后，研学指导教师要组织学生讨论、辩论，互相启迪。让学生梳理自己的感受，使内化进一步深入；要引导学生将亲历进行归纳、印证并提升自己的感悟和体验；要尊重学生的多样性和差异性认知，营造出一种民主、和谐的氛围，为学生更深层次的体验提供必要条件。

四曰记（记录）。编制体验记录学习单，记录体验的过程和自己在过程中的感受。

【案例】云南石屏茶艺文化体验学习课程学习单（小学低、高和初中学段）

研学地点	石屏县文庙	研学方式	体验学习
我的小组			
体验任务	1. 了解中国茶文化 2. 学习茶叶的冲泡知识及技巧		
活动记录 1	我学到的中国茶文化知识——		
活动记录 2	我学会的茶叶冲泡知识及技巧——		
活动感悟			

体验活动的学习过程通过以下六个环节实现情感活动的递进序列和发展性。

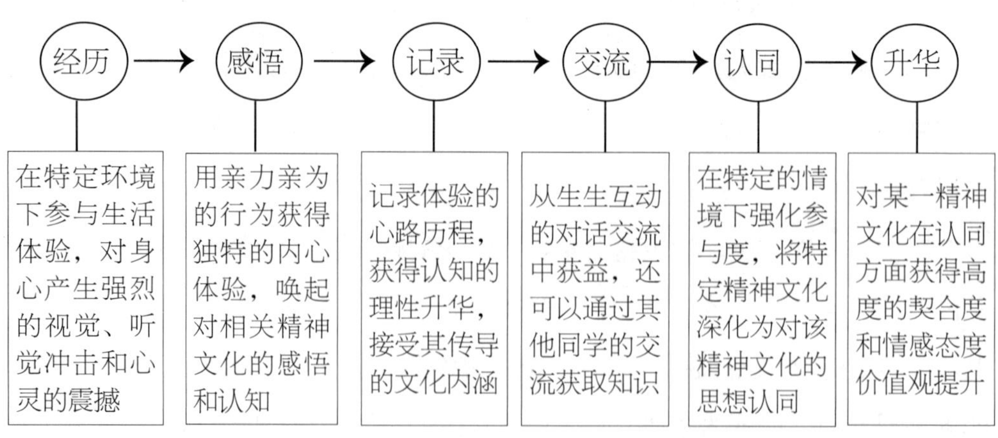

经历→感悟→记录→交流→认同→升华，这六个递进环节是体验学习活动课型情感性实践活动的规律和特点。

四、“拓展训练”活动课型的操作要领

拓展训练也叫体验式培训，是以体育技术为原理，充分整合各种资源，融入科技手段，运用独特的情景设计，通过创意独特的专业户外项目体验，帮助参与者改变态度及心智模式，以期完善行为达到追求美好生活愿望的训练方式。拓展培训通常让学员置身大自然以及各种特殊情境中，利用山川河流等自然环境，通过精心设计的模块式活动提升受训者快乐感受，达到放松身心、磨砺意志、陶冶情操、完善人格、熔炼团队的目的。在研学实践活动中，拓展训练活动课型一般通过游戏性项目，对学生进行针对性训练，以获得技能或素质与素养的培养和提升。

拓展活动是一种全新的体验式学习方法和训练方式，它基于情境学习理论，强调学习是个体参与实践，与他人、环境等相互作用的过程，是形成参与实践活动的能力、提高社会化水平的过程。开展拓展活动，不但可以使个人在技能和心理上得到锻炼，而且可以让参与者体会到团队配合的重要性。

在研学旅行中引入拓展训练是有一定意义的。研学旅行是脱离原有的生活圈子，学生抱着学习的心态，来到不同的地方，在行走中学习，在异域风景、民俗生活的文化氛围中感悟人生，感知社会。因此，研学旅行偏重人文底蕴、科学精神、健康生活这几个方面素养的培养。

拓展训练是一种体能与实践的综合素质教育。运动是基本，训练是手段，感悟与成长为目的，更多的是一些运动中的感悟与体验。因此，拓展训练注重健康素养、责任心和实践创新等素养的培养。

这两者都注重实践、体验，研学旅行让学生感悟大自然，呼吸自然、人文

气息，滋养心灵，融入社会，了解最前沿的生活和科技知识。组织学生在研学旅行中开展拓展训练，接受个人和团队实践锻炼，丰富学生的研学旅行生活，增强学生独立意识，敢于担当，不怕吃苦，不惧失败，勇于挑战自我，开拓视野，丰富知识，增长阅历。研学旅行注重生命宽度，是广度的拓展；拓展活动注重生命的长度，是深度的拓展。两者都是青少年健康成长不可缺少的方式。

研学旅行是一种“立体式学习”，在每一个研学情境中，青少年都像海绵一样，全方位吸收各种养分，包括历史、地理、生物、化学、自然环境、人文景观、民俗文化等各类文化元素。在研学实践活动课程中，结合课程目标，精心设计一些模拟真实情境的项目，用拓展训练的形式和手段丰富研学旅行课程，对于丰富学生的研学旅行生活、激荡心智、砥砺人格、促进个人潜能开发、加强团队融合都有一定的作用。但要避免将研学实践活动课程单纯地用拓展训练活动取代或者单独成课，是不可取的。

把拓展方法引入研学实践活动课程中是一个很好的探索。当前运用比较多的活动形式是定向寻宝。即结合当地的人文、艺术等文化课程内容，通过一个一个寻宝点，找到相应的宝贝（知识或者技能），整个过程充满未知，很受学生欢迎。笔者也将这一形式列为单独的一个活动课型——探寻课型。下文将独立进行介绍。

在研学旅行中，拓展训练适用于小学高和初、高中学段的实践性学习活动。

拓展式学习活动有以下五个环节。

一曰讲（讲解）。拓展师讲解项目背景、相关知识和安全注意事项，以项目模块内容为先导，引发兴趣、情感、意志和交往活动。

二曰演（演示）。拓展师进行项目分解的动作演示，使学生对项目有充分了解，并可选出若干学生现场进行示范，以打消其他同学的畏难情绪。

三曰做（练习）。学生按照要求进行演习，与同伴互相配合，共同达到目标。

四曰赛（竞赛）。开展分组活动，以组为单位进行比赛，强调团队合作。面对共同的困难，每一名队员竭尽全力，既增强了团队合作的意识，又从团队中汲取力量和信心。最后根据成绩评选出名次给予鼓励或奖励。

五曰论（分享）。充分尊重队员的主体地位和主观能动性，重视心灵的感动和感悟。活动后开展课后总结分享，拓展师引导学生畅谈心路历程，升华人生感悟，达到自我教育的目的。

拓展活动的学习过程通过以下六个环节实现情感活动的递进序列和发展性。

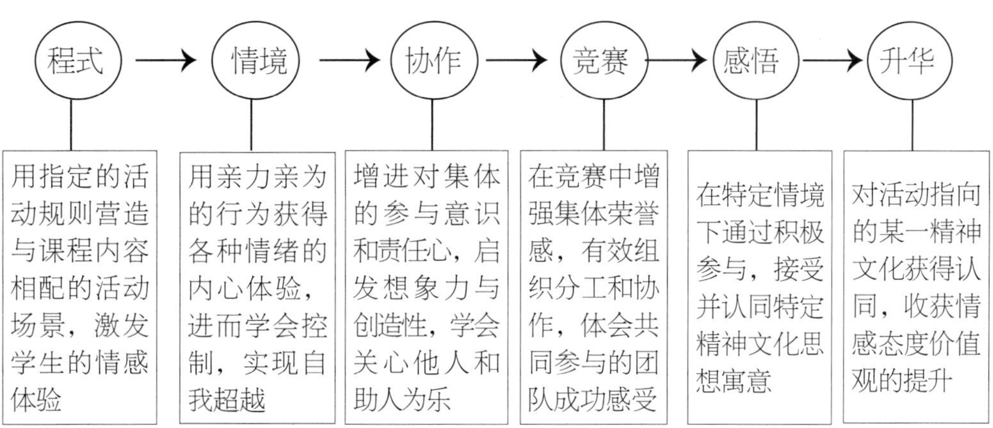

程式→情境→协作→竞赛→感悟→升华，这六个递进环节是拓展训练活动课型情感性实践活动的规律和特点。

第3节　实践性实践活动课型

实践性学习目标水平是要求学习者能够通过实践活动，认知与解决某一领域的问题，获得一定的认知能力、解决问题的能力和动手操作的能力，包括整理和利用各种信息或数据，呈现、表达、处理各种信息，整合知识，形成新的知识结构；运用概念表述自己见解，运用科学方法解决问题，使用工具和技术，设计与制作，发明创造；处理多种关系的交往能力，如规划、协调、交往、管理等。

实践性的实践活动分为探寻活动、访谈活动、志愿服务活动三种课型。这三种活动模式也是研学实践活动中经常运用的活动形式。

一、“探寻式学习”活动课型的操作要领

研学实践教育是按照预定的教育内容和目标，科学、有效地创设一种“身临其境”的实践教育。在研学活动中，当学生“身临其境”后，如何引发学生兴趣，引导其参与学习就成为开展研学实践活动的难点。其中，探寻式学习不失为一种引导学生进入情境学习的有效方法。

探寻式学习是通过对具体目标的找寻探查，引导学生主动参与，通过对线索的联系与分析找出方法，达到学习的目标。这是借鉴了定向运动的一般方法，通过划分区域和确定具体目标指向的任务驱动式学习，让学生积极参与，在动态的互助合作中完成学习任务。

譬如在植物园开展生物课程的学习实践，可以开展让学生寻找、辨识不同植物种类的比较研究学习。可事先制作一批知识性小卡片，卡片上标明不同植物的名称、特性等相关知识，将卡片悬挂在不同的植物上。在设定学习的任务目标后让学生分组开展寻宝式的探寻活动。学生找到不同的知识卡片后，要进行拍照、资料收集等学习。活动结束后进行统一分享、总结、表彰。

在研学旅行中，探寻式学习适用于小学低、高和初中学段的实践性学习活动。

探寻式学习活动有以下四个环节。

一曰图（地图）。在开展探寻活动前，研学指导老师要制作探寻活动地域的地形图，其中包括目标特征及寻找目标相关的条件，分发到每个学生手中；

同时限定活动时间和学习任务目标，学生按照自愿结合的方式进行分组。以小组为单位开展探寻活动。

二曰寻（找寻）。学生以小组为单位在指定的区域，按照图中的线索和提示开展自主探寻活动。

三曰记（记录）。编制探寻学习单，让学生记录下探寻目标的知识性答案，还可以留下空白，让学生记录下探寻活动过程中有趣的细节与发现。

四曰赛（竞赛）。探寻活动结束后，学生要以收获的卡片作为任务完成的标志，并且要说出卡片上记载的知识内容，以此来实现完整的学习过程。研学指导教师可通过评比和奖励的方式进行表彰和总结。

探寻活动本身就带有比赛的性质，可以很好地引发学生争强好胜的心理动机，进而在润物无声的浸润中达到学习的目标。

【案例】云南省石屏县袁嘉谷故居探寻学习课程学习单（小学低、高和初中学段）

研学地点	袁嘉谷故居	学习方式	分组探寻
我的小组			
探寻任务	找出相应材料，印证世人对袁嘉谷“满腹经纶、缱绻乡情，为民之公仆，为人之师表，为世之先驱，以天下之至诚、立天下之大本的精神”的评价		
探寻记录 1	任务：为何说袁嘉谷“满腹经纶、缱绻乡情”？		
探寻记录 2	任务：为何说袁嘉谷是“民之公仆”？		
探寻记录 3	任务：为何说袁嘉谷“为人之师表”？		

（续表）

探寻记录 4	任务：为何说袁嘉谷“为世之先驱”？
探寻记录 5	任务：为何说袁嘉谷“以天下之至诚、立天下之大本”？
学习感悟	

探寻活动的学习过程通过以下六个环节实现实践学习的递进序列和发展性。

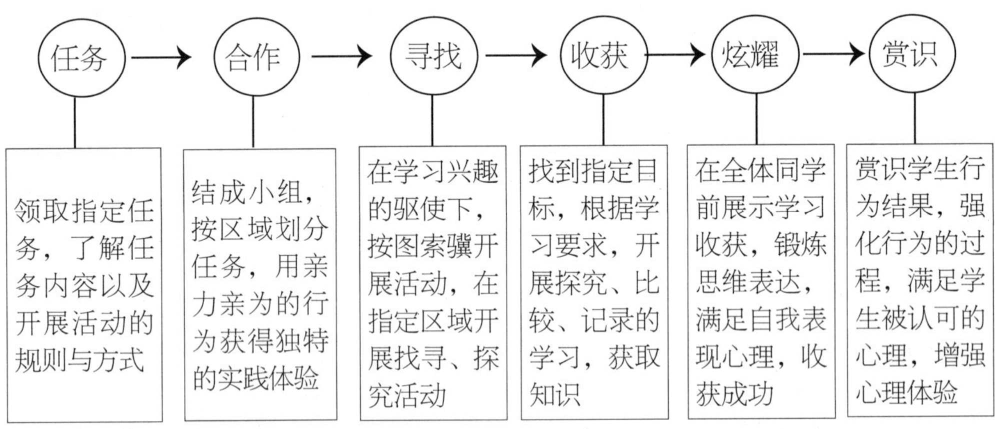

任务→合作→寻找→收获→炫耀→赏识，这六个递进环节是探寻学习活动课型实践性活动的规律和特点。

二、“访谈学习”活动课型的操作要领

访谈活动是在设定明确目标的前提下，为学生设定访谈题目，让学生自主寻找对象，向被调查者进行访问，通过有目的的谈话搜集所需资料。

在研学实践活动中开展访谈活动，可以让学生记录真实感受，学习收集资

料的方法，学会提取有益的资料和信息，学会与人沟通，学会表达自己。

访谈活动最重要的是先拟定采访计划。所谓采访计划，指大体的采访活动安排，包括明确采访意图、确定采访对象、设定采访的大体顺序和活动安排、采访的手段和方法、要采访的主要问题及提问的顺序。

研学指导教师可以根据课程内容组织学生到以下地方开展访谈活动：（1）选取研学学习点周边的民众开展随机采访，听取他们对于相关内容所提出的看法和意见；（2）到政府主管部门或行业协会进行采访，了解产业发展的现状、成就以及存在的问题，听取专业人士对事物的深入分析并及时地做好记录；（3）采访相关产业的公司企业，了解发展现状、经营状况。

在研学旅行中，访谈学习适用于小学高和初、高中学段的实践性学习活动。

访谈学习活动有以下六个环节。

一曰题（题目）。即设定明确的采访主题，确定每组同学的采访任务。为了有效引导学生开展访谈学习，可事先设定相关的采访题目，但一定要留有让学生自主发挥的空间。

二曰设（计划）。要指导学生自主设计采访计划。根据采访目的，确定要访问的部门、人员名单、采访重点及其先后顺序。包括采访时间、地点、对象以及问题的准备。采访前通过手机互联网搜索与这次采访题目相关的报道，查询网络论坛，获取民众对采访内容的观点和意见，了解大致背景。

三曰寻（找寻）。小组分工合作，寻找并确定采访对象。研学中由于时间和环境的限制，研学指导教师要让学生明确采访的目的性，以小组分工合作的形式在指定范围迅速选定对象，与采访目标开展有一定深度的交流沟通，完成采访任务。

四曰问（提问）。学生可分工提问引导对方回答，从中选取需要的答案并进行记录。要事先指导学生学会提问技巧，采访提问时应尽量从具体问题入手，避免大而空的提问，不要提那些过于笼统、使对方无法捉摸和无从回答的问题。

要学会理清头绪，抓住核心，选取最能体现任务目标的某件事、某个人进行采访，在看似简短的采访中收取有用的信息。

五曰记（记录）。采访的过程要进行记录，否则采访就是无意义的活动，要让学生在这一过程中做好采访笔记和录音，保存好资料。在访谈学习单中记录访谈结果。

六曰汇（汇总）。访谈完成后，学生要整理材料，核对事实，进行分类、归纳；对存在疑问的材料进行进一步核对、确认。在分享会上各组学生要相互交流采访所得，谈出自己的收获。

【案例】安徽省六安市大湾村研学访谈课程学习单（小学高和初中学段）

<table>
<tr><td>研学地点</td><td>大湾村</td><td>学习方式</td><td>考察实践</td></tr>
<tr><td>考察任务</td><td colspan="3">考察习近平主席到大湾村前后大湾村的变化，了解国家精准扶贫政策以及老区人民吃苦耐劳、积极向上的精神风貌</td></tr>
<tr><td>采访任务</td><td colspan="3">1. 大湾村村民生活条件和生活状况的前后对比。
2. 通过精准扶贫，村庄的风貌发生哪些变化？</td></tr>
<tr><td>采访记录一</td><td colspan="3">村干部姓名：　　　　　　　　职务：</td></tr>
<tr><td colspan="4">1. 习近平主席来到大湾村后，采取了什么措施使大湾村发生了巨大的变化？</td></tr>
<tr><td colspan="4">2. 请您介绍一下国家的精准扶贫政策给大湾村带来怎样的改变？</td></tr>
<tr><td>采访记录二</td><td colspan="3">受访人姓名：　　　　年龄：　　　　性别：</td></tr>
<tr><td colspan="4">1. 请您介绍一下您家过去的生活状况，最大的困难是什么？一年的收入有多少？</td></tr>
<tr><td colspan="4">2. 国家精准扶贫政策落实后为您的生活带来怎样的变化？您的困难都解决了吗？现在您最大的感受是什么？</td></tr>
<tr><td>资料分析
以及结论性意见</td><td colspan="3"></td></tr>
</table>

访谈活动的学习过程通过以下五个环节实现实践学习的递进序列和发展性。

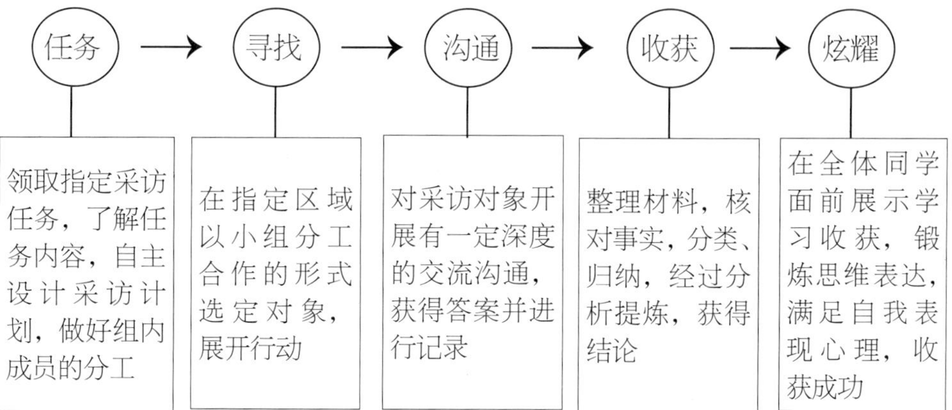

任务→寻找→沟通→收获→炫耀，这五个递进环节是访谈学习活动课型实践性活动的规律和特点。

三、“志愿服务”活动课型的操作要领

志愿服务活动是指通过参加具体项目的社会服务，从中收获情感熏陶、职业体验、文化认同、责任担当的品格提升的有组织的社会实践活动。

学生志愿服务工作要遵循自愿、公益、安全的原则。在共青团中央、教育部《关于加强中学生志愿服务工作的实施意见》中要求，参与志愿服务学生应具有相应的民事行为能力，未成年学生可以参加与其年龄、智力相适应的志愿服务活动。学校组织志愿服务活动，要做好风险防控，加强学生安全教育、管理和保护。

中学生志愿服务领域主要包括：扶贫济困、助老助残、社区服务、生态环保、网络文明、文化建设等。服务内容主要包括：普及文明风尚志愿服务、结对帮扶和送温暖献爱心志愿服务、应急救援知识普及志愿服务、面向特殊群体的志愿服务以及网络志愿服务等。

在研学旅行中，志愿服务适用于初、高中学段的实践学习活动，是引导学生从身边做起、从小事做起，将志愿服务融入日常生活的一种效果良好的教育手段。

志愿服务的学习活动一般有以下五个环节：

一曰绶(绶带)。参加活动的学生要佩带志愿者标牌或绶带，给予学生荣誉感。学生以小组形式自主开展有特定目标指向的社会性服务。

二曰服（服务）。要有具体目标指向的服务项目，要遵循量力而行的原则。项目应包括服务时间、服务内容、需求人数、技能要求、保障条件等，以任务书的形式下发给学生。

三曰表（填表）。志愿服务的过程学生要有记录，要用拍照、摄像等形式记录活动场景，并填写志愿者服务表，完成自我评价。要有志愿服务的认定记录。要明确记录办法，完善记录程序，严格过程监督，确保记录清晰、准确无误。记录内容要有项目负责人、服务对象提供的服务时间、服务内容等证明，经学校审核认定后进入学生志愿服务档案，纳入学分管理。

四曰结(总结)。活动结束后小组要有总结，让学生谈出各自的收获与感受，小组成员评价打分；要有表彰奖励，对在志愿服务中表现优秀的同学给予表扬。

五曰证(证明)。活动结束要为每名学生颁发志愿服务证书，要有服务项目、服务内容、服务时长、服务表现等方面的记录与评价。

【案例】志愿服务活动课程学习单（初、高中学段）

研学地点		学习方式	志愿服务
活动地点		活动时间	
服务小组	组长: 成员：		
活动主题			
活动内容	1. 2. 3.		

（续表）

前期准备事项	1. 2. 3.			
活动流程	时间	内容	分工	服务内容
注意事项				
活动评价				
活动认定	年 月 日（签字盖章）			

如有问题请联系：XXX　联系电话：XXXXXXX

志愿服务活动的学习过程通过以下五个环节实现实践学习的递进序列和发展性。

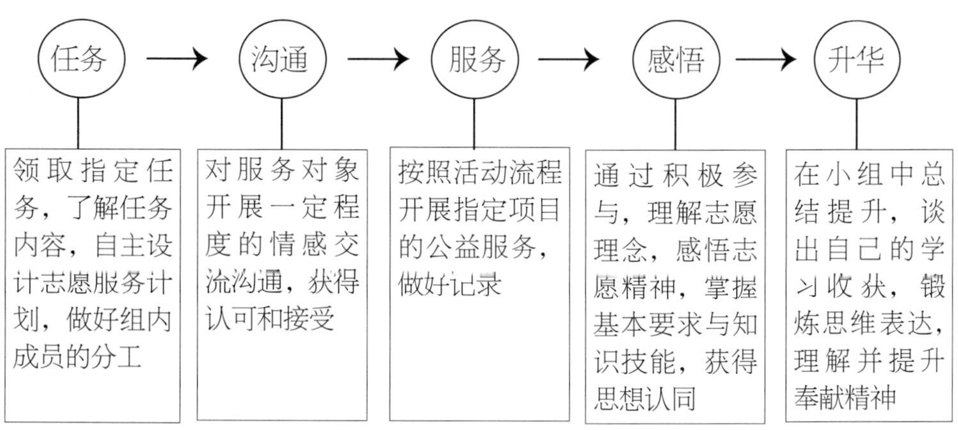

任务→沟通→服务→感悟→升华，这五个递进环节是志愿服务学习活动课型实践性活动的规律和特点。

第4节 技能性实践活动课型

技能性学习目标水平是通过初步学习，了解事物，模仿操作，初步掌握某种知识的入门；经过实践、训练或者反复体验而获得能力；灵活运用，把理论知识灵活应用在实践当中；能够独立操作，按照一定的规范和要领，通过模仿、再创造过程完成预定目标。

技能性的实践活动可分为实践活动、实验活动两种课型。这两种活动模式特别是实践性活动是在研学实践活动中经常运用的活动形式。

一、“实践学习”活动课型的操作要领

实践式学习是指学生通过亲身参与进行实践操作，掌握一项技能，积累一次经验，收获新的认知与感悟。

实践性学习在项目设计时不仅需要关注学生的学习目标，同时也需要满足以下各项核心要素。

1. 关注重点知识的学习和“成功素养”的培养。实践项目不仅要关注各科知识的综合运用，同时也要关注学生批判性思维能力、解决问题能力、团队协作能力和自我管理能力的培养。

2. 设计有挑战性的问题。实践式学习的核心是解决一个有意义的问题。这个问题应该具有一定的挑战性，但同时又不能难到让学生望而却步。

3. 项目的真实性。要以解决真实世界的实际问题为目标，应用真实的工具和评估标准，成果或产品会产生真实的影响；若项目能真实地表达学生个人的兴趣爱好或生活中关心的问题，也会为项目的真实性加分。

4. 学生的发言权及选择权。学生需要对项目有自己的发言权，包括做什么和怎么做。

5. 总结和反思。学生和老师在项目实践过程中需要针对各个环节进行反思，包括学习的内容、探究和项目执行的有效性、项目成果的质量、项目中遇到的问题及解决方案。

在研学旅行中，实践学习的应用最为普遍，适用于小学低、高和初、高中学段的实践活动的学习。

实践式学习活动有以下六个环节。

一曰标（目标）。制定明确具体的任务目标。研学指导教师对学生完成的制作任务目标要有具体的实物参照，要有明确的细节描述，尽可能细化到每一个具体的步骤。同时要做示范性的指导。

二曰组（分组）。许多基地设置的实践性活动课程都是成年人才能操作且具有一定技艺和难度的工匠式技能。在开展这类实践式学习活动时，应让学生组成合作小组。在此基础上，研学指导老师进行小组任务目标的分解，把实践活动项目分解为若干项具体的工作和行为，有利于让每个学生明确自己所担负的任务，形成有明确责任分工的互助性学习，共同完成任务。

三曰做（操作）。学生以个人或组为单位开展实践制作。要让每个人都有机会亲自去做，或各自承担组内分工，共同达到一个目标。在制作过程中，老师要巡回进行检查，对于使用工具不当或制作工序错误的学生要现场进行纠正，并加以示范。在基地实践活动课程中，由于一次活动的学生人数众多，就需要基地配置足够数量的辅助老师，在制作环节协助课程指导老师进行分组指导。

四曰评（评议）。对于学生制作完成的成品或半成品，老师要组织学生分组进行评定，提出意见和建议，并让学生知道如何基于反馈来改进他们的执行方案、完善他们的产品。这种评比可以采取由各小组组长出任评委的方式进行互评，老师再加以补充和指导。

五曰展（展示）。活动结束后要进行项目成果的公开展示。老师要组织各组的学生向其他组同学阐释、展示或者呈现他们的项目成果。最后老师对实践过程与收获进行总结归纳，提升认识。

六曰记（记录）。实践活动结束后，要让学生通过文字、照片、视频等形式对实践过程进行记录。在实践活动学习单中写出实践报告。

【案例】安徽省六安市迎驾酒厂酒酿造实践活动学习课程学习单（小学高和初中学段）

研学地点	迎驾酒厂酿造车间	学习方式	实践体验
我的小组			
实践任务	白酒酿造工序学习		
实践项目背景材料	迎驾贡酒采用大别山生态剐水，配以优质五粮原料（高粱、大米、糯米、小麦、玉米），经传统酿造工艺凝聚而成，整体酒质呈现出“窖香幽雅、浓中带酱、绵甜爽口、诸味协调”的代表性质量特点，也是迎驾贡酒区别于其他白酒的关键所在。		
实践报告	1. 酿酒的工序是什么？ 请写出酿酒的工作流程		
	2. 写出酒的发酵原理		
	3. 写出在酿酒的过程中液体的变化。		
感受与启示	通过亲手酿酒实践，你最大的感受是什么?		

实践活动的学习过程通过以下六个环节实现实践学习的递进序列和发展性。

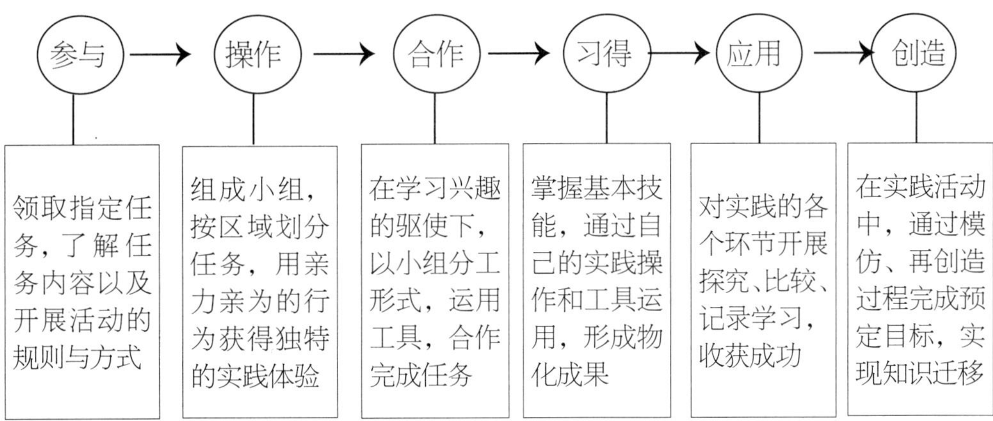

参与→操作→合作→习得→应用→创造，这六个递进环节是实践活动学习活动课型技能性活动的规律和特点。

二、“实验式学习”活动课型的操作要领

实验式学习是通过物理或化学实验，对目标事物的成分、构成、结构等进行分析与对比，从而加深对事物的认知，培养实事求是的科学态度和科学研究的基本方法。

在研学旅行中开展实验学习，主要是针对特定的企业产品。学生运用在课堂上学到的科学知识原理，使用物理、化学实验的方法开展现场实验。这种学习方法十分有效，学生可以将学习到的知识运用到现实的生活中，将理论与实践有机地结合起来。

在研学旅行中，实验式学习适用于小学高和初、高中学段的实践活动的学习。

实验式学习活动有以下四个环节。

一曰做（操作）。在企业开展现场实验活动，要预先设定相关的实验指标，引导学生应用所学的知识开展实践活动，对目标进行科学验证。

二曰辨（分辨）。学生分小组开展实验活动，通过对不同指标进行比较，来辨别、验证目标事物的特点、性质、功效和作用。

三曰记（记录）。在实验学习过程中，要保证实验过程的真实性，要让学生掌握正确的科学实验方法，有效地实现学习效果。事先要编制实验记录学习单，要有明确的指标让学生记录实验过程，填写实验数据。

四曰结（总结）。实验活动完成后，研学指导教师要结合学科知识进行总结，小组提交实验成果。

【案例】安徽省黄山市无极雪矿泉水厂水实验活动课程学习单（小学高和初、中学段）

<table>
<tr><td>研学地点</td><td colspan="2">大别山野岭饮料股份有限公司</td><td>学习方式</td><td>实验探究</td></tr>
<tr><td>我的小组</td><td colspan="4">组长：
组员：</td></tr>
<tr><td>实验名称</td><td colspan="4">无极雪矿泉水水质检测</td></tr>
<tr><td>实验样品记录</td><td colspan="4"></td></tr>
<tr><td>实验过程描述</td><td colspan="4"></td></tr>
<tr><td rowspan="4">实验数据记录</td><td rowspan="4">使用试剂</td><td></td><td rowspan="4">产生现象</td><td></td></tr>
<tr><td></td><td></td></tr>
<tr><td></td><td></td></tr>
<tr><td></td><td></td></tr>
<tr><td>实验结论</td><td colspan="4"></td></tr>
<tr><td colspan="5">辅导老师评语（水厂）：</td></tr>
</table>

实验活动的学习过程通过以下五个环节实现实践学习的递进序列和发展性。

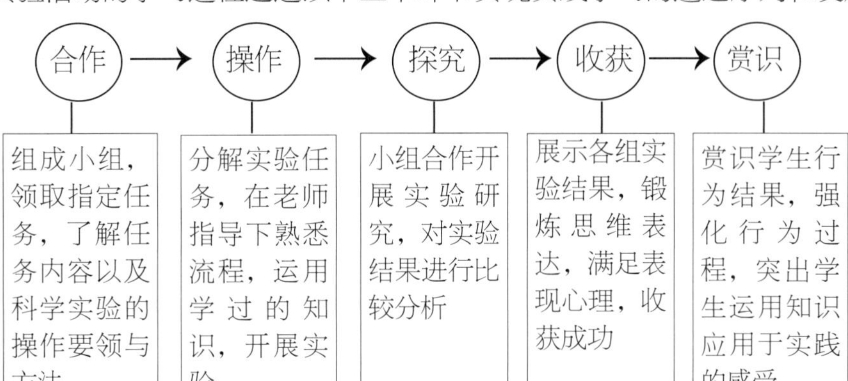

合作→操作→探究→收获→赏识，这五个递进环节是实验学习活动课型技能性活动的规律和特点。

第 5 节　思维性实践活动课型

思维性学习目标水平是通过学习，初步学会运用科学的思维、知识、方法去观察、分析现实社会，分析事物，思考问题，解决日常生活中和其他学科学习中的问题，掌握基本的科学思想方法和必要的应用技能；体会科学与自然及人类社会的密切联系，了解科学的价值，形成初步的创新精神和实践能力、抽象思维和形象思维能力；初步学会使用数据描述信息、作出推断的过程；能够在现实情境中，经历观察、实验、猜想、证明等活动过程，发展推理能力和初步的演绎推理能力；初步学会从科学的角度提出问题、理解问题，形成解决问题的基本策略，体验解决问题策略的多样性，发展实践能力与创新精神；在科学研究的学习活动中获得成功的体验，形成实事求是的态度以及质疑和独立思考的习惯。

思维性学习的实践活动可分为研究性学习、课题研究两种课型。这也是在研学实践活动中重点提倡的两种学习形式。

一、“研究性学习”活动课型的操作要领

研究性学习是指学生在研学指导教师指导下，从自然及社会生活中选择和确定研究专题，主动获取知识、应用知识、解决问题的活动。

研究性学习活动要“得法于课内，得益于校外”，要让学生将课堂上学习的知识经验通过具体的研究性学习外显为学生的经验。研究性学习涉及的知识是综合的，但它不是几门学科综合而成的课程，也不等同于活动课程。虽然它是学生开展的自主活动，但它是以科学研究为主的研究活动。它也不等同于问题课程，虽然也以问题为载体，但不是接受性学习，而是以研究性学习为主要学习方式的课程。具体而言，它是通过对具体目标指向的探索、讨论、研究，对研究对象进行深入考察和研究，从探究中获取知识、应用知识、解决问题的过程。

就研学旅行活动本身而言，研究性学习不能局限于对学生进行纯粹的知识传授，而是让学生参加实践活动，在实践中发现问题，应用知识解决问题，促进书本知识和生活实践深度融合。

在研学旅行中，研究性学习适用于初、高中学段的实践活动的学习。

研究性学习活动一般包括以下四个环节。

一曰题（题目）。研究性问题的提出应当是学生从现实生活中自己发现、自己提出的研究题目。具体到研学旅行的研究性学习设计，应该是由学生从具体的研学课程资源条件中生发出的研究题目。这就要求研学指导教师在指导学生开展研究性学习时，要从现有课程资源的角度为学生提出若干研究性学习的方向，为学生提供开展社会调查和研究学习的相关条件，引导学生在研究方向上自主讨论形成研究题目。这样才能有效地组织学生开展研究性学习活动。

二曰考（考察）。学生以分组的形式确定小组研究的题目，采取考察、采访、调查、取样、记录的方法，以小组分工形式开展研究性学习。这里说的考察，

是认知性实践活动中考察课型在研究性学习中的综合运用。此处可以参考第一节考察学习的实践活动课型运用方式。

三曰记(记录)。学生通过查阅资料、走访调查、实地考察、社会调查,以文字、照片、视频、多媒体等多种形式记录考察结果。研学指导教师要随时跟进学生研究性学习进度，了解活动进展，指导学生运用科学的研究方法开展活动。

四曰论（讨论）。在调查阶段后要重视讨论的环节。研学指导教师要组织学生以小组形式展开讨论，结合学科知识，质疑问题，探讨难点，得出结论。

研究性学习是一种实践性较强的教育教学活动。研学旅行有着开放的活动空间和时间，活动的组织者应当本着“从社会中来，到社会中去”的原则，结合研学旅行中多种多样的课程资源为学生创设研究性学习的条件和机会，把研学旅行的实践学习和科学研究有机结合起来，使学生学习渠道多样化、学习方式生活化、学习方法科学化；把学生对生活的认知和体验与科学探索结合起来，使学生的学习方式从被动的接受学习转向主动的探究和发现，从而在学生亲身参与社会实践活动的过程中，获得对社会的认知、理解、体验和感悟。

研究性学习的过程通过以下五个环节实现思维学习的递进序列和发展性。

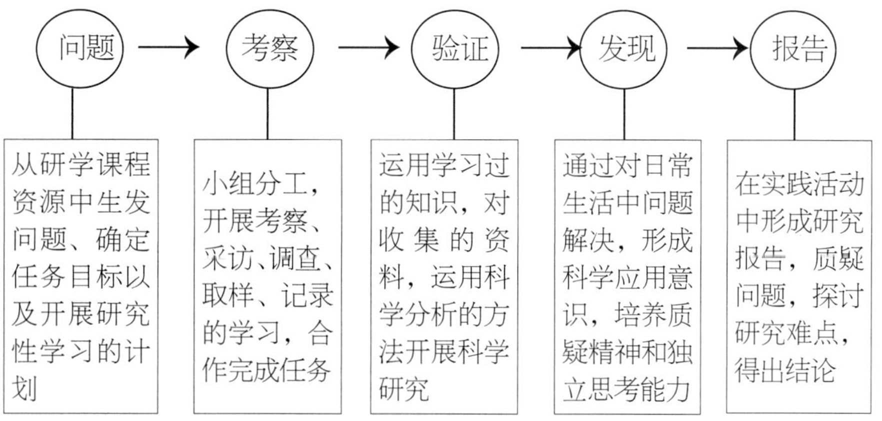

问题→考察→验证→发现→报告，这五个递进环节是思维学习活动课型技能性活动的规律和特点。

二、“课题研究”活动课型的操作要领

课题研究是以课题小组形式开展的有具体目标指向的科学考察。学生通过分工开展考察、采访、调查、取样、记录等多种形式收集资料。在研学中完成课题研究中科学考察环节的工作任务，返校后继续深入开展研究，形成科学结论，撰写课题报告，形成理论成果。

1. 研究性学习与课题研究的区别。

研究性学习是从学习方法上进行的一种划分，是指在教师指导下，以学生自主采用研究方式开展学习的课程。

作为一种学习方式，研究性学习是指学生在教师的指导下用类似科学研究的方式，通过自主发现问题、收集处理有关资料信息、探究问题、解决问题来获取知识、应用知识。应当明确的是，中小学生的“研究”，从过程上说，大多不具备严格意义上科学研究的严谨性和规范性，所以其实质是学生对科学研究的思维方式和研究方法的学习运用。通过这样一种基本形式和手段，培养学生的创新意识、探究精神和实践能力。“研究性学习”是与“接受性学习”相对应的一个概念。我们倡导“研究性学习”，是要改变过去过多地依赖“接受性学习”所造成的不良影响，赋予研究性学习应有的位置。

研究性学习课程总的目标是：通过初步的科学研究活动，使学生获得结论性的陈述性知识，更重要的是培养运用所学知识分析问题、解决问题的能力，树立科学精神，发展个性和特长。

课题研究是指为解决一个相对独立而单一的问题而确定的最基本的研究单元。课题研究是指针对某一具体问题进行尝试、探索、研究或讨论的过程。

前者是运用一定的科学方法解决问题的实践活动，是科学研究任务的实施过程；后者是一种特定的学习形式的表达。从本质意义上讲，开展课题研究是

以培养学生发现问题、提出问题、解决问题的能力为基本目标，以学生从社会生活中提炼的具体问题为研究方向，在提出和解决问题的全过程中学习科学研究方法、获得丰富且多方面的体验和科学文化知识。因此，从学习的性质而言，课题研究本身就是一种研究性学习方式。课题作为科学研究的最基本单元，具有较为单一而又独立的特征，相比之研究性学习，课题研究必须依据一定的科学原理和规律来开展研究，具有更为严谨的科学性、应用性。

柯林格说："科学研究是以系统的、有控制的、实验的、严谨的方法来探讨对于现象之间的关系所做的假设命题。"开展课题研究式学习不是为了让学生真正能够发现、发明出什么有科学价值的东西，而是让学生学会和掌握科学研究的方法，而后者才是在研学旅行中开展研究性学习和课题研究式学习的真意。

2. 课题研究式学习——科学考察。

在研学实践教育中，我们提倡以小组形式开展学习，其进一步的学习组织形式就是深度研学的课题研究小组。

课题研究式学习的教学法是把研学活动课程的主要内容组建成多个特定课题，让学生在设计和完善课题的解决方案中掌握相关的专业知识。其过程包括课题的选择、背景知识介绍、分析问题、解决方案设计与讨论、总结评定等阶段。课题研究式学习有利于提高学生的专业学习积极性，加深学生对相关专业知识的理解和掌握，培养学生分析问题和解决问题的能力。

许多学校将研学小组的学习冠以课题研究的形式或说法，这实际上是不成立的。一个科研课题的开发与研究是一个完整的过程。仅仅凭借研学的一次旅行就实现是不太可能的。而且在研学旅行中行程与时间是确定的。不可能为某一小组课题的深入研究而让全体成员停下来等待，更不可能让某一课题小组成员独立地就某一问题开展深入的探索考察。因此，在研学旅行中开展小课题研究本身就是一个难以实现的问题。在此笔者提出了科学考察活动的观点。即在研学旅行中指导学生开展有目标的科学考察活动，形成科学考察报告，初步掌握科学考察的基本方法。即使如此，也需要学生在研学旅行结束后继续开展深入的比较研究，得出相应的科学结论，还需要在研学旅行结束后在老师的指导下开展科学考察报告的写作，才能真正完成一次科研考察研究的全过程。

北京市特级教师、北京市中小学生社会大课堂管理办公室常务副主任高付元老师根据自己多年指导学生从事科研课题开发的经验，创造了一套生物学科研考察课题的简捷报表式的研究方法。即将科学考察的各个阶段以报表形式形成学习任务单，指导学生开展科考活动。对于实地考察的各个环节也作了具体的指标性要求。如考察植物的根、干、茎、叶要拍摄多少张照片、形成多少文字的记录等都有具体的指标要求，在实践中操作效果很好。

在研学旅行中，我们强调要停下来，慢一点。在每一个重要的研学学习点都要留出一定时间，让学生在已经确定的科学考察学习题目基础上，分成小组自己去寻找答案，自己去观察、记录、采访、分析，搜集资料，为后期深入开展研究做好准备。为此要在比较重要的研学学习点邀请有关专家现场指导，与各课题小组举办座谈会，介绍情况，回答同学们研究中的问题，为学生开展科学考察学习创造机会和条件。最后形成有价值的、客观且真实的研究成果。

因此，一个深入的课题研究式学习不是走的地方越多越好，学生看的越多越好，实际上是看的东西越多越乱，就越变成旅游了。

【案例】绍兴——杭州研学旅行科学考察研究题目设计

课题名称：江南科考行——探寻江南地理特征，认知生态环境平衡

课程总天数：5 天（含往返）

科学考察方向：生态——湿地环境科考

本课题方向包含以下课题：

（1）西溪湿地动、植物分布及水质情况考察；

（2）湿地生态功能研究（从西溪湿地考察湿地对自然环境的调节作用）；

（3）从生物多样性的结构与丰富度考察湿地生物链的构成；

（4）从湿地景观化看人类活动对湿地的干扰和破坏；

（5）从西溪湿地的保护措施研究我国自然环境保护法中对湿地管理的缺失。

鼓励学生自主提出相关研究课题。

3. 科学考察的课题研究学习的基本环节。

一曰题（题目）。事先要设定课题。要有课题方向，让学生按兴趣自主研发相关课题。并在小组内进行分工，每人承担一项或多项任务。具体而言，有以下几个方面。

（1）确定课题方向。研学指导教师首先要分析研学旅行各个研学学习点的课程资源，确定该线路科学考察的研究方向，并设计出若干学生感兴趣的相关课题研究题目。

（2）组建课题研究小组。指导学生自主选择感兴趣的课题研究题目；以4—6人为一组组建课题小组。由每组成员根据研究课题方向自己确定研学考察的课题题目，以及需要重点考察的景点、考察方向和内容。在这一过程中，鼓励学生自主提出相关研究课题。

（3）确定考察目标与方法。考察题目确定后，小组要在此基础上确定调查对象的目标，如人文环境、历史事件、地质地貌、山川古迹、物产资源、建筑特征、民俗风情等；确定考察内容，如制度文化考察、经济文化考察、军事文化考察、文学艺术考察、民俗文化考察等，选择其中若干方面开展考察研究，之后制订考察方案；在考察方案的基础上确定考察方法，如拍照、记录、采访、体验、对照资料比较、小组讨论；确定考察标准，如数量的要求、质量的要求、内容侧重的要求。然后填写学习规划与考察方案一并报研学指导教师审核。审核内容包括小组研究方向、题目的设定是否合理、初步判断学生自我设计的科学考察和探究性学习方式是否能实施等。

（4）行前指导。行前研学指导教师要为学生进行科学研究方法的指导。指导学生如何在行前搜集资料，撰写研究大纲，讨论、确定研究的具体问题和题目。

二曰集（搜集）。出行前学生要根据任务开展资料收集工作，要从准备开展的科学考察工作的内容角度，从研究现状、研究目的、研究方法和手段、资料查新、研究的切入点、主要问题、重要观点、考察实施方法等方面进行分工，明确每人承担的学习任务和指标。开展行前的资料收集和准备工作。

三曰考（考察）。参考考察活动课型（观、问、记）或访谈课型（题、寻、问、记）的方法开展考察活动。原则是以丰富多样的探究方法对课题开展考察研究。科学考察活动应以小组形式进行。要在相关研学学习点邀请专家现场指导。研学指导教师要指导学生以拍照、记录、采访、体验、调查、比较、小组讨论等形式独立完成科学考察活动。研学基地要与各课题研究小组举办座谈会，介绍相关背景知识，回答学生课题研究中的问题。作为研学旅行的组织方，在必要的科学考察地点要预留学生考察研究的时间。

四曰记（记录）。研究过程中要求学生整理记录收集的数据资料，并完成必要的文字、照片、视频记录。

五曰论（讨论）。研学过程中小组内要展开讨论，质疑问题，探讨难点，核对、确认资料，形成共识。必要时还要修改课题研究目标，重新调整方向及方法。

六曰析（分析）。返校后学生要对收集的资料进行整理，开展比较研究，形成科学结论。研学指导教师应邀请专家在研学结束后继续跟进，指导学生对收集的资料进行定性、定量的数据处理分析。包括：在探究过程中观察、调查、实践的材料说明；相关照片、图表、统计数字运用；分析材料，比较研究，形成若干有层次的论点、论据，最后得出研究结论。

七曰撰（撰写）。学生自主分工，撰写研究报告，小组合力完成课题研究报告。

研学指导教师应从以下方面指导学生开展科学考察报告的撰写：一是讲解体例。二是指导撰写研究报告。包括：在探究过程中观察、调查、实践的材料说明；相关照片、图表、统计数字及说明；分析材料，形成若干有层次的论点、论据；形成研究结论。这一阶段，研学指导教师还应配合专家一起对各课题研究小组完成的科研报告进行评估，指导学生修改、完善。

在研学旅行中，课题式科学考察研究适用于初、高中学段的实践活动学习。

我们以下表来说明课题研究学习的序列。

项目分解	任务	指标
立项	确定考察方向	开发研究课题
	学生分组	选择课题，从兴趣出发自主提出课题
制订考察方案	确定考察地点	
	确定考察方向	人文环境、历史事件、地质地貌、山川古迹、物产资源、建筑特征、民俗风情
	确定考察内容	制度文化考察、经济文化考察、军事文化考察、文学艺术考察、民俗文化考察
	设定目标、内容、方法、标准	根据考察对象设定考察的目标、内容、方法、标准
	制订研究计划	填写学习规划报指导教师审核
分工	每 1 人或几人承担一个版块	从研究现状、研究目的、研究方法和手段、资料查新、研究的切入点、主要问题、重要观点、考察实施方法、制作调查表等工作模块进行分工，明确每人学习任务和指标
	行前完成科学考察报告文本构架编制	每人分头编制，合作完成
考察过程	以拍照、记录、采访、体验、比较、讨论等形式开展科研考察	拍照——用照片对自然、人文、环境做考察记录，须反映事物的始末、主体与局部、整体与特写、发展过程等，每类用于佐证的资料都不得少于 5 项
		记录——用文字记录考察对象的情况，须对事物发展过程、表现形态、细节呈现进行相对完整的记录和文字描绘
		采访——对与考察相关联的人物进行采访，进行相对完整的文字记录或录音（回去整理），记录时间、地点、人物姓名或特征；并辅以拍照、录音等形式完成

（续表）

项目分解	任务	指标
考察过程	以拍照、记录、采访、体验、比较、讨论等形式开展科研考察	调查——如可能，发放事先制作的调查表，对考察对象进行调查，记录发放对象及样品数量（事后回收统计）
		体验——对与考察相关联的事物，可采用亲身体验的方式获得研究结论；体验后要记录真实的感受，并作出文字记录，记录时间、地点，辅以拍照、录音等形式完成
		比较——对考察对象进行比较研究，可采用与其他相关联事物比较的方式进行，要记录下事物比较的全过程，并记录时间、地点，辅以拍照、录音等形式完成
		讨论——对与研究目标出现差异性的情况，小组成员可现场讨论形成若干调整意见；应记录讨论的全过程，包括时间、地点，辅以拍照、录音等形式完成
	专家指导	在相关研学地点邀请专家现场指导
	分享讨论	在分享会上检查核对资料，分析判断，得出部分结论
资料分析研究	实证研究	在获得直接经验基础上进行判断，解决“是什么”的问题
	规范研究	在确认研究事实本身的基础上进行价值判断，解决“应该是什么”的问题
	定性分析与定量分析	定量分析是通过图表和统计得出结论；定性分析是用概念进行分析得出结论；定性分析是定量的前提，定量分析是定性的具体化，两者相互补充结合解决“为什么是这样的问题”
研究一般程序	问题→筛选→立项→假说→考察（观察、实验、调查、分析等）→验证→修正→ 抽象→结论	
	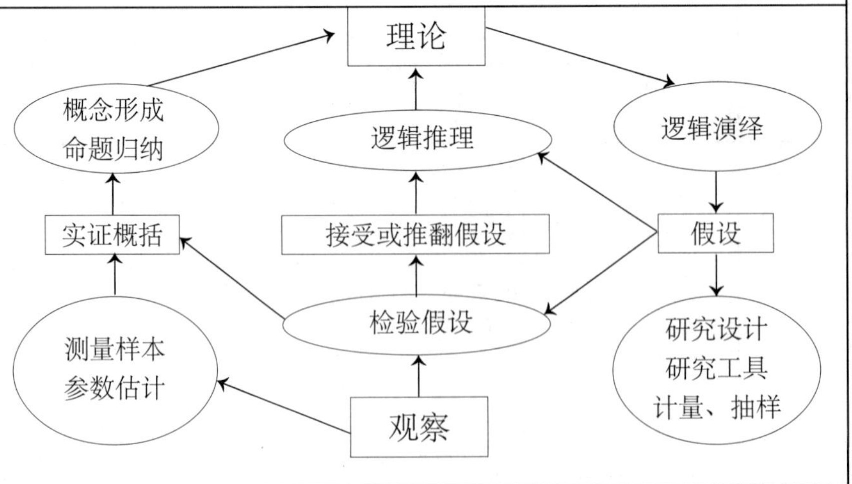 理论 概念形成 命题归纳 逻辑推理 逻辑演绎 实证概括 接受或推翻假设 假设 测量样本 参数估计 检验假设 研究设计 研究工具 计量、抽样 观察	

（续表）

项目分解	任务	指标
科学考察报告撰写	问题的提出	1. 摘要 2. 绪论 3. 资料查新 4. 文献综述
	假说	提出假设及模型（影响因素、假设、概念模型）
	验证	在探究过程中观察、调查、实践的材料说明（包括相关照片、图表、统计数字、调查表等）
	分析	用数据分析材料，形成若干有层次的论点、论据
	结论	由材料形成观点和结论
	附件	研究局限、未来研究方向、收获与体会、引文注释和参考文献

以上 14 种实践性活动课型（活动范式）是研学实践活动中常用的学习方法。每种课型的特点不同、功效不同，组织方法各异。在研学实践活动中，组织者和施教者要根据活动课程的内容需要及学情情况选择、组合各类课型，增强活动指导的针对性和有效性。

研学实践活动课型（活动范式）表

学习方式	学习过程	目标取向	适用学段
讲解观摩	情境→理解→记录→反思→拓展	认知性	小学低、高年级，初、高中
考察学习	问题→探究→发现→记录→分享→升华		小学低、高年级，初、高中
分享学习	表达 →交流 →记录→炫耀→提升		小学低、高年级，初、高中
仪式教育	仪式→感悟→同化→认同→升华	情感性	小学低、高年级，初、高中
诵读学习	程式→情境→融入→认同→感悟		小学低、高年级，初中
体验学习	经历→感悟→记录→交流→认同→升华		小学低、高年级，初、高中
拓展训练	程式→情境→协作→竞赛→感悟→升华		小学高年级，初、高中
探寻式学习	任务→合作→寻找→收获→炫耀→赏识	实践性	小学低、高年级，初中
访谈学习	任务→寻找→沟通→收获→炫耀		小学高年级，初、高中
志愿服务	任务→沟通→服务→感悟→升华		初、高中
实践学习	参与→操作→合作→习得→应用→创造	技能性	小学低、高年级，初、高中
实验式学习	合作→操作→探究→收获→赏识		小学高年级，初、高中
研究性学习	问题→考察→验证→发现→报告	思维性	初、高中
课题研究	问题→筛选→立项→假说→考察→验证→修正→ 抽象→结论		初、高中

必须指出的是，课型本就是人为的划分，没有一定的界限，没有固定不变的模式。任何两种甚至几种课型都可以整合。在活动设计时可以有所侧重，以某种方式为主，兼顾其他方式；也可以整合方式实施，使不同活动要素彼此渗透、融会贯通。要充分发挥信息技术对于各类活动的支持作用，有效促进问题解决、交流协作、成果展示与分享等。我们把研学实践活动的形式分成十几种方式介绍，是为了让大家看清楚研学实践活动都有哪些活动方式，如果不展开，就会很笼统，不容易理解。

在研学实践活动中，研学指导教师不仅应根据学生的活动情况，根据学生存在的具体问题和能力发展需求对不同课型进行整合，还要根据施教老师的能力特点选择适合教师能力发挥的不同活动形式。各个活动课型要根据活动课程的需要而灵活运用。活动课型的选择要随着学生参与活动的兴趣和状态而动态变化，随活动进程的发展而灵活调整，随活动内容的变化而不断变化重组。

第 6 节　研学实践活动的操作规则

社会实践教育是研学实践活动课程的基本出发点。体验、实践活动是研学活动课程的生命力之所在。从内容上，研学实践教育贴近学生生活，将学科课程内容与课外真实情境相连接，学生将所学学科知识内化于心，形成自身的认知结构，在研学实践的活动中进行理论与现实的对照，利用现实的感受和经验去补充并完善所学理论。学生在自然中探索、在社会中实践、在活动中学习，在运用所学知识的同时，获得了课堂所缺失的真实情境体验，升华了所学学科知识内容，进而达到对课堂知识的反思、巩固、运用与超越。

研学旅行的课程大多以体验、实践性活动为课程的内容，譬如引进剪纸、扎染等多种民间艺术，让学生在研习、制作过程中了解民族文化的博大精深，感受民族传统文化的魅力。

应该引起注意的是，目前有一种错误的趋向，即研学实践活动课程只能或者必须是体验实践活动。学生到研学基地除了集合起来搞搞拓展的“破冰”，就是分散开来做各种适合或不适合中小学生操作的制作、手工、操作、劳动……其中不乏人身伤害的危险因素。

这实际上已经背离了研学实践教育的真实意义。学生在研学实践教育中，收获更多的应该是情感的体验，是认识的升华，而不是为制作而制作，为技艺而学习。我们让学生体验各种非遗项目，不是让他们都成为民族非遗的传人，而是让他们了解中华民族非遗文化的艺术魅力，认知中华民族五千年深厚的文化底蕴，感受中华传统美德，进而实现对中华民族文化自信的认同。

研学旅行的教育资源多种多样，决定了研学课程的内容领域是宽泛的。其课程的生成性特点正是基于这一宽泛性的特质而丰富多彩。这就要求研学指导教师在动态化的研学实践活动课程教学过程中，灵活地运用多种课程模型和活动范式，和学生一起开展丰富多样的研学实践活动。

一、研学活动课程实施的环节要素

研学实践活动课程是体现以目标为导向的参与性实践活动，活动过程要贯彻引导学生探究学习、提高解决问题能力等方面的教育认识及实践。

从课程结构角度分析，一般我们把实践活动课程分为四个环节。

1. 知识导入环节。

研学实践活动课程的内涵必然是以一定的历史文化为背景的知识体系的构建。活动开始前，研学指导教师要从课程目标的三个维度展开课程内容的知识性介绍，这也是实现教育育人功能的价值所在。因此，课程导入的知识环节必不可少。

在实践活动课程中，知识性的导入可以是历史的，也可以是文化的，还可以是科学原理的知识，譬如在农耕课程中的传统水车体验活动，水车的发明与应用体现了古代劳动人民的智慧，水车的发展历史体现了科学发展的进程，而水车的运行原理则蕴含了物理学的基本知识。这些都需要研学指导教师在课程导入时用技巧性的互动交流的讨论方式传达给学生。

这一环节的教育意图及思路是：引发学生兴趣，引导学生产生探究的欲望，营造学生积极参与活动的课程环境和氛围。

2. 学习任务布置和学习方式引导。

这一环节需要在激发学生兴趣的基础上，以明确的目标导向为学生布置学习任务，明确活动要求。一般采取分小组确定任务的方式，引导学生在合作中体验实践。在此基础上明确活动纪律和注意事项，这里也包括了实践工具的使用以及操作技巧的说明、示范指导工具的技术运用和操作技巧。

这一环节的教育意图及思路是：让学生能够明确小组学习的要求，学会选择适宜的方法，开展体验研究性学习。教师要做到任务清楚、分工明确，在实践过程中引导学生进行思考、探究，同时能够自觉地用活动规则规范自己的行为。

3. 体验实践环节。

这一环节研学指导教师要在学生分组体验的过程中巡回检查，指导、修正、规范学生的操作动作；同时鼓励学生大胆尝试，积极参与，在活动中开动脑筋，群策群力，讨论解决问题的办法。

在这一过程中，研学指导教师不应该包办代替，要采用启发式的教育方式，引导学生大胆思考，讨论，在实践中自己寻求问题的解决办法。学生物化的创造成果也不应当有标准的答案，而是要在创设活动情境的基础上，诱发学生的好奇心，丰富学生想象力，鼓励学生大胆尝试，积极创造。

这一环节的教育意图及思路是：培养学生创造个性和发散性思维，突出学生主体，以自主探究、合作学习的活动组织方式，体验人生价值，收获责任担当，回归真实的“生活世界”，形成多个体现学生个性的物化成果。

4. 总结分享环节。

研学实践活动结束后不等于活动课程的结束，课程的总结反思才是实践活动课程最重要的部分。

一般我们以小组团体形式展示自己的研究成果，研学指导教师要引导学生分享实践成果，鼓励学生在分享交流中形成、表达自己的观点；归纳学生在实践过程中的学习方法，进行拓展延伸，引导学生在体验实践后学会思考，掌握实践研究性学习的基本方法。

这一环节的教育意图及思路是：关注学生在动手实践过程中社会责任意识的培养，侧重学生情感态度价值观目标的提升，培养学生的综合能力。

知识导入、学习任务布置和学习方式引导、体验实践、总结分享，这四个环节执行下来，才是一个实践活动课程的完整流程。

二、研学活动课程实施环节的比例分配

以上所归纳的研学实践活动课程的四个环节是我们开展体验实践教育活动的必备要素。

教育的内容一定是以文化为载体的，没有文化的课程不能称之为教育。目前许多研学基地的课程一上来就是让学生实践制作，没有任何文化的引导、知识的导入，这样的课程怎么能够称之为教育？还有的研学基地将工序复杂、技术性很强的民间手工艺术直接转成研学实践活动课程，让学生在有限的时间里尝试做出有一定工艺水平的艺术品。这样的结果往往造成体验实践活动结束后现场一片狼藉，学生没有收获，学校老师也不满意。这不仅打击了学生探究学习的积极性，也造成了大量材料的浪费，背离了研学实践教育的本质。

任何一个实践活动课程都应该是一个闭合的环。课程的文化价值导入必不可少，它是落实课程目标的基本步骤。学习引导性的指导环节同样重要，它是指导学生学会学习、培养创造精神的重要手段。体验实践环节是课程的核心，只有完成了前两个环节的准备，体验实践活动才真正能够收到实效。而最后交流分享环节是课程最重要的总结阶段。如果缺失了这一环节，前面所有的教育手段都将失去其教育的意义。学生的收获、认知、提升都将无从谈起。

以下是研学实践活动课程各个环节的学时分配，从中我们可以看到，课程导入与分享总结环节所占的比重一般在一半左右，这也说明了知识导入与分享交流在研学实践活动课程中的重要性。

<table>
<tr><td colspan="7">各教学环节的学时分配（总时长：3 课时）</td><td rowspan="2">采用何种手段教学</td></tr>
<tr><td colspan="2">课程导入</td><td colspan="2">学习任务分配</td><td rowspan="2">实践活动</td><td colspan="2">分享总结</td></tr>
<tr><td>文化知识</td><td>学科知识</td><td>分组</td><td>示范</td><td>分享</td><td>评价</td><td>课型</td></tr>
<tr><td colspan="2">20 分钟</td><td colspan="2">30 分钟</td><td>90 分钟</td><td colspan="2">40 分钟</td><td></td></tr>
</table>

三、基于考察学习的研学实践活动课程的教学实践案例

这里我们援引北京市校外教育系统青年教师李滢在北京市社会大课堂资源单位中国电影博物馆指导开展研学实践活动的范例。该范例是一个引导学生以探究为主的小组合作学习的活动设计。从利用社会资源开展实践活动角度，反映出了教师在挖掘和利用社会资源开展实践活动的一些具体工作的做法与思考，是北京市社会大课堂实践活动的一个很有代表性的优秀活动案例。

该活动设计体现了实践活动重在参与体验的目标导向，在活动过程中注重引导学生探究学习、提高解决问题能力等方面的教育认识及实践。

【案例】学习探究电影的奥秘——走进中国电影博物馆实践活动课程设计

一、课程资源分析

中国电影博物馆是目前世界上最大的国家级专业博物馆，设有 20 个展厅，是展示中国电影百年发展历程、博览电影科技、传播电影文化和进行学术交流研究的艺术殿堂。场馆充满科技感和现代感，内容丰富，资料翔实，有专职讲解员和图书资料室，环境封闭安全无隐患，适合学生实践活动。

二、学情分析

参加本次活动的学生是 XX 小学 4—5 年级的学生，人数 50 人。此年龄段学生注意力的集中性、稳定性较强，初步具备观察、分析、总结的能力，正在逐步学习掌握初步的科学定义，善于提问，但缺少逻辑和方法。他们的独立能力较强，有集体生活习惯和团体意识，有集体荣誉感，也有竞争意识。

参加活动的学生对电影奥秘有探究的愿望，但是在学校的学科学习中缺少实践学习的经历和机会，对于研究性学习的方法积累经验不多。

三、活动目标

1. 每个小组根据组员的共同兴趣至少解决自己一个疑问，了解其他问题的基本知识，并在交流分享时进行完整流利的表述。提高发现问题的能力、运用科学方法解决问题的能力、交流与合作能力、反思与总结能力、信息搜集处理与应用能力。

2. 根据博物馆导图找到自己需要的研究内容，记住路线，观察了解紧急出口的方位；能够在博物馆展陈中探索答案、查询资料、咨询讲解员，围绕一个主题进行合作学习，并运用比较、归纳的方法，得出自己的研究结果。

3. 活动中积极认真参与实践、努力完成学习任务、大胆发表自己观点。

四、课程重点、难点

1. 重点：引导学生围绕一个主题学会实践探究方法，开展合作学习。

2. 难点：激发学生兴趣，引导学生参与实践的主动性；引导学生探究问题、搜集信息、归纳和整理初级资料。

五、活动场地和时间安排

活动场地：中国电影博物馆；时间安排：×× 年 × 月 × 日下午

六、活动准备

1. 先期到电影博物馆实地考察，与工作人员沟通，说明来意。要了解博物馆能提供什么样的专业讲解人员，表明需求，确定工作人员；选择适于学生活动的内容和实践活动展厅，确定选题。

2. 与学校教师进行沟通。了解学生身心发展情况及知识储备情况，研究活动内容与形式；沟通需要老师配合的工作。

3. 准备活动时使用的话筒、白板纸、彩笔等用品，印制学习单等用品。

4. 制订安全应急预案和经费预算。

七、活动过程

<table>
<tr><th colspan="2">活动阶段</th><th>教师活动</th><th>学生活动</th><th>时间</th></tr>
<tr><td colspan="2">第一环节
激发兴趣
布置学习任务
明确活动要求</td><td>激发兴趣：介绍电影博物馆基本情况，介绍活动形式和活动内容，明确本次活动的任务和要求：
——学生分研究小组
——确定感兴趣的题目
——在展厅内进行探究
——分享交流成果和收获
教育意图及思路：激发学生的活动兴趣，引导学生产生研究的欲望</td><td>听活动介绍，提出疑问和想法</td><td>5 分钟</td></tr>
<tr><td>第二环节

课题准备阶段
选择研究方向
分组</td><td>分小组确定研究题目</td><td>介绍分小组的原则、方式，分组呈现参考目录，让学生根据兴趣选择
参考目录：
——世界第一部电影和中国第一部电影
——电影是怎么拍摄的
——电影化妆和电影制景
教育意图及思路：引导学生大胆思考，积极参与讨论，形成可研究的课题</td><td>分小组，根据兴趣选择课题</td><td>15 分钟</td></tr>
</table>

（续表）

<table>
<tr><th colspan="2">活动阶段</th><th>教师活动</th><th>学生活动</th><th>时间</th></tr>
<tr><td rowspan="3">第二环节
课题准备阶段
选择研究方向
分组</td><td rowspan="3">形成小组实施方案</td><td>介绍研究方法：
——现场看文字及图片资料，做笔记
——咨询讲解员
——图书室查阅资料
——小组讨论、研究</td><td rowspan="3">每个小组确定组内分工，确定研究方法、分享方式</td><td rowspan="3">15 分钟</td></tr>
<tr><td>提示组员分工：组长、资料寻找、查阅图书馆资料、记录、绘图、分享等，明确每个角色的任务和要求
引导学生确定交流分享形式：明确活动要求，强调活动时间、地点、形式、安全注意事项、博物馆参观礼仪（注意安全，认真探索，遵守时间，尊重他人）</td></tr>
<tr><td>教育意图及思路：学生明确小组学习的要求，任务清楚，分工明确，能够选择适宜的方法学习，在研究学习的同时能够自觉地用博物馆的行为规范要求自己</td></tr>
<tr><td colspan="2">第三环节
课题研究阶段
分组开展探究性学习</td><td>教师及相关工作人员同时进入展厅，进行研究指导，帮助学生形成成果
教育意图及思路：指导学生体验研究性学习的过程，引导学生如何进行思考，如何运用适合的方法</td><td>学生进入展厅开展研究性学习
1. 摘抄、自主采访、参观、收集资料
2. 拍照片，有条件的可以录像
3. 填写学习单，制作分享材料</td><td>40 分钟</td></tr>
<tr><td colspan="2">第四环节
交流与分享阶段</td><td>确定小组分享顺序，引导学生分享研究成果，拓展延伸
小结：强调、鼓励学生在分享交流中形成、表达自己的观点，希望学生学会研究性学习方法，多走入社会进行实践体验，培养多种兴趣爱好
教育意图及思路：在学生分享的过程中，注意引导、鼓励学生形成并提出自己的看法、观点，其他小组同学提出问题及不同观点，营造现场气氛</td><td>各小组以团体形式分享自己的研究成果</td><td>40 分钟</td></tr>
</table>

八、效果检测

1. 学生参与活动的记录、照片等资料。

2. 学生以小组形式交流分享时的现场展示资料。

第7节 互联网+研学微课

“互联网+”时代下，信息技术正悄然改变着人们的各个方面。信息技术与教育活动相融合，已成为教育行业发展的必然趋势。微信公众平台正随着手机的普及，成为人们日常生活的必需工具。微信有强大的即时通信服务，能为信息接收者提供各种信息资源，可以有效地给学生提供多元化的学习机会。

研学旅行最大的特点是“行走的课堂”，将互联网技术与研学实践教育活动相结合，以其“短小、精悍、方便”的特点，可以有效拓宽知识传播路径，促进学生学习的个性化、广泛性和深度。

一、研学微课的主要功能

微信群是基于微信技术衍生出来的一种多人互动交流的信息平台，同时向多人推送各种图文、语音、视频等，它与微信公众平台的模块化不同，不需要注册申请、审核，具有迅速便捷、管理方便的优点。在目前的研学旅行中，学校老师和承办单位管理已经普遍运用了这一模式，广泛应用于研学旅行的管理，通过在群里发通知、下指令，定向定人提示，发挥其组织功能，成为研学旅行的辅助管理手段。

研学微课则是在此基础上生发出来的以学习为目的，利用研学微信群，结合研学旅行游走性、移动性特点，将各研学学习点的知识信息化、动态化，将视频、图片、语音、文字等多种形式同一时间发送给多个人，进而丰富研学学习形式的多样化，以青少年学生喜闻乐见的形式，创新游学教学手段，提高学生兴趣，促进学生间的互动交流，讨论学习，分享快乐、活跃气氛，进一步吸引学生注意力，实现更好的学习效果。

研学微课的主要功能有如下几个方面。

1. 微课非常符合学生的视觉驻留规律和认知学习特点，进一步丰富了研学旅行的学习方式，只要学生有手机，就能便捷地打开学习。

2. 由于微信时间短、重难点突出，可以保障学生的学习兴趣。

3. 微信可以综合运用声、影、视频、图片等手段，创造多种多样的课程表达形式，提升学生参与的兴趣。

4. 由于微信群的交互性极强，可以有效激发学生间的互动、对话和交流。

5. 在研学旅行中方便师生利用碎片化时间进行各种实时交流，与研学旅行的行走性学习非常吻合。

6. 学生可以文字、语音留言，对研学知识中的疑难点与老师进行及时沟通，便于老师了解学生的学习情况；教师也可以进行及时反馈，促进师生之间交流互动，形成一种全新的动态教学模式。

7. 相比于利用微信公众号制作研学微课，利用微信群建构研学微课，具有简捷方便、成本低廉、技术含量低的特点。

二、研学微课的制作与应用

研学微课在微信群的应用可按照以下几个步骤进行。

1. 微课预学。

根据每个研学学习点的课程要求，将相关知识性介绍、研学学习点的课程资源分布，以及学习的目标方法等用微信推送给学生，提前将学生带入学习场景中，使学生研学有备而来，起到“微课预学”的效果。学生在微课预学的基础上，互相分享各自收集来的资料，为学生的有效走读奠定思维和行动的支点。从游学旅行的实践经验来看，微课预学帮助了学生研学的“热身”，为学生搭建了一个学习的阶梯，让学生站在上面，自己采摘到心仪的果实。

2. 课程拓展。

用手机微课平台对每一个研学学习点的学习内容进行内容上的扩展，并根据研学行程的行走路线和时间，及时、定期发布，使学生在研学过程中随时随地可以打开手机了解相关景点的拓展知识，丰富学生的知识面，拓展研学学习知识面的广博度。

3. 创新学习方式。

在研学微课中，可以设计多项互动式的练习测试，包括小测试、通关练习和思考题等；使用微信红包刺激学生的兴奋点，使用表情包活跃微课的课堂氛围，形成交互式学习；帮助学生查缺补漏和巩固知识，可有效激发学生的参与兴趣，让学生更加易于接受。

4. 建构互动讨论式学习平台。

通过微课平台，带动学生间语言对话的互动讨论；以问答的形式对研学知识进行剖析，让研学活动互动起来。同学们在微课群中讨论、争议、发表见解，会提出许多令教师惊讶的见解、观点和建设，充分展现青少年的良好素质。

研学微课通过设定互动学习模式，精心设置任务，可以进一步实现学生的主体地位。每个学生都自由参与，一起学习、讨论，一起分析、解决问题。学生自由表达观点，提出疑惑问题，共同讨论分析，加深对事物的理解和认识，提高了团队合作能力与解决问题的能力。

实践 创新学习
践行 体验人生

为进一步丰富游学活动内容，2017年，北京校外慧博文化发展中心利用互联网微信平台，精心打造游学活动微课，以期进一步让同学们在研学活动中获得全新的感受和不一样的体验。

本微课根据每日活动行程的内容编制并按活动时间和进程顺序上传。包括每个景点的基本情况介绍、课程内容、学习提示等。

各个景点分别介绍游学目标的学习主题、学习目的、学习方法和学习要领。

本微课还根据游学手册设计了探究性学习研究的部分题目，同学们可根据手册的内容，结合自己的兴趣，在微信上讨论。

为了解决游学手册版面有限、内容承载不足的缺陷，游学微课还着重介绍了各个游学景点的特色、历史背景、民间传说和与该景点相关的知识拓展。并举办知识竞猜，设有奖问答，欢迎小伙伴们参加！

同学们可以在微课中了解游学景点背后更多的历史知识和当地的内土人情，进一步加深与社会的了解，也欢迎大家把自己收集、知道的相关知识上传到微信群里一起讨论呀！

晒一晒：把你在此次游学中最得意的照片发到群里晒一晒，让大家一起分享哎！

享一享：在群里与同学们分享游学的感受，提出自己感兴趣的话题，共同讨论……

秀一秀：把你的自拍照片发到群里与同学们分享，让大家一起感受你的快乐！

萌一萌：在群里分享游学中同学之间发生的各种快乐的事情……

喷一喷：在群里讨论游学中到一个陌生的地域时引起你关注的人与事……

凡积极参与群里微课讨论并提出独到见解的小伙伴，都有可能获得红包奖励！

本微课将不定期推出知识竞猜，并设红包大奖，只要你积极参与，就会获得惊喜哟！

游学是个吃苦的学习过程，为了鼓励小伙伴们的斗志，在艰辛的旅程之后，你将会获得红包的奖励，嘉奖你淌下的汗水！

请在游学过程中关注本群，且莫错过参群的快乐，否则你会留下终身遗憾哟！

游学微课乃是小伙伴们共同学习的平台，力求铸造学习第一的氛围。所以，良好的知识交流氛围必不可少。特制定如下规矩，请小伙伴们好好遵守：

1.本群只限北京亦庄实验中学游学某一线路的同学和老师使用。凡非本线路而入群者，将给予一张飞机票（踢出）。

2.加入群的小伙伴，请自觉改成自己的真实姓名，以利于群的管理。

3.大家交流时请提供正确的交流方式，耐心解释自己遇到的问题，并耐心等待。如果有人回答，不管有没有用，一定要向回答的人表示感谢。

4.因为言论发生争吵和争论很正常，如果有无理取闹者或言语过激者，将给予一张飞机票（踢出）。

5.不允许在群中发广告和游学生活学习之外的有害信息，否则给予警告，严重者也将获得一张飞机票！

6.学习交流是本群的宗旨，不要长时间潜水。伸手党者(只索取，从不反馈)，随时可清。

三、引发对话和讨论是研学微课的核心

研学指导教师要根据活动课程目标对研学学习内容的要求，结合学生的实际情况，在研学微课中提出事先设计问题，以目标导引的方式为学生提示恰当的学习目标，使微课发挥导学、教学、导测的功能。

研学微课的设置是利用一个共同目标把学生凝聚在一起，营造一个虚拟的学习平台，让所有学生参与其中，围绕问题进行讨论，在微信群里形成组内合作、组间竞争的场面，促使大家互帮互助；研学指导教师可以参与其中发表意见，纠正观点，引发思考。学生通过相互学习形成学习能力，完成对研学课程的知识建构。

研学微课的另一个功能就是对学生研学学习成果的展示和评议。研学指导教师要引导学生用图片、视频，结合文字表述上传自己的观点，还可以运用现场摄影、视频竞赛等多种方法，结合研学课程内容，用丰富多彩的微信信息表达学生的学习过程和学习成果。

四、基于研学微课的教学实践案例

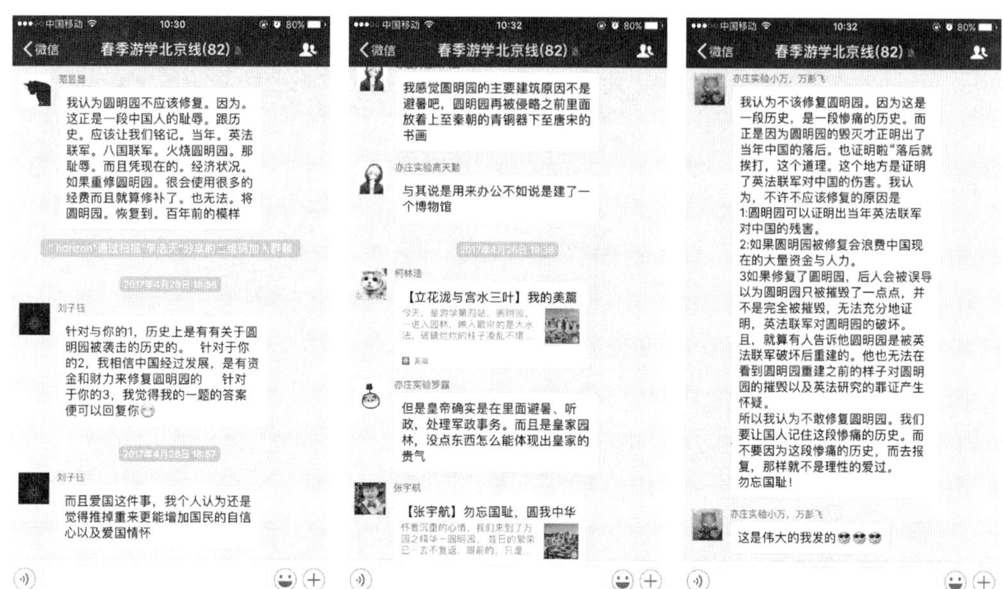

由于手机便携式的特点和微信强大的互动功能，可以满足学生随时随地的学习，不受时间、空间的限制，是对研学实践课堂教学模式的有效补充。研学微课的实施，把研学旅行活动真正变成了一种没有校门、没有围墙、没有教室的社会课堂。微课与研学携手，利用优质教育资源把知识点变得足够有趣；微课与研学携手，使研学课程变得更加活泼，学生更主动地参与体验；微课与研学携手，使得研学更好地体现了以学生自主探究为主、教师引导为辅的教育理念，师生在共享、共建中共同成长。

CHAPTER 10

第十章

研学实践活动的学科融合

研学实践活动要根据小学、初中、高中不同学段的研学旅行目标，有针对性地开发自然类、历史类、地理类、科技类、人文类、体验类等多种类型的活动课程，在具体的活动课程中要加强研学与相关学科的联系，让学生在实践学习中能够运用所学知识解决实际问题，提升学生综合运用知识解决问题的能力，培养科学探索精神，确定自己未来的发展方向。

《关于推进中小学生研学旅行的意见》提出：研学旅行要“根据小学、初中、高中不同学段的研学旅行目标，有针对性地开发自然类、历史类、地理类、科技类、人文类、体验类等多种类型的活动课程”。

这里指的是跨学科的融合学习。“跨学科学习”是基于跨学科意识，运用两种或两种以上的学科观念以及跨学科观念，解决真实问题的课程与学习取向。在研学旅行中，真实的世界不是单一、静态的，而是动态多元的。在研学中学生会接触到各个学科的知识，通过体验和探究等方式获得对事物的综合认知和情感体验。学生通过不同学科的交叉渗透对知识形成整体性和系统性的认知，有利于开阔学生视野，增进学生对知识的理解和掌握，且有利于学生系统学习方法的习得和辩证思维方式的养成。

在研学旅行中开展跨学科学习，有利于整合数学、语文、科学、美术等学科内容，重新建构课程体系，开阔学生的视野，丰富他们的阅历，培养开放性思维，同时也训练学生的生活自理能力以及团队合作意识。

研学旅行应提供现实的、多元的课程资源，满足学生深入探究和多元化学习的需求，建构与学校地理、自然、历史、科技、人文、体验等多学科融合的实践课程，让学生将所学知识在现实生活中得以印证，由知识内化上升为能力外显，转化为学生的学习经验。这也是研学实践教育的意义所在。*

第1节　研学实践活动中地理类课程应用

地理类研学课程是研学旅行最重要也是最直接的课程内容。学生在走出去

* 本章部分内容参考2019年《地理教学》第五至八期《研学旅行课程标准》相关资料。

旅行学习最主要的就是对自然山川的考察。学生在行走中感受祖国大好河山，洞悉风雨变幻、沧海桑田的奥秘，领略岁月如歌、城乡变迁的风情，在大自然的行走中感悟人生的真谛。

一、地理类研学课程的研究视角与学习领域

地理学科跨自然和人文科学两大领域，与理化生学科相连，和语文、历史、政治等学科相通。地理学习的过程不仅需要在课堂上看书、读图、看视频学习；更要走出课堂，到大千世界去感悟、体验、印证，去观察、调查、动手实践学习。研学旅行正是为学生提供了这样一个走出教室、走进自然和社会大课堂的实践学习环境。

地理类研学课程可以培养学生理论与实践相结合的学习方法，从中培养学生的综合思维、人地协调观、地理实践力等核心素养。

【案例】地理类研学实践活动课程举例

研学活动	地点路线	目标任务	
		文科课程主题	地理视角
山东泰山	台儿庄一微山湖—泰山—三孔	主题：攀五岳览壮美山河，登泰山而鸟瞰天下	台儿庄古城，微山湖湿地，泰山地质地貌
南京研学	南京一地	主题：走进古都，感受历史，品味文化	过黄河、长江，亚热带气候，南京水系，地形植被，紫金山，长江大桥
丝路研学	西安—敦煌—嘉峪关	主题：驼行大漠，盛唐高歌	河西走廊，黄土高原，绿洲戈壁，汾渭地堑，雅丹地貌，鸣沙山
川渝之旅	重庆—成都	主题：寻梦巴山蜀水	四川盆地，秦岭山地，城市结构，人文地理，气候特征，中国避难所
暮春江南	黄山—杭州—绍兴	主题：感徽州文化，寻江南文脉	黄山地貌，黄山松，杭州西湖成因，国道编号，地理实践，龙井问茶

二、地理类研学课程学习方向的设置

在地理类研学课程中经常用到的学习资源包括：地理位置与地名、地理要素与景观、地理环境、地理标志等。主要体现地理、科学、艺术等学科在研学旅行中的教育功用。在学习目标上，要更多地体现人地协调观与地理审美等方面。

研学指导教师要指导学生借助地图、地理信息技术等工具，依托自然和人文地理环境，通过自然考察、实验、社会调查等形式，探究地质地貌、气象水文、土壤植被等自然要素，人口、聚落、经济、文化、社会等人文地理事象，进而发现该区域存在的人地关系问题，并提出相应的解决方案。

地理类研学课程的学习方向一般从以下几个方面设置。

1. 地理位置与地名。实地确定地理位置与地名，认知和评价区域地理位置特征，了解当地地名与政区沿革的关系，制作简易地图。

2. 地理要素与景观。实地认知地理要素与景观，了解其区域特征及成因。了解地理要素与景观对区域发展的影响。

3. 地理环境。实地认知地理环境的整体性与差异性，评价当地地理环境与区域发展的相互关系，对区域决策提出初步意见与建议。

4. 地理标志。实地认知和应用区域地理标志以及运用。

5. 人地协调观与地理审美。践行人地协调观，检验和提升核心发展素养，认知和践行地理审美教育。

三、地理类研学课程常用的学习方式

1. 野外考察：使用地图、定位仪器，以及测绘、观察、观测等装备，获取第一手自然地理信息。

2. 社会调研：使用调查量表、统计工具等，获得身临其境的社会地理信息。

3. 取样实验：使用取样、实验装备，采集岩矿、空气、水、土壤、生物、资源、物产等实物样品，进行地理实验。

4. 图文收集：收集自然、人文、区域的地理资料、文件、文献等纸质、电子版本。

5. 调查访谈：走访社区、部门、机构、行业、企业等，开展观察、体验和访谈。

6. 志愿服务：参与生态、经济、文化、社会、政治等方面的建设服务。

四、地理类研学课程的学习能力培养

1. 学会使用百度地图、高德地图等 APP 手机导航工具，辨别道路；能够进行初步观察和调查，获取和处理简单信息；能够借助他人的帮助，使用地理工具，设计和实施地理实践活动，从体验和反思中学习。

2. 地理实践能力培养：根据需要选择常用地图，查找所需要的地理信息，养成在日常生活中使用地图的习惯。

3. 观察和体会分地区典型的气候、地貌、河流、植被、土壤特点，体会地理环境各要素间的相互联系、相互制约、相互渗透的整体性；能够说出简单、熟悉的地理事象所包含的相关要素。

4. 培养综合思维：能够根据提示，将简单、熟悉的地理事象置于特定区域中加以认识；能够认识和归纳区域特征；认知区域内自然地理要素的相互作用和相互影响。

5. 学会综合考察观察：历史、建筑、农业（粮食作物、经济作物、果树等）、饮食、交通、文化等人文地理特色；能够举例说明自然环境对具有地方特色的服饰、饮食、民居等方面的影响。

6. 培养人地协调观：能够思考简单的人类活动与自然环境的关系，体会自然与人文的和谐之美；学会用实例说明自然地理环境对生产、生活的影响。

第2节 研学实践活动中自然类课程应用

自然类研学旅行课程是研学旅行最普遍也是最直接的课程。学生在旅行过程中欣赏自然现象与景观，开展植物种类调查、树种辨别、生态考察等主题活动，将自然、生物学科核心素养培育融入其中。

一、自然类研学课程的研究视角与学习领域

自然类研学旅行内容包括欣赏自然现象与景观，了解自然资源、自然灾害、自然生态、自然规律等，主要体现自然、生物、艺术等学科在研学旅行中的应用。借助生态、林草、地质、水利等学科的科学研究方法，依托自然保护区、风景名胜区、地质公园、水利风景区、生态旅游区等自然保护地，深入了解自然环境与人类发展的关系，参与和体验环境保护，培育科学精神、社会参与等素养。

自然类研学课程内涵丰富、主题多样，其优势突出表现在自然环境的区域性、教育内容的特色性和教育主题的多样性上。它与城市、学校、博物馆场馆学习有明显的教育生态区别，其巨大的教育能量主要表现在它与人们生活的天然联系与情怀上。在研学旅行中开展自然类学科学习，要在理解和应用自然科学及生物科学概念的基础上，注重实践，通过主动探究加深对自然学科概念的理解，提升知识迁移的能力，在亲近自然、生物调查、科学探究、参观访问等活动中融入生物学科核心素养培育，学会科学解决现实中的问题。

【案例】自然类研学实践活动课程举例

研学活动	研学地点	目标任务	
		能力培养	研学内容
探秘 原始森林	老山 药王谷	地理考察、生态考察、标本制作、植物认知、艺术创作、环境保护、野外生存	地质及气候、生物链、中医药、艺术创作、生命教育、人文历史、植物识别

（续表）

研学活动	研学地点	目标任务	
		能力培养	研学内容
考察 天然湖泊	石屏 异龙湖	历史、地理、生态的科学考察方法、自然环境的科学规划与保护、艺术创作	人文历史、生态认知、水系环境、水体检测、物种入侵、科学规划、生命教育
一览众山小	泰山	地理及地质考察、植物考察、人文历史考察、自然人文景观欣赏	地理、地貌及地质构成、水系及溶洞、植物认知、历史、古建筑、碑刻、传说、壁画
吴楚 东南第一关	大别山 天堂寨	地理及地质、水系考察、动植物考察、红色历史考察、生态景观欣赏、团队合作	地质构成、水系分布、动植物认知、红色历史、生命教育、相关拓展、环境保护
抚摸 “地球之肾”	杭州 西溪湿地	湿地生态系统考察、动植物考察、生态环境保护、生态景观及动植物欣赏	湿地生态系统、食物链与食物网、湿地博物馆、水质检测、人类活动对湿地的影响

二、自然类研学课程学习方向的设置

自然类研学课程一般从以下几个方面设置。

1. 感受自然现象与景观。在现实中识别自然现象与景观，认知其成因；发现、欣赏当地自然现象与景观的美学特色。

2. 认识自然资源与灾害。现场认知自然资源和灾害的价值与危害，了解其成因；认知当地自然资源与灾害的区域特征，提出初步评价和改进建议。

3. 了解自然生态。实地感受自然生态状况，了解区域自然生态特征及成因；提出对当地生态建设的意见、建议。

4. 认知自然规律。实地印证所学自然规律，分析综合性案例；应用有关自然规律知识，发现、分析、解决具有当地特殊性的自然科学问题。

三、自然类研学课程常用的学习方式

1. 野外考察：通过考察、采样、实验等方法，开展合作学习，深入探究当地自然现象与景观。

2. 实地调查：围绕环境保护主题，实地调查生态环境破坏与修复问题，开展研究性学习。可走访政府规划部门、生态环境保护部门等，举办座谈会，调查代表性企业，收集当地文献资源、统计年鉴等，评估当地自然资源开发利用和保护现状，提出整改建议；走访政府应急管理等部门，调查地质、地震、气象、海关检疫、图书、档案等相关机构，收集当地文献资料、灾害记录；考察灾害遗迹，访谈相关居民；举办模拟论坛，探讨当地自然灾害的成因，提出防灾、减灾建议。

3. 抽样检测：在野外完成样本搜集、取样，运用相关测量和实验设备实测并分析空气、水、土壤、植被等的理化性状。

4. 动植物样本采集：以对大自然友善的态度，在自然环境里开展动植物采集活动，让大自然课堂真正深入学生的心房。

5. 标本制作：学习制作昆虫、植物标本，凸显动手能力，学习科学研究的方法；开展植物画、拼画等艺术创作，培养人文艺术情怀。

6. 学科融合：与自然、生物课知识结合，通过考察、调查，比较课本知识与真实情境中的自然规律及其表现，应用自然规律，发现、分析、解决实际问题。

7. 学习使用互联网、APP 等工具，比较、观察、辨认植物的特点并加以记录。

8. 借助电子数码设备，摄录自然现象与景观声像，开展风光摄影，形成研学成果，通过交流及相互评价，营造学习氛围。

9. 志愿服务：以志愿者身份参与生态环境保护工作。

10. 野外生存：举办森林野餐、篝火晚会、爬山接力赛、溯溪、攀岩等自然体验课程，将自然考察与拓展活动融合开展。

四、自然类研学课程的学习能力培养

1. 走进自然——生命教育。

我国地域辽阔，生物资源丰富。学生走进大自然，在感受自然美的同时，挖掘和利用生物资源，拓展知识，开阔眼界，构建生命观念。如游览动物自然保护区，学生零距离观察野生动物和稀有植物，了解动植物的结构、生长特点、生活习性、生理特征和作用价值，丰富学生的感性认识，认识生物多样性的意义，形成生物结构与功能相统一的观点；通过对生物生长环境的观察研究，形成对生物和环境之间相互关系的认识与思考，构建人类保护环境、人与自然和谐共生的生物学观点。

2. 感悟自然——培养科学思维。

调查是生物学科研究的重要方法。学生在大自然环境中开展研学活动，趟溪流、观瀑布、探溶洞，嬉戏游玩，身心得到放松，思维更加敏捷；研学指导教师引导学生观察风景区内植物种类、形态特征、生存环境和分布特点，开展分工调查学习，了解生物的种类、生存环境和外部形态等知识；明晰生物与环境的关系，掌握调查研究的方法，拓展思维，形成科学思维的品质；整理分析调查情况和结果，交流分享研学成果。在研学实践活动中，运用归纳与概括、演绎与推理、批判性思维等科学方法分析问题、解决问题，使科学思维品质得到提升。

3. 接触自然——科学探究能力培养。

将书本知识用于实践，在复杂的现实环境中解决实际问题，并以此获得解决问题的方法和技能，这是研学实践教育的根本目的。学生在对大自然的探索中通过实地勘查、了解、考证，了解环境的生态系统构成以及各成分间的相互关系，运用已学的相关知识在现实中开展研究与学习，所学知识得到升华，生态环境保护的意识得到增强，科学探究能力得到有效提升。

4. 唤醒自我——社会责任教育。

任何社会资源都是多种学科融合于一体的综合知识体系，在研学旅行中，学生在自然环境中考察动植物的分布，体验自然的清新，增强保护环境的责任意识；参观动物保护区，体验工作人员的研驯精神，增强社会服务意识；参观农业生态园，领会生物学知识原理在生产实践中的科学应用，增强节约资源的责任意识；参观红色景区，领略革命传统文化，开展爱国主义教育，增强建设祖国的责任感。

五、地理、自然类研学课程的注意事项

自然、地理类研学课程基本都是在野外开展。这类课程的实施需要注意以下因素。

1. 遵循实践活动课程学习的基本方法，对实践活动进行文字记录、填图、统计图表绘制、声像摄取录制等。

2. 遵循安全规章，使用安全防护、救护装备，保障研学活动课程的安全有序。

3. 采取小组合作与个人分工独立作业相结合的方式，开展考察、调查、实验、体验、探究、讨论、辩论、分析、评价、鉴赏、发现、创作、交流、展示等活动。

4. 提交考察、调研、实验、评价、建言等报告和绘制的地图、创作的作品等，展示、交流研学旅行实践成果。

第3节　研学实践活动中历史类课程应用

中华民族有着几千年悠久的历史，类型丰富的各个朝代的遗迹、文物，各具特色及广受欢迎的历史文化，丰富的建筑历史、军事制度、瓷器丝绸、茶竹文化，以及丰富的民间艺术，这些都是开展研学实践教育的极好素材。相对于封闭的历史课堂教学，研学旅行将历史知识的学习研究与学生的生活感知紧密结合，学生通过亲历考察、现场观摩、互相探讨、交流讨论，在生动的学习形式、

丰富的历史信息面前激发出对历史的浓厚兴趣，感知民族的历史存在，接受传统文化的熏陶，从中获得民族自信和国家认同的思想提升。

一、历史类研学课程的研究视角与学习领域

历史类研学课程内容主要包括历史遗迹、文物与非物质文化遗产、历史聚落、纪念场所、历史题材艺术、家国情怀等方面，主要体现历史、思想政治、社会、语文、地理等学科在研学旅行中的作用，借助历史考证、社会调研、人文探究、文艺鉴赏等方法，依托历史遗迹、革命遗址、博物馆、纪念馆、文艺展馆等人文遗产，欣赏、体会中华优秀传统文化、哲学智慧、道德伦理、文学艺术特色、传统科技工艺创造、历史名人事件等，引导学生坚定文化自信，传承和弘扬革命传统，践行、提升家国情怀素养，树立文化自信。

在研学旅行中开展历史类学科学习，需要注意以下三个问题。

1. 建构历史景观与文化意象，使之与课程目标紧密结合。

在历史性博物馆中，有实物、模型、声光电技术的综合展示，可以有效地构成研学课堂的学习环境，引导学生深入现实情境之中。在历史遗迹的考察中，虽然缺乏用现代科技手段营造出来的模拟环境，但置身于生动的大自然环境中，可以更加真实地触摸到久远的历史元素，感受历史真实的存在。研学指导教师要引导学生从脚下历史的真实存在中引发思考，从身边历史的斑驳留存中找寻历史的印痕，使历史研学的学习从单纯教师讲解向师生互动转变，引导学生开展历史信息的收集、历史现象的分析、历史规律的探寻，独立开动脑筋进行深入研究，学会观察分析、理解领悟并进行表达；使学生能够在共同的协作、体验与互动过程中了解、感知和分享中华历史文化，获得实实在在的生活体验。

2. 将历史课程研学与传统文化有机结合。

历史类课程研学要注重发掘研学课程中的民族历史文化、现存的历史遗产，

将中华民族几千年的文化底蕴用真实的场景表现出来，体现中华民族深厚的文化基础、人文底蕴和科学精神，这是开展学生核心素养培养的绝佳土壤。

让学生触摸民族千年的历史，感受中华传统美德，在真实情境中体验，在探究历史古迹中了解历史；在寻访名人足迹中积淀人文情怀；在游历大好河山中发现美；在体验乡土人情时理解民族传统和风俗差异，充实书本中未尽的文化知识；通过体验真实情境和梳理现实问题，学生能更好地将书本知识与现实应用相结合，促进核心素养的提升。

在历史类研学课程的研学中要注重鼓励学生勇于表达内心想法，对历史事物大胆质疑。启迪学生多维度、多角度地探究民族历史发展的课题，以自己的思考和论据建立自己的观点和逻辑。让学生将自己所见所闻、所思所想在群体中进行分享交流，特别是对历史相关内容的理解、对历史人物的评价以及对历史发展走向的分析等。这样的学习将使学生的感知经验与历史知识有机结合，加深对中华文明的深层理解和认同。

3. 将历史课程研学与革命传统教育相结合。

历史类研学课程的研学离不开近代史革命文化的内容，遍布在中华大地上的瑞金、井冈山、古田和延安等众多红色遗迹，是中华民族历史不可分割的组成部分，也是中国革命历史的核心。在历史类研学课程中，要注重开展红色研学教育，通过重走长征路、支援前线、突破封锁线、飞夺泸定桥、穿越雪山等模拟活动，让学生感受红色历史文化，弘扬红色精神，传承革命传统。

【案例】历史类研学实践活动课程举例

研学活动	研学地点	目标任务	
		目标	研学方式
铭记历史	南京大屠杀纪念馆	正视历史事实，了解侵略者暴行及中华儿女反侵略斗争，正确看待中日友好与共同发展	礼仪、参观、考察、研究性学习等

（续表）

研学活动	研学地点	目标任务	
		目标	研学方式
解读华夏文明	国家博物馆	了解中华文明发展脉络，培养民族自豪感	参观、考察、讲座、探究、研究性学习等
中国共产党诞生地	中共一大会址	了解“一大”的历史意义和“没有共产党就没有新中国”的深切含义	参观、考察、探寻等
七下大洋通世界	郑和遗址公园	了解郑和下西洋的壮举及历史意义，了解郑和文化及船队先进的航海技术	参观、考察、探究、研究性学习等
永远的大沽口	大沽口炮台	了解大沽口炮台相关的历史事件，缅怀英勇奋战的大清将士，激发爱国主义情怀	仪式、参观、探究等

二、历史类研学课程学习方向的设置

历史类研学课程一般从以下几个方面设置。

1. 历史遗迹。现场识别历史遗迹，认知其年代，还原遗迹的历史环境，了解名人佚事。

2. 文物与非物质文化遗产。现场识别、认知文物与非物质文化遗产的结构特性、制作原理、历史背景与文化传统。

3. 历史聚落。了解历史聚落的文脉与文化价值，体验历史聚落的文化传承与现代生活。

4. 纪念场所。了解纪念场所的历史观念，评价、弘扬纪念场所的精神和价值观。

5. 历史题材艺术。感受、欣赏历史题材艺术，尝试创作、模拟、体验历史题材的艺术表达。

三、历史类研学课程常用的学习方式

1. 参观学习：参观历史博物馆或古聚落、古遗址、古建筑，进行教学互动式的知识讲解，边走边看边学习。

2. 专题讲座：邀请博物馆界或教育界专家、高校教授等，开展历史讲座。

3. 互动体验：在固定区域内开展互动体验活动，将抽象的知识和概念通过实践转化为生活的经验。

4. 调查研究：访谈当地居民，走访政府住房与城乡建设、侨务、民族、文化与旅游等管理部门及图书、方志、档案、谱牒、文史、建筑设计等相关机构，收集当地文献资料，实地拍摄、测量，复原历史，举办专题研讨会、模拟考古发现发布会等活动；担任志愿者，参与寻根恳亲、乡愁体验等活动。

5. 革命历史考察：参观老革命根据地、革命活动和战争遗址、红色名人事迹纪念场所；访谈当事人和相关人员，走访宣传、党史、民政、文博等部门及图书、方志、档案、文史等相关机构，收集当地文献资料；实地体验环境与生活；担任志愿者，参与革命文化整理、革命文物保护、老革命根据地扶贫等活动。

6. 观摩非物质文化遗产和历史题材艺术展示与演艺；参与抢救、整理民间语言文学、故事传说；学习和实践工艺、演艺，举办文化遗产传习拜师活动；传统工艺、演艺宣传展示和传承学习汇报演示活动。

7. 提交、展示、交流及相互评价研学实践成果，召开学校、学生和家长参与的总结交流汇报会，以汇报、交流、展览等形式展示研学成果。

【案例】历史类研学实践活动课例

“薪火相传——文化传承”“江南第一家”历史考察课程

学习内容：

1. 参观“江南第一家”，了解古人的生活方式，知道江南第一家名称的由来。

2. 认识中华民族传统的家国文化和廉政文化。

3. 认识“郑氏义门”作为省级爱国主义教育基地的原因。

活动设计：

活动一：观牌坊群。串接的九座牌坊，包含了郑氏九世同居和齐家、治国、平天下的深刻文化内涵。

活动二：读家规，谈家风。通过集体朗诵郑氏家规，感受孝义之家的治家法宝。

活动三：故事育人。聆听讲解员讲述孝感泉的感人故事，了解孝是中华民族的传统美德，记录“郑氏义门”以忠孝闻名的事迹。

活动四：考察郑氏宗祠。了解中国古代传统家族“家”文化的精髓。解读“一门尚义，九世同居”的含义。

活动五：参观“江南第一家”廉政文化展馆。

活动六：体验古代“郑氏义门”子孙一天的生活。

活动七：召开分享会，举行“我爱我家”演讲比赛。

第4节 研学实践活动中科技类课程应用

科技研学实践活动课程的主要形式是通过增加学生活动的科学探究促进学生的学习与成长，将学科领域知识在科技实践活动中加以延伸、综合、重组与提升，使学生获得亲身参与科技体验和实践体验，获得积极的情感体验和丰富的知识经验，每一个学生都能得到锻炼，让科普教育在实践活动中开花结果。

一、科技类研学课程的研究视角与学习领域

科技类研学课程内容主要包括科技发展、科技研发、科技建设、科技伦理等方面，体现为数学、科学、物理、化学、生物、信息技术等学科在研学实践教育中的应用。其活动方式有：借助现代人工智能、VR、AR、3D打印等技术、科学探究和实验方法，依托科技馆、科技活动、科研机构、高等院校、国家重大工程、现代产业园区等场所，开展参观、培训、实验等活动，培育学生的科

学伦理、创新意识、劳动观念等素养。

科技研学课程的学习地点主要包括展馆类、科研类和科技园区类。其中展馆类主要以知识普及类博物馆、科技馆为主；科研类主要依托高科技企业、科研单位的实验室、生产工厂为载体；园区类主要是动物园与植物园，科技含量相对较低。

在研学旅行中开展科技类学科学习，需要从以下几个方面建构课程。

1. 以兴趣为动力，注重课程内容开发。

开展科技实践活动时要选取能让学生“心动”的主题，要选取与学生生活贴近、与学生生活密切相关的活动主题。主题越贴近学生学习生活的实际越好，范围越小越好，让学生在活动没有开始之前便“蠢蠢欲动”，这样才会使研学活动的探究因心动而更加丰富多彩。

2. 突出科学实验的学习方法。

在科技研学实践活动中，要重视科技实验的必要性，而不是仅仅参观了解就了事，要让学生有动手动脑的机会。应提前准备好相应的实验器材，引导学生积极参与科技实验活动，确保每一个学生都能参与到实践过程中，促使学生在科技实验项目中提高自己的科学素养以及科技运用的综合能力。

在科技研学实践中要注重引导学生运用科学的方法学习，如观察、实验、调查，随时记录和拍照；以观察日记、小论文、宣传册、实验调查报告等呈现学习成果。要重视科技实验报告的撰写；科技研学的最终目的是培养学生的科学素养，促使学生在实践中不断提高解决问题的能力。研学指导教师在引导学生完成科技实践活动之后，要指导学生撰写科技实验报告。要注重科技实验报告的严密性、逻辑性。这不仅仅体现了学生的学习成果，还是提升学生科学思维、抽象推理、实践操作能力和提高学生科学素养的关键。

3. 从技能技法到人文滋养。

科技知识与人文精神是科技研学课程输出的重要内容。技能技法很重要，但诸如生物人文素养、可持续发展理念、环境恶化后的危机意识、生物多样性对人类的启示等更加重要。研学指导教师应该引领学生与生活对话，与环境的本质精神对话，与丰富多彩的生物对话，从纯理论中“跳脱”出来，从纯技能技法的单轨道上“移步”出来，进入到科技与人文深度对接的多轨道上，才是科技教育的应有之义。科技研学引领学生走出教室，走出教材，走向丰富多彩的社会科技实践领域，学生通过尽兴、合作开展实验、观察、对比、思考、反馈活动，收获的不仅是科学实践的技能技法，而且对扩大学生视域、萌生环保意识、锻造心性品质、滋养情感心灵都具有重要的意义。

4. 小组合作探究。

科技研学实践活动应采取小组合作学习的形式。在小组合作学习过程中，组内成员通过自主思考、分析、探索、交流、分享等得出结论，然后每组派出一个成员进行总结展示，之后各组组长总结，教师进行评价，并深化拓展。学生在活动中学会了交往、学会了聆听、学会了表达，以学增知，以劳辅德，获得“1+1>2”的增值效果。

5. 注重互联网知识的应用。

在科技研学的开放大课堂里，研学指导教师要注重互联网知识的融合运用。各个学习小组要利用互联网平台的优势和特点，通过互联网开展具体的科技实践活动，包括各种网络资源的搜索，通过网络找到更多科学原理和案例，开展比较研究，学会科学研究的方法。

6. 注重知识的拓展与应用。

科学探究教学并不仅仅是按图索骥、按部就班，还要允许旁逸斜出，这是训练学生创新思维和实践能力的重要方面。正是在学生自主合作的多元探究中，创新想法才会汩汩而出，实战能力才会日渐提高，科学素养才能逐步提升，实现科技与生活“握手”，理论和实践“拥抱”，使科技来源于生活而后反哺于生活，使学生得到多方面的淬炼、滋养和锻造。

二、科技类研学课程学习方向的设置

1. 科技发展。实地认知科技发展过程及区域特征，评价科技发展成果对当地社会发展的贡献。

2. 科技研发。初步学会科技研发的程序、方法，参与、实践科技创新。

3. 科技建设。现场体验各类建设项目中的科技应用，参与科技建设，对当地科技建设提出意见和建议。

4. 科技伦理。评价现实科技项目中的科技伦理，在实践中提升科技伦理素养，感受、创造科学美。

三、科技类研学课程常用的学习方式

科技类研学课程一般采取以下几种学习方式。

1. 考察科技场馆。通过体验科技实验、游艺设施，听取解说，参与互动，开展研究性学习。

2. 参观高新技术开发区、高科技企业、高新农业园区、重大工程建设项目、科研机构和台站，通过体验实验、听取解说、开展调查、收集资源，形成探究性学习研究成果。

3. 现场活动。举办科技与生活、科技与社会、科技与家乡、科技与环境、科技与海洋、科技与军事、科技与艺术、科技与人生规划等为主题的讨论、辩论会；举办模拟科技立项论证会，结合科研机构和高科技企业设施开展科技体验活动；举办科技伦理讨论、辩论会，模拟科技立项论证会；开展小发明、小创新活动及举办科技成果展示汇报会。

4. 走访学习。通过走访政府科技工业与信息化、农业与农村、交通运输、生态环境保护、国防、教育等管理部门及图书、科技情报等相关机构，收集当地文献资料，调查科技成果的当地受众，撰写科技应用调查报告、科技实验报告。

5. 参观考察。参加社会各界举办的以物种培育、农产品、无人机、3D 打印、机器人、绿色用品、互联网营销、艺术科技等专题科技展览；参加社会举办的各种专题科技考察报告、课题展示、竞赛等活动。

【案例】科技类研学实践活动课例

研学活动	研学地点	目标任务	
		目标	研学方式
约会未来	人工智能小镇	了解现代高科技产业的分布与发展，人工智能技术的应用方向及对生活的影响	参观、考察、讲座、体验、研究性学习等
探索星空奥秘	天文台	了解人类的天文观测历史与学科发展、宇宙探索与自然天体现象	参观、考察、讲座、体验
拥抱蓝天	无人机基地	了解无人机技术及应用前景	参观、考察、讲座、体验
科技之光	科技馆	了解古代科学技术、现代科技创新及科技对生活的改变	参观、考察、讲座、体验、研究性学习等
飞向太空	航天博物馆	航天知识普及，了解航空航天技术的商用和民用意义与价值	参观、考察、讲座、体验

第 5 节 研学实践活动中人文类课程应用

人文教育，是指对受教育者所进行的旨在促进其人性境界提升、理想人格塑造以及个人与社会价值实现的教育，其实质是人性教育，其核心是涵养人文精神。重视人文教育也是当今世界教育改革的趋势。

康德说，人是目的，而不是工具。可见，人文精神是一个民族、一个社会，也是每个人最核心的文化。人文学科是把人文精神与人类生活的各个方面作为对象来探讨，人文教育从哲学、历史、文学、艺术、科学、宗教等不同方面丰富和提升人的精神内涵。

人类不是生活在动物的自然层面，而是拥有自觉意识、自由意志层面上的追求，这种追求构成人类文化的更高价值。因此，比“有用”更重要的是人自觉选择“用”，其内在驱动就是人生的信念、理想、理念、抱负、趣味，这才是人生的根本。不能为了获得手段而忘记或者模糊了人自己的目的，不能让自由的心灵淹没在一堆外在的东西里，不能被工具所操纵，被程序所异化，被结果所束缚。

华中科技大学人文学院姚国华教授提出：长期以来，中国的教育一直是要把人培养为“人才”，也就是社会有用的工具，像“螺丝钉”那样安置在特定的位置，完成特定的使命。而这恰恰抹杀了自由人格的成长、独立思维的发展，造成了人文精神培养的缺失。[*]

中国喜欢向美国学习。美国人有比较典型的实用主义倾向，不喜欢烦琐理论，重视实践，讲究实际效果。但作为西方文明的延续，美国文化一直保持着对欧洲文化的敬畏与认同，始终沿着欧洲文明的方向进步，这正是美国实用主义的坚实基础。今天的美国教育，更强调基础教育、人文教育、艺术教育的重要性，大幅改造研究型大学的课程设置，扩大学生知识面，强调学生出于自己好奇心与兴趣的探索，而不是功利主义的学习。

改革开放以来，基于经济发展的需要，我们大量引入西方的技术、科技、文化。社会上逐渐形成了一种以别人现成的智慧为水平，以别人现成的模式为合理，以别人现成的运作为接轨的思维定式。只考虑如何接近别人那些有形的方面，一

* 本节部分观点引自华中科技大学人文学院姚国华的《人文教育的现实意义》。

心都在追求有用的、马上能够兑现为看得见、可以与别人强势相比的、可以转化为 GDP 的东西，缺乏自己内心世界的独立追求，忽视了要变成更强之后，还要有自己的文化重组。“伸张欲望的嚣张多于文化内涵的重构”。这种急切的实用主义行动缺乏相应的人文精神作为支撑，这正是今天我们教育所缺失的闪光之处。

研学实践教育为打破传统封闭式教育打开了一扇门，一扇决定中国教育走向的大门。以学生为主体的学习模式，以人为本的课程观，在研学实践学习中都得到了很好的体现，为素质教育开辟了巨大的生存空间和发展空间，实现了教育从纯“工具”走向关注“人”的价值取向的根本转化，学科素养、审美情趣、审美能力、文化品位，以及积累、感情、熏陶等教育功能都得到了良好显现。学生不是唯命是从的教育接受者，而是有自由精神和研究精神、有独立价值取向的教学活动和学习活动的合作者；民主、平等的教学，沟通、合作的教学，互动、交流的教学，创造、生成的教学，建构了研学实践教育人文精神的内核。

一、人文类研学课程的研究视角与学习领域

人文类研学课程主要依托爱国主义教育基地、社会发展展馆、城乡聚落、战略发展项目、社会科学研究机构、高等院校、民族聚居地等社会资源，借助社会科学调查、研究、评价、决策等方法，重点感知悠久的中华民族传统文化，了解中华人民共和国成立以来，尤其是改革开放以来我国社会发展所取得的成就、国际地位的提升、人民生活水平的提高，探究当前我国转型发展的重大问题与发展战略。培育学生的家国情怀、世界眼光、社会责任感等素养。

在研学旅行中开展人文类学科学习，需要从以下几个方面建构课程。

1. 从国家发展、民族崛起的角度建构人文类研学课程。

100 年来，中华民族走过了百年民族振兴之路的探索；70 年来，中国共产党领导中国人民进行了伟大的社会主义建设；改革开放 40 年来，新一代共产党

人领导中国人民奋起，用短短的40年走完了西方200年的工业道路；今天的中国，是世界上工业门类最齐全、工业规模最大的国家，是世界上排名第二大的经济体，是一个利用只占世界7%的耕地养活了占全世界22%人口的创造了世界奇迹的国家。人文学科的研学课程要围绕新中国的巨大成就，围绕改革开放的巨大发展，选取生活中具有教育意义的课程资源生成人文类课程，让学生在亲身感受体验中，激发民族自豪感和自信心，培养深厚的爱国之情，培养对我们这个伟大国家的认同之心，对这个伟大民族的自豪之情以及我们正在走着的发展道路的自信之感，培养他们将来献身社会建设的责任之心和献身精神。

2. 从五千年民族文化传承的角度建构人文类研学的主题课程。

中华民族拥有五千年文化积淀；中国疆域辽阔，物产丰富；中华五千年的文化体系是世界上最完备最丰富的人类精神食粮，在祖国大地的各个角落，衍生于地域文化之下的非遗、民俗文化如天上的繁星，数也数不清。人文学科的研学课程要充分选择、开掘各研学学习点的教育特点和资源，用传统文化精神滋养学生，用高雅的文化氛围陶冶学生，用优秀的文化传统熏染学生，用深刻的人生实践体验教育学生，使学生理解并重视人生的意义，给社会多一份人文关怀，从根本上体现教育的育人本质。

3. 结合文、史、哲、艺等人文类学科建构人文类研学课程。

人文教育的视野要放在整体文化观上，即不仅限于学科知识范围，学科上也不仅限于人文学科，还要包括人类在自然科学与社会科学领域里所沉淀的认识自然、认识社会与认识自我的思想精华。但这并不等于让我们丢掉文学、历史、哲学、艺术等学科去独立地开展人文教育。恰恰相反，是要综合运用这些学科知识，以独特的人文学科视角，用人文学科的思维模式和研究方法引导学生。人文教育不能像自然科学那样重复地进行实验，也不能采取完全量化的分析方法，因为人文社会现象包含着人的思想、情感、价值观念等，具有个别性、不确切性，不可能被纯粹客观地加以描述和分析。因此，在研学实践活动中，研学指导教师要多元化地运用理解、阐释、反思、体验、感悟等学习方法，形成对学生心灵的震撼，对人的批判精神的养成，对人性的提升与人格的塑造。这既要重视由外而内的文化化成，更要强调自我体悟与心灵觉解，从中让学生感受到智慧的启迪与心灵的撞击。

4. 从整体文化的视野与知行统一观来实施体验教育。

人文教育的核心是涵养和充实人文精神，而不是停留于获得一般的人文知识。知识的获得当然是必要的，但它不是最终目的，最终目的是要通过自我体悟与心灵感悟达到人性境界的提升。让学生在研学实践活动中通过各种考察、探究、体验、实践的活动获得深度的情感体验，用文化的滋养、氛围的陶冶、传统的熏染和深刻的实践体验来获得“随风潜入夜，润物细无声”的教育效果。

二、人文类研学课程学习方向的设置

人文类研学课程内容主要包括人文特色、社会发展、人居环境、文化建设等方面，体现思想政治、历史、社会、地理等学科在研学旅行中的作用。

人文类研学课程一般从以下几个方面设置。

1. 人文特色。实地感知、欣赏人文特色，了解其成因，初步评价区域人文特征及其发展前景。

2. 社会发展。了解当地经济社会发展过程和现状，初步评价区域社会的发展质量，发现问题，提出意见和建议。

3. 人居环境。体验当地生活条件及其与城乡建设的关系，评价区域人居环境质量，提出改进意见。

4. 文化建设。感受当地文化建设成果，欣赏文化艺术特色，评价区域文化融合传承和发展创新及其与社会发展的相互影响。

三、人文类研学课程常用的学习方式

1. 参观博物馆、文化馆、艺术场馆、开放的民族和宗教文化场所，采取访谈居民，走访政府文化与旅游、民族、宗教等管理部门，以及图书、方志、档案、文史、建筑设计、文化创意、艺术创作和演艺等相关机构，收集当地文献资料和艺术作品，考察、体验当地代表性人文景观，参与民俗节庆活动、民宿体验生活等。

2. 游览市容乡景，参观城乡社区、城乡规划场馆、商业娱乐场所、休闲健身场所、地方特色服务场所、教育培训和医疗养生机构、体育运动场所等。通过访谈居民，到图书、档案、建筑设计、文化创意等相关机构收集省地文献资料，参与当地举办的社会、城乡、生态等建设方面的展示会、研讨会、辩论会，为当地社会发展作出评价，出谋划策。

3. 观摩文化创意、工艺、演艺、竞技展览，收集文化艺术作品。学习和实践民间工艺、演艺、运动，举办艺术推介展示和学习成果汇报演示等活动。通过制作、实践，亲身感受、体验非物质文化遗产项目，学习民间艺术制作技艺。

4. 考察企业、市场、物流场站，乘坐各种交通工具，参加各种业态的商务活动；走访政府发展与改革、工业与信息化、商务、农业与农村、财政、交通运输、水利等管理部门及图书、档案、生产性服务业、各行业协会等相关机构，收集相关文献资料，实地体验经济、商务活动；参与体验开放的生产、服务工作。

【案例】人文类研学实践活动课程举例

研学活动	研学地点	目标任务	
		目标	研学方式
胡同里的京味儿文化	烟袋斜街	了解斜街的历史成因与兴衰；了解独特的胡同文化	参观、考察、访谈、探究、实践等
落霞与孤鹜齐飞秋水共长天一色	滕王阁	了解滕王阁的建筑之美以及它所代表的万千意向	参观、考察、诵读、绘制、研讨等

（续表）

研学活动	研学地点	目标任务	
		目标	研学方式
至圣寻踪	曲阜	礼敬先贤，查考六艺，了解儒家文化的重要地位，感受山东悠久的历史文化	礼仪、参观、考察、讲座、体验、研究性学习
神话般的山区建筑	南靖土楼	了解传统民居体现的地理环境特点，了解土楼的相关历史与作用特点，感受“同一屋檐下”的亲情温暖	参观、考察、探究、研究性学习等
人与自然的和谐共生	2019世园会	了解主场馆设计的传统文化理念及会场内现代科技的应用，了解展会对人与自然和谐理念的诠释，了解主办地的相关背景知识	参观、考察、体验、研究性学习、拓展学习等

第 6 节　研学实践活动中体验类课程应用

所谓“体验”，简而言之是指通过实践来认识事物。“体验教育”就是教育对象在实践中认知、明理和发展。这里的“体验”包括两个层面：一是行为体验，即亲身经历的动态过程；二是内心体验，即在行为体验的基础上所发生的内化、升华的心理过程。两者相互作用、相互依赖。

体验教育是把学生作为学习的主体，亲自参与或置身某种情景中，用心智去感受、关注、欣赏、评价某一事件、人物、环境、思想和情感等，从而获得知识、技能、情感的感悟而达到教育目的。其核心价值是：让孩子们在体验中快乐成长。

体验教育是一个“创设平台—自主体验—教师引导—反思校正”的过程。在研学实践活动中，可以通过开展活动式体验、情景模拟体验、情感交流体验、参观调查、角色互换、观赏式体验、感悟式体验、参观访问式体验等实践活动，让学生进行学习体验、行为体验和内心体验，在体验中成长。

一、体验类研学课程的研究视角与学习领域

体验类研学课程主要包括体育与拓展运动、劳动与创业、集体生活等方面，体现为劳动技术、信息技术、体育、艺术等学科在研学活动课程中的运用；借助现代技术，依托综合实践活动基地、劳动教育基地、团队拓展基地、国防教育基地、军营、体育训练基地、现代生产企业等场所，通过生产劳动、军事训练、团队拓展、职业体验、体育培训等形式开展，培育学生自我发展、健康生活、勇于拼搏、团队合作等素养。

在研学旅行中开展体验类学习，需要注意以下几个方面。

1. 情景创设。

在体验式研学活动中，要精心创设一个个生动真实的生活情景，让学生在具显的情景中获得感性的认知和升华，从而在新的认知基础上重新建构自己的知识体系。情景创设的目的是还原生活的真实化、生活知识的形象化、探究过程的趣味化；要采用学生乐于接受的生动活泼的方式，让课程文本主题与现实体验活动链接，向生活延伸，让学生在感悟中升华精神，实现快乐成长的目的。

2. 体验贯穿学习的全部过程和方式。

“体验”是指通过实践来认识事物。包括四个阶段：一是感觉体验，二是知觉体验，三是体验内化，四是体验应用。前两个是行为体验，是实践行为，是亲身经历的动态过程，是体验教育的基础；第三个（体验内化）是在行为体验的基础上所发生的内化、升华的心理过程，是体验教育的核心；第四个阶段则是实践学习的应用，是知行合一的实际运用。这四个方面相互作用、相互联系，对促进学生的发展都具有不可替代的作用。

3. 实践是体验教育的重要环节。

体验教育要以实践为中心。只有经过学生自己参加实践和活动，才会产生

心理和行为体验，才能形成内化的道德准则。没有学生亲身经历和真实感受的体验，没有心灵的触动和感悟，就不可能形成内化的道德准则，更不可能转化为学生自己的规范行为。

4. 注重实践过程中的情感发展。

体验教育主要是通过实践活动让学生感受、体会、感悟，再将感受、体会、感悟内化为行为准则，进而转化为行为习惯。实践活动的每一环节与步骤都需要学生亲身经历和体验，特别需要学生在情绪、情感、态度等方面的体验收获。学生参加的实践活动越多、越复杂，所产生的情感体验就越丰富、越深刻，就越有利于发展学生的情感世界，越有利于增强学生承受情感变化的能力，越有利于提高学生情感的灵活性、层次性和效能性，从而使学生形成良好的“实践—体验—情绪—情感—情操”的成长模式。

二、体验类研学课程学习方向的设置

1. 体育与拓展运动。在研学旅行中参与、体验社会体育运动，学会减压放松，养成健康生活习惯；参与、体验竞技体育、军事训练与拓展运动，提升刻苦拼搏意志、团队合作竞争意识以及相应能力。

2. 劳动与创业。参与、体验劳动与职业训练，培育劳动与职业素养和技能；参与、体验创业训练，激发潜力，培育创新意识和能力。

3. 集体生活。体验、感受集体旅行、生活和研学活动；培育集体荣誉、团结互助、遵守纪律等意识和习惯。

在研学实践活动中设置体验类课程的学习方向，一定要符合学生的年龄特征和心智水平，符合他们的兴趣和动机；要因时制宜、因地制宜，提供和创造体验教育的机会。这样才能保证体验教育的可行性和有效性；要以学生“自我”为中心，体现学生的主体地位，从而唤醒学生的自我意识。

三、体验类研学课程常用的学习方式

体验类研学课程一般采取以下几种学习方式。

1. 走进体育场馆，观摩体验赛事和运动训练，参与体验运动，接受运动培训，组织团队进行集体竞赛；听取、体验健康生活和运动养生。

2. 走进野外训练基地、营地，观摩、参加力所能及的野外拓展训练、军事训练、野外生存训练、山地运动、野外探险、定向行军、骑行驾驶等具有挑战性的活动，组织团队，集体竞赛。

3. 走进劳动实践基地、营地、厂矿、乡村，亲身践行劳动过程，体验创业、工匠、团队等精神。

4. 走进创意工作室、创业孵化基地等场所，观摩创业、创意工作，体验个性化创意、集体创新的过程。

5. 集体参加志愿者活动，服务社会、社区、弱势群体。

6. 应用体育、通用技术、信息技术等课程学习成果，学习、践行安全防范规则和措施。

7. 举办体验活动实践成果汇报、展示会。

【案例】体验类研学实践活动课程举例——日本自然教育学校体验课程

日本自然教育学校 Whole Earth 于 1982 年成立，总校位于富士山，是日本最大并且是最早建立的自然学校。Whole Earth 的成立理念是“通过恢复日本型的自然观，在社会中实现一个建立在人类真正富饶上的价值观和品格”。自然学校以户外大自然为课堂，一草一木、一花一虫、阳光、土壤，都可以作为教学的对象。没有枯燥刻板的课程，也没有塑料玩具，学生在老师带领下在森林里捡树叶、观察虫子、玩探险游戏……他们的教育理念是：“自然而然，顺其自然”，通过场景体验而培育心灵。

类别	课程		活动项目
四大种类课程	①户外体验		洞穴探险、富士山徒步、满月独木舟等
	②儿童与家庭		游牧营地、亲子营、村庄和其他人
	③农村、粮食种植、森林创造		美味的乡村、森林故事、农业经验、林业经验等
	④资格获取、学习		如何生活、教师培训（NEAL）、其他
三大系列课程活动	系列一 自然体验与引导	春	体验整个身体的 Satoyama 小空间，水稻种植和“泥泞淋巴”实验经验和观察生物，“富士山徒步旅行”
		夏	兴奋的感觉“淋浴爬山”，你如何生活在大自然中？“收购户外技术”一生一次的夏季，“大厅营地训练”
		秋	湖泊探险“皮划艇”，“肉来自哪里？”“我有生命”
		冬	自然物的自然祝福“砍竹子、树”，你从竿子里看到了什么？“垂直洞穴探险”享受大雪的日本
	系列二 “儿童与家庭”营地：感受自然观	亲子营	“洞穴版”“登山”“TOTON 河流游戏”
		游牧营	“初级版”“享受版”“冒险版”
		森林营	村庄森林营地，冬季森林探险
		竹营	竹切、制作竹筷，河流游戏，竹制生鱼片乌冬面制作，竹制板制作，篝火之夜
	系列三 回归乡村也是回归自然，就地取材，感恩自然馈赠	木工	伐木工人的故事，林业经验，帐篷设置，篝火烹饪，木工经验（创作工作），反思
		自食其力	贪心计划享用玉米和新土豆，收获五颜六色的新鲜蔬菜，做一个披萨，教你如何判断鱼和制作虹鳟鱼的生鱼片，烹饪芥末
		手工	手工香气实验室，湖滨步道→搬到森林，导游步行和植物收藏，蒸馏器制作，提取草药茶，总结，问卷调查

第 7 节　研学实践活动课程的学科关联

研学旅行课程秉持的是“生活即教育，社会即学校，学教做合一”的教育理念，它不是一个或几个学科课程的机械组合，也不是具体到某一个学科的实践应用，而是跨学科的融合学习。即围绕一个课程主题，为达到一个学习目标，融会贯通多学科知识，灵活运用多种活动课型，构建学生认知体系的校外教育活动课程。从这个意义上说，研学旅行的学科融合是建立在多个学科关联基础上的灵活运用，是一个独立的、跨界的深度学习课程。研学旅行突破了学科界限，将与研学主题相关的课程内容融为一体，让学生在亲力亲为的游历、体验、实践、探究中增长知识、发展能力、丰富思想，全面提升核心素养。它需要学生全身心投入，手脑并用，从而实现情感、意志、智力、能力的整体发展。

因此，我们要将学科融合与活动课型结合起来运用，用“纵”与“横”的交错、项目模块与垂直指导结合的方式设计课程，实施教学，从而达到改变学习方式、促进学生自主学习的教育效果。

一、“纵”与“横”交错的活动课程设计

“纵”指研学实践活动课程实施中，为完成一个学习目标而采取的多种活动课型的组合运用。“横”指研学旅行课程内容的多元化，强化了多项学科知识和能力培养的融合运用。

前文我们探讨了 14 种活动课型。这里我们强调的是活动课型的组合。任何一个活动课程学习目标，都需要若干个活动课型组合运用才能实现。研学指导教师通过精心创设的一个个相互关联的活动课型，让学生参与其中，开展一个个有内在联系的生动活动，采用讲解观摩、考察探究、访谈学习、体验活动、实践活动、研究性学习等学生乐于接受的生动活泼的学习方式，从多角度、多渠道引导学生解决现实生活中的问题，培养学生探究性和创造性解决问题的能力，提高学生的综合素养。这就是“纵”的运用。

在研学实践活动中，将会涉及多项学科的知识，而这些知识都处在一个整体的研学课程体系中，每一类知识都不是独立的，都是与课程体系中的其他知

识相关联的。研学指导教师要善于运用科学的方法指导学生理解知识间内在的联系，把各学科的知识纳入整个课程体系中，使所学知识融为一体，运用合适的活动课型去引导学习理解知识，这就是“横”的运用。

面对美丽的山川大河，可以融入语文学科的训练与学习。通过朗诵、阅读、古人事迹探究，让课本文字与现实体验活动相链接，让学生从真情实景中感受汉语言文学的魅力，在感悟中升华精神，实现语文学科的关联性学习。

远足的行走，山岭的攀爬，可以磨炼学生意志，打造鲜活的德育课堂。让学生进行行为体验、励志体验、劳动体验、探险体验、情感体验，用一次次体验触动学生心灵的琴弦，奏出美丽的人生乐章。这是思品课程的有机融合。

结合生活中具体问题，用考察、分析、思维导图构建相关的数学探究学习，实现研学数学学习的生活化、生活知识的数学化、探究过程的趣味化。这是数学学科在研学实践活动中的综合运用。

历史名胜、自然景观、古镇、石刻、故里、名人故居以及历史、艺术博物馆等，都是开展历史类课程研学实践活动的课堂。可挑选出具有丰富多元意蕴的研学课程资源，设计针对性的课程目标和活动范式，指导学生在行走中体验历史文化，感受人世变迁。这是历史课程在研学实践活动中的有效运用。

了解家乡文化、非遗技艺、民俗知识，走访农业科技园、茶园等现代生产基地，了解当地丰富的特色文化，设计亲身体验、动手操作的体验、实践活动，让学生零距离接触生活，感受人生，在体验中学习，在体验中成长，收获人生的感悟。这是人文类课程的综合运用。

考察大自然山川河流，了解地质地貌的特征与变化；观察鸟类和地域植物的分布生长，探究自然环境的生态平衡，开展动植物考察，地质、植物标本制作等自然科学学习，这是生物、地理学科在研学旅行中的有效应用。

在真实的自然美景里引导学生赏析自然环境的美，用吟诵、歌唱抒发对大自然感怀之情，在大自然中让情感自然地宣泄，这是研学旅行中音乐课程的运用。

研学旅行就是用身边的景、身边的人、身边的事，引导学生走进情感之门、智慧之门。让学生在一系列活动中开阔视野、增长知识，促进良好学习习惯的养成，在丰富多彩的体验、实践教育活动中，寓教于乐，促进学生德、智、体、美、劳的综合发展；让立德树人、实践育人不再是一句空话，而变成一种自觉的行动。

学科关联与活动课型运用

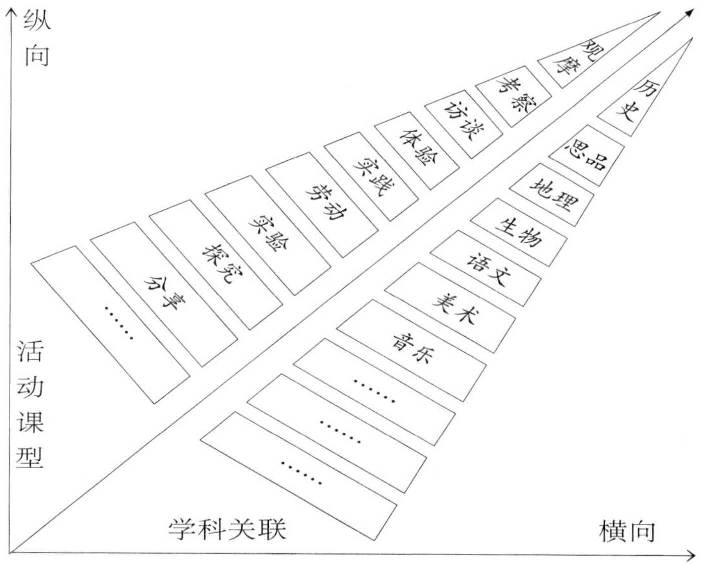

纵向
活动课型
观摩
考察
访谈
体验
实践
劳动
实验
探究
分享
……
历史
思品
地理
生物
语文
美术
音乐
……
……
……
学科关联
横向

二、项目模块与课型搭配结合的活动课程实施

1. 以项目模块改变学习方式。

研学旅行是以旅行的方式在真实的场景中开展体验、实践、研究性学习，学生通过实践项目学习获得深度体验，而不在于观赏景点和风景。因此，在每单元的实践活动课程中，以一个个相互关联的活动模块建构起研学实践活动课程的结构，以实践学习、自主学习、合作学习的学习形式贯穿始终，是研学实

践活动课程实施的基本方法。

2. 以实践学习、自主学习、合作学习贯穿研学学习全过程。

对于研学旅行而言，旅行就是课堂，社会就是教材，生活就是老师。行走是主要的学习方式，实践是主要方法，合作是主要的学习模式。独立思考、自主学习是核心。学生在研学旅行中辨别、探究、思考、分类、归纳、总结、吸收，最终形成属于自己的能力，这是研学的真正意义所在。

在研学实践中，要设计安排尽可能丰富的体验与实践活动，注重学生对实际活动过程的亲历和体验，培养学生的自主设计和实践操作能力。

在研学活动中，多数的情况下学习是以小组形式开展的。在小组学习中，学生不仅可以相互间实现信息与资源的整合，还可以学会交往，学会参与，学会倾听，学会尊重他人。

研学指导教师要紧紧把握实践学习、自主学习、合作学习的基本原则，将其贯穿于研学实践活动的始终，在社会的真实生活场景中为学生打造学习的新平台和新时空。

项目模块与课型搭配结合的活动课程形态

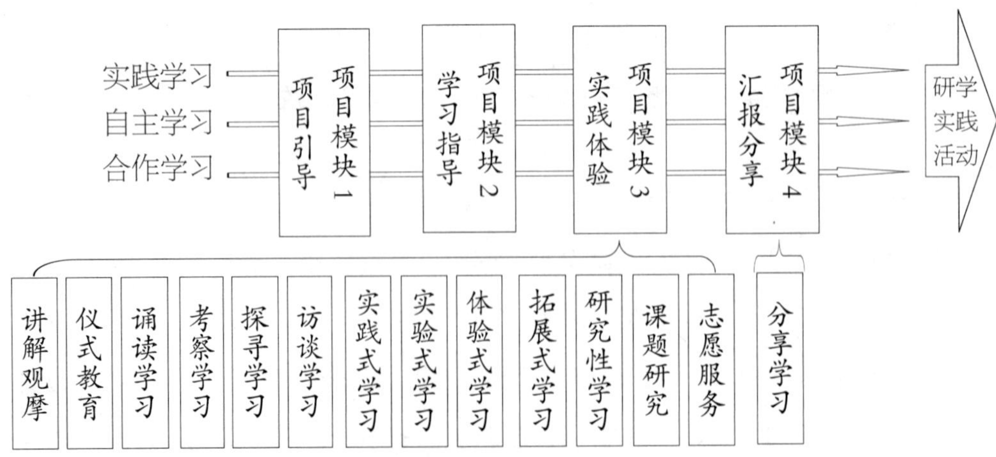

行者，行动也。研学旅行是一个系统工程。掌握了课程，能够运用恰当的教育方法引导学生开展学习仍然不够，还需要我们从研学旅行的整体上实施管理。这是在课程研发与课程执行基础上对研学旅行的进一步认知和践行。故本篇以“行”命名，从系统管理学的角度分析研学旅行的管理模式。

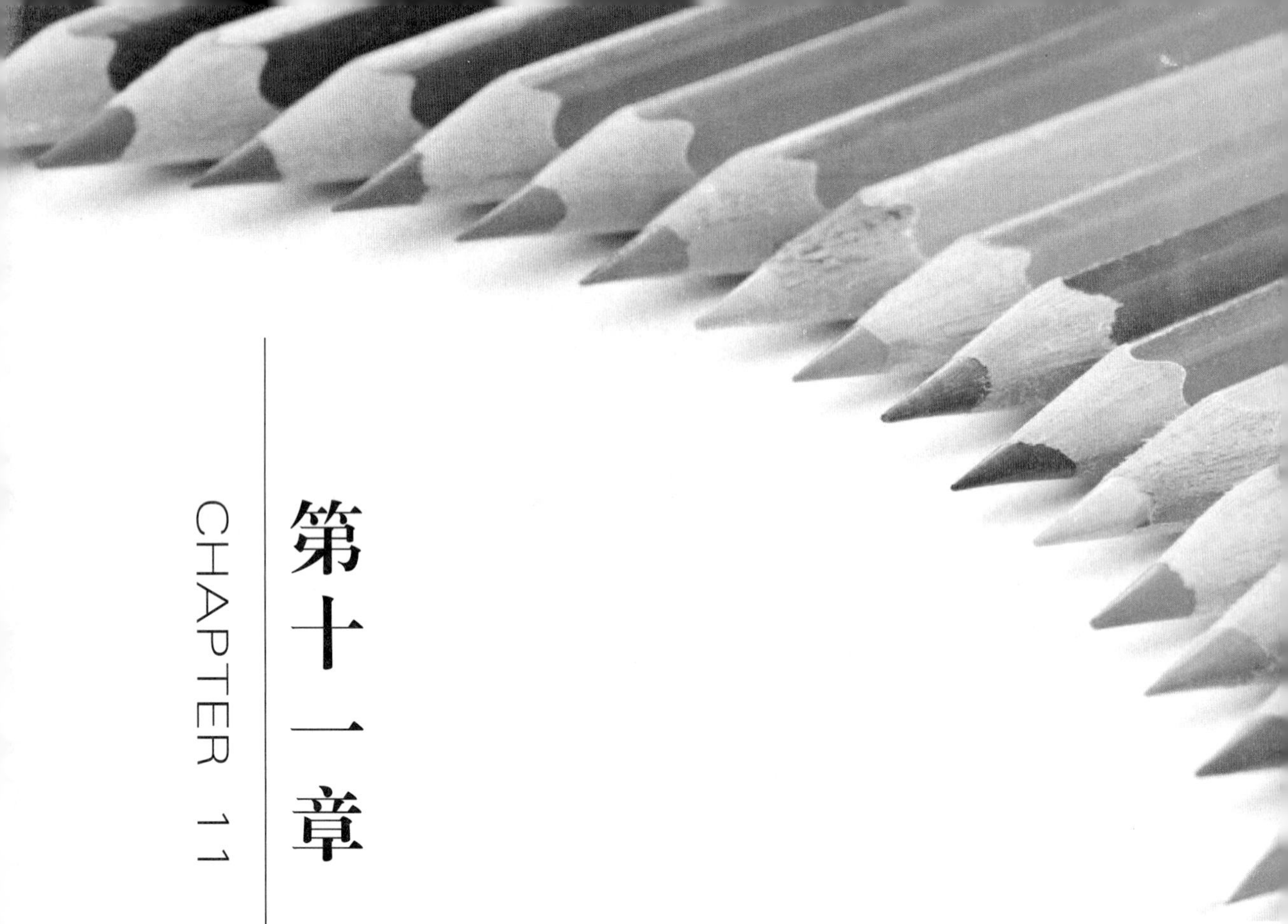

第十一章 CHAPTER 11

研学旅行的过程管理

研学旅行的实施是一个社会合作的系统工程，也是一个学生学习、生活、娱乐、交流的全方位立体的生活实际。这里既包括了学生衣食住行的行程管理，也包括了研学旅行中学生的情绪管理，还需要有教师爱的付出与情感的交流。本章将从以上几个方面展开论述，并在操作方法上进行逐层说明。

研学旅行纳入中小学校常规教育管理之后，无疑给各级教育行政部门和中小学校校长、教师带来了巨大的压力。《关于推进中小学生研学旅行的意见》中就研学旅行的组织管理也提出了具体要求：即“各地教育行政部门和中小学要探索制定中小学生研学旅行工作规程，做到‘活动有方案，行前有备案，应急有预案’。……学校自行开展研学旅行，要根据需要配备一定比例的学校领导、教师和安全员，也可吸收少数家长作为志愿者，负责学生活动管理和安全保障。……学校委托开展研学旅行，要与有资质、信誉好的委托企业或机构签订协议书，明确委托企业或机构承担学生研学旅行安全责任”。

实际上无论是学校自行组织，还是学校委托相关机构开展研学旅行，学校教师和各级教育机构、文旅部门派出的辅导员都承担着组织学生出行、管理学生生活、指导学生开展学习的重任。从研学旅行的全部过程而言，研学旅行的实施既是一个社会合作的协作管理过程，也是一个学生学习、生活、娱乐、交流的全方位立体的生活过程，是一个完整的系统管理工程。有关这方面的探讨性文章已有许多，本章将围绕行程管理、活动管理以及情绪管理分节进行简要的说明。

第 1 节　研学旅行的行程管理

一、出行管理

研学旅行是一个未成年人集体外出的大型出行活动。从项目管理角度而言，如何重视都不为过。各学校在开展研学旅行前，要制订详细的活动方案和应急预案，健全活动安全保障措施；要精心组织和周密部署，认真落实各种安全防范管理措施，加强各个环节的安全管理。出行前应对出行师生开展有针对性的安全教育，要结合学校实际情况，利用广播、板报和《学生手册》等宣传形式，宣传普及交通安全知识，提高广大师生交通安全意识；集体外出时，学校领导必须带队随行，并配备足够数量的组织管理能力强、富有责任心和安全监管经验的教师（含医务人员）；行程中，要强化安全监管。在对学生集体外出交通工具的选择、目的地的安全环境、带队人员及各环节的安全管控等方面制订严格的管理规章，确保集体外出活动的安全。

从研学指导教师的职责角度，应注意以下问题。

1. 在行程中及分组活动时，研学指导教师要提供全程伴行服务，及时解决学生提出的问题。

2. 在行程中、住宿地、休息间歇，研学指导教师要引导、穿插多项互动活动，调节旅途气氛，营造欢乐、和谐氛围。

3. 在活动中随时点名，检查人数，照顾身体不适的学生。每到一地，研学指导教师应先介绍学习目标与大致日程安排，提醒集合时间及地点，在每次更换地点前统计人数。

4. 研学指导教师要负责学生活动中一切协调工作与问题的解决，协助处理突发事件及支援，保障活动顺利进行。

研学旅行的出行离不开乘坐交通车辆。在研学旅行中由于交通事故的发生导致学生受伤占了很大比例。因此，行车中的安全管理也是出行管理的一个重要方面。

根据笔者的经验，研学旅行组织学生乘车需要注意以下几点。

1. 出行用车须保证车辆是运行状况良好、检验合格、8 成以上新车，保证每人一座。车辆在出发前必须做全面细致的检查，杜绝所有安全隐患，严禁车辆带病上路。超过2小时的远途行程，每车乘坐人数应安排在85%，以保证乘坐舒适。

2. 车辆行驶途中，要严禁超员、超速行驶，严禁疲劳驾驶、酒后驾驶和带病带情绪驾驶，严禁强行超车、会车。每车配备对讲机，在路途中研学安全员随时与各车辆司机保持联系。要按照研学计划指定统一地点、统一时间，准时出发，任何人不能影响整体行动。每台车要安排 2 名以上专职老师和 1 名以上研学辅导员，负责对学生实施管理。

3. 要教育学生养成良好的乘车习惯，不在车上吃零食，不乱扔杂物，自觉保护车内卫生。每名乘车学生须在车辆行驶过程中系上安全带，严禁不系安全带。

4. 头车须有一名当地导游或研学指导教师带车，负责随时观察路面情况，并及时向车队各车司机通报路况情况，对司机和行车安全进行监督和提醒。

二、学习管理

研学旅行课程不是简单的旅游，它包含研、学、行（游览）的综合内容。若过度强调研与学，会造成学生背着“包袱”去旅行，任务过重，兴味索然。若只强调“游”，没有“学”，课程的意义何在？因此，要处理好“行”和“学”的冲突，使学生对研学旅行充满强烈的兴趣和好奇心。这就需要研学指导教师要有高超的管理技巧，处理好研学旅行“点”（学习）与“面”（旅行）的关系，让学生始终保持高涨的参与兴趣和探究动力，形成一路欢歌、一路笑语、一路玩耍、一路学习的和谐场面，也就是笔者强调的“携一卷书，行一程路，诵一篇文，探一处秘，记一则言，唱一首歌”的美好境界。

从研学指导教师的职责角度，在研学旅行学习管理方面应注意以下问题。

1. 研学指导教师应结合研学课程和景点路线，按活动设计分组带队，指导、组织学生分组开展活动，并协助解说员讲解，及时回答学生的疑难问题。

2. 在实践活动中要注意指导学生工具的使用、实践方法的操作以及合作开展实践活动时的协作方法和安全管理。

3. 要特别关注活动场地的安全隐患。根据笔者多年组织研学出行的经验，在研学实践活动中，80% 以上的学生伤害事故都是出现在活动场地被人们忽略的细微小节方面。如栏杆的断裂导致学生的失足，水边防护栏不够高致学生失足落水，活动中学生打闹造成与场地不良设施碰撞等。

4. 依据研学课程所规定的各项课程目标，引导学生开展自主学习，营造生动活泼的合作学习环境。

5. 在每段学习活动完成后，负责组织学生开展讨论、分享、总结活动。

三、餐饮管理

在外埠研学旅行中，由于饮食不适造成学生的出行事故也不在少数。特别是由于旅游行业的恶习，地接旅行社往往在已经规定好的餐标标准上进行克扣，导致用餐标准下降。“吃餐差”已经是旅游行业的潜规则。因此，如何保证研学旅行学生吃好是一个老大难问题。

从研学指导教师的职责角度，在研学旅行餐饮管理方面应注意以下问题。

1. 每到一地，事先对用餐单位的卫生管理、肉类、鱼类和奶类等动物性食品进行检查，防止在生产加工和供销过程中的污染；特别要考察餐饮从业人员的个人卫生，发现用餐单位有不适宜从事食品工作的病患者或带病者，应要求用餐单位及时将该人调换；对餐厅、酒店卫生环境进行检查，保证学生用餐的卫生质量。

2. 每个餐厅都开辟出独立的用餐区，仅供本团学生使用。

3. 根据学生的年龄特点和身体特征，设计不同风格、不同内容且具有地方特色的营养菜单供校方选择；并指导餐厅精心制作每道菜品。

4. 将不喝生水、不吃生冷变质食物，不在小摊上买零食作为研学旅行中的纪律进行宣讲和管理。

5. 教育学生养成良好的用餐习惯，不挑食，少吃零食。

6. 有些不可食用的植物往往与某些可食用的食物相似，如不加以识别易误采食用，就会引起中毒。因此，在研学活动中，严禁学生自行捕捉或采摘野外的动植物；严禁学生把研学活动中采集的植物标本一类的物品带到餐饮场所。

7. 用餐后学生丢失物品的事件是较常见的现象。在每餐毕学生离开后，研学指导教师要逐桌检查有无学生遗留物品。

四、住宿管理

研学旅行的一个重要方面是处理学生个体生活和群体生活的关系问题。要培养学生的基本生活自理能力，包括照顾自己与表达自己的能力，还要引导学生学会和养成群体生活的能力，教会学生学会自己照顾自己，更好地融入集体与社会生活。

从研学指导教师的职责角度，在研学旅行住宿管理方面应注意以下问题。

1. 视条件许可和研学日程安排，原则上每日晚餐后以分组形式将学生集中到几个房间，召开活动分享会，分享活动感受，讨论活动得失，完成研学作业。

2. 制定就寝纪律，将入住后不得自行外出、购物，不得在窗前和床铺上打闹，10 点过后收取个人手机作为研学旅行中的纪律，晚上要实行查房和值班制度，每晚保证查房 2 次，值班时间至晚间 12 时，重点防范学生自主外出、火灾、失盗等隐患。

3. 教育学生养成良好的按时起床习惯，入寝后不得使用电子设备玩游戏，自觉保持房间卫生。

4. 每日安排酒店叫早服务，同时要逐房叫醒学生起床。学生集合后，要逐房检查有无遗留人员和物品。如第二日离开酒店，前一天晚上须逐房要求学生睡前收拾行李及物品，避免第二天耽误出行。

5. 入住前明确告之学生酒店紧急逃生出口以及相关自救知识，组织学生进行地震应急疏散演练和消防应急疏散演练，增强师生安全意识，提高师生紧急疏散能力，避免拥挤踩踏等事故的发生。

6. 教育学生注意保管好个人财物，贵重物品可由带队教师代管。

7. 研学指导教师须同学生住在同一楼层，并尽可能靠近通道位置。

研学旅行是一个完整的系统管理工程。限于篇幅，这里仅就研学旅行的出行、用餐、学习和住宿几个方面做了提示性说明，并没有展开做系统的讲述和分析。须强调的是，研学旅行的服务工作不能全部放权旅行社接待方，全程管理是学校教师与承接单位需要共同完成的工作。

对于研学旅行的管理原则只有两点：①管理无处不在，无时不在。在时时、刻刻、处处和每一个时间点。②细节决定成败。

第 2 节　研学旅行的活动管理

研学旅行作为青少年群众性校外教育活动形式之一，人数众多是活动形式的基本特征。开展 200 人以上规模的集会形式的研学活动已屡见不鲜。根据国家有关规定，凡组织超过 100 人以上的集会式群众活动，皆列入大型活动管理范围。按照规定，大型集会活动举办须事先制订活动安保方案，并由组织方或场地方报当地公安部门备案。因此，研学旅行的活动管理适用于大型集会活动的相关管理法律。

一、活动组织管理

活动举办前，活动组织方应召开有研学指导教师参加的安全事项会议，介绍活动进程和场地情况，向每位成员发放突发事件应急预案，安全出口、灭火器位置图；要制定大型群众活动安全保障纪律，将听众指挥、有序进场和离场、步调一致作为活动纪律向学生进行宣讲。同时还要在以下方面加强管理。

1. 活动规划。根据活动内容，将活动场地划分为活动区、观众区、出入口、安全通道、场地周边 5 个区域，并做出场地布局效果图。

2. 安保人员配置。根据大型活动的人数按 30∶1 标准配置安保人员数量。必要时还可组织志愿者人员配合管理。安保力量一般部署在观众区、活动区、出入口及安全通道、场外巡逻安保、应急备勤五个方面。

安保人员应统一发放明显标注安全工作人员字样的工作证件和统一服饰。

3. 大型活动应实行入场人员票证查验及安全检查措施，避免闲杂人等进入活动区域，以最大限度保障活动安全。在条件许可情况下，活动入场人员应进行安全扫描门安检，并佩戴胸卡方可进场。

活动开场前，在入场口配置足够数量的安保人员，配合场地人员进行票证检查，维护入口检票秩序，引导入场人员通过安检门。活动开始后封闭入口，留下 2 名安保人员看守，其余人员加入场内安全巡逻工作中，及时发现并制止影响现场人员人身和财产安全的不安全行为。

二、活动场所管理

在研学旅行大型活动开始前，场地负责人应带领研学指导教师进行全面的现场检查，包括消防栓方位，灭火器配备及在使用上是否进入良好状态，灯光、音响设备运行情况，不能出现消防隐患和漏洞。检查事项包括以下几个。

1. 活动区域内、舞台周边按消防标准配备灭火器，并逐一进行安全检查，确保器材使用功能安全有效，并须了解场馆消防设备的设施位置。

2. 及时清理杂物，确保紧急疏散通道畅通，并保证临时搭建物不遮挡安全疏散指示标识和通道。

3. 停车场应设立引导性指示牌，以确保车辆按秩序停放到位；搭乘参加活动学生的大巴车在人员送达后应有序停入车位；活动期间安保人员对停车场进行巡查，严禁占用消防通道。

4. 凡举办规模超过 500 人以上大型集会活动时，现场应配备急救车和医生。

三、现场秩序维护及人员疏导措施

1. 学生进出场秩序由现场安全工作人员负责，发生突发事件时，在安全工作领导小组的指挥下，全体安全工作人员协助现场群众疏散，并在确保自身安全的情况下，对突发事件进行控制。

2. 演出舞台、灯光、音响工程应由拥有技术资质的专业公司负责设计、安装，由该场地负责全场用电安全。活动承办方负责现场监督。活动出入口及安全通道的看守工作由专业保安公司负责，活动承办方负责指挥和管理。

3. 场地外秩序维护。活动过程中要有安保人员在场地外进行巡逻，负责维护周边活动秩序。

4. 场地内外卫生保洁。活动结束后，应要求学生完成活动范围内卫生保洁工作，将场地还原。

四、大型研学旅行集会活动易出现的事故

1. 临时停电。

在活动中，若遇到突然停电时，工作人员应立即查明原因，向安全小组汇报。

广播人员启用广播系统，说明暂时停电情况，请学生停留在原地等待，静候供电恢复，并启用临时应急照明设施（如手电、应急灯等）。若活动在晚上举办时，如果一时无法恢复供电，应迅速采取应急措施，有序疏散现场学生。

2. 人员拥挤。

研学旅行中举办大型群体性活动，经常出现活动场地人员超出核定容量、人员拥挤、现场混乱的现象。这时应立即停止活动，抽调力量采取以下疏导措施。

（1）启用广播系统疏导，分流人群。

（2）隔离建立缓冲区域，开启应急疏散通道。

（3）服从现场民警或保安人员的指挥，对现场学生进行有序引导、疏散。

3. 工作人员和社会群众冲突。

当安保人员在执勤中与社会群众发生争执时，管理人员要耐心冷静规劝观众，妥善处理，避免冲突和扩大事态。对个别不听劝阻的，出现哄闹、滋事等治安事件要强行带离现场，交公安机关审查处理，以保证活动顺利进行。

4. 现场急救的处理措施。

当参加活动学生和观众发生中暑及受伤事件时，现场工作人员应及时疏散人群，联系现场急救医生进行急救并安排到现场急救车内。

第 3 节　研学旅行的情绪管理 *

什么是情绪?

心理学的解释是：情绪是人对客观事物是否符合个人需要而产生的态度体验及相应的行为反应。每个人都有四种最常见的情绪类型，分别是喜、怒、哀、

★　本节部分内容参考金锄头文库（www.Jinchutou.com）《儿童心理健康教育公益巡讲活动》一文。

惧，在此基础上又派生出多种复杂的情绪。个人需要是否得到满足以及不同的情境都会使人产生不同的情绪体验。

情绪可以分为积极情绪和消极情绪，本身没有好坏之分。不同的情绪会给人带来不同的影响，导致不同的行为和结果。积极情绪有利于个人正确地认识事物、分析和解决问题，有利于使个体处于积极进取的状态，消极情绪则相反。

小学生的情绪表达最为直接。他们大多是活泼好动的，对于自己的情绪也没有良好的把控能力，在实践活动中，经过自己努力获得了成功，得到被肯定的满足感，快乐与自信就会伴随他们成长；由于没有好好操作，或者由于能力的差异导致失败，学习便会失去兴趣，而且产生无能感，也会产生自卑心理。如果经常性失败，就会产生对以后的学习期望值降低，参与性就会下降，长期积压在心里得不到很好的发泄，就会给心理造成阴影，影响健康成长。

中学生处于青春期，身体快速发育，身体机能明显增强，情绪容易因外界影响而波动并易走极端，由于他们社会阅历少，自我调节和控制情绪的能力相对较差，更需要引导他们学会情绪管理。

在研学旅行中，研学指导教师应该善于发现、善于观察、了解学生的情绪波动，进行适当的调适，帮助他们度过心理的“坎”，形成合理认知，在研学学习中始终保持旺盛的求知欲、强大的自信心、快乐的竞争意识和良好的合作态势。这其中，兴趣的培养和保持是核心要素。

一、兴趣培养的诱发性

什么是兴趣?

兴趣指兴致，是对事物喜好或关切的情绪。它表现为对某件事物、某项活动的选择性态度和积极的情绪反应。兴趣以需要为基础，在实践活动中具有重要的意义。兴趣可以使人集中注意，产生愉快紧张的心理状态。

兴趣是学生能够积极地参与到实践活动中来，进行自主学习、探究学习、合作学习的原动力。

1. 兴趣产生的条件。

（1）要立足于学生已知的内容。它可以是学生以前的学习经验，可以是学生的生活经验，也可以是教师提供的相应教具与材料。

（2）要有违背学生认知经验的变动。这种变动是最为关键的。如果缺少了这一环，学生就无从产生关注力。

（3）项目要有开放性，保证人人可以参与或大多数人都可以参与。

（4）要避免有害评价。大多数参与者在参与之后不能让其产生挫折感。

（5）要在短时间内出现可验证或可以预期的变化，给参与者以惊喜。

把这五个要点放到研学实践活动中，我们可以发现，丰富的大千世界给予课程开发者为学生提供具备上述特征活动的多样可能性。这是设计研学实践活动参考的重要依据，也是维持学生活动参与度的基本条件。

下图说明了在研学实践活动中学生形成兴趣的几个关键节点，这对于活动设计者和课程执行者都有一定的参考价值。

在研学实践活动中，指导教师要有意识地引导学生在参加活动时形成目标感，诱发学生亲身体验活动的参与愿望，激发学生参加活动的挑战感，在活动

进程中体现学生的竞技感，用肯定和鼓励让学生产生成就感，用分享和表达实现学生的炫耀感。

2. 兴趣的渐进性提升。

在研学实践活动中，学生的兴趣诱发是一个渐进的过程。要注意从学生身边的小事情入手，以最易引起他们理解的熟悉的活动做开端，由浅入深，由表及里，由易到难，由点及面，由小及大，最后引发出人生的大道理，引导学生的思维发展。

在实践操作层面，要从学生的感观入手，以情感体验为先导，引发动手实践的欲望，进而引发思考，在实践中收获认知，在分享中谈出体会，在共享交流中获得提升。

下面我们以一个形象的观赏花卉的感官体验过程对兴趣的渐进性做一个图解式的说明。

兴趣培养的渐进性图示

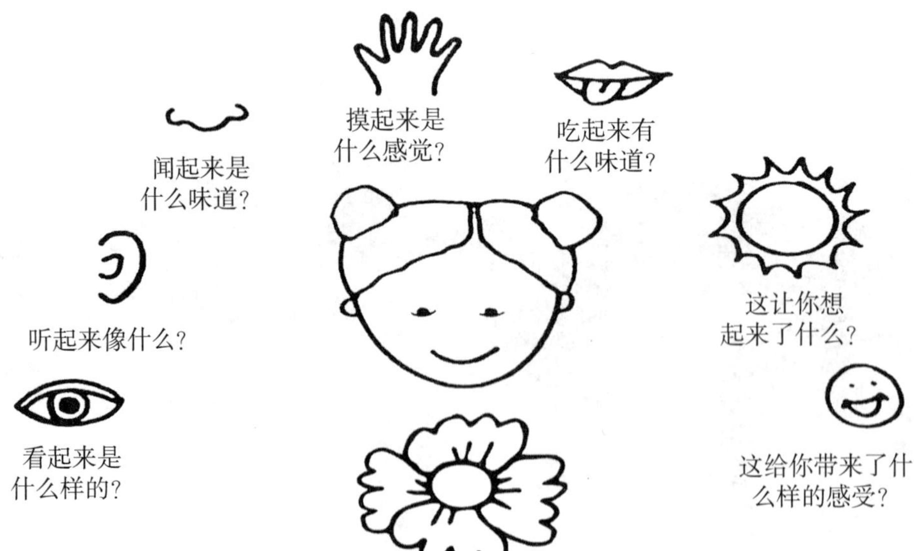

3. 性格差异与兴趣激发。

中小学生因性格、习惯养成的不同，其结构型能力不同，在实践活动中的表现也有所不同。具体可分为六种类型：

（1）技能型。有些学生非常喜欢动手操作的项目，在活动中也常常有不俗的表现。他们经常能够在老师的指导下，很快掌握工具的使用方法，并且能够很快投入到实践活动当中，做出自己的作品。这类儿童也是最具有创造性的，他们常常有各种各样的奇思妙想，会缠着老师问这问那，而且胆大心细，独立性强。对于这类学生，研学指导教师要注意不要打击他的积极性，鼓励他们运用自己的想法，独立去完成各种实践活动，同时在活动中要善于发现他们，让他们作为活动的领军人物，对其他学生起到榜样和示范作用。

（2）研究型。有些学生喜爱琢磨问题，凡事总喜欢寻根问底，问个为什么。这类学生往往动手能力不强，但抽象思维能力较好。在研学实践活动中，研学指导教师要注意引发他们的思考，鼓励他们表达出自己的想法，在小组学习中形成讨论、研究的氛围。

（3）艺术型。这类学生更注重于情感的表达。动手操作的能力略显不足，但能够形象准确地用语言和形体表达对事物的认知与看法。在研学实践活动中，研学指导教师要注意引导他们积极发言，鼓励他们表达出自己的想法，以此来拉动小组学习的氛围。

（4）社会型。这类学生偏重于与小伙伴一起开展各种活动，具有较强的组织能力。他们更善于指挥别人，愿意充当一定的角色。在研学实践活动中，研学指导教师要注意发现这类学生，及时把他们安排在小组学习组织者位置上，发挥他们的领导力特长，推动整个小组实践活动的开展。

（5）合作型。合作型的学生喜欢与伙伴一同行动。但他们往往不是处于主动的地位，而是喜欢和别人搭伴一起做一件事情。这类学生往往是小组学习的中坚力量，他们的特点是有耐力，也有一定韧性，是维持小组学习的重要力量。在研学实践活动中，研学指导教师要善于发现这类学生，将他们均匀地搭配到各个小组中，在活动过程中要注意及时表扬这类学生，让他们的学习坚持成为维系小组学习的动力，带动小组完成指定的学习任务。

（6）被动型。我们经常发现总有一部分学生在活动中处于这样一些状态：有些学生总不能找到自己喜欢的角色，或只能充当配角；有的在活动中被同伴任意支配，处于从属的地位；也有的时常遭到同伴排斥，只能独自一个人“坐冷板凳”。在研学实践活动中，研学指导教师要善待这类学生，用鼓励、认可、协助等方式推动他们，要及时关注他们在活动过程各个阶段的表现，及时肯定他们的成绩，让他们重拾信心，在各种场合鼓励他们表达自己的看法并给予肯定。

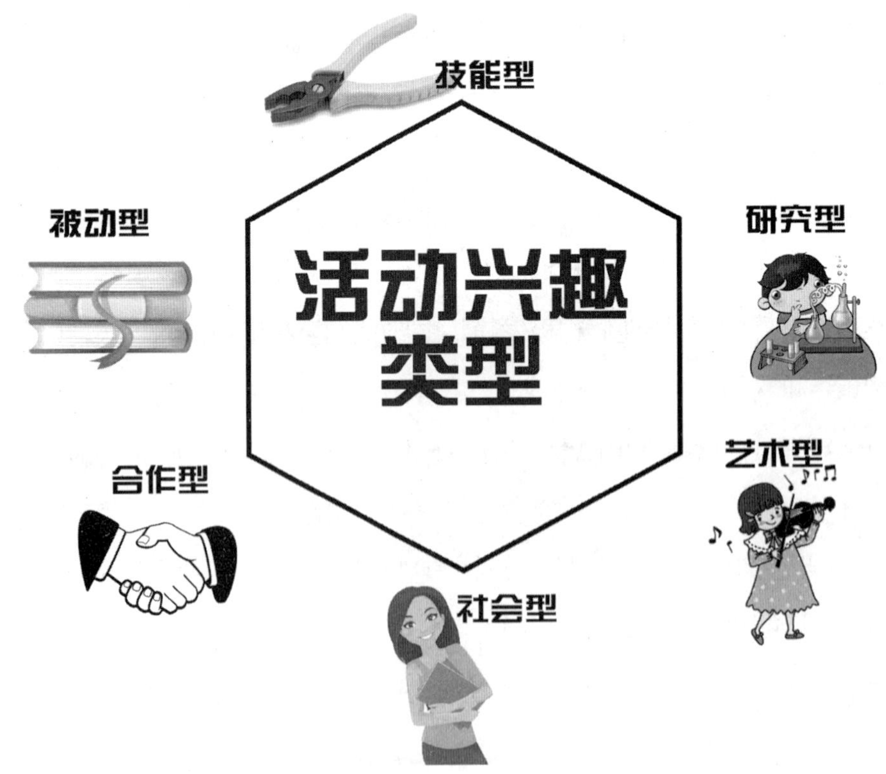

4. 情绪表达。

易冲动、易变换、易外露、易传染是中小学生在群体活动中常见的情绪变化，研学指导教师要正确认识学生的情绪表达，从中运用合适的对策把学生的情绪引导到正确轨道上来；要以耐心、尊重、包容、理解的态度掌控活动进程，重视与学生的沟通，引导其独立解决问题。

中小学生情绪表达的几种常见形式

情绪表现	原因	解决方法
插话	好奇、共鸣、求助	对成长感的肯定和强调
执拗	思维的独立性、创造性	培养爱好，提供投入做事的机会
发脾气	愿望满足、力所不能及	肯定正向的性格和能力
害羞	要求过高、过严，指责、约束过多	帮助放松情绪
说谎	愿望、空想、主客观未分化	接受消极情绪
恐惧	失去安全感、不熟悉	给学生自己处理消极情绪的机会
哭泣	悲伤、寂寞、痛、依赖	与学生一起品味美好事物

这里需要重点提出的是，初中学生由于处在叛逆期，常会有不愿与教师沟通的情况。他们最愿意沟通的就是寻找同伴和同学。这是中学生青春期独立性增强的一种表现。初中阶段学生的独立意识使他们认为自己已经是成年人，更倾向于独立解决自己的问题，并把能够独立解决问题看作是“成熟”的标志。然而不幸的是，他们尚不具备完全独立解决问题的能力，依赖性还较强。他们自以为能够圆满地解决自己的情绪问题，结果却可能走很多弯路。因此，研学指导教师要让他们明白，老师参与其问题解决并不是对他们的一种监控，而是一种“协助”。研学指导教师要与学生一起分析讨论自己的问题，共同寻找解决之道；要与他们创建一个良好的人际氛围——信任、沟通、接纳、开放；要引导他们发泄不良情绪，对他们低落的情绪要表示出理解和认可，设法让学生把情绪问题说出来，引导他们重拾信心。

二、兴趣培养的持续性

心理学告诉我们，学生的兴趣随着年龄不同而呈现不同的时段限制。下表说明了不同年龄段学生兴趣保持的时间长度。

年龄	学段	兴趣持续时间
4—6 岁	学前	15—20 分钟
7—9 岁	小学低年级	25—30 分钟
10—12 岁	小学高年级	30—40 分钟
13—15 岁	初中	30—60 分钟
16—18 岁	高中	40 分钟以上深度学习

在研学实践活动中，研学指导教师要注意学生的兴趣持续时间，每一项活动应该根据学生的年龄学段特点及时地展开或结束某一单项活动；要设计多个活动环节，用活动任务目标的变化引导学生的兴趣转移，延长兴趣持续的时间，使学生能够始终保持着旺盛的心态参加活动、参与实践。

本书第九章探讨的活动课型式的项目模块设计可以有效地解决学生兴趣持续性的问题。当我们把活动拆分为一个个活动模块时，由于活动场景和活动内容的转换，可以使学生实现兴趣转移，在新的关联项目上形成新的参与探究兴趣。这就是设置项目模块和活动课型的意义所在。

应注意，连续性的项目模块的执行时间要相对逐级缩短。因为学生的兴趣保持是渐进性递减的。这是我们在活动时间分配上需要注意的问题。下一页“活动项目转换的时间递减图示”说明了两个以上活动模块转换的时间比例分配。

活动项目转换的时间递减图示

三、研学旅行过程中学生情绪的迁移与变化

研学旅行是一个过程化的学习生活过程。随着持续几天在外学习、生活，学生的情绪会在快乐、愉悦、高兴的良好心境与消极、沮丧、厌烦、疲倦的不良心态中呈现阶段性的转换。研学指导教师要注意随时把握学生的情绪变化，从积极的方面去引导学生，鼓励学生克服困，难以快乐的心态投入到研学的社会生活与学习过程中，提高意志控制能力和学习效率。

从研学旅行全过程来看，学生兴趣随着研学活动进程不断发生着变化。研学指导教师要准确把握学生在研学旅行各个阶段的情绪变化，随时调整师生之间沟通交流的方式和技巧，让学生在研学旅行的几天时间里充满欢声笑语，充满和谐快乐。

下图是广东省研学旅行协会的付洋老师提出的研学旅行情绪曲线与体验 12 感，非常实用并且生动，可引为研学同行学习。

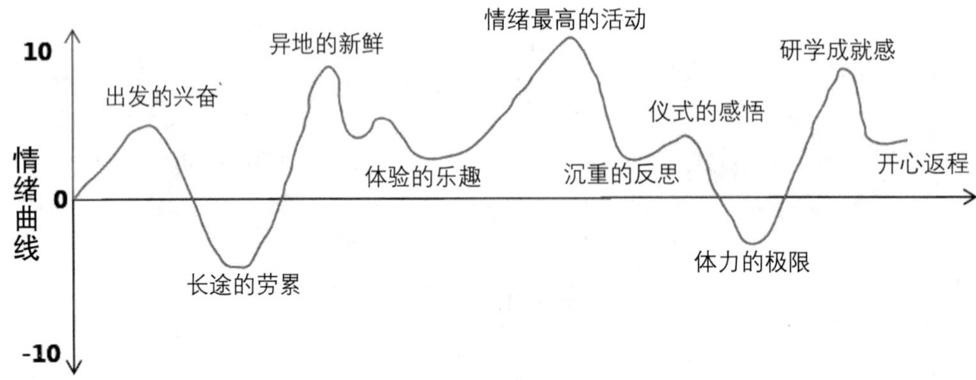

研学旅行的主要特色之一就是强调“愉快教育”。让学生在轻松、愉快的气氛中掌握知识，使学生爱学、乐学、好学、学好。“愉快教育”则要求研学指导教师要转变教学主体观，改变教学方法，提高教学艺术，创设生动有趣的情景，形成活跃的社会实践活动气氛，实现学生乐学和教师乐教的有机统一，师生间建立和谐的人际关系，实现研学活动学习与学生生活体验的有机统一。

第十二章 CHAPTER 12

研学指导教师角色与职能的转化

当代教育发展的总趋势是：教育走向对话，教育走向合作，教育走向学习共同体。在研学旅行中，教师和研学指导师要与学生一起，建构学习共同体、生活共同体、发展共同体。在丰富且真实的社会实践海洋中一同遨游，共同成长。那么，在这一教育共同体中，研学指导教师的角色和职能将发生怎样的变化？本章从研学实践活动的实践角度出发来分析解答这一问题。

在研学旅行中，学生通过集体出行的方式走出校园、走出课堂，在社会大课堂中开展体验实践和研究性学习，加深与自然和文化的亲近感，提高对自我及社会的认识。这是一种以生活为基础的、师生共同浸润其中的泛学习的生活范式。学生的学习是通过师生、生生、师师间合理交往对话、个体经验分享、精神融合共生而实现的。这是一种以师生共同学习、共同生活、共同发展为基础，以爱为核心的新型师生关系。正是在这种师生共同发展、共同收获成长的认同与归属的过程中，师生皆获得了生命的和谐、自由和幸福的成长。这是一种和谐的境界，而这种和谐的结构就是教育共同体。

第 1 节　师生学习共同体

当代教育发展的总趋势是：教育走向对话，教育走向合作，教育走向学习共同体。 研学实践教育为建构教育共同体提供了良好的土壤。

一、研学实践教育的本质是对话

教学有没有对话是灌输式教学和启发式教学的分界线。具体到研学实践教育活动中，学生的自主学习是核心。教师的讲解是不重要的，重要的是教师的引导。老师在研学教案中所要掌握的“重点”“难点”，不是讲的“重点”“难点”，而是在研学实践活动中学生需要理解、认知的“重点”和“难点”。而这种“重点”和“难点”也不能靠教师的讲解来解决，而是要通过老师在多样化的活动中身体力行，用行动来感召学生，用实践来诱发学生，用事实使学生获得真实的感悟。

这里的对话是学生与学生的对话，学生与教师的对话，学生与心灵的对话，学生与自然的对话。从对话的形式来说是个体与个体的对话，个体与群体的对话，群体与群体的对话，群体与社会的对话。从对话的本质而言是实践与经验的对话。这种平等的对话是建立学习共同体的基础。

在研学实践教育中，由于教师主体地位的弱化，教师与学生建构学习共同体就成为一种必然趋势。教师不参与活动的执行，也必然失去指挥活动进程的话语权。在研学实践活动中，许多实践活动内容也是教师没有接触到的，教师不仅是活动的引导者，同时也是活动参与者，更是活动的实践者之一。在这种平等对话、通力合作、共同实践的过程中，教师赢得了学生的尊重，与学生共享收获实践成果的快乐，老师与学生共同成长。

二、研学实践教学的形式是合作

学生的学习方式有两种：有意义的接受性学习，即课堂上学，主要学习的是前人已总结出的知识，获得的是间接知识；另一种是实践性学习，即做中学，获得的是直接知识，在当前的课改背景下，它更能反映学生完整的学习方式。

研学旅行为教师和学生提供了面向社会开展实践教育的大课堂。社会资源的丰富性决定了研学实践教育的教学方法具有多样性和丰富性的特点。体现在学习方式上，研学活动课程不拘于单一的接受性学习方式，而是在学生与老师交往、学生与民众交往、学生之间的交往互动中，主动、富有个性地学习，建立学生自主、探索、发现、研究的合作学习机制，实现学习方式的多样化。

在研学实践活动大课堂里，教师和学生是一种合作学习的状态，在教师的引导下，学生自主选择感兴趣的内容，采用自己擅长的方式，分成小组，共同开展探究、体验、实践的学习。这种实践学习是超越课本的学习，是以校外教育活动为载体的学习，是学生间合作共享的快乐体验和分享的学习。而这种学习氛围的营造，是传统的课堂教案所无法实现的，它需要研学指导教师在丰富多样的活动中根据学生的需求和兴趣，及时调整课程内容，实现学生“知”与“行”的统一。

三、研学实践教学的模式是学习共同体的学习

研学实践教育将学习的课堂设置在大自然和社会真实的生活环境中，学生所面对的是真实而生动的生活场景，其内容与学生个人生活或现实社会紧密相连，往往表现为一个没有固定答案的开放性问题，要解决这样的开放性问题，学生不可能到书本上去找到现成的答案，只能通过自己的努力去探索、去发现，才能找到可能的答案。研学实践教育强调学生的自主选择与探究。学生不仅可以选择学习的内容、进度与方式，还可以对自己的学习过程或结果进行评价与反思。研学实践教育不但颠覆了以教师为主体的课堂上的“讲”，而且真正创造出了以学生为主体的自主学习和合作学习。这里，仅有学生与教师的对话是远远不够的，它还是学生与学生的对话、学生与生活的对话。它是一个教师与学生共同组成学习共同体的实践学习过程，而不是单纯的“教”与“学”的经验迁移过程。

研学指导教师在这种开放的合作模式学习中，必须突破传统以师为主的教学模式，时刻以生本观念作为活动的指导原则，在以学生为主体的活动视角下，关注学生情绪的变化、兴趣的转移、合作的程度、探究的兴趣，让学生在快乐参与的氛围中主动获取知识和能力信息，在基于活动进程的发展和变化的生动而真实的社会环境中引导学生兴趣的迁移，在各个不同的活动环节中潜移默化地与学生一起共同完成研学实践教育的课程任务。

由于研学旅行中学生的主体地位由知识接受和学习的主体向体验、互动的活动主体转变，教师也必然由知识传授的教学者向活动的引导者、气氛的创设者、约束者、服务者转变。这就要求研学指导教师要重点关注学生以下几个方面的需求。

1. 师生之间的平等权利，给学生营造一个宽松、自由的氛围，这是学生真实获得的前提。

2. 怀疑、批判教师、教材和权威的权利，这是学生自由思考的起点。

3. 因自己的观点见解不全面甚至错误免于责罚的权利，这是学生知识建构的保障。

这正是构建研学实践教育共同体的根本出发点。

第 2 节　师生生活共同体

在研学中，许多学生都是第一次走出家门，独立面对生活的各种问题。这对他们是一种难得的锻炼。在研学旅行的 4 至 5 天里，研学指导教师要和学生吃住在一起，生活在一起。研学指导教师还要充当生活管理员的角色，既要培养他们在旅行中的自理、自立能力，还要提供生活上无微不至的关怀；要照顾学生的起居坐行、衣食住餐；旅行时要注意自身安全、同伴安全；要紧跟队伍，防止走丢，比较危险的地段更要提前发现、提前预防，等等。

师生生活共同体的教育价值有以下三个方面。

一、培养学生个体独立生活能力

中国家庭中的独生子女，衣来伸手、饭来张口，缺乏最基本的生活自理能力，欠缺集体生活中的协作和互相帮助的精神。研学旅行在给予学生知识、智慧的同时，还给予了学生行为、习惯、品德、意志等方面的锻炼。

在研学旅行中，学生要自己独立解决衣食住行的问题，照顾自己是最基本的本能需求。表达自己是个体与人交往的基础性能力，即得体、大方、自信地表达自己的能力。对此，研学指导教师要承担起长者的教育责任，循循善诱，引导青少年学生在群体活动中认识自我、树立自信，以他人作为自己的镜子，通过他人的眼睛发现自己的长处和短处，扬长补短，不断成长，从而更好地融入集体生活与社会生活。

这种培养不是简单的说教，而是在研学旅行真实的生活场景中通过研学指导教师的言传身教，影响、引导学生处理个体与生存的关系问题；培养青少年学生独立生存、生活能力，认识并完善自我，具备基本的生活自理能力；让他们学会照顾自己与表达自己。

二、培养学生群体生活能力

现代社会表达、沟通与交流是现代人展示思想、交流感情、结交朋友的基本能力。随着移动互联网通信的发达，信息获取的渠道被无限放大，现代社会人与人之间的沟通日益减少，心与心之间的隔阂日渐加重。学生整日抱着手机玩游戏的现象在研学旅行中屡见不鲜，同学间的交流日渐减少。

建构师生生活共同体的意义还在于培养学生的群体生活能力。即个体与他人相处时的守诺、沟通、理解、宽容、融入能力。在行为上包括基本礼仪、个人讲卫生、餐桌礼仪、守时等；在习惯养成上包括理解与谦让，接纳对方；在与人相处的过程中建立“他者”意识；在行动上包括包容与合作，能够使自己融入群体，成为群体的一个组成部分。

研学指导教师要以身作则，在师生共同生活的时空里，引导学生学会理解与谦让，学会包容与合作。在研学旅行的社会环境中自觉遵守公共秩序，学会与人交流，凡事谦逊忍让，避免与他人发生争执；在研学实践活动中，研学指导教师要引导学生融入群体，成为群体的一个组成部分；能够恰当表达自己的观点和意见，即使存在不同意见也能够与他人同心协力共同完成任务，且能够对任务完成情况、自己的表现和责任形成清晰的认识与恰当的评价。

三、培养学生正确认识个体与自然的关系

研学旅行以学生在自然社会中的活动为主，是培养青少年亲近自然、热爱自然、保护自然的情感和态度的最佳场所。这种情感和态度的培养不能靠说教，也不能仅仅靠游览观光，因为通过说教和游览所获得的常常是冰冷的理性知识，而不是具体、有温度的情感体验。个体与自然关系的培养有赖于人与自然的亲密接触，是在具体而真实的接触中感受自然世界的价值、奥妙、可爱与可畏之处。它需要研学指导教师与学生处在同一维度，用平等的态度去发现、去感知、去体验、去交流。在共同的体验中促使个体产生敬畏自然、珍惜爱护环境的内在动力，进而学会合理地从自然中获得生存资源，在亲历的观察中发现自然之美，在互动中体察大自然的亲切与厚重，学会保护并适应自然环境。

在研学旅行中要从以下五个方面建构老师和学生的生活共同体。

1. 归属感——构建生活共同体的基础。

要重视和培育每个学生对共同体的情感。每个集体都是由几十个个性迥异、兴趣需求各不相同的学生组成，他们又处在身心不断发展变化的过程中，因此共同体也处在一个发展和变化中。只有学生从心理上接纳、情感上喜爱这个共同体，他才能够真正融入群体，接受群体的感化，同时也为群体的发展和成长做出自己的贡献。

2. 存在感——构建生活共同体的关键。

要发现每一个学生在集体中的位置，引导学生在集体中承担一定的任务，让每个学生在集体中都能有为大家服务的机会，得到他人的肯定，发现自己的价值，从而增强自信。

3. 目标感——构建生活共同体的动力。

要以研学实践活动的学习目标作为驱动共同体发展的动力，使集体共同目

标的实现成为全体成员共同努力的结果，从而为集体不断发展提供不竭动力。

4. 荣誉感——构建生活共同体的催化剂。

研学指导教师必须明确每个成员的差异性，用多元化评价促进每个学生成长。肯定每个学生对集体的贡献，用集体性评价唤起集体的反思意识，发挥集体自我教育的潜力，形成积极的集体舆论和价值共识，让学生感受到在这个集体中的光荣与自豪。

5. 公平感——维系生活共同体的保障。

公平是每一个人的追求。研学指导教师不能把学生类别化、等级化，对每个学生的供给都应该是公平、均等的，不能剥夺任何一个学生的发展机会。

第 3 节　师生发展共同体

在传统课堂教学中，教师是讲授者，学生是学习者。教学一般是紧扣教材展开的知识学习和巩固，知识往往在教师的预设中进行单向传递，学生在教师的权威下被动地学习，教师生命活力的展现抑制了学生的生命活力。而研学实践教育实现了知识传递由单向传递转向对话，教学方式由封闭走向开放，教学过程由预设转变为预设与生成并重，让学生在师生互动氛围中主动形成知识的建构。

研学实践教育通过真实情境导入、探究新知、合作互动、交流释难、实践巩固、拓展提高等实践活动环节，改变了过去那种“满堂灌”“一言堂”的传统授课模式，把时间还给了学生，通过小组合作，把教师从课堂中解放出来。把时间与空间让学生自由支配，让学生在教师的引导下自主发展，不仅调动了学生的积极性，小组内的合作精神得到了培养，同时，教师放下架子参与讨论，拉近了师生距离，消除了师生关系的不平等。在这种亲密、和谐、关心、包容的师生关系中，社会大课堂成为学生活动的乐园，成为学生展现自我的舞台。

研学实践教育用真实的生活情境实现了教学情境的自然创设。在丰富而多变化的研学实践教育中，真实情境是以具象化的社会生活形式呈现在教师和学生面前的。研学指导教师需要的是让学生在生动、形象、具体的情境中感受知识的内在魅力，让学生主体在情与境的融合中进行知识与技能的自主建构。而这一过程也是教师的学习与成长过程，在丰富多彩的活动模式中，研学指导教师与学生互相尊重、互相信任、互相关爱，共同增长智慧，实现教师与学生和谐发展，让研学教学的学习变得轻松、快乐。

第 4 节　研学旅行中教师角色与职能的转化

在研学旅行中，研学指导教师承担着多样化的角色。教师不仅要做活动的指导者、知识学习的引导者、课程进程的掌控者，还要随时管理活动中学生的行为表现，规范学生的行为；要兼任活动的巡回管理员、活动的记录员，等等。这种角色的转换并无规律可言，它需要研学指导教师在动态的教学活动场景中，根据学生的需求在各个角色中迅速地切换。这就需要研学指导教师要有很强的课程执行能力和多样化的生活指导示范本领。

研学指导教师在研学旅行中的职能和角色具体表现为以下几个方面。

1. 活动课程的设计者。

研学指导教师要认真制订课程的整体规划，因地制宜，开发、转化丰富多样、内涵深刻的活动课程内容。不受环境的约束，更不受材料框架的约束。做好顶层设计，要根据学生的年龄特点和认知特点优选相适应的课程内容，与学科学习整合，与校内班级、学校层面活动整合，实现课堂与课外的打通，把研学学习的内容与学科教学内容整合衔接起来，开发为活动课程资源。

2. 课程资源协调者。

研学指导教师要结合研学学习点实际情况和学生的特点，对多个资源对象进行协调整合，协调多方资源为己服务。这里既包括了资源单位的人、物、事、场地、器械、材料、环境等多方元素的协调整合，也包括与社会机构、旅行社进行跨界合作，共同实现研学实践活动的课程目标。

3. 活动组织者。

研学指导教师要精心组织每一场活动。从活动布置、课程环境渲染、小组分工、任务分配等环节，将研学课程的各个活动元素进行合理整合，最重要的是要将自主、合作、探究的学习方式延展到生活空间中，做到行中有学、学中有研、学研结合、激思导学。

4. 学习动机的激发者。

问题是最好的驱动力。学生产生了学习的欲望才能真正启动并落实研学课程。研学指导教师要帮助学生尽快进入情境，理解情境，明确任务的要求，感受项目任务的意义及价值，激发研学的欲望。

5. 学习方法的指导者。

研学指导教师要在活动课程实施过程中指导学生开展自主学习。在研学旅行中，学生难免有被“卡住”的时候，此时研学指导教师要和他们商量，能不能用这种方法去观察，看看能发现什么，用那种方法去体验，看看有什么感受；换一种方式收集整理，看看有没有进展，换一个角度去分析，看看能否得出结论，换一种方式来思索，我们的观点是否更清晰？学生在教师的点化和启发下，自己去发现和求索，以后遇到相似的问题，他们才会知道该怎么做。

6. 项目任务的合作者。

研学实践活动的项目任务没有标准答案，研学指导教师与学生一起“跌跌撞撞”地进入一个陌生的领域，一起完成项目任务，这种合作有助于学生形成一种认知模式，有助于教师向学生展示如何思维，如何思考、感知并处理信息。

7. 课程进程的掌控者和促进者。

在研学旅行中，研学指导教师要发挥引领学生、推进研学学习进程的作用。研学旅行前对学生进行培训，指导组建研学团队，明确研学任务；研学旅行中及时给予学生指导，激活团队，完善活动；研学旅行后指导学生进行总结与拓展、分享与交流，并形成研学成果报告。

8. 活动记录者。

在研学实践活动课程执行中，研学指导教师不仅要做活动的巡回管理员，还要做活动的记录员，要及时记录每个学生在活动中的表现、各个小组的活动进度，以及出现的问题，等等。这样在课程评价时才能有的放矢，提出问题，引发思考，引导学生在体验实践后学会总结、思考、提升，掌握实践学习、研究性学习的基本方法。

9. 活动安全员。

研学实践活动需要研学指导教师有高度的责任心，对每一个学生的安全负责。在研学旅行过程中，各种风险系数成倍地放大，各种安全事故发生的可能性成几何比例增长，需要研学指导教师以百倍的警惕和敏感，感知、迅速反应、及时应对研学旅行过程中发现的各种潜在隐患，把事故消灭在萌芽状态，保证每一个学生的安全。

10. 生活管理员。

学生作为未成年人，研学旅行的出行对他们是一种难得的锻炼。研学指导教师要充当生活管理员的角色。在研学旅行中，研学指导教师既要培养他们在旅行中的自理、自立能力，同时还要提供生活上无微不至的关怀。要照顾学生的起居坐行、衣食住餐；要提前关注出游目的地的气候和温度，提醒学生适当增减衣服，保持身体健康；要注意财物的安全，小心保管自己的行李，不要与陌生人交往，别理会骚扰电话。旅行时要注意自身安全、同伴安全，要紧跟队伍，防止走丢，等等。

研学指导教师职能与角色的转换图示

第十三章 CHAPTER 13

研学旅行的风险管理

风险管理包括了对风险的量度、评估和应变策略。理想的风险管理，是 连串排好优先次序的过程，使可能发生的风险概率降低到最小。本章将系统阐述研学旅行风险管理的各项管理原则，并在此基础上提炼出研学旅行 10 大安全节点，以此作为研学旅行管理者的实践应用参考。

活动安全保障是研学旅行顺利开展与实施的重要前提条件。研学旅行风险管理是一个动态的管理过程。从活动内容而言，每一次研学旅行都是独特的，均不能有一套完善及不变的程序去解决所有的风险；从活动的形式而言，研学旅行活动的丰富性和多样性，决定了其高风险和风险内容的复杂性。因此，掌握研学旅行活动的风险管理方法是保障研学旅行顺利实施的关键。

第 1 节　研学旅行的风险构成

首先我们要明确：风险存在于研学旅行的各个阶段。很多活动策划者都会认为，一个活动能顺利进行，主要是归功于活动前有周详的计划，但往往忽略评估研学旅行活动中出现问题的几率。事实上，在每一次研学旅行中，不管是复杂的还是简单的，都会有一定的潜在风险。如果策划者在研学旅行前就能够妥善地做出前瞻性的预测及处理，便可以为研学旅行奠定成功的基础。

一、风险的类别

按照保险学的一般概念，风险的种类按风险产生的原因可分为：自然风险、社会风险、政治风险、经济风险、技术风险。按风险标的可分为：财产风险、人身风险、责任风险与信用风险。按风险性质可分为：纯粹风险、投机风险，等等。目前在学术界中，并没有对研学旅行风险类别的界定，笔者结合学术界的研究，参考研学旅行中出现风险的诸多事例，试着列出下面的分类。

研学旅行风险的类别

个人伤害风险	指基于个人、机构等，因行为不当、工具使用不当等，在活动过程中所产生的身体伤害，包括摔（碰）伤、工具伤害、外力等造成的伤害
交通安全风险	指学生乘火车、大巴、飞机出行途中因交通事故造成的人身伤害等；也包括在公共场所因个人或对方行为不当造成的人身伤害，如过马路、上下车时出现的人身伤害
住宿安全风险	指基于住宿地酒店、宾馆设置不当或个人行为不当导致的身体伤害的事件，如滑倒、摔伤、外力等造成的伤害
饮食安全风险	指基于餐馆、酒店卫生不达标造成的学生食物中毒，如出现呕吐、腹痛、腹泻等食物中毒症状严重危及生命安全的事件；也包括由于个人卫生原因导致的食物中毒类的事件
疾病风险	指基于个人突发的疾病所产生的身体损害，包括隐瞒病史、突发疾病、因天气变化导致的身体疾病等
社会环境风险	指基于个人、团体或机构等产生一些不能预测的损害，包括失职、因疏忽而导致的过失等；也包括出现的非法聚会、游行等造成的风险
集体活动风险	指集体活动过程中因设备损坏、配套技术失误而导致的人身伤害和财物损失的风险，如造成受伤、机器损害、污染等风险；也包括大型活动过程中出现的群体伤害，如摔伤、踩踏等人身伤害事件
经济风险	包括财务程序、报价及合约、市场预算失准、管理不善等导致损失的风险
天然风险	指基于天灾导致的风险，如台风、水灾、地震等造成的生命伤亡，以及财物损失的风险
进度风险	策划者的经验及资源配合等因素所导致损失的风险
管理风险	各部门的沟通及协调、策划者的经验及素质等因素造成损失的风险
政治风险	指基于政治变化、政府政策，以及社会动乱等所导致损失的风险

二、风险管理的常用方法

在认知风险的类别及其分析成因后，我们有必要理解如何减低各种风险的方法，可以从以下几个方面来管理风险。

1. 预防风险。

策划者如果能够明确地界定风险，并且对症下药，便可防止风险出现的机会。可以提供详细的活动要求给协助单位及服务对象，明确指出活动目标及期望，在有条件的情况下开展工作人员训练，以便工作人员能提供合适准确的服务。

2. 避免风险。

对于部分风险较大的活动，例如在夏季经常下雨的天气选择户外场地开展活动会存在很大风险，活动策划者可选择改变策略，在室内场地进行活动，以确保风险不会出现。此举虽然可以解决风险问题，但主办单位必须评估改变或放弃决定对活动产生的影响。

3. 减低损失。

如果活动策划者无法排除风险的存在可能，活动执行者应在活动前做出相关安排，以减低风险可能带来的损害。如在一些体育类活动中，除准备基本的安全措施外，还应安排急救医生在场，治疗受伤的参加者。如出现严重失误，活动执行者应该斩钉截铁，及早把失误的项目抽出，以免有更多的参加者蒙受损失。

4. 转介风险。

转介风险主要是策划者把活动的风险转给专业团体承担。从一般意义上来说，所有筹备的活动均有一定的风险，为避免给主办单位及参加者承受巨大的负担，主办单位一般都会为参加者及工作人员购买保险。同时，活动策划者也可以通过行政手续、事先明示及协作合约等方法尽量把风险转介。

我们必须认识到，风险管理在活动中扮演着一个非常重要的角色。许多人把风险管理理解成安全预案，认为只要有一套安全保障方案就是风险管理，这实质是对风险管理的意义认识不足，也必然会出现一旦意外发生，活动管理者手忙脚乱，将小的事件酿成影响甚恶的社会负面新闻，造成无可挽回的社会影响。

第 2 节　研学旅行的风险管理

一、研学旅行的风险评估

每一次研学旅行的每一项活动组织和项目环节，都是独特的。面对来自各方面的挑战，潜在的危机都会是崭新的，所以活动策划者不能墨守成规，甚至掉以轻心。

以下是笔者根据多年的研学旅行管理经验，结合香港游乐场协会风险管理规定制订的研学旅行各研学学习点风险分析的风险评估表，供读者参考。

研学旅行活动风险评估表

<table>
<tr><td>课程名称</td><td colspan="4"></td></tr>
<tr><td>举行日期</td><td colspan="2"></td><td>活动时间</td><td></td></tr>
<tr><td>活动场馆</td><td colspan="2"></td><td>具体地址</td><td></td></tr>
<tr><td>参加学校</td><td colspan="4"></td></tr>
<tr><td>参加人数</td><td colspan="4">学生 ______ 人；学校教师 ______ 人；基地教师 ________ 人；
工作人员 ______ 人；其他 _________ 人</td></tr>
<tr><td colspan="5">风险分析</td></tr>
<tr><td colspan="3">风险考虑因素</td><td>可能危害、风险</td><td>控制危害、风险的方法及安全措施</td></tr>
<tr><td rowspan="7">人员因素</td><td rowspan="7">学校与基地教师</td><td>专业知识、经验</td><td></td><td></td></tr>
<tr><td>安全意识</td><td></td><td></td></tr>
<tr><td>专业态度</td><td></td><td></td></tr>
<tr><td>专业技能、资历</td><td></td><td></td></tr>
<tr><td>体能</td><td></td><td></td></tr>
<tr><td>团队沟通（基地老师与学校教师、参加者、工作人员）</td><td></td><td></td></tr>
<tr><td>其他</td><td></td><td></td></tr>
</table>

（续表）

<table>
<tr><th colspan="3">风险考虑因素</th><th>可能危害、风险</th><th>控制危害、风险的方法及安全措施</th></tr>
<tr><td rowspan="8">人员因素</td><td rowspan="6">参加者</td><td>已有知识和经验</td><td></td><td></td></tr>
<tr><td>安全意识</td><td></td><td></td></tr>
<tr><td>参与态度</td><td></td><td></td></tr>
<tr><td>应付能力</td><td></td><td></td></tr>
<tr><td>体能、年龄</td><td></td><td></td></tr>
<tr><td>其他</td><td></td><td></td></tr>
<tr><td>工作人员</td><td></td><td></td><td></td></tr>
<tr><td>第三者</td><td></td><td></td><td></td></tr>
<tr><td rowspan="6">环境因素</td><td colspan="2">活动场地、地理环境</td><td></td><td></td></tr>
<tr><td colspan="2">饮食用餐</td><td></td><td></td></tr>
<tr><td colspan="2">住宿</td><td></td><td></td></tr>
<tr><td colspan="2">天气、天灾</td><td></td><td></td></tr>
<tr><td colspan="2">人身安全风险</td><td></td><td></td></tr>
<tr><td colspan="2">其他</td><td></td><td></td></tr>
<tr><td rowspan="7">课程因素</td><td colspan="2">质量</td><td></td><td></td></tr>
<tr><td colspan="2">数量</td><td></td><td></td></tr>
<tr><td colspan="2">器材</td><td></td><td></td></tr>
<tr><td colspan="2">合适性</td><td></td><td></td></tr>
<tr><td colspan="2">危险性</td><td></td><td></td></tr>
<tr><td colspan="2">难度、挑战</td><td></td><td></td></tr>
<tr><td colspan="2">其他</td><td></td><td></td></tr>
<tr><td rowspan="2">指引
（与活动相关的指引）</td><td colspan="2">符合研学教育的要求、政策</td><td colspan="2">理由：</td></tr>
<tr><td colspan="2">符合专业团体规定标准</td><td colspan="2">理由：</td></tr>
<tr><td>先遣勘察</td><td>有 □
没有 □</td><td colspan="3">勘察结果：</td></tr>
<tr><td>建议课程调整要求</td><td colspan="2">是 □
备注：</td><td colspan="2">否 □
备注：</td></tr>
<tr><td>评估日期</td><td></td><td>评估人员</td><td colspan="2"></td></tr>
</table>

二、研学旅行风险的预防机制

在举办研学旅行活动之前，先要进行全面及周详的计划，在人力、资源、收支预算、举办日期及安全措施各方面做通盘考虑并作出风险评估。学校负责人员应预计可能面对的困难，拟订解决问题的方案，制订切实可行的应变措施和紧急联系名单，应付可能突然发生的事件，强化参加者的危机意识。周详的考虑、细致的安排及贯彻执行各项安全措施，是成功举办研学旅行活动的基础。

1. 一般准则及准备事项。

——负责出行的研学指导教师必须熟悉活动场地和路线，在活动举办前做实地考察，留意可能发生意外的地方，加以防范。

——按照适当的人员比例，配备足够的人员和合适的志愿者。

——随时留意天气的变化，按照气象部门公布的天气情况，在出行前或活动期间采取应变措施，并应在报名时向学生及家长说明在气象部门气候警告后的活动安排。

——出发前安全提示，给所有学生及工作人员派发附有负责人员姓名、联系电话、路线图和行程表的表格，使学生明白他们的责任和意外发生时应采取的行动。

——研学指导教师应留意所有参加学生的健康情况，避免安排他们参加身心不能负荷的活动。如有需要，应该在报名时，向学生讲解该活动所需要的体能要求。

——行前安全讲座。邀请具备一定医护经验的专业人士在出发前为学生作讲座，为让参加者掌握一定知识做出准备，包括隐形眼镜的正确使用、登山注意事项、个人医护常识（如高血压、心率及血糖的基本知识）及需要携带的个人药物等。

——行前要向参加活动学生明示纪律守则，如乘车出行时须系好安全带，晚上回宾馆后不可在未经教师同意下外出等。

——研学出行前须向参加者印发家长同意书及参加者须知，除收集个人证件、学生家人紧急联系电话和过去病历外，同时向他们通告注意事项，特别是告知主办机构及负责人的联系方式，以确保任何情况下能紧急联系。

2. 人员配备。

不同的活动需要不同的人员人数配备。这些人员包括基地辅导员、承办单位工作人员或志愿者。要根据每次活动的性质、特点和规模制订不同的管理人员配备比例。一是不同的服务对象需要照顾的程度不同，需要不同的人员配备。例如低年级学生活动比初中学生需要更多的人员配备；相反，家庭亲子活动可能需要较少的照顾。二是管理人员的数量也因活动性质、规模不同而有所差异。活动组织者应根据实际需要，安排足够的人员实施管理。如拓展、登山、远足与一般景点参观所需人数皆有所不同。以下是香港游乐场协会对于青少年学生户外活动的人员配备要求，可供读者参考。

活动项目	形式及人群			
参加者类型	家庭	成人	青少年	儿童
参观	1 ∶ 25	1 ∶ 25	1 ∶ 20	1 ∶ 10
日营、旅行	1 ∶ 20	1 ∶ 20	1 ∶ 16	1 ∶ 10
宿营	1 ∶ 16	1 ∶ 16	1 ∶ 16	1 ∶ 8
远足	1 ∶ 16	1 ∶ 16	1 ∶ 16	1 ∶ 8
野外露营	1 ∶ 12	1 ∶ 12	1 ∶ 12	1 ∶ 6
水上活动	1 ∶ 8	1 ∶ 8	1 ∶ 8	1 ∶ 4
攀山	1 ∶ 6	1 ∶ 6	1 ∶ 6	1 ∶ 4

3. 登山远足活动的特别安全措施。

在拟订越野路线时，应就以下各点作出考虑：①参加者的能力：确保每一位学生都有能力完成路程；②天气情况：遇上天气不稳定、极冷或极炎热，都不适宜登山或涉水；③时间：安排充足时间，在日落前完成旅程；④危险地区：应避免经过矿场、军事演习区、悬崖、养狗区等危险地区。

——参加者年龄宜在 14 岁或以上。

——把行程表及路线图交给不随队出发的老师，作紧急联系使用，方便随时与家长及直属领导联系。

——应有一位急救员随行。

——确定远足路线附近派出所、郊野公园管理站、医院和急救站的位置。

——在最接近远足路线的派出所备案。

——不允许任何学生擅自离开队伍。

——依照行动较慢学生的步速行走，安排他们走在队伍前方。

——指定有经验的老师殿后，确保没有学生落后或失联。

——经过路口时，须待全队集中后，方可继续前进，以免失散。

——经常清点人数，确保所有学生没有迷路、掉队。

——让所有学生知道行程、路线、求救地点、紧急救援号码及发生意外时应该采取的行动。

三、研学线路的踩点考察

为保障研学旅行的安全性，作为研学旅行的执行者和管理者的教师，在初步确定线路后应先行进行研学学习点的踩点考察，对各研学课程的活动内容、方式和课程的执行团队进行考察，以便发现问题并及时修正，如有必要也可以调整研学学习点。这样才能保障设计的研学方案具有可操作性。

进行研学线路考察的另一个重要任务就是对各研学学习点的场地、设施进行实地检查，确认实施研学实践活动课程的条件是否具备。包括以下几方面。

（1）场地设施考察：考察研学课程实施的景点场地、面积、周边环境以及研学课程实施的景点设施条件、设备（设施）、材料。

（2）人员配备考察：考察研学基地研学导师施教能力、地方导游和景点解说员的讲解能力。

（3）学习引导能力考察：考察基地研学导师对课程重点的把握程度，基地研学导师调动学生兴趣的能力，基地研学导师引导学生学习的方法，基地研学导师拓展活动的运用能力。

（4）安全保障条件考察：考察课程执行的活动安全、设施安全以及相关保障措施，课程环境的出行管理与安全保障服务，用餐、住宿的管理与安全保障等。

研学学习点考察（踩点）报告书

<table>
<tr><td>研学地点</td><td colspan="3"></td></tr>
<tr><td>研学时间</td><td colspan="3"></td></tr>
<tr><td>研学人数</td><td></td><td>批次</td><td></td></tr>
<tr><td>课程主题与内容</td><td colspan="3"></td></tr>
<tr><td>交通路线</td><td colspan="3"></td></tr>
<tr><td>基地情况说明材料</td><td colspan="3"></td></tr>
<tr><td rowspan="3">了解研学地点、类型</td><td>企业性质</td><td colspan="2">爱国主义教育基地、博物馆、美术馆、革命历史类遗址或纪念馆等</td></tr>
<tr><td>企业所属行业</td><td colspan="2">自然景区、人文景区、建筑园林、传统工艺、饮食文化、高校、科研机构等</td></tr>
<tr><td>场馆特色和类型</td><td colspan="2">企业、爱国主义教育基地、科普教育基地、事业单位等主题；自然、人文、历史、艺术、科技、医药、红色革命、素质拓展等</td></tr>
<tr><td rowspan="2">了解研学地点位置</td><td>具体位置和周边信息</td><td colspan="2">是否有其他可研学的地点，是否有空地可以开展活动、吃饭、分享</td></tr>
<tr><td>研学地点设施与过往活动</td><td colspan="2">从研学单位的官网、微信公众号、“官微”、官方热线或其他渠道（如新闻、马蜂窝等）开展调查</td></tr>
</table>

（续表）

电话预约踩点时间	确认对接人职务与联系方式	尽量找到该研学学习点负责人，如领导或专职负责人，对研学课程的内容、费用等关键信息拥有决定权与话语权
	添加对方微信、QQ	通过微信、QQ 等平台，向对方咨询、获取研学地点的文字、图片、业绩等介绍资料
研学地点安全隐患排查	具体位置	确认基地具体位置、进出大门、停车场位置和容纳车辆、大巴车停靠与学生上下车位置
	开放时间	明确场馆开放时间、开放日期、开放时刻（上午开放时间、中午休息时间、下午闭馆时间）
	容纳人数与参观线路	了解场馆容纳人数与参观线路，最大容纳人数与最佳容纳人数；各楼层与展厅、活动区域分布（地图、楼层分布图）；参观路线、分流线路。可用手机拍照或视频记录
	集合、分享、活动场地勘察、疏散通道	可开展分享的室内外空地（考虑容量、设备，如舞台、麦克风、音响、多媒体等，还有雨天）、分散学生后可指定集合的地点（考虑容量和雨天）、大合照拍摄地点（能显示研学地点标志、场地空旷、考察雨天拍照地点 ）
	出入口位置	学生与老师进出方式（门票、证件、验票方式）、雨天拍摄大合照地点
	医务室情况	医务室位置、医护人员数量、设备
	用餐情况	餐厅、其他室内外可用餐空地（考虑容量、雨天、餐厅，需考虑与基地自身用餐时间错峰与分流）
研学地点安全隐患排查	洗手间	数量、大小、位置，如何分流
	基地周边设施	周边可开展研学、拓展活动的地点，如博物馆、科普场所等；周边可休息、用餐和游乐区域，如公园等（拍照、定位或在地图上标示出位置）
研学课程执行调查	指引参观	有无工作人员指引、现场讲解？如无现场指引，则根据定时讲解及自助导览提前熟悉场馆及内容，确定各个学习任务点的停留时间，上洗手间、集合时间
	现场操作	教室场地，活动空间，班级轮换，时间、场地把控，转场时间
	工具、材料	工具数量、安全，材料是否充足
应急响应机制	周边医院	设施、电话、行车路线、救援人员到达时间
	周边派出所	紧急报警电话、行车路线、警力到达时间

踩点人签字：____________________ 时间 ____________________

第 3 节　研学旅行的风险管理节点

研学旅行包括了衣、食、住、行等多个环节。笔者在总结研学旅行整体进程的基础上，列出了“出发前、集合上车、火车（汽车）上、船上、下车或船集合、用餐、入住（离开）宾馆、行走中、实践活动中、返程途中”易发生安全问题的11个节点及活动隐患，作为研学旅行风险管理的重要节点，供研学指导教师参考。

研学旅行活动风险管理节点

节点	隐患	表现
出发前	1. 是否准备好相关学习资料，未明确研学任务和要求	未制订研学规划书 学习盲目，活动无目标
	2. 是否对研学严肃认真	携带电子游戏产品等娱乐工具
	3. 是否身体有病，并告诉家长及老师	身体不适，强行出行
	4. 娇生惯养，爱吃零食	携带太多垃圾食品，饮食不节制
	5. 是否妥善保管个人身份证件	没准备好身份证、护照或户口本复印件
	6. 是否按要求，根据个人身体情况准备好必备药品	携带危险品及易燃易爆物品
	7. 是否认真了解目的地的天气状况和地理环境	没有准备好着装
	8. 能否保证研学全程保持通信畅通	没有准备好相机、手机及其充电器
	9. 是否根据个人规划准备好适量的现金，并妥善保管	不带钱，且微信里也无现金 活动中丢失钱包
	10. 能否有事及时向指导教师汇报	不知道指导教师及小组成员的联系电话
	11. 是否准备好洗漱用品	忘记带洗漱用品
集合上车	1. 能否按时到指定地点集合	等候上车时，在车前站立，或上车拖拖拉拉，让全车人等候
	2. 能否在指导教师的带领下有序上车，安静入座	自私自利，抢占座位
	3. 能否自觉安置个人物品，确保安全	不管摆放自己和他人的行李，造成行驶隐患

（续表）

节点	隐患	表现
在火车（汽车）上	1. 在火车站候车时是否遵守纪律	擅自离开队伍，随便购买商品
	2. 能否对号入座，不来回走动，不串车厢，不随意换座位	擅自换座位，聚众玩闹
	3. 在吃饭、喝饮料时是否注意安全	打开水、吃泡面被烫伤
	4. 能否做到轻声细语，不打扰他人	在车上打牌、游戏
	5. 在汽车行驶过程中是否系好安全带	车辆行驶途中在车上站立、来回走动、头手伸出窗外
	6. 是否认真聆听辅导员、导游及老师的介绍和要求	不认真聆听要求（听音乐、玩游戏、使用手机等），在车上大声喧哗、玩闹
	7. 能否保持车内卫生	在车上吃东西，垃圾随地乱扔，破坏车内外卫生，与司机产生争执
在船上	1. 在船上不遵守纪律	在船上随意走动，头手伸出船外
	2. 是否根据要求穿好救生衣	在船行驶中嬉水
	3. 是否保管好相机等电子产品	相机等电子产品进水
下车或船集合	1. 能否在工作人员和老师安排下，有序上下车或船	不听劝阻，嬉戏玩闹；拖拖拉拉，让全船人等候
	2. 能否清点并整理好个人物品，确保不遗落在车（船）上	丢失物品
	3. 是否将垃圾及废弃物品带下车（船），扔到垃圾桶里	破坏车（船）内卫生
	4. 下车（船）后是否听从指挥到安全地点集合，做到快、静、齐	下车（船）后不按要求站队 擅自离开队伍，随便购买商品
过马路	1. 是否专注于走路，关注周边车辆，注意礼让	戴耳机过马路
	2. 是否紧跟队伍	追跑打闹、脱离队伍
用餐	1. 饭前是否清洗双手	就餐期间玩闹
	2. 能否按照辅导员的安排安静入席，等候同伴到齐后再用餐	挑三拣四，不好好吃饭
	3. 是否能够文明用餐，不浪费，不暴饮暴食	浪费粮食 餐后身体不适，肚痛，积食
	4. 离开饭店餐馆前能否整理好个人物品，不遗落	擅自离开团队，到餐厅外活动 遗落物品

（续表）

节点	隐患	表现
入住（离开）宾馆	1. 能否服从旅行社的房间安排，与室友友好相处，互相关心、互相帮助	不好好休息，严重睡眠不足 与室友产生争执，要求更换房间
	2. 是否熟悉酒店、宾馆安全疏散通道	私自离开宾馆，擅自外出
	3. 能否爱护宾馆内的设备设施，节约用水用电	在宾馆玩游戏、打牌、玩闹，威胁自身安全，影响他人休息
	4. 能否做到安全用电	损坏宾馆的设备设施
	5. 是否遵守住宿纪律	串房间，叫外卖，在楼道里追跑打闹 与同楼层客人产生争执
	6. 缺乏安全意识	倚靠窗户，在阳台玩闹，没有关好门窗
	7. 是否遵守作息时间，不熬夜，确保睡眠质量	入寝前无节制地玩游戏，导致睡眠不足
	8. 离开宾馆前是否清点并整理好个人物品，是否有物品遗落在宾馆	丢三落四，遗落物品
行走中	1. 是否备好学习资料，明确学习任务，做好学习规划	在研学学习中听音乐、玩游戏、玩手机、离开队伍去采购
	2. 能否做到坚持团队行动，开展小组合作探究学习	脱离队伍、擅自行动 与团队走失
	3. 遇到问题或突发事件时能否保持冷静，并及时向老师、辅导员、工作人员和同伴求助	追跑打闹，大声喧哗
	4. 没有规划、没有节制地消费	擅自离开队伍，到小摊随便购买商品
	5. 在游客较多的景区参观学习时，是否跟紧队伍	擅自离队，走失
	6. 在博物馆参观学习是否遵守场馆的规定	随意触摸展品，擅自给禁止拍照的展品照相；在博物馆里大声喧哗
	7. 在景点参观时是否沿指定路线行走	离开队伍造成摔伤、碰伤
	8. 参观时是否打闹，造成伤害	参观过程中与同伴打闹，造成伤害
	9. 身体不适，告之家长及老师	旅行中突发疾病，不告诉老师和同学
	10. 保管好个人物品	丢三落四，遗落物品
实践活动中	1. 是否能够听从指挥，积极参加活动	不听指挥，跑到活动场地外玩耍
	2. 是否正确使用工具，小组合作开展实践活动	不正确使用工具，并拿着工具玩耍，对自己和他人造成伤害

（续表）

节点	隐患	表现
实践活动中	3. 是否遵守活动纪律	不遵守活动纪律，在实践活动中干扰别人，产生同学间的争执
	4. 是否坚持完成活动全过程	活动半途离开，到指定场地购物、玩耍
	5. 是否有破坏环境的行为	随意采摘植物、花草，挑逗小动物
	6. 其他威胁自己或他人安全的行为	
返程途中	1. 是否按要求在指定超市购买晚餐	不听从指挥，到火车站离开队伍购物
	2. 在返程途中是否遵守纪律	在火车上大声喧哗，影响乘客
	3. 火车中途是否坚持不下车	火车停靠车站时擅自下车，并未能及时上车
	4. 下车时是否带齐行李	下车时丢三落四，遗落物品
	5. 是否按规定返校	下车后违反纪律，自行回家

第 4 节　研学旅行风险的应急响应

在研学旅行中，由于各种原因，会经常出现计划之外的突发情况，这就要求研学指导教师在面对紧急事故时应担负起领导和现场指挥工作，协助安全员控制现场，及时解决突发事件，维持现场秩序。若安全员受伤，该工作则应由另一位教师担任，其他人员和学生应服从指挥、同心协力、解决困难。

在这里，我们列举研学旅行中易发生的几种事件，并提出相应解决办法。仅供读者参考。

1. 患病求医。

如学生在行程中患病，第一时间须安排去医院，并依照医生指示服药（用药前与学生家长联系，确认是否有过敏药物），切勿提供任何成药给患者；若须入院治疗，一般须预付押金，各种开支必须保存正式收据及医生所写的病历总结，以便回程后向保险公司索偿；若医生叮嘱需提前返程，须先致电与保险公司取得共识，并要求当地医生写明病况，以便索偿。

2. 中暑。

采取措施：①留意学生不适的身体症状，如心率可显示运动对身体构成多少压力；提醒学生如有任何不适，应及早告知负责教师或其他同学；②一旦发现学生皮肤干燥，脸上停止出汗但发红，伴有强烈头痛，常有呕吐，过后发生昏厥、晕倒，即可判断为中暑；③如学生有明显中暑症状，要让他（她）躺在阴凉和空气流通的地方，解除衣物束缚，双足翘起；④若患者清醒，可给予适量清水以补充失去的水分；⑤如有需要，可用毛巾湿敷或扇凉方式降低患者体温；⑥若情况严重，须尽快联系医生。若患者失去知觉，应立即送医院治疗。

3. 迷路。

采取措施：①保持镇定，全队集中在一起；②经常清点人数；③根据迷路前已知的最后方位，找出目前的位置；④决定是否折回，或前往一个地势宽广的地方，或留在原处；⑤若决定留在原处，应设法突显所在之处，如利用手电筒或哨子发出求救讯号（如连续吹哨子、闪亮手电筒或舞动其他物件，每隔一分钟重做一次），以吸引救援人员的注意；⑥用手机或对讲机和别人联系。

4. 各项索偿的申请。

采取措施：①财物或行李失窃：须 24 小时内向公安机关报案，保存有关文件及财物的单据正本，并须了解所购保险的受保范围；②行李遗失或损坏：保存行李托运收据及有关损毁行李的单据，须及时交机场（车站）处理。

研学旅行的每次出行，事先都应制订安全预案，包括活动安全预案、交通安全预案、食品安全预案、住宿安全预案等。突发事件发生后，应按应急预案规定的应对紧急事故的方法执行。现场处理后，负责人员要与受伤学生及其家长、监护人保持紧密联系，以跟进学生伤势及有关保险赔偿事宜。在一周内，将有关户外意外事件以及活动意外事件报告表以摘要报告形式交直属领导单位批阅及存档。

研学旅行紧急伤害事件记录表（样本）

<table>
<tr><td>1</td><td>日期</td><td></td><td>时间</td><td></td></tr>
<tr><td>2</td><td>发生事件地点</td><td colspan="3"></td></tr>
<tr><td>3</td><td>参加学校</td><td colspan="3"></td></tr>
<tr><td>4</td><td>紧急事件的性质</td><td colspan="3"></td></tr>
<tr><td>5</td><td colspan="2">伤者的情况</td><td colspan="2"></td></tr>
<tr><td rowspan="2">6</td><td colspan="2">伤者的简单资料：
（1）姓名
（2）性别
（3）年龄
（4）父母联络电话</td><td colspan="2">伤者的简单资料：
（1）姓名
（2）性别
（3）年龄
（4）父母联络电话</td></tr>
<tr><td colspan="2">伤者的简单资料：
（1）姓名
（2）性别
（3）年龄
（4）父母联络电话</td><td colspan="2">伤者的简单资料：
（1）姓名
（2）性别
（3）年龄
（4）父母联络电话</td></tr>
<tr><td>7</td><td colspan="4">伤者的所在位置
如：平地、山坡、地图坐标、道路、地界标志</td></tr>
<tr><td>8</td><td colspan="4">其他资料：</td></tr>
</table>

记录者姓名：________________

职务：________________

签字：________________

日期：________________

研学旅行意外事件报告表（样本）

<table>
<tr><td>研学线路</td><td colspan="4"></td></tr>
<tr><td>参加学校</td><td colspan="2"></td><td>学生人数</td><td></td></tr>
<tr><td>带队教师</td><td colspan="2"></td><td>研学课程</td><td></td></tr>
<tr><td>1. 意外发生的日期</td><td colspan="4">时间：________ 地点：________________
（地名、地图坐标或地界地标柱编号）</td></tr>
<tr><td>2. 受伤者资料</td><td colspan="4">（1）姓名：______ 性别：_____ 年龄：______ 班级：______
（2）姓名：______ 性别：_____ 年龄：______ 班级：______
（3）姓名：______ 性别：_____ 年龄：______ 班级：______</td></tr>
<tr><td>3. 意外发生时进行的活动</td><td colspan="4"></td></tr>
<tr><td>4. 意外发生时，基地教师的位置及工作</td><td colspan="4"></td></tr>
<tr><td>5. 意外发生的情况</td><td colspan="4"></td></tr>
<tr><td>6. 受伤者的情况</td><td colspan="4"></td></tr>
<tr><td>7. 处理方法（包括进行急救）</td><td colspan="4"></td></tr>
<tr><td colspan="5">8. 曾经联络的协助、救援机构（ 请在适当的方格内加上“√”）</td></tr>
<tr><td></td><td>通知时间</td><td colspan="2">通知者</td><td>抵达时间</td></tr>
<tr><td>救护车 □</td><td></td><td colspan="2"></td><td></td></tr>
<tr><td>派出所 □</td><td></td><td colspan="2"></td><td></td></tr>
<tr><td colspan="2">其他 □（请注明机构名称）</td><td colspan="3"></td></tr>
<tr><td colspan="2">上述人员抵达后所采取的行动</td><td colspan="3"></td></tr>
<tr><td colspan="5">9. 是否通知受伤者家长？ 是 □ 否 □ （请在适当的方格内加上“√”）：</td></tr>
<tr><td>通知时间</td><td></td><td colspan="2">抵达时间</td><td></td></tr>
<tr><td>姓名</td><td></td><td colspan="2">关系</td><td></td></tr>
<tr><td>家长曾采取的行动</td><td colspan="4"></td></tr>
<tr><td>10. 备注</td><td colspan="4"></td></tr>
<tr><td rowspan="2">11. 报告人</td><td>（1）姓名</td><td colspan="2">职位：</td><td>签字：</td></tr>
<tr><td>（2）姓名</td><td colspan="2">职位：</td><td>签字：</td></tr>
</table>

报告日期：________________

第5节 研学旅行安全管理员配置

为预防研学过程中安全事故的发生，让每个学生在研学过程中安全得到有效保障，许多省市研学旅行协会出台了研学旅行配备安全员的规定。这应该是未来研学旅行走向规范化的一种趋势。

研学安全员职责如下。

一、研学安全员职业水平要求

1. 熟悉国家和省厅政策，了解研学实践教育的意义。

2. 明晰机构自身的研学理念与方法，能够向研学学习点明确表达己方需求。

3. 知晓研学实践活动课程的内容、要点和相关知识，了解研学学习点所承载的研学活动内容及其相关的专业要求。

4. 熟练运用多种公关方法，完成研学学习点信息采集工作。

二、研学前安全管理

1. 研学课程实施地勘察。研学活动开始前一周，安全管理员须对各研学地点开展勘察工作。勘察工作包括：了解研学地点类型、位置，实地踩点勘察，对研学地点安全开展隐患排查。做出活动场地隐患分析；根据研学课程任务确定活动开展的时间、地点，场馆配套讲解人员及提供的相关服务等。

2. 线路勘察。活动前检查出行车辆，出行安全，并向司机通报出行路线路况情况和易发生事故的道路节点。

3. 餐厅卫生检查。对餐厅、酒店卫生环境进行事先检查，保证学生用餐的卫生质量。

4. 住宿地点安全、卫生检查。研学前考查学生住宿酒店，同接待单位、住宿酒店保安部建立联系，落实各项安保工作。到达一个新城市或需住宿时，须事先落实房间数量及类型（标准间、工作人员用房间）。

5. 在详细勘察、了解各研学活动场所情况以及线路、交通、用餐、住宿情况后填写风险评估表，对各研学学习点作出正确的风险评估，上报基地负责人，对活动隐患事先进行处理、排除。

6. 配备随团必备常用药品及器具，随时观察每位学生身体情况，并随时准备提供医疗护理服务。

三、出行安全管理

1. 根据每次研学活动学生人数及校方要求，在学生分组的基础上，每车配备研学辅导员 1 名，负责引导、监管本车学生活动情况；每线路配备研学安全员 1 名，负责全队学生活动的安全管理事宜。

2. 活动出发前 15 分钟对出行车辆进行复查，提醒司机注意。出行车辆须保证状况良好、检验合格，保证每人一座，杜绝所有安全隐患，严禁车辆带病上路。

3. 每车配备对讲机，在路途中研学安全员随时与各车辆司机保持联系。

4. 研学安全员须乘坐头车，负责随时观察路面情况，并及时向车队各车辆司机通报路况情况，对司机和行车安全进行监督和提醒。

5. 在行程中、住宿地、休息间歇时，研学安全员负责周边环境的安全勘察，及时发现活动隐患，并及时通报带队老师，向学生进行提示和说明。

6. 在每单项活动结束或每次更换地点前，配合学校老师及时点名，检查人数，提醒学生注意集合时间及地点。

7. 出现学生丢失财物情况后，安全员要协助场地人员调查，与相关责任人沟通，必要时可以请公安部门介入。

8. 一旦发生交通安全事故，根据事件的性质及严重程度，研学安全员应立即启动应急处理预案。在带队领导的统一指挥调度下，开展安全控制和医疗救援等应急处理工作。

9. 事故发生后 1 小时内，立即协调有关部门开展对安全事故调查，对事件进行资料归类、留档、评价，并总结经验和教训。

四、教学安全管理

1. 研学安全员依据研学课程所规定的各项课程目标，对活动进程实施动态安全管理，对研学地点事故隐患地进行监管，避免人身伤害事故发生。

2. 负责照顾身体不适的学生。

3. 出行过马路时须以列队形式通过，打头和队尾各安排一名教师负责领队和收队，安全员负责在路中指挥学生快速通过马路，并阻断车辆通行。

4. 安全员和带队教师每次上下车要清查人数，做到万无一失。如有学生丢失，安排专人负责寻找，尽量不影响其他学生的行程。

5. 负责研学活动中一切有关安全问题的协调与问题解决，负责处理突发事件及支援，保障活动顺利进行。

6. 在拓展活动时，任何需要安全防护的地方及器械都要有备份，确保安全。

7. 拓展活动器械复查原则。所有的安全保护在准备完成后都要再复查一遍，消除操作失误的可能性。

8. 拓展活动监护原则。活动组织者要对项目进行中可能遇到的安全问题进行全程监护，将任何隐患消除在萌芽中。

五、餐饮安全管理

1. 要求每个餐厅都开辟出独立的用餐区，仅供本研学团学生使用。

2. 一旦发生食品安全事故，根据事件的性质及严重程度，研学安全员应立即启动应急处理预案。在带队领导的统一指挥调度下，开展安全控制和医疗救援等应急处理工作。

六、住宿安全管理

1. 学生入住酒店前要抽查住宿酒店房间的门窗、床铺、电器及电路是否符合安全要求。重点防范火灾、失盗等隐患。

2. 学生抵达酒店前 1 小时，要求宾馆完成对房间清洁卫生工作，同时检查房间内设施是否能正常使用。

3. 学生抵达酒店前要提前得到所有房间号码，根据组织者提供的分房名单进行分房。学生抵达后 20 分钟内为所有学生办理入住手续，并领取房间钥匙，保证学生能快速进入房间休息。

4. 学生入住酒店时，向每位学生发放城市交通图和饭店平面图等相关资料。向每位学生发放胸卡（学生应急电话号码表印在胸卡后）。包含当地各项急救、报警、联络人和活动有关方面的电话号码。

5. 入住前向学生讲解酒店紧急出口位置，并告之相关自救知识。发给每个工作人员及学生应急电话。

6. 对住宿地学生入住楼层实行 24 小时重点监控。夜间 12 时以后，要保证该楼层的绝对安静。工作人员用房须同学生在同一楼层，并尽可能靠近通道位置。

7. 学生入住后，负责值班至晚间 12 点，每晚坚持两次查房制度，确认每名学生均在自己的房间内，防止学生私自外出游玩。

认者，认知也。这一认知，是在本书理论探讨基础上对事物的再认识；是在实践论证基础上的再认知；是经过知晓、施教、践行，再认识、再实践后对事物本质的认识。研学旅行在中华民族百年复兴的伟业中能起到什么作用？在中国建设人才强国的过程中将发挥何种功能？本篇试图回答这一历史命题。故本篇书以“认”开悟，进一步描绘研学旅行未来的发展愿景。

第十四章 CHAPTER 14

社会公共教育服务体系建设

公共服务是21世纪公共行政和政府改革的核心理念，包括加强城乡公共设施建设，教育、科技、文化、卫生、体育等公共事业，为社会公众参与社会经济、政治、文化活动等提供保障。公共服务以合作为基础，强调政府的服务性，强调公民的权利。教育公共服务是社会性公共服务的一部分。随着研学旅行的普及与发展，研学实践教育将成为我国建设社会公共教育服务体系的一个节点。

教育是立国之本，研学旅行作为素质教育的新内容和新方式，将传统的封闭式教学转变为引导学生走出学校大门，学校与社会互通，学生与真实的社会生活相融，认知真实社会，践行知行合一，树立“四个自信”，培养学生的创新精神和实践能力。这是触及教育内容与形式的重大改革。

2019 年 6 月，中共中央、国务院《关于深化教育教学改革全面提高义务教育质量的意见》中把实践教育提升到了“德智体美劳”的高度做了进一步的肯定：“打造中小学生社会实践大课堂，充分发挥爱国主义、优秀传统文化等教育基地和各类公共文化设施与自然资源的重要育人作用，向学生免费或优惠开放。”研学旅行作为实践教育的一种具体实施形式，成为我国中小学校培养新时代社会主义人才的重要教育方式被确定下来。可以预见，未来我国义务教育阶段将是学校教育与校外教育并举、课堂学习与社会实践并行的教育模式。唯有此，我国中小学校的教育教学才能走出读死书、死读书的怪圈；也唯有此，中国的教育才能为未来 10 年、20 年中华民族的崛起输送千千万万能够理论联系实际、知识衔接实践的实用型人才。

第 1 节　研学旅行带来的是人才的知识结构变革

研学旅行改变了我国学生的学习情境和学习方式，是对现有教育模式的一次重大革新。在学习情境上，研学旅行使课堂由固定封闭变为动态开放，由校内搬到校外，从乡土乡情、县情市情、省情国情的真实生活情境和学生的发展需要出发，引导学生走入社会，走入生活，走入自然，在学生全身心进行“体验”“体悟”和“体认”的过程中，通过亲身经历、主动实践、积极探究、理性反思等方式，培养学生的综合素质，特别是社会责任感、创新精神和实践能力。

这是一个知识汲取与现实印证互动的过程；

这是一个认知与应用并重的过程；

这是一个理解记忆与启智运用同步发展的过程；

这是一个接受与创造同步成长的过程。

在研学旅行中，学生在探究历史古迹中了解历史；在寻访名人足迹中积淀人文情怀；在游历大好河山中发现美；在体验乡土人情时理解民族传统和风俗差异；认知社会，感悟生活。通过体验真实情境和梳理现实问题，通过自己的思考和论证，建立起属于自己的观点和逻辑。在这样的学习环境中培养出来的学生，他们能够具有问题意识，能够独立思考、独立判断，能够多角度、辩证地分析问题，形成批判性思维和创新思维。在这样的学习经历中成长起来的学生，能够勇于探究，具有好奇心和想象力；能够不畏困难，形成坚持不懈的探索精神；能够大胆尝试，积极寻求有效的问题解决方法，建立独立的理性思维。也唯有通过这样的学习锻炼，才能培养出崇尚真知，逻辑清晰，尊重事实和证据，有实证意识和严谨的求知态度，能够运用科学的思维方式认识事物、解决问题、指导行为的科学精神。

由此可证，研学旅行对人才的知识结构将产生深刻的影响。

一、考察探究，激发科学探索欲望

科学素养是知识、技能、态度的综合体，因而无法像知识那样直接“教”给学生，它是个体与社会文化融合、再创造的结果，是个体在社会化过程中对科学活动、科学生活的感受、体验并内化的产物。

研学旅行让学生走出课堂，通过亲身实践，让知识变得可以“触摸”，可以“感觉”，更加深刻地了解和体会课本中及课本以外的知识。在研学旅行中，面对真实可见的未知，学生的好奇心被充分激发，内心的疑惑与不解成为学生主动探究的不竭能源。

二、体验实践，强化自主学习意识

实践教育的显著特点是动手动脑，在真实的实践体验中实现学生主动学习的习惯养成。研学旅行以创设问题情境，激发学生学习兴趣为手段，以解决问题为目标，不仅可以激发和维持学生的好奇心，而且可以引导学生思考的方向，引导学生发现问题，并找到解决问题的办法。学生通过自主学习找到答案，在合作完成实践任务的过程中认识自我，发展自我，形成自主学习意识。

三、探究学习，培养科学研究精神

爱因斯坦说过：“一个问题的产生通常要比它的结论得出更为重要。”问题的提出是科学探究的开始，也是学生探究兴趣的所在。研学旅行倡导学生的亲身经历与实践，学生在科学探究的过程中，体验学习科学的乐趣，增长科学探究能力，培养学生科学研究精神和实践创新的核心素养。

四、鼓励发散，培养创新精神与创造能力

学校课堂教学大都是“课堂为中心，书本为中心，教师为中心”的单一模式，这种传授、灌输、记忆的知识学习，养成了学生的线性思维，缺乏主动精神和创造能力。研学旅行在真实的现实生活中引导学生发现问题，从不同途径、不同角度去思考问题，以求得多种设想、方案和结论，用求异思维解决现实的事情或问题，能够启发学生的创造力、想象力，激发学生爱科学、学科学、用科学的兴趣，培养学生的创新精神与创造能力。

五、独立思考，提升个人综合素养

一个现代文明的社会中，只有“不同”的意见都能得到充分的表达，这个社会才能获得发展与进步。而不同意见的产生是建立在社会每个个体的独立思考基础之上的。没有独立思考就没有人格的独立与尊严，同时它也是人类历史文明不断进步的重要动力之一。

独立思考不是自然人与生俱来的本能，而是后天形成的社会人的基本属性。在传统教育中，教师以传授知识为目标，学生以应付考试为目的，处处以标准答案为准则，最终以升学为唯一追求。天天进行反复的练习，盲目的抄写，无休止的记诵，其结果就是学生没有独立思考的习惯，缺失独立人格的养成。

研学旅行解放了学生的双手和大脑，增加了参与社会实践活动的机会。学生通过在实践活动中的对话与小组合作，提升了自主意识和沟通分享的意识，学生主动适应社会，融合书本知识与实际生活经验，有目的、有兴趣地探究未知，发展了独立思考能力，获得了综合素养的提升。

六、新高（中）考改革，促进研学实践教育深入发展

2020年初，教育部考试中心推出了《中国高考评价体系》，确定了建立规范的学生综合素质档案，客观记录学生成长过程中的突出表现，将社会责任感、创新精神和实践能力纳入考试招生的条件。

综合素质评价通过对学生全面发展状况的观察、记录和分析，成为培育学生良好品行、发展个性特长的重要手段和高考考量学生综合能力的基本标准。

从2017年开始，上海和浙江作为全国新高考试行区域，已将学生的综合素质作为高考招生的一个重要依据。从2018年开始，全国各省份也陆续开展了新高考招生模式。2019年，北京市中考将综合素质评价纳入校额到校录取成绩。

新高（中）考基于核心素养理念，统筹考虑知识、能力、素养的关系，将高考考查内容凝练为核心价值、学科素养、关键能力、必备知识，实现传统的“知识取向”向“价值引领、素养导向、能力为重、知识为基”综合评价的转变，形成以“学业成绩为基础 + 全面发展综合能力 + 特长专长培养”的中国特色的高考改革框架体系。一个全新的、以综合素质评价为导向的人才选拔制度正在逐步形成。

作为一种人才培养模式的创新，研学旅行更加注重学生的实践性学习，它超越了学校、课堂和教材的局限，在活动时空上向自然环境、学生的生活领域和社会活动领域延伸；它以问题为中心，在实际情境中让学生认识与体验客观世界，亲近自然、了解社会、认识自我，在学习过程中提高发现问题、分析和解决问题的实践能力；它通过学生亲力亲为的实践来激活书本知识，完成从知识到能力和智慧的转化。这是对“价值引领、素养导向、能力为重、知识为基”人才考核标准的具体落实，也是全面发展青少年学生综合能力的必由之路。可以预见，新高（中）考改革将对以实践教育为核心理念的研学旅行带来极大的促进作用。

第 2 节　社会公共教育服务体系的建设与发展

社会教育公共服务是指在教育领域内提供的公共服务，即由法律授权的政府、非政府公共组织及其他企事业单位在教育的生产和供给中所承担的职责及履行的职能。它以满足广大公民（包括未成年人）及其组织特定的教育需求为宗旨，以教育公平为导向，对公共教育资源进行优化配置，实现为社会培养人才、提高公民素质、促进经济发展、建设和谐社会目标的社会生产与供给过程。

除了与其他公共服务一样具有提供上的非排他性、消费上的非竞争性特征外，教育公共服务还具有公共性和公平性。

其公共性表现在：教育同时服务于学生、家庭、社会文化、国民经济，具有直接使公民个人受益和间接使整个社会受益的功能；国家、政府和社会公共组织共同构成教育管理的主体。这些教育管理主体具有不同于其他组织的公共性特征。教育是公共问题，关系到不同群体的利益，不能依靠市场化使其达到社会公平，必须依赖国家运用公共权力，通过立法或制订规则的方式解决。

一、建设“四位一体”的育人机制

早在2012年，国务院在《国家基本公共服务体系“十二五”规划》中，将教育作为社会事业的重要组成部分就放在了尤为突出的位置，并做了重点描述，提出要更加完善现代国民教育体系，提高全民受教育程度。

2017年9月，中共中央办公厅、国务院办公厅在《关于深化教育体制机制改革的意见》中提出了要建立和健全全员育人、全过程育人、全方位育人的现代教育机制。

“全过程育人”是指要根据学生发展不同阶段的心理、生理特点，注重理论与实践相结合、育德与育心相结合、课内与课外相结合、线上与线下相结合、解决思想问题与解决实际问题相结合，不断增强亲和力和针对性。要将学生的品格培养贯穿于学生成长的每一个时间段，贯穿于学生学习生活的始终。这是从时间维度上对学校育人工作提出明确要求，要以学生成长为主线，将学生放在持续性的时间序列内开展德育教育。

“全方位育人”是指要将思想政治教育融入包括学生综合测评、学科学习与德育融合、课堂学习与校外活动、学生社团建设与管理、校园文化建设等各个环节，渗透到学生学习、生活、实践等各个领域。它从空间维度对育人工作提出要求，实现德育与思想品德教育覆盖空间的最大化。

“全员育人”是指育人的全员性，即要实现实施教育主体的最大化。要建立学校教育、家庭教育、社会教育和学生自我教育“四位一体”的育人机制。

教育事业涉及人、财、物等各要素，涉及家庭、学校、社会各场域，要构建内外联动、协同推进、合力育人体制机制，贯穿公民从幼儿到老年、从职前到职后等方方面面，构建各级党政机关、社会团体、企事业单位及街道、社区、镇村、家庭共同育人的格局，系统推进育人方式、办学模式、管理体制、保障机制改革，使各级各类教育更加符合教育规律、更加符合人才成长规律、更能促进人的全面发展。全员育人的提出全面诠释了我国社会教育服务体系建立的内涵和要求。

二、校外教育服务网络的建设与发展

建设“全员育人”的公共教育服务体系，首先需要建设完成城乡一体的大校外教育的网络化格局，实现“社会实践教育大课堂”的布局。

自2000年开始，以中共中央办公厅、国务院办公厅《关于加强青少年学生活动场所建设和管理工作的通知》文件为标志，国家利用彩票公益金支持青少年学生校外活动场所建设，在大中城市和农村建立社会化教育服务网络。在2001—2010年，建设完成了每个城区、县（市）都有一所综合性、多功能的未成年人校外活动场所。

2011年，教育部下发《关于联合相关部委利用社会资源开展中小学社会实践的通知》，国务院各部委、各社会单位相继利用社会资源建立了100余家中小学综合实践活动基地。

2011年6月，财政部、教育部发布《中央专项彩票公益金支持示范性综合实践基地项目管理办法的通知》，在全国建立150个全国中小学生示范性综合实践基地。各省市结合自己的财力物力，也纷纷兴建了一批省级中小学生示范性综合实践基地。基地的建设也吸引了社会资本的进入，近几年，全国各地纷纷兴起了建设学生社会实践基地的热潮，兴建了一大批民办青少年活动基地、营地。

2017 年，教育部下发了《关于开展 2017 年度中央专项彩票公益金支持中小学生研学实践教育项目推荐工作的通知》，开展了研学实践教育基（营）地的评选命名工作。2017—2018 年，全国共选出 628 家国家级中小学生研学实践教育基（营）地。各省、市也纷纷跟进，区级、市级中小学生研学实践教育基地如雨后春笋般在中国大地上遍地开花。

各级各类校外教育活动场所的建设，把属于不同单位、部门管辖，存在状态比较分散，缺乏统筹协调的社会文化教育资源进行统筹与整合，使优质的社会教育资源面向所有中小学校开放，使社会实践教育作为推进义务教育均衡发展的教育改革措施的落地提供了物质保障。这正是建设社会公共教育服务体系的重要步骤。

我们今天理解研学实践教育，不能把其仅仅看作是一种新的教育形式、一个新的潮流，也不是一个新的热点，而是实施素质教育的必然需求，是中国建设社会公共教育服务体系的客观需要，更是历史赋予全社会、全体公民的一个神圣的使命。

“百年大计，教育为本”，建设教育强国是中华民族伟大复兴的基础工程。需要反复强调的是，教育不仅是教育系统一方之事，也需要社会各界共同支持，联动构建“大教育”的格局，从而为开展研学旅行提供生根发芽的土壤。

第 3 节　教育现代化的发展愿景

2019 年 1 月，中共中央、国务院发布了《中国教育现代化 2035》。这一文件的出台，是中国特色社会主义进入新时代，党中央、国务院作出的重大战略部署，是贯彻落实党的十九大精神、加快教育现代化的重要举措。

《中国教育现代化 2035》绘制了新时代加快推进教育现代化建设教育强国的宏伟蓝图，提出了发展中国特色世界先进水平的优质教育的战略构想和施政方略，提出了提升一流人才培养与创新能力，加强创新人才特别是拔尖创新人才的培养，加大应用型、复合型、技术技能型人才培养比重的要求。

《中国教育现代化 2035》提出了八大基本理念，即以德为先、全面发展、面向人人、终身学习、因材施教、知行合一、融合发展、共建共享。这八大基本理念，遵循了教育规律和人才成长规律，也顺应了国际教育发展趋势。

“以德为先、全面发展”是指教育的育人理念。社会主义教育所培养的人，必须是具有文化认同、民族认同和国家认同的优良道德品质的人，这是培养和造就高素质劳动者、专门人才和创新人才的前提。

“面向人人、终身学习”是指社会每个成员为适应社会发展和实现个体发展的需要，贯穿于人的一生的，持续的学习过程。新时期社会、职业、家庭生活的急剧变化，导致人们必须更新知识观念，以获得新的适应力。而这也是教育的历史使命和时代任务。

“因材施教、知行合一”是指教育方法。学生在掌握基础知识和基本技能的过程中，要与生活实践结合起来，以实践体验收获真实的感受，让学生在现实生活中实现认知能力、合作能力、创造能力、职业能力四大关键能力的培养，体验人生价值，收获责任担当。

“融合发展、共建共享”是指现代教育将是一个社会一体化的教育，也是对建设社会公共教育体系的具体要求。形成全社会共同参与的教育治理新格局是对社会化教育的体系结构、教育质量、服务贡献能力等方面提出的预期目标。这些目标的确定，是以国家现代化建设的总体战略目标为依据，体现了中国特色，符合国情，体现了教育同党和国家事业发展要求相适应、同人民群众期待相契合、同我国综合国力和国际地位相匹配的目标要求。

从 21 世纪经济发展的趋势来看，当前新一轮科技革命和产业革命正在孕育兴起，重大科技创新正在引领社会生产新变革，互联网、人工智能等新技术的发展正在不断重塑教育形态，知识获取方式和传授方式、教和学关系正在发生深刻的变革。《中国教育现代化 2035》从时代发展的高度，高瞻远瞩，为我国教育现代化进行了超前布局，既明确界定了未来现代社会人才培养的目标与方向，同时也对建设社会主义教育强国进行了整体的战略部署和总体设计，它必将推动我国教育不断朝着更高质量、更有效率、更加公平、更可持续的方向前进。

从 1997 年素质教育的提出，到今天《中国教育现代化 2035》所描绘的教育愿景，我们可以看出，素质教育始终是作为教育的主线被坚定不移地加以贯彻。而全面实施素质教育，核心是解决好“培养什么人”“怎样培养人”的重大问题。

立德育人，培养德智体美劳全面发展的社会主义建设者和接班人，造就以亿计的高素质劳动者、以千万计的专门人才和拔尖创新人才，是“培养什么人”的历史回答；实践育人，以学生为主体，充分尊重学生的主体地位，发挥他们的主动性，关心每个学生，为每个学生提供适合的教育，促进每个学生主动地、生动活泼地发展，这是“怎样培养人”的时代呼唤。

第十五章

CHAPTER 15

实践教育——中华崛起的强力助推器

21世纪中国的崛起，不单单是一个民族的崛起，也不仅仅是一个国家的崛起。它是一个有着五千年历史的人类文明的重新崛起。今大的教育，止是在为未来10年、20年中国的崛起打造创造世界、创造奇迹的人才大军，在新时代的历史舞台上，实践教育必将成为中华文明崛起的强力助推器。

20 世纪 50 年代，美国科学教育学者提出了 STEM 科学素养概念，并得到了其他国家科学教育学者的普遍认同。提高国民科学素养被公认为是提升国家综合实力的关键。

STEM 是 Science 科学、Technology 技术、Engineering 工程、Math 数学这 4 个词的开头字母的组合。所以 STEM 教育就是结合科学、技术、工程、数学的跨领域综合素质教育。

STEM 教育是全球许多国家都比较认可的跨学科教育模式。之后又延伸出了 STEAM 教育，即在 STEM 教育的科学、技术、工程和数学之外再增加了 Art（艺术），即 A 维度，成了最新的综合素质教育模式。这保证了学生不偏向理工科领域，也要注意同时兼顾艺术人文的品质修养。事实上，STEAM 教育就是我们经常听到的科创教育，是一种基于制造的学习，也是一种综合性实践教育。

2007 年，美国国会提出“针对 STEM 教育的活动计划”，STEM 教育被提升为国家级的教育改革举措，对全球各国产生了更大的影响。

美国近年来出台的关于 STEAM 教育的政策：

2010 年	《准备与激励：为美国的未来实施 K12 年级 STEM 教育》 《美国竞争法第五编：科学、技术、工程和数学支持计划》
2011 年	《构建科学、技术、工程和数学教育议程：更新的州级行动》 《联邦科学、技术、工程和数学教育图景》
2012 年	《致力于超越：再培养百万名 STEM 领域大学毕业生》
2013 年	《联邦科学、技术、工程和数学五年战略规划》
2014 年	《K12 年级 STEM 整合教育：现状、前景和研究议程》
2015 年	《2015 年 STEM 教育法案》

从 STEAM 教育发展的历程中，我们看到，STEM 教育已经不仅仅是一个单纯的学科或课程层面的现象，它更多地代表了美国的一项国家战略。它是美国科技核心人才培养的关键，在美国社会发展中扮演着举足轻重的角色。把 STEM 教育提升到国家层面发展的策略，是美国 STEM 教育发展的一个重要特征，也是美国作为世界超级科技强国之所以能够保持创新发展的重要因素。这对于我们正在进行着伟大民族崛起的新时代中国而言，又有哪些值得借鉴的地方呢？

第 1 节 实践教育——为建设人才资源强国奠基

进入新时代的中国，对优秀人才的需要比以往任何时候都更为迫切。习近平总书记在党的十九大报告中提出，坚定实施人才强国战略。人才资源是第一资源。充分发掘人才资源宝库，努力形成人人渴望成才、人人努力成才、人人皆可成才、人人尽展其才的良好局面，是实现“两个一百年”奋斗目标和中华民族伟大复兴中国梦最牢固的依靠、最有力的支撑。

中国正在以 14 亿人口的基数向着工业化迈进，这是人类历史上从未有过的壮举。14 亿的人口决定了我国是一个人才资源大国，但还不是一个人才强国。我国的人才培养、人才储备、人才应用还远远不足以支撑工业现代化发展的需求。我国社会主义现代化的发展迫切需要在 10 年、20 年内为国家建设培养出一大批优秀的栋梁人才，这是我国社会主义现代化实现的基本保证。这个历史的光荣使命已经放到今天中国教育界肩上。如何走出一条中国自己的人才培养之路，为社会的发展、民族的复兴提供“创造活力竞相迸发、聪明才智充分涌流”（十九大报告语）的人才成长通道，是历史赋予中国教育的时代命题。

针对传统教育的痼疾，如何找出破解的良方，是中国教育急需解决的问题。

综合实践活动课程的推出，超越了具有严密的知识体系和技能体系的学科界限，强调以学生的经验、社会实际和社会需要和问题为核心，以主题的形式对课程资源进行整合，以知识结果的获得为直接目的，以有效地培养和发展学生解决问题的能力、探究精神和综合实践能力。

研学旅行的倡导，为学校打开了长久封闭的大门，引导学生走向社会，以参观、考察、探究、调查、访问、操作、体验等多样化的实践性学习，强化学生对实际的活动过程的亲历、体验和感悟，促进人才的培养与成长。

实践教育的理念，使学生直接面向广阔的社会生活，面向完整的生活世界，积极投身于各类社会实践活动中，了解社会，了解国情，积累对社会认识的阅历和奉献精神，培养责任感和使命感，树立正确的世界观、人生观、价值观，在实践过程中增长才干，锻炼能力，提高综合素质。

根据教育部教育发展研究中心 2018 年全国中小学生研学旅行状况调查报告统计，截至 2018 年 6 月，在 3198 所抽样学校中，有 1203 所学校开展了研学旅行活动；全国学校平均参与率为 37.62%；1588 所学校计划开展研学旅行活动占 49.66%。开展比例较高的省（自治区、直辖市）依次为：上海、江苏、山东、辽宁、湖北、天津、辽宁，开展研学旅行的学校比例均超过了 50%。重庆、内蒙古、北京、浙江、黑龙江、新疆、四川等省（自治区、直辖市）学校参与率也比较高。总体来看，我国中小学生研学旅行在规模上已具备一定体量。

从分省情况看，天津、上海、湖北研学旅行学生参与率全国领先，浙江、安徽、重庆、江苏、辽宁、陕西、山东、江西、北京、黑龙江、青海、湖南、吉林等省（直辖市）参与率高于全国平均水平（2017 年）。湖北、江西、黑龙江、河南、安徽、吉林、西藏等省、自治区学生参与率从 2016 年至 2017 年增长明显。*

* 以上数据及图表引自《2018 全国中小学生研学旅行状况调查报告》。

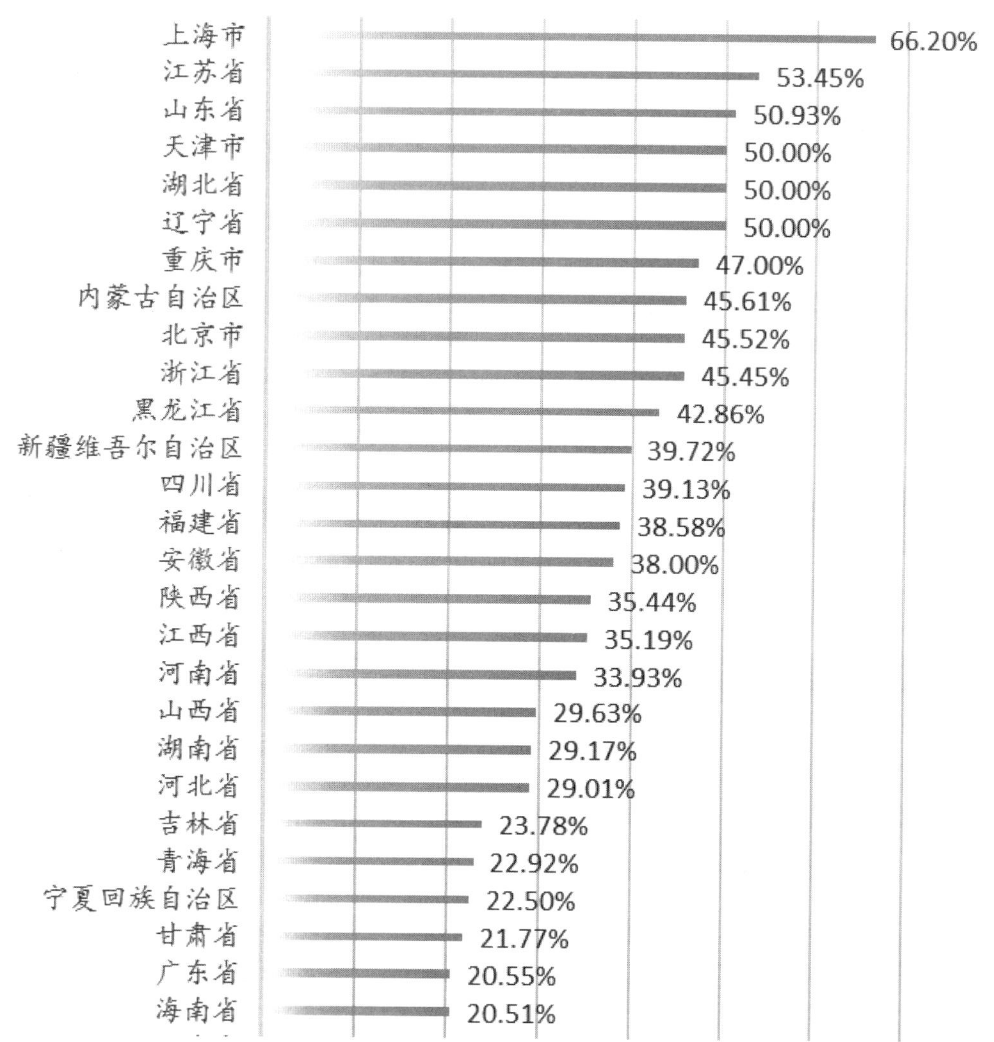

从整体看，三年来，研学旅行拉动了千千万万青少年学生走出校门，走出课堂，投身于广阔的社会生活。在研学活动中，学生们体验到了研究问题的乐趣，感受到了祖国河山的壮美、博大精深的民族文化，观察到了人类活动的巨大差异，更体验到了人与自然的和谐之美。他们从现实回溯历史，从自然走向人文，从关注知识到关注文化，从知识记忆到科学探究，研学活动带给了他们新的生命高度。研学旅行已经成为培养社会主义建设者与接班人的重要途径之一。

今天的中国，用了 70 年时间走过了发达国家几百年所走过的工业化历程。

工业增加值增长超970倍，形成了独立完整的现代工业体系，是全世界唯一拥有联合国产业分类中41个工业大类、207个工业中类、666个工业小类的全部工业门类的国家。据世界银行数据显示，按现价美元测算，2010年我国制造业增加值首次超过美国，成为全球制造业第一大国。2018年，我国制造业增加值占全世界份额28%以上，数字经济的规模达到31.3万亿元，居全球第二位。今天的中国，拥有了人类历史上最大规模的现代制造业。2017年中国制造业的总产值是美国的160%，超过美国和日本的总和。中国的总发电量是美国的1.5倍，工业发电量是美国的3.5倍。

美国自50年代以来，以STEAM教育为引领，培养出了一支支撑自己在高科技领域领先的人才队伍，成为领先世界几十年的科技大国和科技强国。

作为发展中的中国，每年毕业的大学生在800万以上，其中一多半是理科毕业生。中国每年培养的工程师人数，已经超过英、美、法、日本等国家的总和，成为支撑我们这个世界体量最大的现代制造工业体系的人才基础。未来的中国，需要一支规模更加宏大、素质更加优良、结构合理、活力旺盛，既能满足中国经济社会发展需要，又能参与国际竞争的人才大军，以实现新世纪我国经济社会发展的宏伟目标。这就需要我们走出一条中国人自己培养社会主义合格建设者和创新人才的教育之路。

“试玉要烧三日满，辨材须待七年期”。人才不是天生的，人才资源宝库也不是自然形成的，而是要靠精心培养和教育，需要重视积蓄和储备。要运用长远眼光和战略思维，从今天的中小学生抓起，从实践锻炼抓起，从探索人才成长规律抓起，使社会主义现代化建设所需的各类人才不缺乏、不断档、不脱节，实现人才辈出、人才济济。

从这个意义上讲，以综合实践活动和研学旅行为代表的实践教育作为培养基础人才的必要途径，是对建立具有中国特色人才培养方式方法的积极探索和创新，它必将在我国建设“人才资源强国”的伟大历史进程中发挥不可估量的时代作用。

第 2 节 实践教育——中华文明崛起的强力助推器

“当今世界正经历百年未有之大变局。”（习近平语）

从文明的发展阶段看，500 年前西方开始领跑全球化的趋势正逐渐让位于东方。16 世纪初，“大航海时代”以来，全球化的动力均来自西方文明。无论是从事对外殖民、黑奴贸易，或采取金本位、构建布雷顿森林体系，西方领导全球的局面在过去 500 年左右的时间里没有发生变化，变的只是西方文明内部不同国家谁来领导而已。进入 21 世纪，中国、印度、东盟等东方文明逐渐成为新一轮全球化的主要动力。特别是过去 20 年，东方文明覆盖下的国家对全球经济增长的年均贡献连续超过 50%，它们引领世界发展的潜力还将爆发。

在这一轮新的人类历史发展的转折点上，中国的崛起是这一变局的最大变量。中国现在已经成为全球最大的贸易国，拥有最完整的产业链、世界上最大的外汇储备、世界上最多的中产阶层……

一、中华文明的崛起

中国的崛起不单单是一个国家的崛起。

在全球化的今天，国家的规模和人口已成为一个重要优势，中国占有世界 22% 的人口，创造了巨大的市场价值与体量。从另一个意义上来说，中国自己就可以构成一个亚世界体系。伟大的中国人民用自己的努力，历经百年，经过了站起来、富起来到强起来的三个发展阶段，今天终于走到了世界经济、科技、文化发展的前列，成为位列世界前二的强大国家，正在实现萦绕几代中国人心头的伟大民族复兴之梦。

在这崛起的背后，是14亿同种、同根、同源的伟大民族的崛起，这是世界发展史上从未有过的伟大奇迹。

中国的崛起不单单是一个民族的崛起。

中国拥有5000年文明史，独特的象形文字、褐黄色的肤色、贯穿几千年的儒家思想体系、独特的灌溉农耕文明，决定了中华文明历史的长度与广度，决定了中国的背后是一个具有高度凝聚力的伟大民族。

中国自秦以降，绝大多数时期都是处于大一统的状态。自2000年以前，中国就已经有了相同的文字、相同的社会价值观以及相同的文化。所有这些，都使中国人形成了高度的文化认同与民族认同。在千年的历史长河中，中国也出现过无数的战乱、无数的政权，出现过多少次短暂的分裂，但在最后总会走向统一，因为这是民心所向、大势所趋。而这恰恰成为现代中国最重要的政治遗产，使之形成了一个强有力的中央政府。强大的政府，可以快速地调动一切有生力量，进行国防、科技、经济等各方面建设，也因此成功创造了中国今天的崛起。

中国崛起不仅从根本上改变了中国人民的命运和中国社会的面貌，给世界发展带来了巨大的机遇和空间，同时也正日益走向世界舞台的中心，为世界文明作出巨大的原创性贡献，实现构建人类命运共同体这一伟大的历史命题。因此，中国的崛起将对现有世界文明体系产生深刻的冲击，将深刻地影响人类历史的发展进程。

中国的崛起是中华文明的崛起。

基督教文明、伊斯兰教文明、中华文明，是今天影响世界地域文化的三大文明体系。

中国从来都是一个多民族国家，中国人之所以自认为是中国人，不是因为民族身份的认同，而是因为对近 3000 年人类文明成果的认同。英国教授马丁·雅克早就提出过这一论断。他认为，中国其实是一个文明。但是中国却“伪装”成了一个国家的存在。只要我们看清了这一点，我们就可以很容易地理解为什么西方帝国衰败后就再无崛起的可能，而中国总是能不断地复兴，这是因为中国本身就是一种文明！文明没有出现断层，国家兴衰只不过是一个摔倒再站起来的动作而已。

悠久的历史，使中华文明具有超强的历史和文化底蕴，不会也不可能照搬西方或者其他国家的任何模式，它只会沿着自己特有的轨迹与逻辑继续演变和发展。持续的文明，使中国在政治、经济、文化、宗教、医学、科技、艺术、音乐、饮食、服饰等各方面都具有高度原创性、深刻的内涵与丰富的智慧，同时也造就了中华文化海纳百川的包容性。正是这种包容性，给予了中国文化强大的生命力与影响力。也正是这种包容性，推动着中国在百年之内，完成了从农耕文明到现代文明的转型，在短时间内接连跨越四次工业革命，一跃成为信息时代的文明国家，最重要的是，我们选择和平崛起，没有倾销、没有不公平的贸易、没有财富的掠夺、更没有战争与暴力。

二、实践教育——中国崛起的强力助推器

中国崛起是一个文明的崛起，这个文明有八个特征：超大型人口规模、超广阔的疆域国土、超悠久的历史传统、超深厚的文化积淀、独特的语言、独特的政治、独特的社会、独特的经济。其中每一点都包含了传统文明和现代国家的融合。它必将对世界经济文化格局产生重大影响。

西方国家会允许中国实现这样一个梦想吗？

西方世界既不会放弃现有的世界秩序，也不会放弃现存的全球金融体系、

国际法律体系和全球贸易框架，东西方的文明冲突将不可避免。

2015 年中国发布了《中国制造 2025》。提出了中国政府实施“制造强国”战略的首个十年纲领。该计划于 2015 年 5 月 19 日由国务院正式印发。通过“三步走”实现制造强国的战略目标：第一步，到 2025 年迈入制造强国行列；第二步，到 2035 年中国制造业整体达到世界制造强国阵营中等水平；第三步，到中华人民共和国成立 100 年时，综合实力进入世界制造强国前列。

这一发展目标的提出，震动了世界，也由此引发了中美间旷日持久的贸易大战。美国发布的《特别 301 报告》分析指出，在这个计划下，中国试图将若干科技本土化，在信息科技、机器人以及新能源车辆等 10 个主要工业领域建立科技领先地位。如果《中国制造 2025》一如计划达到目的，中国在高科技生产环节上的优势，等于美国过去 20 年的廉价劳工生产优势，到时中国将如吸尘机一般，将全球一大部分的生产完全吸到中国大陆。这是以美国为代表的西方工业化国家所不能接受的。对中国的遏制势在必行，而且可以预见的是，这种遏制将是长期的、高压的，并不以我们的意志为转移，一旦应对不好就会延误甚至中断民族复兴的历史进程。

中美贸易战到今天已经持续了 2 年多，从低端产品贸易到高科技产品无所不包，同时美国政府已经开始限制到美国大学就读机器人技术、航空和高科技制造等专业的中国留学生的签证。贸易战的重心已经延续到高科技领域和对人才的争夺方面。

中国建立独立培养高科技创新人才的教育体系，提高自主创新能力势在必行。

巧合的是，中国的崛起与即将发生的第四次工业革命正处在同一个历史的契合点上。这就给中国的崛起与发展提供了一个难得的历史机遇。以石墨烯为代表的新材料、基因工程、人工智能、量子技术、新能源，将成为未来 10 年内第四次工业革命爆发的标志，它将极大地解放人类的大脑思维与神经指令，生活习惯、金融运行、经济规则、社会治理等将再度面临颠覆，对人才的缺口也将无限放大。

现在的中国已经开始思考自己在世界的地位以及自己的未来，这是 150 多年来的第一次。如今的世界正在步入一个“中国化”的时代，在未来的几十年中，中国社会将经历一场全方位的巨大变革。这种变革不仅将会发生在工业、科技、文化、民生等方面，教育也必然伴随着这场深刻的变革作出自己的历史回答。

今天我国推出的“双一流”“强基计划”，正是针对我国创新型科技人才结构性不合理、世界级科技大师缺乏、领军人才和尖子人才不足、工程技术人才培养同生产创新实践脱节等问题而提出的有效解决路径。

“国以人兴，政以才治”。在中国走向新型工业化道路过程中，必须有“人才资源强国”作支撑。人才强国战略的核心是“人才兴国”。依靠人才兴邦，走人才强国之路，大力提升国家核心竞争力和综合国力，是实现“两个一百年”的核心要义。

今天每一个教育者都在考虑未来社会需要什么样的人才，怎样才能培养出未来社会需要的人才。过去知识是人才立足的基础，而未来必将是建立在知识基础上的创新型人才才能引领社会的进步；过去以生产制造为核心的现代化大工业生产，未来必将让位于以智能化、自动化的机器人生产服务的时代；过去以标准化、规模化的生产与服务也必将让位于个性化、特色化的服务型商业社会。

2017 年中共中央、国务院《关于深化教育体制机制改革的意见》中明确提出了培养支撑终身发展、适应时代要求的四大关键能力，即：认知能力、合作能力、创新能力、职业能力。这是社会对未来人才的基本素质要求。

要培养学生的四大关键能力，就必须引导学生走出学校的象牙塔，走进社会广袤的现实生活，将学到的课堂知识在实践中进行认知，加以转化，变成自己的实际经验。青少年学生只有在现实的生活中，才能体验社会、认识人生。

从这个角度上理解以综合实践活动、研学旅行为形式的实践教育，我们可以得出结论：这是引导学生成长成才的重要举措，是培养和提高学生实践、创新、职业能力的趋势和重点。

对于实践教育的这一重新定位，体现了实践教育培养人才的标准不再是传统的知识取向，而是培养具有民族文化认同、综合知识素养、创新意识、实践能力的全方面人才。随着实践教育定义的延伸，必将大大拓展实践教育的内涵。同时，也必将对各个教育阶段和社会领域产生系统性的影响。这种影响将主要体现在以提高社会服务保障水平为着力点，完善公共教育服务，优化人才培育环境，提升公共教育服务水平，优化人才成长的环境条件，改革和完善公共教育服务体制机制，强化研学旅行服务绩效评估，推动研学旅行服务主体多元化、方式多样化，营造人才发展所需的良好环境。

一个真正强大的民族，必然是由先进文化引领、具有较高文明程度的民族。

中华文明的复兴，固然需要一个强大的经济基础支撑，需要一个文化建设的过程，但又绝不仅仅是经济建设和文化建设，而是要在全面推进社会主义经济建设、政治建设、文化建设、社会建设、生态建设这五大建设的过程中，努力构建社会主义物质文明、政治文明、精神文明、社会文明、生态文明这五大文明。其中，以科技创新为动力，推进 14 亿中国人国民素质的自我改造和提升，推进中国社会生活的自我改造和提升，推进人与自然关系的改造和提升，将是历史赋予 21 世纪中国教育神圣而光荣的使命！

鸣　谢

本书的撰写基于笔者从事校外教育工作20余年的经验，基于笔者主持编纂《中国校外教育工作年鉴》近20年的积累，更得力于许多校外教育前辈和社会各界朋友及合作者的指教与支持；也与我的团队各位同仁的支持与合作密不可分，在此致以深深的谢忱与致敬。

自2012年以来，北京十一学校、北京亦庄实验学校等名校纷纷开始了研学旅行的教学试验。我和我的团队有幸加入其中，在课程研发与服务中创造和研发了一系列应用型模板，积累了第一手资料，在此向上述单位表示感谢。

本书借鉴和引用了部分教育界同仁的研究成果，由于通信不便未能与原作者直接联系，皆在本书中用脚注的方式一一注明，在此一并表示谢忱。

近两年来，我和我的团队为全国许多研学实践教育基地作了大量课程研发的服务与合作，为本书提供了大量素材和经验，这都是完成本书的条件与基础。在此特向以下单位鸣谢!

慧研学（北京）国际教育科技有限公司

北京追梦堂教育科技有限公司

安徽黄山善思教育科技有限公司

安徽黄山新安江山水画廊丝绸文化园研学实践教育基地

安徽黄山浪漫红文化旅游发展有限公司

安徽黄山休宁县状元村中小学生研学实践教育基地

安徽黄山祁门县历溪中小学生研学实践教育基地

安徽六安挺进大别山研学教育有限公司

安徽六安迎驾酒业集团中小学生研学实践教育基地

安徽六安九仙尊霍山石斛文化园中小学生研学实践教育基地

山东孟府中小学生研学实践教育基地

河北西柏坡红色胜典中小学生研学实践教育基地

内蒙古春坤山研学实践教育基地

云南石屏县中小学生研学实践教育基地

云南麻栗坡县中小学生研学实践教育基地

香港游乐场协会

……

本书最大的特点是理论与实践相结合。作为一门尚没有独立形成体系的实践教育活动课程而言，本书基于校外教育活动多年的实践经验总结，对如何组织青少年学生开展研学旅行实践教育的活动方式与方法进行了概括与总结，特别是汲取了香港方面开展青少年社会教育活动的诸多经验，构建了本书的理论框架。

由于本人水平有限，书中难免有错误或不当之处，敬请校内外教育界专家、同行、业内人士和读者批评指正。

作　者

2020 年 3 月于北京